湾区（广东）教育研究院校长培训用书

新质学习力
——寻找优秀背后的底层逻辑

上 册

姚 澍 主编

南京

内容提要

本书分上册、下册和落地篇。主要是系统剖析学习与成长背后的底层逻辑,介绍科学的学习方法。

如何陪伴、引领孩子的学习与成长?多数家长依靠个人对教育的理解和个人经验,但这样做存在很大的局限性;也有部分家长喜欢按照流行的方式对孩子进行教育,却忽略了其中的差异性,结果发现那些优秀的学生常常都是"别人家的孩子",自己孩子的学习总是不尽如人意。

学习力究竟是怎么发生的?当今大多数学生的学习现状是怎样的?如何才能提高学习效率?这套书的作者力求以心理学和教育学为依据,用平和的心态、尊重事实的原则,帮助家长和学生解决实际问题,介绍婴幼儿、小学、中学教育的前沿理论、实战案例和提高学生学习效率的策略,以及与他们学习生活、成长过程密切相关的教育内容。

图书在版编目(CIP)数据

新质学习力:寻找优秀背后的底层逻辑 / 姚澂主编.
南京:东南大学出版社,2024.8. — ISBN 978-7-5766-1522-7

Ⅰ.G442

中国国家版本馆 CIP 数据核字 2024781DR4 号

责任编辑:周荣虎　　责任校对:子雪莲　　封面设计:毕　真　　责任印制:周荣虎

新质学习力:寻找优秀背后的底层逻辑　Xinzhi Xuexili:Xunzhao Youxiu Beihou De Diceng Luoji

主　　编	姚　澂
出版发行	东南大学出版社
社　　址	南京四牌楼 2 号(邮编:210096 电话:025-83793330)
出 版 人	白云飞
经　　销	全国各地新华书店
印　　刷	南京迅驰彩色印刷有限公司
开　　本	718mm×1000mm　1/16
印　　张	27.75
字　　数	450 千字
版　　次	2024 年 8 月第 1 版
印　　次	2024 年 8 月第 1 次印刷
书　　号	ISBN 978-7-5766-1522-7
定　　价	166.00 元(全 3 册)

＊本社图书若有印装质量问题,请直接与营销部调换。电话(传真):025-83791830

携手探求 相伴成长

——推荐《新质学习力》的三大理由

/ 君学书院 宋 辉

2021年7月24日,中共中央办公厅、国务院办公厅颁发了"双减"政策,学生疯狂补课的"内卷"现象得到了有效扼制。随即,关于学习策略的书籍便在市场上悄然兴起。

学习策略属于教育心理学范畴,它是指学习者对影响学习过程和学习效率的各种方法的综合运用。关于学习策略的研究,最早可以追溯到20世纪80年代末。部分急功近利的人很快将它演变为如何快速提高学生的学习效果和考试分数。一时间,各类夸大其词的论述不绝于耳,各种神乎其神的诀窍令人目不暇接。有人把它吹捧为包治百病的灵丹妙药。在泥沙俱下的大潮中,《新质学习力——追寻优秀背后的底层逻辑》犹如一股清流,缓缓而来,却让人耳目一新。它的三大特色也是我推荐它的三大理由。

一、原点思考与底层逻辑

关于婴幼儿、青少年的学习与成长,本书创作者把深奥的心理学知识讲得浅显易懂,并以此为依据,剖析学习生活中的种种现象;从事物的本质出发,针对问题展开深入的探究,寻求解决问题的路径。这与其说是在向读者传授学习与成长的策略,不如说是携手读者一起思考和探索。

生活中,确实有极少数人天赋异禀,读书时一目十行、过目不忘,能轻而易举地考取清华大学、北京大学,甚至是国外的哈佛大学、剑桥大学。这也是很多同类书的探讨主题。然而,这样的学生毕竟是凤毛麟角,这种内容的现实意义不大,可能反而加重家长的失落与焦虑。所以,本套书一笔略过。创作者回到问题的原点,用平实的语言阐述诸如归因模式与行为动机、遗传因素与外部环境、认知风格与接收信息的通道优势、记忆分类与思维方式……在提高读者认知的过程中,努力寻求提升学习能力的策略。

在谈到学习策略时,创作者用习武来做类比,"练拳不练功,到老一场空。只有当自己具备了扎实的基本功之后,练拳才有实际意义"。所以,"任何学习策略,都必须建立在踏踏实实行动的基础之上;任何投机取巧、期待一蹴而就的行为,都是搬起石头砸自己的脚,最终都需要加倍地付出才得以偿还"。这种客观、恳切的言论,远比少数同类书籍自诩"初高中根本没有多少学习内容,使用自己的方法两周内便能学完全部课程,成为学霸,考取清华大学、北京大学"更切合实际,让人信服。

诸如此类回归原点思考与底层逻辑的分析和探究,书中比比皆是,无法一一枚举。

二、理论与实践

一部优秀的作品,从来都不局限于分析和探究。任何现象或实践,如果只做研究,不建立理论或没有以一定的理论作为指导来解读,只能是资料的堆积;任何理论,如果没有研究,没有用实践去检测,必定是流于臆测。只有把实践和理论有机结合起来,在实践中发展理论,再用理论指导实践,才能使作品拥有广泛的、长久的生命力。

通读《新质学习力——追寻优秀背后的底层逻辑》,各种教育学、心理学名词和原理俯首可拾,且又和学习实践有机地融于一体,使人茅塞顿开。比如,在家长眼里,孩子学习方面的"鲁莽与胆怯"、分析问题时的"单线程思维与同时考虑多种假设"……常取决于孩子的认知风格、类型;学生自己常挂在嘴边的"考试时粗心、看走了眼",其实与注意力的分配有关;而所谓的"青春期叛逆",多数与隐形记忆、刻板印象有着密切的联系……

只有透过现象剖析问题的本质,才能追本溯源,找到问题的症结和解决的策略。只有上升到理论的高度,策略才能跨越时空,拥有生命力,不断向前发展。凡此种种,不一而足。

三、现实与理想

对于已经告别校园的年轻人,如果目前他们尚没有为人父母,还没有关注婴幼儿的教育与成长,并且已淡忘自己学生时代的学习与成长历程,阅读此书,未必有深刻的理解。书中叙述的一切,似乎与他们都很遥远。然而,随着他们年龄的增长,特别是成为家长以后,这套书将成为他们忠实的朋友。

如果读者阅读此书时已初为人父母,孩子的教育已成为自己生活的重要一部分,那么书中的点点滴滴都可能引起他们内心的强烈共振。即使孩子尚未入学,阅读此书,读者至少从中获悉:哺育孩子成长至少是从他呱呱坠地时就立刻开始;婴幼儿时期,要创造条件以给孩子更多的成功体验;培养孩子自信的特质;引导孩子凡事客观、科学地归因;努力丰富语言环境,进一步激发孩子表达的欲望,提高他们的表达能力。如果孩子已经入学,读者可能时常感觉在本套书中看到了自己孩子的影子,很多章节的内容似乎为他所写。或许心头有种冲动,去和创作团队成员见一面,和作者促膝倾心谈一夜,以进一步理解这本育子宝典。

如果读者阅读此书时,孩子已经高中毕业,他们在共鸣之余,心头可能也泛起阵阵遗憾:如果自己早读此书,在陪伴孩子成长的路上,一定会少走很多弯路。同时,他们也惊叹这套书"改变了自己许多固有的认知"。因为这套书不仅在传授读者陪伴、引领孩子学习与成长的策略,也开阔了读者的眼界,提高了他们的认知。

对于更多读者来说,阅读此书,他们希望在孩子的学习策略方面获得具体的指导。关于学习策略方面的阐述,这套书同样可圈可点。从数学、英语、语文的常用学习方法，到背诵英语单词、突破数学学习瓶颈；从"99+1"理论、借鉴银行的放贷思维，到"三轮做题法"、三个步骤培养孩子读书习惯……没有实战经验的创作者不可能提炼出这些智慧而又实用的策略。至于介绍常见的三种学习方法，一把钥匙开一把锁……更需要在经验的基础上进行高度的概括与凝练。

在脚踏大地的时候，作者仰望蓝天，倡导青少年学生"把追求真理、探索世界作为自己的人生理想，把远大理想和眼前目标结合起来，不为个人的一次成功或失败而患得患失。将军有剑不斩蝼蚁，欲成大树何与草争，让自己遭受挫折时有生生不息的学习内驱力"。类似这样的倡议触目皆是，举不胜举。

这套书的特色远不止这些。作者渊博的学识、深刻的思考、艺术的表达……都需要读者自己在阅读中领悟、品味。有人说，一千个读者心中有一千个哈姆雷特。相信每位读者都能从这套书中读出自己的问题的答案。

以此共勉。是为序。

宋　辉
2024年6月于上海

宋辉，君学书院院长，上海民办教育协会副会长。

指点迷津　授人以渔
——关于本书的简介兼自序

一、家长类型

怎样陪伴、引领孩子的学习与成长,这是每位家长都无法回避的现实。家长的教育观念大致可分为三大类。

<u>1. 经验型</u>　这类家长凭借个人对教育的理解和自己的经验教育孩子。经验固然可贵,但家长过去的成长环境今天已经不复存在,用过去的方式教育今天的孩子存在很大的弊端。

<u>2. 从众型</u>　这类家长喜欢人云亦云。他们按照流行的方式对孩子实施教育,结果发现那些优秀的学生常常都是"别人家的孩子",自己孩子的学习总是不尽人意。

<u>3. 智慧型</u>　这类家长有自己的思想,他们参考大众的做法,但从不放弃学习和独立思考,并根据自己孩子的特点形成自己的教育特色,走出了一条高效、成功的教育之路。

在引领孩子学习和成长方面,重视教育不代表有恰当的方法;在孩子学习过程中,策略比努力更重要。家长们急需观点公正、客观、中肯的资料来参考借鉴。

二、创作愿景

关于教育的理论,早已呈现百花齐放、百家争鸣的态势。面对纷繁芜杂的百家之言,在孩子的学习与成长过程中,很多家长迷茫、困惑、无所适从。在这样的背景下,这套书的创作者力求以心理学为依据,用平和的心态和尊重事实的原则,以帮助家长解决实际问题的愿望,介绍婴幼儿时期、小学、中学教育的最前沿理论,实践和提高不同学生学习效率的策略,以及与他们学习、生活、成长过程密切相关的教育内容,包括一些人成才成长的故事。这套书是一部全面、系统、深入了解教育的资料。

这套书的所有内容都适合家长、教师、热爱思考的人士阅读,有些内容也适合初二以上的学生阅读。每册书的前面都有阅读索引。

三、创作方式

今天,只要谈到教育,很多人都不淡定,他们能说出一大堆社会现象并给予抨击、否定。少数人已经习惯于愤世嫉俗,批评社会和他人的种种缺陷。他们的批评通常是排除了自己的。

这些年,关于教育的批评声音不绝于耳。事实上,有些人常常既是一些现象的受害者、反对者,又是这些现象的始作俑者、助推者或复制者。

针砭时弊,批评否定,这是部分人在创作时经常运用的方式。这种创作方式能够迎合部分读者的心理,但通常不能为问题的有效解决提供可操作的方案。社会和读者更需要另一种创作方式,那就是揭示问题的本质,给出解决问题的策略。即使有些问题暂时没有有效的解决办法,也应该让家长明白如何防患于未然。这就如同不是每种疾病都有治愈的良方,但应该让社会大众知道怎样才能做到及早发现和有效预防。

这套书采用后一种创作方式。它所呈现的是一家之言,最大的特色是用前沿的心理学理论,剖析当下最现实的教育痛点,尽最大努力杜绝讲空话、套话和正确的废话[①]。从婴幼儿到高三年级的学生家长,都能从本书中找到自己需要的答案。

四、创作历程

确定主题　在有了创作动机之后,创作团队制作了《影响学生学习的非智力因素调查表》(简称"调查表",全书同),向多所学校的校长、教导主任、数十位教师和家长征询意见,请他们罗列学生和家长最关心的教育问题,再结合创作团队网络大数据的搜寻结果和笔者自己多年的执教经验,从中选择并确定创作主题。阐述的问题具有很强的普遍性和代表性,囊括了绝大多数学生学习中的常见痛点,且几乎都是家长关注的焦点。

<u>克服偏差</u>　确定了创作主题后,剖析主题中的问题,介绍、推荐解决问题的方法,经验肯定是必不可少的。诚如培根在《论读书》中所言:"有实际经验的人虽能够处理个别性的事务,但若要综观整体,运筹全局,却唯有掌握知识方能办到。"

实际生活中,在表述自己的观点时,有些人容易受到个人特有经历的影响,从一个角度观察问题,把局部正确的结论做大范围的推广。这些观点在恰当的时候有很多值得肯定的地方,但未必具有普遍性。幸存者偏差[2]理论告诉我们,当取得资讯的渠道仅来自幸存者时,此资讯可能会与实际情况存在偏差。比如,那些学霸的成功学习经验具有很大的借鉴意义,但因学霸自身的特殊性,他们的学习经验很难被大范围地复制和模仿,更多的价值是参考与启迪。我们清醒地认识到,尽管我们对经验基础的要求很高,但大范围推广这些经验并以此做出评价、给出结论,这种方法存在很大的局限性和风险,肯定是不恰当的。

<u>寻求途径</u>　经验来源于实践,理论来源于学者在不同时期、不同区域、不同文化背景下大量调查研究后对结论的概括与升华。于是,我们以求知为目的,认真阅读了数十本心理学、教育学及与之相关的专业著作,寻找与经验对应的理论基础,记录读书笔记,以此为理论依据开展创作。在创作过程中,创作团队不断地请教育工作者和家长阅读初稿,请他们提出意见并参与修订工作。创作团队结合意见,反复阅读读书笔记,数易其稿,十多次全面修订,力求完美。

<u>形成策略</u>　这套书绝非空泛的经验之谈,而是一本融心理学和教育学为一体、经验和理论有机结合的科普读物,是集体智慧的结晶,可

以为不同的学生和同一学生的不同学习阶段提供不同的学习策略。书中的例子,多数来源于笔者的亲身经历,或者是笔者耳闻目睹的事实。它们普遍存在于学生的学习生活中,虽有一定的特殊性,但在揭示深刻道理方面却具有普遍意义;几乎每个结论都蕴含一定的心理学理论知识;有些例子,能同时说明多个理论假设。为了创作的方便,这套书中的创作团队或成员,常简称"我""我们"或"笔者",请读者在阅读时加以甄别。

五、本书特色

创作团队认真阅读了中外有关学习策略的各类书刊,结合当今学生的实际学习现状,形成了这套书独有的三大主要特色。

1. 有据可依 有些作者喜欢把个人的一些经验、感悟,甚至是臆断作为结论,写进书中推广传播。本书突破个体经验的局限性,几乎所有的结论都有出处,这个出处就是最新的心理学研究成果。作为自然科学的一个分支学科,心理学的研究成果必须具备跨时间的连续性和跨情境的一致性,经得起时间和事实的检验。

2. 有效可行 社会上流行的一些观点听起来很有道理,但没有切实可行的落地方案。比如,家长常告诫孩子:考试时先做容易题,后做难题;对于自己不会做的题,要勇敢地战略性放弃。这已经是老生常谈。但在紧张的考场上,在有限的时间内,考生怎么知道这道题是久攻不克、应该放弃,还是苦思冥想后柳暗花明?有些方案听起来很诱人,但脱离社会现实,很难被真正落地、执行,是正确的废话。比如,有人倡导激发学生学习的内驱力,用以抵抗网络游戏对学生的诱惑。观点听起来很好,但没有实施的策略,只能止步于想象。这套书直面现实,杜绝假大空式的说教,提供的方案切实可行、行之有效。

3. 有源可溯 学生学习中,一些常见的问题早已被熟视无睹,因缺乏科学的寻根究底,而没有获得有效的解决策略。如,学生们经常提到的粗心问题;考试时题目不会做,但走出考场后就会做的现象。再如,学生学习不自觉、不主动、行为拖沓,学习效率不高,容易沉迷网络游戏……引发它们的原因究竟是什么?如何克服这些毛病?这套书提出这些问题,深度剖析它们的本质和存在的根源,并都给出了卓有成效的解决策略。

六、阅读提示

<u>全书结构</u>　这套书除序言、自序外,主要由"策略、思考、环境、认知、征程、他山之石、落地"七个主题组成。前六个主题每个主题包含八篇文章,每篇文章包含若干个专题,标题下面的一段文字是本篇文章的中心思想或导语。为了便于读者阅读,专题的小标题下一般有一至几句阅读提示,很多自然段都提取了关键词。第七个主题主要是为本书介绍的学习策略提供落地的方案,在特别重要的章节标题的左侧,标注了"@"。

<u>阅读建议</u>　全书语言通俗易懂,但读者阅读时必须用心领悟,如果能够和对应的学科知识结合起来思考则效果更佳。学生阅读时,可力争对照学生的实际学习情况反复琢磨,再针对性制订具体完善的方案,逐步实施。

少数文章涉及的心理学专业知识可能过多或较深,已在对应章节标题的右侧标注了"*"号。读者若没有心理学基础也不影响阅读效果,但需要在阅读时放慢速度,深入思考,便能领会笔者的表达意图。我们创作的初衷是帮助学生和家长解决学习、成长过程中的困惑,至少是引发读者思考、尝试。读者可以根据自己的喜好或实际需求选择性阅读,从前往后循序渐进地阅读效果更好。我们相信,绝大多数读者通过阅读和思考都能在本书中有所发现、有所收获。

为了帮助读者更准确地理解书的原意,更好地把这套书介绍的各种策略有效落地,我们已经精心制作了这套书的视频解读课程。解读课程浅显易懂、简单明了,已在自媒体平台发布。

<u>两类读者</u>　社会上总有少数人不愿接受别人比他懂得更多的事

实,凡事他们都喜欢给予尖刻的批评,似乎不这样就不足以显示自己的聪明和见解的独到。而且否定既没有建树艰难,又容易引起别人的关注。这种人如果随手翻翻本书后就给予否定,也并不奇怪。因为他们已经形成了习惯,凡事素来喜欢如此。另一部分人,他们时刻保持警觉,很少愿意相信别人,唯恐"相信"给自己带来"容易妥协"的习惯而失去个人的独立性。这两类读者的行为和这套书的可读性并无必然的联系。

辩证联系 由于笔者涉猎的问题过于宽泛,很难使自己局限在某一个封闭或连续的思想体系之内。把不同文章里的一些观点联系起来,有时乍看似乎前后不一致,但只要联系上下文,辩证地看,就能发现其内在逻辑的一致性。如果我们登上人类历史的制高点,在更广阔、更漫长的时空去看人的发展、事物的递嬗和交接,一切谜底都彰明较著,并显得理所当然。

不情之请 尽管创作团队全体成员殚精竭虑,数易其稿,多次请广大教育工作者和多名学生家长参与修订,但由于创作团队成员的认知和写作水平有限,舛误难免,恳请广大读者将自己宝贵的建议发至创作者邮箱。对于任何批评,我们都以开阔的胸襟接纳,并深刻思考。在此,我们表示诚挚的感谢!

很多家长和教育工作者为这套书的创作提供了大量的素材,为这套书的修订提出很多宝贵的意见。其中,还有很多人直接参与了这套书的修订工作。本书创作团队在此向他们致以崇高的敬意和深深的感谢!

欢迎家长扫码进群咨询交流

2024年8月6日于南京随园
邮箱:237519350@qq.com、944305438@qq.com
地址:南京建邺康缘智汇港A栋
作者视频号欢迎关注:姚院长学习门诊

阅读索引

章　序	主　要　内　容	阅读对象
第一章	主要介绍常见的三种学习策略	学生和家长
第二章	给学生学习特性分类,推荐对应的学习策略	学生和家长
第三章	数学的学习策略	学生和家长
第四章	英语的学习策略	学生和家长
第五章	语文的学习策略	学生和家长
第六章	提高做题效率的策略	学生和家长
第七章	大型考试前的冲刺复习策略	学生和家长
第八章	中考、高考考场不留遗憾的策略	学生和家长
第九章	关于思考习惯的养成	学生和家长
第十章	关于学习中的学与问、听与记、看与做、快与慢	学生和家长
第十一章	关于学习中的课本与资料、预习与复习、听课与自学、作业与考试	学生和家长
第十二章	关于学习中的强势学科与弱势学科、信与凝、严与慈、情与争	学生和家长

续 表

章 序	主 要 内 容	阅读对象
第十三章	关于学生学习的自觉性	家 长
第十四章	关于学生学习兴趣的维护与培养	家 长
第十五章	关于粗心等现象的心理学解释及对策	学生和家长
第十六章	学生学习非良性循环的原因分析及对策	学生和家长
第十七章	浅析记忆的机理及提高记忆力的策略	学生和家长
第十八章	关于思维方式和创造性思维的培养	学生和家长
第十九章	关于学习策略在婴幼儿时期的渗透	婴幼儿家长
第二十章	关于婴幼儿的抚育与自信特质的形成	婴幼儿家长
第二十一章	关于先天遗传与后天环境	家 长
第二十二章	介绍认知风格类型及接受信息的通道	家 长
第二十三章	如何走出抑郁情绪的阴影	家 长
第二十四章	介绍中小学生心理健康的现状、主要心理障碍的分类、成因及判别和有效防治的建议	家 长

目录（上册）

第一篇　策　略

第一章　在璀璨的星空中闪烁 / 2
　　　　——介绍常见的三种学习策略
　　一、练拳与练功 / 2
　　二、愚公移山法 / 3
　　三、追寻逻辑法 / 4
　　四、思想统领法 / 7
　　五、方法与逻辑 / 8

第二章　寻找属于自己的那把钥匙 / 9
　　　　——关于学习能力、类型与策略的匹配
　　一、学习能力的基石 / 9
　　二、智慧宫殿的台柱 / 12
　　三、一把钥匙开一把锁 / 14
　　四、策略实施的灵魂 / 16
　　　　拓展阅读一　瓦工粉墙给予的启示 / 18

第三章　探索奇妙的魔幻世界 / 19
　　　　——浅谈数学的学习策略
　　一、问中求索，曲径通幽 / 19
　　二、数学思想，纲举目张 / 21
　　三、标准引领，目无全牛 / 22
　　四、突破瓶颈，扶摇直上 / 24
　　　　拓展阅读二　找出金币 / 25

第四章　在语言王国里尽情驰骋 / 26

　　——浅谈中学英语的学习策略

一、当年梦想与今天现状 / 26

二、语言环境与"最佳期限" / 27

三、"降维打击"与忘记母语 / 29

四、两位将军与逆向学习法 / 31

　　拓展阅读三　什么样的老师可以称为"优秀"？ / 32

第五章　在逆风中飞翔 / 33

　　——个人语文学习的经历和拙见

一、基础知识，重在平时积累 / 33

二、阅读理解，难在揣度本意 / 35

三、文章创作，贵在下笔有神 / 36

四、复习迎考，重在有的放矢 / 37

　　拓展阅读四　时间相对论（1） / 38

第六章　"99+1"，画龙点睛 / 39

　　——快速提高做题效果的策略

一、两个目的 / 39

二、三个实验 / 40

三、一套理论 / 41

四、一套策略 / 44

　　拓展阅读五　知识的理解与接受 / 46

第七章　借鉴银行的放贷思维 / 47

　　——谈冲刺阶段复习的策略

一、和银行相悖的行为 / 47

二、像银行那样科学管理 / 48

三、目标分与拉网式排查 / 49

四、弯道实现逆袭 / 51

第八章　匠心独运的"三轮做题法" / 53
　　　　——在高考考场不留遗憾的策略

一、文具的准备 / 53

二、2B 铅笔的涂黑 / 54

三、开考前的 5 分钟 / 54

四、三轮做题法 / 55

五、关于验算、草稿纸和卷面 / 57

六、关于高考的其他事 / 58

第二篇　思　考

第九章　有钱买不到"回头看" / 60
　　　　——关于思考的习惯

一、父亲的叮嘱 / 60

二、巨匠的追问 / 61

三、从娃娃开始抓起 / 62

四、做效率最高的事 / 64

五、融入自己的生命 / 65

第十章　光与影的和谐演奏(一) / 66
　　　　——散落的学习花絮

一、学与问 / 66

二、听与记 / 68

三、看与做 / 70

四、慢与快 / 71

第十一章　光与影的和谐演奏（二）/ 73
　　　　　——散落的学习花絮
　　　　　五、课本与资料 / 73
　　　　　六、预习和复习 / 74
　　　　　七、听课和自学 / 76
　　　　　八、作业与考试 / 77

第十二章　光与影的和谐演奏（三）/ 79
　　　　　——散落的学习花絮
　　　　　九、强势学科与弱势学科 / 79
　　　　　十、信与疑 / 81
　　　　　十一、严与慈 / 82
　　　　　十二、情与争 / 84

第十三章　从一份尴尬的检测报告说起 / 86
　　　　　——谈谈学生学习的自觉性
　　　　　一、一份尴尬的检测报告 / 86
　　　　　二、一个有趣的类比 / 87
　　　　　三、一个古老的故事 / 89
　　　　　四、一则心理学效应 / 90

第十四章　找回不落的太阳 / 92
　　　　　——浅说学生学习兴趣的维护与培养
　　　　　一、触目惊心的现象背后 / 92
　　　　　二、兴趣衰减的过程 / 93
　　　　　三、兴趣续存的根基 / 94
　　　　　四、激发兴趣的探索 / 97
　　　　　五、永恒的动力源 / 99

拓展阅读六　思维的深刻性 / 100

第十五章　抹去白璧上的微瑕 / 101
　　——追回考试中粗心丢失的分数
一、常见的误区 / 101
二、曾经的故事 / 102
三、问题的本质 / 102
四、改善的策略 / 104
五、斩草须除根 / 106
六、成功的案例 / 107

第十六章　学习，为什么那么累？ / 109
　　——吴力浩分管教学时的亲身经历
一、匪夷所思的事实 / 109
二、睡意蒙眬的原由 / 110
三、脱离实际的管理 / 111
四、权且听之的建议 / 113
五、减负提效的尝试 / 114
六、史实给予的启示 / 115
　　拓展阅读七　古诗一首 / 116

第三篇　环　境

第十七章　揭开记忆神秘的面纱 118
　　——浅析记忆的机理及提高记忆的策略
一、记忆的分类 / 118
二、信息的转化 / 120
三、整合性复述 / 121
四、记忆的准确性 / 123

五、记忆二三事 / 124

第十八章　一只看不见的手 / 126
——关于思维能力和创造性思维的培养
一、从青霉素的发现说起 / 126
二、司马光砸缸的故事 / 127
三、逆向思维的妙用 / 128
四、创造性思维的培养 / 130

第十九章　隐形的翅膀 / 133
——关于学习策略的渗透与引领
一、更丰富的刺激体验 / 133
二、更广泛的理解共鸣 / 135
三、思维发展的一双翅膀 / 136
四、学习策略的两种表现 / 137

第二十章　永不枯竭的动力源 / 139
——婴幼儿的抚育与自信特质的形成
一、一种现象的原因发掘 / 139
二、一个实验的结论拓展 / 140
三、更客观的归因模式 / 142
四、"躺平"者的内外因素 / 145
五、勇敢者的必要条件 / 147
　　拓展阅读八　番茄学习法 / 148

第二十一章　种子萌芽与水分阳光 / 149
——浅说先天遗传与后天环境
一、智力测验与智商 / 149

二、晶态智力和液态智力 / 151
三、遗传因素与环境 / 152
四、行为结果的稳定影响 / 153
五、后天环境与成才 / 155

第二十二章　假如孩子是"色盲" / 157
　　　　　　——简述认知风格类型及接受信息的通道
一、色盲—认知风格 / 157
二、场独立型—场依存型 / 158
三、冲动型—沉思型 / 160
四、家长—孩子 / 162
　　拓展阅读九　自主神经系统 / 163

第二十三章　"所想即所得" / 164
　　　　　　——如何走出抑郁情绪的阴影
一、截然不同的态度 / 164
二、抑郁思维的利弊 / 165
三、负性认知形成的过程 / 166
四、修复认知缺陷的策略 / 168

第二十四章　风雨之后见彩虹 / 170
　　　　　　——中小学生心理健康面面观
一、心理健康的现状 / 170
二、主要障碍的分类 / 171
三、障碍成因及判别 / 173
四、障碍防治之建议 / 175
　　拓展阅读十　拒绝"躺平" / 178

自序注释：

①正确的废话，顾名思义，这些话通常是一些陈词滥调或显而易见的真理，内容听起来完全正确，但因没有针对性和缺乏具体的操作方法，对于实际问题的解决没有多大实际价值。说与不说，听与不听，没有本质上的差距。听多了，甚至可能让人厌烦。

例如，少数教师经常在课堂上对学生说："要珍惜时间，努力学习；将来的你，一定会感谢现在拼搏的你""今天的幸福生活来之不易，要感恩父母的无私付出，要用自己努力取得的优秀成绩，来回报父母的养育之恩"。这些话都是正确的，但对学生究竟有多大的帮助呢？

②第二次世界大战期间，飞机是最重要的空中力量，但盟军飞机常损失惨重。军方对返航的战机进行中弹标记，结果显示，飞机两翼比机身和机尾的弹孔更多。于是，军方认为机翼容易受到攻击，建议加强对机翼的防护。哥伦比亚大学沃德教授（Abraham Wald）应军方要求，利用其在统计方面的专业知识，写了一篇《飞机应该如何加强防护，才能降低被炮火击落的几率》文章。沃德教授坚决反对军方的建议，他给出了三点理由：统计的样本只有那些返航的飞机，没有涵盖那些已经损失的战机；机翼多次被击中的飞机往往都能成功返航，说明机翼不是飞机的致命部位；并非机尾不易被击中，而是因为机尾被击中的飞机早已无法返航，寥寥几架返航的飞机都依赖相同的救命稻草——机尾尚好。因此，沃德教授坚决主张"强化机尾的防护"。军方采用了他的建议，后来的事实证实了该决策的正确性。这个故事被后人用一个词语概括——幸存者偏差。

第一篇　策　略

　　策略是根据形势而确定的原则和方法。很多学生学习成绩不理想,根源常在于他们不知道有效地利用、整合学习资源,发挥自身学习的主观能动性;没有适合自己的学习策略,常用战术上的勤奋掩盖自己战略上的懒惰。

　　学习策略的重要性不言而喻,但它也不是包治百病的灵丹妙药,策略本身就包括发挥作用的前提。本篇重点介绍了一些常见的学习策略。它们本身无优劣之分,但在使用时有先后之别。

　　不同的学生或同一学生在不同的学习阶段,需要因人、因时选择当下适合自己的学习策略。学习策略必须要有针对性,一把钥匙开一把锁。只有根据不同的对象,在恰当的时候选用合适的策略,才能收获理想的效果。其中,"领悟逻辑法"蕴含的道理常被众人误解、忽略,本书给予隆重推荐。

　　数学、语文和英语被认为是学生学习的三大主科,学科的特点不同,其学习策略的运用也因"科"而异。

　　学习离不开做题,只有拥有做题策略的学生,才能提高做题的效率,巩固做题的效果。"99+1"做题理论,是多数学习成绩优秀者多年做题经验的凝练与结晶,既有理论依据,又经历了实践的验证,这个策略值得广大学生在学习实践中灵活运用。

　　重大考试前的复习也有策略,科学地制订复习计划并严格执行才能提高复习效果的确定性。高考同样需要策略,策略的精准实施可以让考生在高考考场不留遗憾,将自己的水平发挥得淋漓尽致。

　　策略是系列方法的组合,方法是实施具体目标的手段。本篇还特别提醒学生读者,领悟和深挖各种方法背后的逻辑,就掌握了策略、方法产生的源头。

　　本篇内容精彩纷呈,不容错过。

第一章 在璀璨的星空中闪烁
——介绍常见的三种学习策略

  常有学生把自己学习成绩的不理想归因于学习能力不够,实际上,多数是缺乏必要的学习策略和不知如何运用这些策略。老师在和家长谈到孩子的学习时,经常是首先肯定学生的学习态度,然后话锋一转,不无遗憾地说孩子"缺少学习策略"——学习策略的重要性由此可见一斑。

  然而,如果学习策略真的是提高学习成绩的灵丹妙药,那么老师孩子的学习成绩一定都出类拔萃,但事实又不尽其然,因为策略的实施还需要与基本要求结合起来。原本会做的题,为什么稍微变形后有些学生就不会做了呢?

  读完本章,弥漫在读者脑海里的疑问便可烟消云散。

一、练拳与练功

  掌握好的学习方法就能提高学习成绩吗?

  提到学习,自然就想到学习方法。什么是学习方法呢?它是具体学习策略的针对性实施,通常是指学习者为达到学习目的所采取的具体措施和手段。它是通过学习实践总结出的快速掌握知识、提高学习成绩和能力的方法,比如如何快速地背诵、高效率地做题的方法等等。学习方法并没有统一的规定,个人情况不同,所处环境不同,选取的方法也不同,各种学习方法发挥作用的前提也存在一定的差异。

  20世纪80年代初,中原电影制片公司制作的动作电影《少林寺》在国内热映,一时万人空巷。在电影院尚没有普及的1982年,在每张电影票只有0.1元的情况下,其票房收入为1.6亿元人民币,刷新了很多纪录。电影热映以后,青少年中很快刮起崇尚武术的旋风,各类以"少林"命名的武校在全国遍地林立。还有很多青少年剃光了头发,登上嵩山,拜师学武,期待自己能成为武林高手。当很多青少年加入了崇尚武术的"盲流"之后,他们很快便发现,并不是自己背熟了拳谱、学会了套路就能成为武林高手。练拳不练功,到老一场空。只有当自己具备了扎实的基本功之后,练拳才有实际意义。

学习也与之类似,学习策略犹如练拳,而学习的基本要求犹如练功,只有把练拳与练功有机结合起来,才能收获理想的学习效果。

什么是对学习的基本要求呢?

1. <u>全身心的忘我投入</u>　一节课,学生从开始到结束都认真听讲是很难做到的,但学生至少要有一半以上的时间处于全神贯注的听讲状态,跟着老师的思路去理解。其余的时间,学生的注意力可以游离,但不可脱离老师的课堂。课下,学生要全身心投入学习中。少数学生,上课时不跟着老师的思路听课,课下自己又不钻研,凡事蜻蜓点水、浅尝辄止,肯定不会取得比较理想的学习成绩。

2. <u>不间断的独立思考</u>　学生只有坚持不懈地思考,才能把接受到的知识融入自己的知识结构中,形成新的知识体系。只顾埋头拉车,不知抬头看路,难免付出很多,却只有一点点收获,甚至有南辕北辙的风险。

3. <u>行之有效的持续行动</u>　知道了这些道理,没有配套的行动,不去尝试,不去实践,犹如练拳中只背拳谱不练功一样,学生在解题、考试的实战中,经常不能获得理想的效果;任何学习策略,都必须建立在踏踏实实行动的基础之上;任何投机取巧、期待一蹴而就的行为,都是搬起石头砸自己的脚,最终都需要加倍地付出才得以偿还。以上三点,犹如练功中的"扎马步""打沙袋""耐力跑",只有具备了一定的基本功,学习策略才能发挥自身的价值。

下面介绍三种常见的学习策略,与各位读者分享。

二、愚公移山法

基础偏弱的学生,选择什么学习方法最合适?

孩子开始学习说话时,父母总是从基础的音素开始教他发声。有了这些最基本的积累之后,孩子才学会了"爸爸、妈妈"的发音,并且能够在某一天,突然从嘴里蹦出一些以前没有说过的词。父母又教他从"1、2、3……"开始数数,后来学会了"1+1=2,2+1=3……",这说明学习是从最基本的点点滴滴模仿、积累开始的,有模仿,有积累,然后才有创新。

模仿和积累是基本的学习方法。这种点滴积累类似愚公移山,所以本书创作者称之为"愚公移山法",核心是积累,贵在坚持,需要有锲而不舍的"啃骨头"精神。它们看起来似乎也很简单,事实并非如此。因为当学生有了基本的知识积累之后,渐渐便对那些基础知识流露出不屑一顾的神情,于是便经常出现眼高手低的情况。成绩中等及偏下的学生,普遍缺少这种"愚公移山"的做法。

所以,基础偏弱的学生,必须在模仿中点滴积累,一点点夯实、发展,这样才能构建自己的知识架构并形成体系。"积水成渊,蛟龙生焉",这种方法不仅适合语文、英语学科的学习,同样适合运用在数学、物理等学科的学习中。

使用这种学习方法,就要摒弃急功近利的心理。假如解决一个问题有三个步骤,第一步学生没有问题,第二步学生可以勉强过关,第三步学生卡壳了。很多学生把大量的时间和精力花费在第三步上,其实这种做法是不科学的。正确的做法是夯实第一步,则第二步自然水到渠成;第二步被攻克后不要急于第三步攻关,而是把第一步和第二步联合起来蓄势后,再去攻克第三步。强弩之末,势不能穿鲁缟。学生需要不断地调整、集中自己的思维资源,在巩固的基础上,才能冲关,使问题迎刃而解。

@ 三、追寻逻辑法

中等成绩的学生,应选择什么学习方法?

现实生活中,一些歌手在自己没有成名之前,一般都是模仿某位歌星的唱法,当自己渐渐有了名气和市场之后,再形成自己的演唱风格。

当模仿者深刻领悟那些被模仿内容背后的内在逻辑后,就可以实现创新和超越。这说明,后人的成功,多数是站在前人的肩膀上;人类多数行为的创新,都是从模仿开始。文化课学习中的追寻逻辑法,与之有异曲同工之妙。

这种学习方法主张学生记忆典型例题后,再练习和例题同类的题,逐步提高自己的解题能力,并在此基础上再创新。很多学生都已在无意中使用这种方法,但没有有意识地把这些解题过程、解题方法,特别是方法背后的逻辑记忆下来,没有在深刻理解后将其融入自己已有的知识体系,在使用过程中常常欠一把火候,使得自己的学习效果大打折扣。

古人云,"熟读唐诗三百首,不会作诗也会吟""读书破万卷,下笔如有神"。这说明,对于语文等文科类学科的学习,记忆背诵的效果早已得到了公认。但对于数学、物理等学科,题目千变万化,通过"记忆背诵"的方法来培养学生的解题能力,大多数人肯定不以为然。

没有深入研究这种方法的老师,多数肯定会说这种方法是"只见树木,不见森林",他们不仅不传授、引领学生正确使用此方法,而且还经常嗤之以鼻地给予否定,加以制止。基于以下三方面的研究,本文强烈推荐这种学习方法,并在学习实践中多次检验了它的效果。

1. "母题"逻辑　从理论上来讲,理科的习题确实是变幻莫测,无穷无尽;但万变不离其宗,很多题都是一些典型题——也就是通常所说的"母题"演变、发展过来的,问题描述的方式或角度可能有异,但题目立意的基石、解答的逻辑和考查的本质却是类同,实质是在重复某些定理、规律或方法的运用,也就是在重复典型题即"母题"的解题逻辑。因此,学生们在解题时,要牢固树立母题意识,狠抓母题逻辑,进而对母题题型产生肌肉记忆般的条件反射,这样就能达到触类旁通、一通百通的效果。

2. 程序逻辑　横向来看,同一类理科题的解答,程序往往类同,只是程序中的具体内容有异。对于绝大多数学生而言,变更具体内容并不困难,难在掌握同类题的解题方向。同类题的程序逻辑搞通了,自然就能准确把握这类题的解题方向,实现解题能力的由点到线。

<u>3.迁移逻辑</u>　如果学生们已经跨过了从母题逻辑到程序逻辑的探索,一旦进入迁移逻辑的掌握运用,自然就能从照葫芦画瓢发展到标新立异,实现解题能力的由线到面。实现能力迁移的难度通常低于掌握被迁移的能力本身的难度。这也是追寻逻辑法赖以存在、值得推广的重要原因。

运用这种学习方法有三点需要特别注意:

<u>1.记忆选择</u>　追寻逻辑法中的"记忆",不是记忆题目答案的意思,而是在透彻理解解题过程基础上,深刻理解、掌握解题过程的底层逻辑,也就是说,真正要记忆的是解题程序和解题方法,特别是方法背后的底层逻辑。

<u>2.难度选择</u>　那些值得被记忆的典型题,难度必须是在自己的能力范围之内,一般是起初自己不会做,后来在老师指导或同学帮助下,或在自己钻研下掌握的题目。太容易的题目本身就会做,不需要记忆;太难的题目,即使背熟了解题方法背后的全部底层逻辑,因为和自己的实际水平差距太大,当时即使记住了,很快也会忘记,更谈不上掌握。

<u>3.表里选择</u>　追寻逻辑法是最有效的学习策略,很多优秀的学生都下意识这么做了,只是没有强烈的意识到而已。很多同学容易把追寻逻辑的过程简单化为"记忆背诵",看似都在记题型、记解答过程,甚至都是在举一反三地做同类题,但"记忆背诵"却缺乏了最本质的一环,寻找解题逻辑,也就是进行精准的逻辑追寻过程。使二者的效果不可同日而语。

获得诺贝尔医学奖的科学家马歇尔在发表获奖感言时,引用了美国著名作家、历史学家丹尼尔·布尔斯廷的一句话:"人类进步最大的障碍不是无知,而是自以为是。""想当然"是学习中的大忌。学生千万不要没有尝试这种方法就想当然地给予否定,然后苦苦思索"什么是最好的学习方法呢"。

四、思想统领法

实现学习成绩的飞跃应该选择什么方法？

<u>俯瞰群山</u>　列宁说："没有革命的理论，就不会有革命的运动。"进一步提高自己的学习成绩和能力，学生必须站上更高的制高点，俯视已经形成的知识结构，对各类问题追本穷源，从而形成该学科相应内容的解题思想和宏观层面的解决策略，在它们的指引下，再有方向地开展对应的学习实践与活动。这就是本文所说的思想统领法。

这种方法下，学生是先学习理论，再在理论的指导下从事学习实践。比如写记叙文，老师先介绍记叙文的写作方法，然后学生运用老师传授的方法练习写作。对于数学等学科的学习，学生同样是先学解题理论，然后运用这些理论引领解题实践。

<u>美中不足</u>　思想统领法是帮助学生从中等学习成绩走向优秀卓越的捷径，但在实际学习过程中，思想统领法的不足之处也比较明显。一个十岁的少年，他见过很多狗，当有人牵一条很小的宠物狗要他说出该动物的类别名称时，尽管少年以前没有见过如此小的狗，他也不知道关于狗的定义，但他还是能肯定地回答"这是一条狗"。假如少年以前从没有见过狗，但对关于狗的定义烂熟于胸，见到这条和成年猫一般大的宠物狗时，他能给予准确的回答吗？

<u>相映成辉</u>　这个例子说明，在实践过程中，积累的实际经验可能比掌握的理论更有实效。学生只有具备了基本的解题能力和一定的经验积累之后，才能将解题思想落实到具体的解题细节中，才能使其在解题实践中发挥高屋建瓴的效果，带来醍醐灌顶的领悟。"领悟逻辑法"和"思想统领法"，两种方法有机结合才能相映成辉。否则，思想统领法就是空洞的理论，是无源之水、无本之木。少数学生，说起学习方法头头是道，但学习成绩却始终不见起色，原因多在于此。

由于本身认知的局限，学生自己形成学科思想的可能性通常很小，只有在老师的指导下才能理解、掌握一些学科的解题思想。少数优秀教

师编写的学习资料中,渗透、体现、介绍了对应的学科思想,可以借鉴。

常言道,"兵无常势,水无常形"。学习方法的运用,贵在结合学生的学习实际。学习方法不胜枚举,本文介绍的三种学习策略下对应的三种具体方法,只是闪烁在璀璨星空的三颗星星,供不同的学生或同一学生在不同的学习阶段灵活运用。

五、方法与逻辑

其实,学生学习,不能止步于方法,必须深刻领悟方法背后的内在逻辑。

很多学生在学习中都有这样的困扰:原本会做的题,变形后或稍微变形后就不会做了;有时感觉会做,实际却做错了。网络微课和现实生活中,常见老师不遗余力地向学生介绍解题方法,学生也常为自己掌握了某类题的解题方法而自喜,也因没有掌握其变形——一种所谓新的方法而懊恼。

普通的学生,一般只求会做这道题,而忽视做这类题的方法;聪明的学生,在会做这道题的同时,总是探究解这类题的方法,但不知道去领悟方法背后的逻辑;只有智慧型的学生,不仅掌握方法,更注重探究这种方法背后的底层逻辑,即解题的思想,并在思想的指导下,开展对应的解题实践与学习活动。这样,就能以不变应万变。

所以,在实际学习过程中,老师需要理清、学生更应该思考:怎么知道这道题这样做?怎么想到这样做?背后的逻辑在哪里?掌握这道题的解题方法,与领悟解这道题方法背后的逻辑,就解答这一题而言,效果几乎是一样的。但题目变形后,两者的差别就泾渭分明了,因为题目变了,方法也就变了,但逻辑却没有变。

方法和逻辑,是末与本的关系。方法是由逻辑派生出来的,掌握了逻辑,就是掌握了方法产生的源头。解题方法背后的逻辑,在各学科的学习中几乎随处可寻,数学等学科中尤为常见。

重视逻辑甚于方法,不仅学习是这样,引领青少年的成长也是如此。重视逻辑是这套书的最大亮点之一。

第二章 寻找属于自己的那把钥匙
——关于学习能力、类型与策略的匹配

坐在同一教室听课的学生,为什么学习成绩悬殊那么大?老师上课时,为什么有部分学生听不懂?怎样提升学生的学习成绩和能力?上述问题的答案常因人而异,策略也大相径庭。

常言道:一把钥匙开一把锁。不同学生的学习特点不同,学习策略的使用也需因人制宜。本章的观点值得广大读者借鉴。

一、学习能力的基石

什么是学习的基本能力?

家长经常疑惑:坐在同一个教室、听同一位老师上课,为什么学生间学习成绩的差距那么大呢?以下三方面的分析让人豁然开朗。

1. 接受　老师面对全班学生上课,实际上只是输出相同的信息,但学生听课的注意力却有选择性,每个学生听到的重点甚至听到的内容可能都不一样。

2. 理解　对于听到的内容(信息),学生自己是怎么理解的,究竟理解了多少,每个人也不一样。

3. 加工　学生接受的信息,只有和自己已有的信息融合在一起,才能形成属于自己的新知识体系。学生已储存的信息不一样,接受的信息不一样,信息加工的方式也不一样,加工的结果当然更不一样。

上述诸多的"不一样",必然导致学生学习成绩的不一样。所以,责任心强、经验丰富的老师,课堂上常根据信息被理解的难易程度,通过学生的听课状态甚至是学生的表情或眼神,判断学生对信息的理解程度,然后通过改变自己的关注点、提问等方式,提高这部分学生对信息

的理解。

实际学习生活中,老师讲课,总有学生说"听不懂"。学生不理解、一知半解或错误理解老师信息的现象,可以从老师、学生、环境三个维度来找原因。

1. 老师:表达残缺　　教师想在课堂上表达的信息,他自己已经在脑海里思虑良久。这些信息被有意识或无意识地加工多次,老师对此非常熟悉。教师在表达这些信息时,自然很容易疏忽信息的完整性和它的来龙去脉、前因后果。而对学生来说,这些信息听起来可能就是残缺的,自然就变得不好理解。解决的方法是,老师需要改善自己的上课风格,注意表达的完整性;学生要沿着老师的思路,努力延伸信息的两端,带着疑惑,从整体上理解,再寻求答案。

2. 学生:信息干扰　　因为信息传播途径的多样化,对于老师传输的信息,学生脑海里可能已有相关联信息的储存。当刚接受的信息和已储存的信息之间存在差异时,学生总是在无意中倾向于按照自己原来的印象理解新接受的信息,学生自以为理解或者是理解时发生了差错也就见怪不怪了,常表现为学生感觉听懂了,实质是理解有误。比如生活中,同样一句话,不同的听众,理解的意思不同。解决这个问题的方法是,上课时,学生跟着老师的思路去理解。

3. 环境:内容变迁　　老师和学生成长在完全不同的时代,很多老师习以为常的信息,学生可能还是第一次接触。对同一信息(概念)内涵和外延的理解,双方存在着差异。比如"妻子",古文指妻子和孩子,现在是男女结婚后男方对女方的称谓,与"丈夫"相对应。解决这个问题的方法是,老师要讲清、学生要理解这种变化。

夏天阳老师从教已有15年,仍有极少数学生反映他讲课时,有些内容听不懂,夏老师为此也十分苦恼。一个周末的下午,他正在思考这个问题,12岁的儿子捧着自己正在阅读的课外书跑了过来,不解地问:"爸爸,什么是电报?"

"电报是一种通信工具。"他本想这样回答儿子,话到嘴边又咽了下去,开始认真琢磨起来。

电报作为20世纪传递信息的常见方式,它的原理是将文本信息转化为电信号,然后通过电缆或无线电发射到接收端。以前,很多单位都有电报挂号,邮局有电报大楼。后来,随着电话、传真的普及,尤其是互联网通信技术的日新月异,电报早已被淘汰了,今天的青少年不知道电报完全在情理之中。如果夏老师那样回答,他儿子肯定是一知半解。可见,表达内容和表达方式影响别人对信息的理解。

有些信息或信息的组成单位学生非常熟悉,比如学生对组成句子的单位(汉字或英语单词)都认识,但它们组成句子以后,学生就不理解句子的意思或理解有误了。老师们有时也很费解:为什么学生明明表现听懂了,实质就是不理解或理解有误呢?归根结底,就是学生的生活根基浅薄、人生阅历贫乏、知识储备单调,导致他们知识结构的空间[①]不能更广泛地兼容,或者说他们没有包容被理解的信息,只能站在自己的角度去理解——其实还是不理解,这本质上是理解能力的欠缺。比如电报,如果孩子阅读面广,早就阅读过介绍电报的科普文章或关于发明它的故事,也就不存在不理解了。由此可见,学生产生不理解现象,可能与老师的表达方式有关,但根源多数时候还是在学生那里。

理解能力是制约学生学习成绩的基本能力,是学习能力的基石。学生无论是听老师讲课还是自主学习,首先需要的就是对自己接受的信息进行理解,然后才能加工。

理解能力主要取决于一个人储备的信息数量、种类和结构。可以作这样一个简单比喻,对于他人输出的信息,如果自己已储备的信息与输出的信息有关联,理解这些信息就有了切入点,且关联点越多、越密切,理解就越容易。所以,自幼就给孩子丰富的人生体验,是培养、提升他们理解能力的有效途径。所谓"读万卷书不如行万里路,行万里路不如阅人无数",就是这个道理。孩子听到的、看到的、体验的越多,经历就越丰富,就越有利于他们增加知识的储备,扩展知识的结构空间,增强理解能力。这也是理解能力随着年龄增长而增强的主要原因。

二、智慧宫殿的台柱

知识的台柱是什么？它怎样才能演变为智慧？

如果说，理解能力是学习能力的基石，那么，记忆力和想象力就是知识、智慧宫殿的台柱。

记忆力 没有记忆力，就没有知识的积累，就没有办法搭建知识宫殿。如何提高自己的记忆力？关于记忆方面的知识，本书第十七章《揭开记忆神秘的面纱》一文有详细的介绍。这里强调两点：学生的兴趣在哪里，也就是通常所说的"心"在哪里，记忆就在哪里；对于感兴趣的信息，自己就会印象深刻，也会在潜意识里自动加工。遗忘的最主要原因不是记忆痕迹的模糊、消退，而是众多信息的干扰。因为无法接收视觉信息，盲人信息接收的总量远少于常人，因而记忆力很强。

想象力 记忆能力强，有利于知识的积累。但知识是静态的，总是有限的，拥有渊博的知识不等于拥有非凡的智慧。而想象力是动态的，是无穷的。它可以超越感官的限制，帮助人们更广泛、更深入地理解世界。如果说知识使学生从 0 到 1，那么想象力就能使学生从 1 到 10、从 1 到 10000……学生具备丰富的想象力，就是给知识插上腾飞的翅膀，这样一来，知识就有了灵性，就有了智慧。所以说，记忆力和想象力是知识、智慧宫殿两大得力的台柱。

想象力的培养，同样需要从孩子小时开始抓起。

周阳是位有心的爸爸，他总换着花样激发儿子的思考和想象力。比如周五晚上放学他去幼儿园接儿子，在回家的路上，他会这样问："明天你去爷爷家，这个时候，爷爷家是什么情景？"回到家里，他又和儿子说："晚饭已经做好了。我们躲起来，妈妈下班回家看不到我们，你想象一下她会怎么样？我们试试看，看看妈妈表现的结果和你想象的是不是一样的。"因为有这个"大朋友"的悉心引领，周阳儿子的智力自幼就受到很好的开发，入学后学习轻松，高二时就考进了中国科学技术大学的少年实验班。

@ 三、一把钥匙开一把锁

学生大致分几类？分别适用什么学习策略？

学生的学习能力各不相同，各种学习策略的实施和实施的重点也须因人而异。为了叙述的简便，我们依据学生学习能力和意愿的强弱将学生分类。现实生活中，各种类型常有交叉，不同学生或同一个学生在不同时期的主要表现也不尽相同。

1. 强而好学型：核心词"服务"　这类学生学习能力非常强，且勤奋好学。如果这样的学生是自己的孩子，那么家长要牢记"服务"二字，同时需要注意两点：其一是家长不要打扰、干预孩子的自主学习。关于学习的任何问题，孩子不主动问，家长都不要主动提。家长的任何暗示和旁敲侧击，都可能给孩子带来精神方面的压力。其二是家长密切关注孩子的思想和情绪，防止他过度自我加压导致自己走火入魔而不能自拔。在孩子愿意交流的时候，家长可以陪他聊聊，但千万不要求全责备甚至是提醒，要多鼓励并创造条件，让他参与非学习活动，尤其是与人交往或参加体育活动。

2. 强而懒学型：核心词"情感"　这类学生学习能力强，但学习热情不高，学习没有自觉性，更不用说主动性了。这类学生反应快，但学习不投入。家长的泛泛说教几乎没有任何作用。他们非常了解父母的意图，父母一张嘴，他们就知道父母想说什么。他们主意多，有时家长也被糊弄。特定的年龄，决定了他们对生活和社会没有深刻的理解。如果他们被施压、被激怒，无法想象他们会做出什么事来。

他们学习意愿不强的原因可能与后天环境有关，家长需做这方面的深刻反思。这类学生，家长在与之相处时，少说话比多说话好，要牢记"情感"二字，努力打通孩子的情感通道。只要他接受了父母，醒悟后就是一匹千金不换的黑马。

家长引领他们学习，如果孩子尚处在小学阶段，可以恩威并施；中学后需要寻找合适的机会，首先需要让孩子接受自己，接受后才能考虑用合适的方式渗透自己的思想。必要时,可以考虑从外围环境入手,比如请他信赖的老师、同学帮助,千方百计营造学习的氛围,让孩子体会成功、成长带来的喜悦与自信。有一个办法值得一试:家长尝试帮助孩子在他重视的领域取得成功,再慢慢引导他把这种成功感迁移至文化课的学习中。

3. <u>快而浅薄型</u>:核心词"耐心" 这类学生学习热情很高,貌似反应很快、学习能力较强,实际非常浅薄,思维深刻性很弱。很多知识,他知道了一点就自以为掌握了全部;他拥有半杯水,就以为拥有了一桶水。这类学生学习时蜻蜓点水,学习成绩总是不尽如人意;行事风格冲动、鲁莽,做事毛糙,很难坚持。

这类学生在小学、初中低年级比较常见。有条件的家长,可以让孩子参加针对性的心理课程培训。通过系统的训练,这种性格特质能有明显的改善。即使不参加这种培训,一般而言,随着年龄的增长,他们也会相对越来越成熟。

改善他们的学习特性,需要引领他们改善自己的性格特质,家长要牢记"耐心"二字。邵国鑫曾经就是这样的学生,在日常生活和学习中,他的母亲总是不急不躁、耐心地引领他深入思考,使他日益进步。大学毕业后,邵国鑫自费学习飞行驾驶技术,现在早已是国内某知名航空公司的飞行中队长。

@4. <u>弱而愿学型</u>:核心词"速度" 这类学生愿学,但因学习能力偏弱,尽管非常努力、非常辛苦,学习成绩却总是不理想。落后的成绩加剧了学生的困惑,也影响学生的学习意愿和热情。他们的主要特征是:

① 理解能力弱 老师上课,他也可能在全神贯注地听,但就是不知道重点在哪里。他们的思维通常是单线程思维,表现为一步一步理解、接受、加工信息。在听课过程中,如果遇到某条信息不理解时,他不知道把这条信息暂时放置一边,跟着老师的思路继续听课,而是在那里死磕。有时,老师讲下一句了,他还在思考老师刚讲的那句话。跟不上老师上课的节奏,不知道对接受的信息进行有效加工,无法把接受

的信息融入自己的知识体系里，是这类学生听课的典型特征。

②<u>凡事慢半拍</u>　这类学生，对外界的刺激反应总是慢半拍。因为对概念、解题方法一知半解，所以他们做作业时一直处于不确定的迟疑或没有目标的游离状态，又特别害怕出错，表现为动笔速度慢、行动迟缓、答题不果断，时间便在犹豫中悄然流逝。有时，他们不知道解题的突破口在哪里，坐在那里发愣，似乎思维暂停，学习效率很低。

③<u>转换能力弱</u>　这类学生在知识的运用、转换和能力的拓展、迁移方面也不尽人意，好不容易弄懂了一个题目，稍微变换一下题目的条件或是求证的内容，他们常常就回到了问题的原点，又不会做了。

<u>解决策略</u>　提高这类学生学习成绩的切入点和核心是提高他们的行动速度。对于其他学生，做作业时"正确第一、速度第二"；而对于这类学生，在特定时期内，做作业时可以是"速度第一、正确第二"。家长和老师要鼓励他，让他拥有"错了又何妨"的无畏心态，凡事把速度放在第一位，勇敢行动，快速作答，再快速订正、快速消化，千方百计让行动"快"起来。同时，行动的迅速可以促进思维的敏捷。

提高理解能力和学习效率需要一个相对漫长的过程，但提高行动的速度可以立刻开始，而且可以收到立竿见影的效果。如果这类学生行动能够快起来，则已成功了一半。再通过背诵"母题"的方法，深刻理解解题方法背后的逻辑，结合本书中介绍的其他策略，其成绩提高一至两个档次是完全有可能的。

极少数小学生或初中低年级学生，他们无法安静下来，上课很难集中注意力。这类学生可能是体内激素分泌不平衡，或者是大脑的协调功能有待进一步完善，一般随着年龄的增长有明显的好转。有条件的家长请带孩子到大城市大医院的青少年心理干预中心咨询。

四、策略实施的灵魂

怎样发挥策略实施的最佳效果？

以上对学生的分类难免有些机械，因人制宜策略的实施也只是权宜之策。怎样把握策略实施背后的逻辑呢？长期担任初三年级部长的焦友芳老师，在教师会上分享了自己多年的教学与管理心得，值得家长们学习与借鉴。

1."四问一行"　在平时的日常工作中，老师需要养成提问的习惯，不是问学生，而是经常问自己：学生问题有哪些？问题本质是什么？解决方案在哪里？我们应该怎么办？她称之为"四问一行"订策略，即"四问"后开始行动，制订策略。这样的策略方向明确。

2."三位一体"　教学的核心目标是帮学生树立自信和发现、培养学生自身的学习能力，而它们又和学生实际学习成绩的获取相辅相成、相互制约。所以，老师需要从学生的信心、能力、成绩三个方面综合考虑，传授学习策略。她称之为"三位一体"提高学生综合实力。

3."三步一果"　不同的学生，即使他们的考试总分相同，他们的学习特点、各学科的成绩肯定各不同。即使学科的单科成绩相同，该学科的学习情况肯定也有异。老师需要培养自己的直觉，独具慧眼，明察秋毫，善于通过观察学生的问题表象迅速发现问题的本质，并给予针对性的指导，从而改善学生的学习状态，使其收获理想的学习成绩。观察→发现→指导→收获，她称之为"三步一果"出成效。

第一次初三模拟考试，路途和步楠楠两位学生总分相同。但路途同学数学成绩比步楠楠高12分，语文成绩却在作文方面比步楠楠低11分。所以，就语文学习而言，路途需要开展作文的专项训练；步楠楠要找出数学中的薄弱环节，再实施补差提优。尽管两人的物理得分相同，但路途在物态转换时能量的变化、光的反射和折射光路图中失了6分，步楠楠却在浮力、液体压强那道综合题中丢了5分。就物理学习而言，路途重点是加强零碎知识点的归纳和积累，而步楠楠重点是提高自己的综合分析能力。

诚然，学生学习的目的不只是为了考试，更重要的是培养能力和发现成功，包括享受战胜困难的喜悦和成长的快乐。但预期学习成效的获取，更有利于学习动力的保持与发展。

焦友芳老师这种实施策略的思想,使策略有了灵魂,最终使学生学习成绩和能力的提升变得轻而易举。

注释:
① 实质是心理学中所说的"构念库"。

拓展阅读一　瓦工粉墙给予的启示

部分学生,他们上学从不迟到、早退;课堂上,也很认真听老师讲课,可总是"把学到的知识还给了老师"。为什么老师传授的知识他们吸收很少呢?用瓦工粉墙来比喻知识的接受,存在一定的局限性,但却十分形象。

房子装修时,粉墙的程序一般是这样的:

1. 基础铺垫:直接将墙面铲到基础部分——不能再铲为止,除去基础部分的浮尘;

2. 创造条件:用水把墙面打湿,如果基础部分光滑,还需用电锤在墙面砸出一些小坑,把墙面打毛糙;

3. 筑牢根基:水泥砂浆反复搅拌均匀后,把砂浆粉在墙上,且反复搓揉,使砂浆和墙面形成一体。

学生学习新知识的过程,与之相似。首先是排除头脑里已有信息的干扰,如同铲除墙面。其次是跟着老师的思路接受信息,接受过程中,要努力去创造结合点,如同粉墙前的用水把墙面打湿、用电锤在墙面砸出小坑。最后是反复咀嚼自己已接受的信息,使新旧信息融合在一起,构建新的知识体系,如同粉墙过程中的反复搓揉,使砂浆和墙面形成一体。

粉墙时,如果没有做好墙面的清理、准备等工作,水泥砂浆粉上墙面后肯定会掉下来。学生接受知识的道理亦然。

第三章 探索奇妙的魔幻世界
——浅谈数学的学习策略

培根说:"数学是打开科学大门的钥匙。"笛卡儿说:"数学是知识的工具,亦是其他知识工具的泉源。"其实,数学的魅力,不仅在于它是"钥匙"和"工具",更在于它自身的奇妙。

数学的重要性还体现在中考、高考中。对学生而言,数学始终是主科,分值总是与语文并列第一。而且考生之间得分悬殊,这是其他学科没有的现象,所以人们常说"得数学者得天下"。本章重点谈谈小学和中学数学的学习(不包括数学竞赛)。让我们一起去探索奇妙魔幻的数学世界吧!

一、问中求索,曲径通幽

小学生学数学,最好的方法是什么?

小学数学怎么学?学生初学数学,背诵肯定少不了,如"1+1=2,1+2=3……"。二年级以后学生发现,背熟了乘法口诀表,不仅在计算乘法时非常方便,而且在计算除法,尤其是多位数除法时,"试商"也很准确。随着数学学习的深入,还出现很多其他的背诵内容,如数学公式。

当学生具备了一定的理解能力以后,单纯背诵的弊端也显而易见。一次数学作业课上,新来的孟楠老师让一位女生上黑板解答一道应用题:学校有篮球和排球共计 50 个,篮球比排球多 6 个,问篮球有多少个?这名女生走上讲台,想了好一会儿,憋得满脸通红,最后说"公式忘了"。这名女生勤奋、认真,成绩在班级一直很优秀。她为什么这道数学应用题不会做呢?这和她们以前学数学的方法是分不开的。绝大多数小学生学习数学,解应用题时都是阅读信息后套用公式——把题目中的数字代入公式，最后求解。例如这道题，公式：大数 =(和 + 差)÷2。因为那位女生忘记了这个公式，从而放弃了解答。

多数家长可能都有这样的体会：一道应用题，孩子自己不会做，家长给他读一遍题目后他就会做了。这说明两个问题：小学低年级学生理解信息的能力，通常是听觉通道优于视觉通道；学生理解了信息后，一般就会对信息进行加工，就会给予正确的解答。所以，对于小学数学的学习，学生应该逐步抛弃记忆公式，重在培养自己的思考和理解能力，理解透了，就能水到渠成、瓜熟蒂落。单纯背公式是只知其然，不知其所以然。

怎样才能培养学生的思考、理解能力呢？思维一般都是由问题引起的，并指向问题的解决。所以，提问不失为一种很好的方式。让学生在问中思考、求索，可以使问题在问中迎刃而解，最终曲径通幽。

以上面例题为例，孟老师不要学生记公式，他这样问学生："篮球和排球一共有多少？"

"50个。"学生肯定这样回答。

"篮球比排球多几个？"

"6个。"这两条信息题目中说得很清楚，学生回答没有困难。下面的这一问是关键，老师先作铺垫，然后再问："篮球和排球一共50个，篮球比排球多6个。如果排球和篮球一样多，那它们一共是多少个呢？"

有的学生能悟出来，有的学生还没有反应过来，不要急，可以不停地变换提问的角度，重复同一个问题。"篮球和排球一共50个，篮球比排球多6个，增加6个排球，排球和篮球一样多，这时它们是多少个呢？"这时，绝大多数同学都明白过来了，异口同声地说："50+6=56(个)"。

"如果排球和篮球一样多，排球和篮球共56个。那么篮球是多少个？"至多再问两遍，学生便知道了"56÷2=28(个)"。

据说，苏格拉底在帮助弟子们获取知识时从不一味说教，而是引导他们自己去发现。有时，他一步一步地引导弟子们思考，得出结论；有时，他开始一个叙述，结论早已隐含在弟子们的意念之中，但他们却不知道,而这些结论与弟子们刚说过的话互相矛盾,弟子们认知冲突,激烈辩论后恍然大悟,不得不调整原来的看法,形成新的观念。通过这种方式自己找到答案,与别人传授自己结论,两者的效果不可同日而语。

家长应该借鉴这种方式,把它运用到孩子小学数学的学习过程中。一般在学生跨入三年级以后,老师就不要再要求他死记公式,而是经常问,变换角度不间断地问,在问中启迪学生思考,让学生在问的启发下获得答案。小学数学中的绝大多数应用题,都可以用这种方法去解决。

解小学数学应用题时,虽然背公式再把数字代入公式与学生通过理解都能获得问题的答案,即背诵学数学和理解学数学,但两者在开发学生思维能力方面的效果是大相径庭的。

二、数学思想,纲举目张

初中生学数学,什么是学习中的通法通则?

初中数学的学习,重在透彻理解定义、原理后掌握通法通则。所谓通法通则,就是解决问题的常用方法。所以,需要对知识进行归纳、总结,最终形成每一类题的常见解答方法。比如分解因式,无外乎四种类型:提取公因式法、公式法、分组分解法、十字相乘法。有些题目可能需要配方,然后再综合运用上述方法。再比如一元二次方程应用题,初中一般就五种题型:增长率问题、溶液稀释问题、路程问题、面积问题及其他一些问题。只要抓住问题的本质,找出等量关系,列出方程式并不是很困难。

课本上,一般没有这样的归纳,甚至还没有出现这样的方法,如二次三项式因式分解的十字相乘法。但如果补上这些方法,就会给后来的学习带来便捷。初中教材和高中教材是不同的团队编写的,在内容和方法的衔接方面很难做到天衣无缝。

进入初中以后,为了提高学习效率,一些常见的知识必须烂熟于心,看到条件就能形成反射,如求1~20的平方、1~9的立方,3、4、5和5、12、13等几组常见的勾股数,几何题中添加各种常见的辅助线,各种定理的证明……若题目的已知条件是：三角形的三边长分别是 8、15、17……如果学生不能立刻意识到这是一个直角三角形，势必影响解题的速度。

小学生学数学，我们主张抛开公式，注重思考、理解，目的是培养学生的思维能力。初中生学数学，我们倡导把一些知识作为整体记忆，并将记忆结果直接用于解题，目的是缩短思考的过程，提高解题的效率，两者并不矛盾。

如果达到上述的要求，数学成绩就能达到中等水平；如果想取得更好的成绩，还需要加强数学思想在解题方面的运用训练。

什么是数学思想呢？比如解一元二次方程，必须将它化为两个一次因式相乘积为零的形式。因为两个因式的积为零，两个因式中至少有一个为零，这就是数学中的"化规思想"，化规思想还包括将一个问题由难化易、由深化浅、由复杂化简单的过程。再如解普通方程，求解一个未知数就需要一个等式，求解两个未知数就需要由两个等式组成的方程组；确定一个正方形，需要知道边长……这些都是解方程、确定正方形的"基本量"。这就是"基本量"思想。

其实，通法通则中蕴涵着数学思想，数学思想是解题方法背后的逻辑，是解复杂数学题的指南针，是数学方法的灵魂。学生在平时学习时，需要在老师的指导下提炼和总结。初中数学的学习，牢固掌握通法通则，再结合数学思想，基本上都能做到攻无不克、战无不胜。

三、标准引领，目无全牛

高中生学数学，怎样才能做到目无全牛？

高中数学怎么学？必须吃透课程标准后，再围绕课程标准展开学习活动。《普通高中数学课程标准（2017年版2020年修订）》（以下简称《课程标准》）建议高考命题要聚焦学生对重要数学概念、定理、方法、思想的理解和应用，强调基础性、综合性；注重数学本质、通性通法，淡化解题技巧，融入数学文化。教学评价要聚焦数学的核心素养，关注数学问题的自然产生和解决问题的通法通则。2023 年,教育部又强调"高考数学考试加入复杂情景,强调数学思想方法"。

<u>概念的理解</u>　对照《课程标准》,我们来分别解读。对于概念的理解与应用,一定要准确、透彻,和其他概念该联系时要联系上,该区别时要分清。比如角的概念,小学课本的定义是"从一点引出两条射线,所组成的图形叫作角",而高中课本的定义是"一条射线绕着它的起点旋转,顺时针为负角,逆时针为正角……"对于一些复杂的概念,可以把一句话分成几层意思来理解,如倾斜角:①直线向上的方向,②与 X 轴正方向,③所形成的最小正角,④同时注意直线与 X 轴重合或平行的情况。

<u>定理和方法</u>　高中数学中的很多综合题,都植根于定理的证明、公式的推导,是它们的有机变形、整合。如果学生能掌握每个公式和定理的来龙去脉,面对一道综合题时,基本上通过试探就能发现这道综合题与之的关联;如果学生对定理的证明、公式的推导早已烂熟于胸,解答综合题时通常也就有了切入口和方向。所以,学生要像初中记住"勾股数""1~20 的平方"那样,把定理的证明、公式的推导过程和常规题常见的解答方法和思想,在透彻理解、特别是理解其中逻辑的前提下,作为整体记忆下来。这样,纵横交贯的知识点、解题方法和思想,便井然有序地储存在脑海里。遇到综合题时,学生就能达到目无全牛的境界,就能很顺利地进行信息的提取与加工。

<u>方法与思想</u>　所谓数学思想,其实是蕴涵于各种方法之中的,它不能脱离具体方法而独立存在。如解析几何中求动点 P 的轨迹方程,实质就是求 P 点横坐标 X 与纵坐标 Y 之间的关系——寻找一个关于 X 与 Y 的等式。这就需要充分挖掘题目中的信息,可能用到几何中的平行、垂直的性质或线段的长度计算,也可能用到代数的方法。

少数学生学习数学有急于求成的思想,有投机取巧的心理,总想在解题过程中寻求所谓"巧"的方法。网络上,总有少数老师为了迎合学生的这种心理,经常宣称自己的方法是如何的巧妙。《课程标准》中明

确建议"淡化解题技巧"。历年的高考试卷中，几乎没有"技巧"性很强的题目。即使有所谓的"技巧"，也是熟能生巧。

有这种思想的学生，过分追求"解题技巧"，是舍本求末，如同品尝青果的苦涩，最终得不偿失。任何成绩的提升，都需要踏踏实实的努力，数学能力的提升也是如此。如果真的有那么省力的巧方法，还有多少学生愿意去努力？那些老师不需要宣传，很多学生便趋之若鹜。

四、突破瓶颈，扶摇直上

怎样突破数学学习中的瓶颈？

如何提高数学成绩？如果带着这个问题去请教数学老师，老师们的回答可能各有千秋，但几乎都会说"要做题"。做题是必须的，这一点毋庸置疑。学生对知识的掌握程度、运用知识的能力和学科综合素养的发展空间，都是通过做题的结果——分数呈现的，高考录取的依据就是高考试卷的做题结果——高考成绩。虽然学数学不等同于做题，但不做题谈不上学数学。做题的重要性显而易见。

但我们必须清醒地认识到，成绩暂时太弱的学生，甚至读题（理解题意）都很困难。他们解题速度很慢，做题必然降低他们的学习效率，做题不是他们提高成绩的首选。他们首先需要理解概念、定理、方法，再从基础题开始做起。

成绩中等者，做了一定量的习题后，绝大多数学生都会遇到瓶颈，只是瓶颈出现的时间和位置因人而异。它表现为练习量保持在一定的水平，而解题能力、学习成绩就是停滞不前，或上下波动。这就如同一只逆流而上的小舟，由于动力不足，总是在漩涡里挣扎，忽进忽退，无法稳定向前。这时，虽然有较大的进步空间，但仅通过大量做题，效果通常都不尽人意。如何突破瓶颈呢？请参考、运用以下三条建议。

1. 跳至圈外再复盘 人们常说"当局者迷，旁观者清"。当学生全身心投入做题实践中时，他们的注意力因为高度集中而变窄。所以，当学生学习数学遇到瓶颈时，如果能放空心态，跳至圈外，再回过头来反思、复盘自己做过的那些经典题,尤其是自己当时做错或不会做的题,常有意想不到的收获。

2. 双向检测重过程　掌握了数学思想,在解决该思想对应的数学题时,常有"一览众山小"的效果。所以,学生在遇到一些所谓的难题时,要努力用对应的思想去解题;学习了一种数学思想后,再找对应的题目去验证。在这种有目的的双向检验过程中,总结其中的发现和感悟,通常收获颇丰。

3. 虚心求助找灵感　如果以上方法效果都不明显,可以向爱思考的教师或成绩特别优秀的学长请教,问问他们当年是怎么突破瓶颈的,聆听他们的声音,横向比较,寻求灵感。

寻找灵感时需要注意:①不要向不爱思考、很保守的教师请教。这些教师同样值得尊敬,但因故步自封,他们通常只能传授固化的知识。②请教时,需要知道他们遇到同样或类似的问题时是怎么做的,从他们的做法中找启示。③他们的建议不重要,生活中提建议很容易,但有效果的建议通常却不多。

踏实做好以上每一步,就能突破学习的瓶颈,跃上新的高度。如果学生始终能从宏观上把握知识结构和解题思想,在微观上落实具体的解题方法和细节,就能做到各种知识、解题方法和思想的融会贯通,以一敌百,以不变应万变;就能在奇妙的魔幻世界里如鱼得水,物我两忘,收获累累硕果。

拓展阅读二　找出金币

80枚外观完全一样的硬币,其中的一枚是金币,质量比其它硬币大,但仅凭肉眼和手感无法分辨。给你一架已经调节好的天平,找出这枚金币,至少需要称几次?(答案:4次)

第四章　在语言王国里尽情驰骋
——浅谈中学英语的学习策略

对于中小学生而言,英语学习的重要性毋庸赘述。有些学生,在英语学习方面似乎得到了神助,语感特好。而另外一些学生却与之相反,投入大量的时间和精力,却收效甚微。语言及其学习是怎么回事？英语学科偏弱的中学生如何才能奋起直追、迎头赶上？读完本章,一切将了然于胸。

一、当年梦想与今天现状

什么是目前英语学习的现状？

曾几何时,操一口地道、流利的英语是很多人梦寐以求的愿望。今天,这样的梦想早已成为很多人的现实。自20世纪70年代末改革开放以来,我们国家曾迎来多轮全民学英语的热潮。在国家没有实施"双减"政策之前,全国各地林立的培训机构中,少儿英语项目的培训机构最多。在中考中,英语和语文、数学的分值一样——有的地市仅次于数学、语文学科。而在高考中,从1983年开始,英语就是100分；后来,分值在总分中的占比和数学、语文相同。有人曾进行过抽样调查,统计数据后发现,初中生和高中生在各学科投入的时间中,英语总是在第一和第二之间徘徊,而用于语文学习的时间最少。

比较考生的高考学科成绩,数学和英语学科的分值离散程度总是名列前茅,考生间分数悬殊,投入时间相对最少的语文却与之相反。而且,经常是英语成绩弱的学生,投入了大量的精力和时间学习英语,却没有收获与之对应的成绩。部分考生仅仅是因为英语学科偏弱,就让自己与理想的大学失之交臂。

对于中小学生而言，英语和汉语同是语言学科，学习效果为什么会如此悬殊？学习语言，究竟有哪些策略？让我们从源头入手，走进语言王国探幽。

二、语言环境与"最佳期限"

英语学习主要取决于哪些因素？

科学界早已形成共识，动物演变为人类的三个前提分别是直立行走和手的发展，使用工具和制造工具，最后一个是语言的产生。但语言究竟是怎么产生的，学术界一直众说纷纭，莫衷一是。

<u>国王的传说</u>　传说公元前 7 世纪后半叶，埃及国王普萨美提克一世征召了两个出生于社会底层的婴儿，然后把他们交给一个边远地区的牧人抚养。两个孩子被安置在相互独立的小木屋里，得到舒适的照料，但听不到任何言语。国王的目的就是倾听两个婴儿在咿呀学语时所发出的第一个音符。因为他相信，如果孩子在出生之后即被剥夺学习语言的机会，那么，他们就会本能地说出人类与生俱来、浑然天成的埃及语言，以此来证明埃及是最古老的民族。结果却让国王普萨美提克一世大失所望。

<u>研究后发现</u>　在隔离的条件下抚养孩子，通过对他们进行研究发现，世界上绝对没有天然语言。天生耳聋的婴儿，在出生后不久也会啼哭、发声，但因受不到语言的刺激，终究不会说话——一个从未听过别人说话的孩子是不可能说话的。孩子只有在一个语言环境中才能学会说话。世界上所有的孩子，无论他们所处的语言环境有多大的差异，他们语言发育的顺序都是相同的，而且学习的进度也非常接近。不论孩子的父母是什么民族、使用哪种语言，如果孩子出生在某种语言环境里，到了该说话的年龄，只要孩子的语言生理系统没有发生器质性病变，孩子自然就会学说这种语言，且渐渐就能自如地运用。"儿时的语言环境质量决定着孩子今后的语言表达能力"。

语言是一个自由创造的产物。生成语言的规则是有限的，但应用有

限规则进行创造的过程则是自由的和无限的。人们使用有限数量的词语和规则,便能产生或理解无限数量的语句,这些语句可能是他们以前从未说过或听过的。语言的创造性在儿童身上表现得酣畅淋漓。

语言的发展　关于语言的发展,学派林立,学术观点异彩纷呈。其实,语言都服务于人们的交流和生活,并随着后者的发展而发展。我们可以这样简单地理解,使用英语的人,上午和朋友相遇时的第一句话是"Good morning",晚上临睡觉前的最后一句告别语是"Good night"。这正好和使用汉语的人上午见面时说的第一句话"早上好"和晚上临睡觉前说的最后一句话"晚安"对应。于是,人们便认为这两个英语短语是"早上好"和"晚安"的意思。其实,我们不需要知道英语词组对应的汉语含义,只需要在对应的情景下运用,这也是多数人学英语的真正目的所在——毕竟多数人学习英语不是为了从事翻译工作。那些出生、成长在双语环境中的幼儿,自出生就享受双语环境的熏陶,在同一情景下常用两种语言思考或表达,所以他们熟练地掌握两种语言便是顺理成章的事。

最佳的期限　舞蹈教练告诉我们,专业学舞蹈的最佳年龄通常在10岁左右。随着年龄的增大,软度的训练难度也会相应增加。其实,学习都有最佳时期。对于学习与发展的关系,前苏联心理学家维果茨基提出了三个重要的理论,其中一个是"关于学习的最佳期限"。维果茨基认为:对于每一种技能的学习,人都有一个最佳期限;如果人错过了学习某一技能的最佳年龄,学习就会变得(可能更加)困难。日本孩子起先能够区分L和R(比如Land和Rand),但因在日语里这种区别没有意义,在接下来的几个月里,他们会渐渐失去这种分辨能力。

一位大学教授非常勤奋好学,但出生在偏远山区,小时候一直说方言。考上大学后,他跟着同学说普通话,但收效甚微。参加工作以后,他非常刻苦地学习普通话。直到有一天,辅导他的老师带读两个实际读音不同的词,但在他听来读音却是相同的,这时他才恍然大悟:自己已经失去了辨别某些不同音素的能力。既然如此,他怎么能说出标准的普通话呢？那些唱歌跑调、五音不全的人，一般都认为自己发出来的声音是正确的，否则，他为何不给听众呈现正确的声音？

由上述分析可知，语言的学习，主要取决于语言环境和学习语言的最佳期限。

三、"降维打击"与忘记母语

如何实现英语学习的弯道超车？

我国在小学就开设了英语课程，但总有少数学生到了中学以后英语学科还是严重拖后腿。"听说读写"被认为是学习英语的常规方法。但如果这时候，也采用常规的方法，多数情况下是于事无补的，犹如体弱的人很难通过日常的饮食强身健体。

<u>走出误区</u>　如果学生英语成绩不好，家长说得最多的是"孩子懒，不背英语单词""单词都不背，怎么学习英语呀！不认识字，怎么读书"。说到学英语的方法，多数人首先想到的是"背单词"。背单词似乎成了提高英语成绩的万能钥匙。

初学英语，背单词肯定是少不了的，如同小学一、二年级的学生学汉语时需要识字，但学生很快就学会了查字典，学习的重点就不是识字了。中学生尤其是高中生，对英语单词已有了一定的积累，学英语的主要精力不应该放在背单词上。

那些英语成绩不好的初、高中学生，多数可能是心理的原因，导致自己对英语的学习没有兴趣，对学好英语缺乏信心。少数学生可能是某种客观原因，比如授课老师更换过于频繁或自己生病缺课，导致英语成绩偏弱。单纯背单词是机械的、枯燥无味的，机械的强化实质是灌输，效率很低。"缺乏兴趣"+"枯燥背诵"="雪上加霜"，必然导致学生花费大量的时间背单词，但英语成绩依然不见起色，这不仅加剧了学生对英语学习的抵触和畏惧，也极大地影响了学生学习英语的信心。

对于多数高中生而言，满分150分的英语试卷，学生考到了80分，虽然这个成绩相对较低，但学生很难通过背单词使自己的英语成绩有质的飞跃。这就如同我们不能通过背《新华字典》提高我们的汉语水平一样。通过背单词提高英语成绩，只是局外人一厢情愿、不切实际的建议或要求。有多少英语成绩弱的学生，单纯通过背单词爱上学英语并在有限的时间内取得显著成效的？如何学好英语，少数人是否存在误区？

<u>降维打击</u>　我们并非否认学英语需要背单词，只是强调单纯、机械的背诵常常是事倍功半，收效甚微。语言的学习，主要取决于学习语言的最佳期限和语言环境。最佳期限是否已经错过，这个结果对我们来说意义不大，因为我们无法改变现实，但营造语言环境却是人为能够做到的。把单词放到句子里、短文中，通过"听与读"的运用来记忆单词，这是学生记忆单词、学习英语的有效方法。

"听"是外部提供的刺激。机器"说话"本来是正常的语速，但因对单词、词组生疏，学生听时需要时间思考，就觉得语速快了。至于阅读，句子和短文里生词率过高，阅读时困难就多，学习效率自然就低。为了改善学习英语的环境，学生需要像两军对垒那样实施"降维打击"——降低听、读材料的难度。这样，学生就能听得懂、读得进去，单词因频繁"听与读"而被熟悉，英语成绩也因学生将英语融入学习生活、积累越来越多的语感而提高。

同时，学生要准备一本和目前学习内容配套的英语词典和一本简明语法书，如同小学生只需要使用《新华字典》而不需要使用《辞海》《词源》一样。对于有些学生来说，英语词典太厚，里面的词条解释太多、太细，查阅时无所适从——语法书过于全面、系统，使用时事倍功半，效率很低。

<u>忘记母语</u>　有了学习英语的良好环境和合适的工具，便有可能实现英语学习的弯道超车。但要使成绩实现从平凡到优秀再到卓越的飞跃，就必须在学习和运用英语时忘记母语。

汉语和英语都是语言，它们有相通的地方，但却是各自独立的语言体系，有着各自独立的语言规则和内在逻辑。国人学英语的最大困难

在于汉语的干扰,因为使用汉语的人,自然会在无意中用汉语的思维去理解英语的规则和逻辑,且年龄越大,这种倾向越明显。只有用英语思维,才能在英语的王国里尽情驰骋。

马克思在他的一本书中,就如何学习外语提出了一些建议。他说,当人们学习一门外语时,不应该把所有的东西都翻译为自己的语言。如果他们这样做,就表明他们没有掌握外语。当他们使用外语时,他们应该尽量忘记自己的语言。如果他们不能做到这一点,他们就没有真正领会外语的精神,也就不能自如地使用外语。(In one of Karl's books, he gave some advice on how to learn a foreign language. He said when people are learning a foreign language, they should not translate everything into their own language. They should try to forget all about their own. If they cannot do this, they have not really learned the spirit of the foreign language, and cannot use it freely.)

四、两位将军与逆向学习法

学习语言有"最佳期限"。如果错过了学习英语的"最佳期限",就学不好英语吗?请看下面两位将军学习英语的故事。

金一南,国防大学战略教研部教授、博士生导师、全军优秀教师,连续三届荣获国防大学"杰出教授"称号……他初中毕业便到一家制药厂做起了学徒工,在基层当了12年兵后辗转到了国防大学图书馆工作。只有初中学历的他,利用图书馆工作之机博览群书,35岁自学高考,36岁自学英语,后来代表国防大学赴美军院校全英文讲学,英语水平可见一斑。

钟道隆,通信工程专家、中国人民解放军少将。他在45岁的时候,悟出了成人学习英语口语、听力的正确方法,总结出了"听、写、说、背、想"五法并举的"英语学习逆向法",创办自己的学校,向全社会大力推广,帮助很多人攻克了成年后学习英语的难关。

从两位将军学习英语的成功案例中,我们得到这样的启发:"最佳期限"内学习英语只是效率较高,但只要有顽强的意志和科学的方法,在英语王国里尽情驰骋就没有年龄的限制。

只要有足够的勇气和合适的梯子,就没有登不上的高楼。

拓展阅读三　什么样的老师可以称为"优秀"?

公元802年,韩愈提出了"师者,所以传道受业解惑也"。1200多年过去了,当年韩愈的创作背景今天已经不复存在,教育环境也已发生了翻天覆地的变化。但关于老师的认知,很多人依然停留在这个层面。

什么样的老师可以称为"优秀"?小学、初中、高中优秀的标准各不相同。概括来说,小学老师需要注意呵护、激发学生的好奇心与探索的欲望,分析各种探索的方法;初中、高中老师还需要在适当的时候剖析各种方法背后的逻辑,给学生思想。他们都有一个共同之处:自己热爱学习,勤于思考,博览群书,积极向上;对学生包容大爱,豁达乐观,教导有方,诲人不倦;从来不把学生视为知识的被动接受者,始终能以开放、平和的心态和学生一起去探究、成长。

有些老师,看上去认真负责,其实时时、处处都在以自己的标准要求学生,用自己的视野束缚学生的思想。他们没有引领学生的方法,只能以"严"著称。也有些老师,看上去儒雅和善,其实圆滑世故、清高自负,自以为看透了人生,每天都在向学生传递消极的观念。他们都不能称为"优秀"的老师。

学生时代遇到一位优秀的老师,将终身受益。他可以不是学生的授课老师,却一直在影响着学生的学习与成长。

第五章　在逆风中飞翔
——个人语文学习的经历和拙见

语文成绩优秀,还有利于其他学科的学习。然而,学生对语文学科的重视程度和在语文学习上投入的精力,通常随着年级的递增而骤减。而且在很多学校,高三年级语文的课时量远少于数学或英语的课时量。

语文应该怎么学?本章以杨志欢学习语文为例,仅从基础知识、基本技能角度介绍他学习语文的经历。更详尽的介绍,请读者参阅这套书下册第四十四章《百川归大海》。

一、基础知识,重在平时积累

语文学习中,怎样积累基础知识?

语文的学习,离不开基础知识的积累。积累,重在平时,难在坚持,贵在不放过任何一个自己不理解的知识点。

20 世纪 70 年代,杨志欢因家庭困难,四年级有一学期没有上学,初一上学期仅读了一个月便辍学了。他回家后,一边务农,一边随着父亲走村串户给乡邻们理发。

在那个一天劳动的工分都换不回一斤盐的多灾多难的岁月里,在那个连最有水平的生产队会计也会将"孔子曰"读成"孔子日"的年代,千百万同胞在贫困线上挣扎,杨志欢的一家也是衣不御寒、食不果腹。读书,只是他魂牵梦绕的夙愿。邻队有一位姓陈的民办教师,家里有书,每次理发,杨志欢总是向陈老师借本书带回家阅读。

有一次,杨志欢在陈老师那借了一本中篇小说《曹雪芹外传》。小说中,有一首曹雪芹写的诗:"爱此一拳石,玲珑出自然。溯源应太古,堕世又何年?有志归完璞,无才去补天。不求邀众赏,潇洒做顽仙。"他不知道"璞"的意思。后来一天晚上,一位高二的学生来他家理发,杨志欢趁机咨询,这位高中生很自信地对他说:"璞是一种美玉,还有一个典故完璞(璧)归赵。"于是,这位高中生兴致勃勃地对他讲起了这个典故。杨志欢听完后,总有一点意犹未尽的感觉。

又过了一阵子,他给一位姓尹的老伯理发。听说尹老伯小时候读过私塾,他便向老伯请教这个"璞"字。"璧是美玉,璞是没有雕刻的美玉……"尹老伯还没有说完,杨志欢联想曹雪芹创作这首诗的背景,恍然大悟,在为那名高二学生的错误感到遗憾的同时,也为自己的收获兴奋不已。

大约是1984年,杨志欢阅读《中国青年》杂志上的一篇文章,文章中有这样一句话:"没有优秀的企业家,犹如没有国王登场的哈姆雷特"。"没有国王登场的哈姆雷特",这句话的意思他似乎明白但又说不清楚,四处求教一直没有收获满意的答案。直到次年,他遇到一位安徽省巢湖学院(原巢湖师范专科学校)英语系的毕业生,向之请教,这位准英语老师从《英汉大词典》中查阅"哈姆雷特"这个词条,并告诉了他这句话的意思。

基础知识积累的故事,远不止这些。有一次,杨志欢看露天电影《兵临城下》,剧情中出现了两句诗,因他距离电影屏幕太远,没有听清,后问了多人,才知道是陆游先生的"山重水复疑无路,柳暗花明又一村"。有时候,也有别人主动和他讨论。一次理发时,一位老乡咨询他,前不久看了一部电影(好像是《挺进中原》),幕上出现了一副残缺的对联(有两个字屏幕上没有呈现),"××汉室三分鼎,莫忘春秋一部书"。他同很多人做了很多猜想与讨论,始终没有搞清楚没有呈现的究竟是哪两个字,后来听说常平关帝庙有副对联"义存汉室三分鼎,志在春秋一部书",考虑到两者应该有关联。

对于学习中没有弄明白的知识,只要在自己的认知范围内,杨志欢始终铭记于心、念念不忘,总期待有朝一日能水落石出。数十年来,他一直有这个习惯。不积跬步,无以至千里;不积小流,无以成江海。语文基础知识的点滴积累尤是如此。今天,知识有太多的传播和学习途径,学习的条件远好于当年,学生们更应该珍惜机遇,不负韶华。

二、阅读理解,难在揣度本意

阅读理解难点在哪里?

20世纪70年代,四年级语文课本里有一首毛主席的诗词《十六字令三首》。原文是:"山,快马加鞭未下鞍。惊回首,离天三尺三。"十六个字,语文老师讲解了一堂课,特别是讲"惊"字的妙用,让人回味无穷。他也从中体会到语文学习的乐趣,也试图揣度一些文章中一些字、词使用的传神之处。事情过去近50年,杨志欢依然记得老师演示"惊回首"的动作。

"她也是一个美丽动人的姑娘,好像由于命运的差错,生在一个小职员的家里。"莫泊桑的小说《项链》有多种译本,而高中语文课本中的翻译最为传神。第一句的一个"也"字,引发读者无限的想象。读完全文,再回过头来玩味这个"也"字,才知道这个"也"字是为后文埋下伏笔、与后文形成呼应,同时将主人翁的沧桑与无奈呈现得淋漓尽致。如此一来,作者的立场、意图也就显而易见了。这时候才体会到作者的用词之妙。

"数只船横浦口,( )声笛起山前。"这是全国高考语文试卷的一道选择题,要求从A、B、C、D(A、一;B、几;C……)中选择一个答案填入括号中。这两句诗选自陆游的《夏日六言》。数只船横在浦口,突然,山前一声笛声响起,划破宁静……如果不能领略诗的意境,就会选择B,让"几"字与上句的"数"字对应,使诗黯然失色。

同一年,高考语文试卷中有一题让解释电报中"船行二日即到"的意思。究竟是"二日这一天到呢",还是"再过二天到"? 单凭这封电报上的六个字,读者无法确认。试卷要求考生至少给出两种意思的解读。

阅读理解,难在揣度作者的本意。字、词、句,只有放在文章的语境里,放在特定的写作背景下,从全篇来把握它们的意思,才能真正被理解。很多时候,很多文章需要结合作者的创作背景,只有这样,才能力争和作者共情——体验别人的内心世界,站在对方的立场考虑问题,具有同理心。

中华文化博大精深、源远流长,有着五千多年的历史。阅读理解需要学生具备丰富的生活体验、广泛的人生阅历。语文的阅读理解水平,通常和读者的认知水平、综合素养有着很紧密的联系。

因为家庭的原因,杨志欢初中辍学了。他读的书并不多,但每读一篇文章,甚至是读几句话,他都用心反复琢磨,揣测作者的意图,领略文采的华丽。平时一点一滴的阅读能力的积累,也助推了他阅读水平的提升。

三、文章创作,贵在下笔有神

写好作文的基本方法是什么?

现在,很多学生都害怕写作文。其实,写篇中等及中等偏上水平的作文通常并不是难事。记得吉利汽车公司的老总李书福先生曾经说过,汽车不过是四个轮子加两个沙发,写作文不就是把自己的想法变成书面语言吗?

写作文,作者首先需要有自己的想法,再把这些想法按照某种方式(如内在、外在的逻辑联系)围绕一个中心连成串。在用书面语言表达这些想法时,要力求语言清晰、层次分明。至于想法是否新颖、立意是否深刻,其实这不仅是写作层面的事,更属于人的认知范畴。其次,作者在谋求表达这些想法的方式、策略时,自己必须有一定的经验沉淀,正所谓"巧妇难为无米之炊"。用词传神、语言生动、文章结构严谨精妙,需要长时间的积累和打磨。

有了这些以后,一般来说,下笔便能成文。但要达到下笔有神的境界,脑海里还必须有大量的"模型"——至少是一些名篇的文章框架,先仿写,后蜕变,这也是写作成功的一条途径。也有的时候,写作如同我们去一个陌生的地方旅游,一眼看不到目的地,需要边走边问。写作,有时是在动笔的过程中,因为写了上一段而联想到下一段,再做整理,最终成为一篇完整的文章。

杨志欢是以同等学力身份参加高考被录取的。读大学时,他曾替室友写过 28 页的情书,帮室友赢得了爱情;他帮英语老师写过一篇演讲稿,为老师夺得了第一名的荣誉;他也代表学校写过 34 页的《学〈毛泽东选集〉心得》,受到高度的评价,被团中央工作人员带回北京。而这几篇文章的创作,也给他带来了改变自己命运的契机。现在,杨志欢已是一名业余作家。

在校学生的学习与写作不同于这些。中学生的写作,尤其是整个语文学科的学习,又应该如何呢?如何提高语文的应试水平?这属于复习迎考的范畴。

四、复习迎考,重在有的放矢

怎样才能提高语文学科的考试成绩?

高考语文考试成绩的提高,离不开语文的综合实力,与考试能力也有很紧密的联系,需要针对性的训练。

近年来,全国卷高考语文一共有四道大题,第一道大题是现代文阅读,满分 35 分;第二道大题是古代诗文阅读,满分同样是 35 分;第三道大题是语言文字运用,满分 20 分;第四道大题是写作,满分是 60 分,合计 150 分。

对于现代文的阅读,学生必须借助老师或资料的总结,对各种阅读材料的体裁、各种问题的设置了然于胸,再练习专题,看看自己的弱项究竟有哪些。比如在练习阅读理解时,某学生在诗歌欣赏部分经常失分。诗歌欣赏部分考查问题的设置有:意境、表现手法、语言特色……如果该学生在"表现手法"的答题方面尤其欠缺,可以归纳罗列已有资料中各种表现手法的类型,理解后熟记背后的逻辑。再考诗歌欣赏时,面对表现手法的问题,该学生应该能得满分,毕竟表现手法是有限的。

古文的阅读也是如此,但古文的学习更应该重视实词和句式等知识的积累。这种抽丝剥茧的方法,第七章有详细的介绍。

基础知识几乎完全依赖于学生平时的积累。少数必考的知识点,归纳后可以在高三年级复习时各个击破。拥有高三教学经验的语文教师,只要用心钻研,一定具备指导复习迎考的能力。

高考作文不同于平时的写作,需要在不查阅任何资料的情况下,在有限的时间内完成一篇符合要求的作文。这有一定的难度,但也有模式可寻。首先,考生在平时的学习中,需要积累各类作文的结构模型,成竹在胸。其次,在考场上,考生需用最快的速度构思作文的标题、开头、框架和结尾,并把它们速记在草稿纸上,然后对作文的标题、开头和结尾进行修改润色。最后,学生要把润色好的作文标题、开头抄写在作文的答题卷上,其他部分内容按照框架在答题卷上直接书写,最后抄写结尾。奢望在草稿纸上写完全文,修改后再抄写到答题卷上是不现实的。语文试卷的答题,需要注意卷面整洁。

数学试卷的得分点较少,每个得分点的分值较大,成绩会有较大的波动,有时表现为明显的提升。提高语文成绩,通常缓慢且艰难,但学生的语文考试成绩总是相对平稳,不会有大的波动。所以,有人说,语文的学习,如飞机逆风起飞,阻力很大却增加了升力和安全系数,可谓以患为利。

拓展阅读四 时间相对论(1)

你的车速30m/s,我以30m/s的车速追你,两车相对速度为0。

战斗机以每秒600米速度飞行,加油机飞行的速度、方向与之相同,两飞机相对静止。

光速是30万千米每秒,如人以同样的速度、相同的方向追一束光,结果是:光相对人的速度依然是30万千米每秒。因为光速是恒定不变的,而时间是相对的,当人的速度是光速时,时间于这个人就停滞了。这就是"时间相对论"。

第六章 "99+1",画龙点睛
——快速提高做题效果的策略

很多学生课下疲于做题,却不清楚做题的目的,没有做题的策略,使得学习效率受到很大的影响。如何提高做题的效果?本章介绍的"99+1"理论和它对应的做题策略,是多位学习成绩优秀者多年做题经验的凝练,是他们多年苦苦摸索的经验的结晶,是快速提高做题效果的真知灼见。

一、两个目的

对绝大多数学生而言,高考分数是高校录取的重要甚至唯一依据。高考分数是通过做题的结果来具体呈现的,所以,做题被认为是提高学生考试分数的最直接、最有效的手段。

很多学生整天忙忙碌碌,除了听课之外就是疲于做题,但他们未必明白做题的真正目的。做题的目的主要有两个。

1. <u>融合出新</u>　做题是运用所学的理论知识,通过做题实践来巩固和消化当天的学习内容,把学到的课本理论运用到解题实践中,促使新旧知识的融合,从而形成新的知识体系。

任何学科,高考都不考查知识本身,而是考查知识的运用——做题。比如:语文不会考"怎么写作文",而是要学生按要求"写篇作文(写作方法的运用)";物理不会考"怎么受力分析",而是给一个题目,让学生"通过确定分析的对象并进行受力分析(受力分析方法的运用)来解题"。

2. <u>查缺补漏</u>　做题的另一个目的就是给自己的学习查缺补漏,通过做题发现自己学习中的薄弱环节和不足之处。如同体检,查看身体有没有指标不正常一样。

无论哪种做题目的,本质都是为了掌握这些题目所涉及的知识、解题方法和思想,尤其是掌握知识在解题中的灵活运用。实际学习过程中,学生做题的效果又是如何?常规做题方法能很好地实现这两个目的吗?

二、三个实验

三个做题实验说明了什么?

实验一 吴力浩老师在教学中发现,很多学生做过的数学题,在他给学生讲解后且学生又都说"听懂了"的情况下,如果考试遇到此题,学生还是经常失分。

期末考试前夕,在一次作业辅导课上,他问学生:"我给你们讲解过的题目,你们真的掌握了吗?"

"真的掌握了。"学生们异口同声地回答。

"既然你们都掌握了,请你们在这些讲义的上方写上一行小字:'这些题目我都弄懂了,全部掌握了,请老师抽查。'然后签上自己的名字交上来。"他说。

听吴老师这么一说,学生们犹豫了,都显示出为难的神情,不敢写。有的学生开始和身边的同学讨论,有的学生问他讲义上面的题目。第二次课间,他又故技重演,学生们又都开始复习。在他的催促声中,直到快下课时,学生们才在上面写上了那句话,签了自己的名字,把讲义交给了吴老师。

吴老师告诉学生们,他要从讲义中选出20题,每题5分,组成一张试卷,一周后用这张试卷考试。家长们知道后多数不以为然,有家长建议他"改动一下题目中的数字"。

"改动一下数字,一般只涉及计算时进行适当的变换,高中生一般都拥有这种能力。"吴老师说,"如果学生真的掌握了这道题的解答程序,尤其是领悟了解答方法背后的逻辑,改动数字他也会做;否则,不改数字也会做错。"

结果,那些签了名、信誓旦旦"全部掌握了"的学生,重做时正确率大大出乎家长们的意料,平均成绩低于60分。

<u>实验二</u>　吴老师曾在高考复读班做过这样的实验,期中考试后——大约是11月中旬,他拿起一本数学资料对学生们说:"这是你们正在使用的数学资料,我将从你们做过的数学题目中,选出20题编成试卷,每题5分,总分100分。一周后作为试卷考试,请你们认真复习。"

一个星期后,他利用晚自习时间给学生们测试。结果:班级最高分为57分(刘×强,当年考取一本,后来读了博士),最低分为28分,多数同学的成绩在30分到40分之间。

<u>实验三</u>　2020年,吴力浩被聘为××学校副校长,全面负责学校高考复读班的教学管理工作。他抽查学生的两次联考试卷。这两次省内联考时间相隔一个月左右,因出题单位不同,数学试卷中有一道大题一模一样。对于这道题,第一次考试没有得分的学生,第二次考试时,他们中的多数人依然失分。

以上三个实验说明,常规的做题方法很难很好地实现做题的目的。实际学习过程中,学生"为做题而做题"的现象屡见不鲜,而且还出现以下三种情况:

1. 平时会做的题,考试时可能因为紧张反而做错;

2. 平时会做的题,考试时稍作变形,就不会做了;

3. 平时不会做或做错的题,经老师指点或自己钻研后,订正了,自以为掌握了,考试时遇到可能还做错。

这样的结果,是多数家长和学生很难意料到的。让我们一起来分析其中的原因,并探究改善的策略。

三、一套理论

订正过的题目,考试时为什么还做错?

<u>两码事</u>　很多学生争分夺秒地做题,做完一定数量的题目后,核对答案,认真订正,自以为弄懂掌握了,然后再去做新的题目。殊不知新知识的消化吸收需要和自己已拥有的知识融为一体,运用能力的形成

需要在解题过程中多次实践。学生口里的"懂了",只是"理解了那个过程涉及的道理",理解只是听懂了,不代表掌握。这道题为什么要这样做,怎么知道或者说怎么想起来这样做,其中的逻辑是什么,学生未必清楚,即使清楚也不见得记住了、掌握了,未必能使其成为自己的东西,更谈不上达到自己运用尤其是熟练运用的程度。

听懂了和自己会做完全是两码事。成年人在自己学驾车时常有这样的体会:教练讲的自己都懂,可上车操作却常出错。

一个理 很多学生的做题方式,让人想起了生活中的烧水。把一壶水烧到99℃,实质没有烧开;这时再去烧另外一壶水,把另外一壶水再烧到99℃,又停了,再去烧水,其结果都是功亏一篑、让人惋惜。99℃水,因为少了1℃,就不是开水;只有再加1℃才是100℃,温度才达到沸点,水才是开水。这就是烧水中的"99+1"理论。很多同学没完没了地做题,如同这样循环地烧水,始终没有得到一壶开水。

关于学生做题的"99+1"理论,这个"1"代表什么呢?

这个"1"就是做题后的苦想和复盘。学生大量做题后,会发现问题,苦想和复盘就是深挖这些问题的根源,包括彻底解决这些问题。有了后面的苦想和复盘,做题才能实现目的。所以,做题不是"做"这个单一行为,而是一个系列的过程,这个过程是一套组合行为,苦想和复盘是这套组合行为的重要组成部分。

苦想 苦想的内容主要有:这一章有哪些基本内容、定理和基本公式?它们是从哪里发展来的?有哪些应用?应用的前提是什么?有哪些注意事项?有哪些常见的题型?有哪些基本的方法?自己熟练掌握了没有?自己曾经做错了哪些题?错在哪里?为什么错了?自己不会做的那道题,应该怎么做?其内在的逻辑是什么?苦想时,不清楚和没有把握的内容,都要安排时间去复盘。

复盘 体检时查出了毛病,正确的做法是查清这些毛病的根源,对症下药,注意保养,再定期复查,直到指标正常为止。假如查出了自己是轻度脂肪肝,那就要少喝酒、多运动,必要时在医生的指导下服药。

把水烧到99℃,少了这最后的1℃,功亏一篑。
什么是做题的"99+1"理论呢?

如果依然大鱼大肉,经常过度饮酒并很少运动,脂肪肝由轻度转变成中度就是很自然的事。

生活中,总有少数人,体检时已经查出了问题,并且得到了确诊,可他们不是根据问题来采取针对性的措施,而是再去抽血化验、做CT,做进一步的检查。检查报告出来以后,他们依然我行我素,不采取措施。这样的"只检查、不防治",虽然让自己知情,但实际意义却不大。

学生做题千万不能"只检查、不防治"。做题过程中,自己不会做、当时拿不准的题或做错的题,都如同体检时查出来的毛病。从某种意义上来说,它们是学生宝贵的财富。对此,学生千万不要放过,千万不能满足于"自己懂了""差不多"就放手,导致自己下次遇到时又不能得满分,使做题的效果大打折扣。如同体检出毛病就一定要挖清病根、实施有效防治一样,学生一定要在通过苦思、复盘彻底解决做题过程中发现的那些问题后,才能去做新的题目——开始新的组合行为。

<u>点睛</u>　画龙点睛的故事想必大家都曾听说过。苦想和复盘就是龙的眼睛,有了它,龙才能动起来;苦想和复盘就是"99+1"做题理论中的"1",有了它,系列过程的组合行为才臻于完美。

复盘要及时,时间久了,做题的过程模糊了,犹如水冷了,从头开始加热势必降低效率;纠错要独立,不能一边看着答案一边纠错,这样就不知道自己是否真正掌握了;总结要到位,千万不能整天沉迷于做题而忘记了做题的目的,疏忽、淡化了思考。没有苦想、复盘、反思、总结,不可能有理想的做题效果。只有养成这样的习惯,做题才能收到事半功倍的成效。

@ 四、一套策略

怎样才能提高做题的效果?

怎样提高学生的做题效果呢?吴老师把学生分成两组:一组学生做题还是按原来的方式方法;另外一组学生按吴老师的要求去做题。吴老师的要求主要分三步。

1. 解答分离　　选择题、填空题,包括简答题,都不要把答案直接写在题目旁边。学生做题时,往往在题目下方直接作答。核对答案时,正确的画"√",错误的画"×",并在旁边订正。这样做只是让家长、老师感觉学生的"认真",实际上学生可能并没有真正掌握那些错题。如果复习,以前做的答案和已经完成了的订正还会干扰复习的效果,让学生在无意识中自欺欺人。

2. 特殊标记　　所有题的解答过程都必须写在草稿纸或练习本上。但凡学生拿不准的题目(即使核对答案时发现自己的答案是正确的)、做错了的题目都需特殊处理。这时,很多人想到了"错题本"。事实上,很少有哪位学生——即使在家长的帮助下,"错题本"能坚持使用两年。请家长想一想,自己的学生时代一定也有"错题本",坚持使用了多久？发挥了多大作用？坚持使用"错题本"只是一种理想,因为"错题本"的工作量很大,多数是名存实亡。不能实施的要求不如不说。吴老师要求学生们在这些题号的左侧标记一个"1"字,甚至在每页资料或讲义的上方写下这些题号。

3. 定点清除　　一周后,复习那些标记了"1"的题目(这时几乎没有上次做题答案和订正的干扰)。对于一眼就能很有把握地看出正确答案的题目,不要去做,做是浪费时间。今天,如果让一名初中生再去做加减乘除四则运算有意义吗？如果看到这些题,就立刻能回想起自己当初"不会做"或"做错"的原因,能在脑海里重现正确的解题过程,达到这样的"熟练"程度才算达标过关；如果拿不准,就动手再做一遍,做后无论对错,都需要对这些"拿不准"的题目作新的标注,在"1"字旁边写上"2"字。一周后,只复习标注了"2"的题目,重复上面的过程……直到所有问题都过关为止。这些被标注的题目是学生的"痛点",只有彻底根除痛点,才能补上"99+1"中的"1",水才能达到沸点,做题才能实现目的。

一段时间以后,比较他们的总体成绩,结果发现:另外一组学生因为实施了上述措施,各方面都获得了满意的成效。

毛泽东主席在《中国革命战争的战略问题》中曾说，"伤其十指不如断其一指"；武术家李小龙曾说，"我不怕对手会1000种腿法，就怕对手把一种腿法练1000遍"；一位优秀的中学教导主任在分析学校取得优异成绩的原因时曾说，"毕业班学生每个学科只精选一本资料，讲练三个循环"。这些都和运用"99+1"理论有很多相通之处，但"99+1"更强调"1"的价值。在大幅度提高做题效果方面，从某种程度上来说，"1"的作用不亚于"99"。

请牢记：做题的两个主要目的；听懂了≠会做；(感觉)会做≠做得对；做对≠做得快。

拓展阅读五　知识的理解与接受

把壶里的水倒入杯子里，杯子里就有了水。很多人在无意中，就是这样理解老师的教学的。老师就像壶，学生就像杯，只不过是老师输出知识（信息）后，自己"壶里面的水"并没有减少。于是，很多学生自以为他们经历了听课、记笔记、做题后，就掌握了老师的教学内容，事实却并非如此。

学生理解、接受新知识，需要主动去和新知识发生联结，包括去寻找新信息之间的联结。只有新、旧信息融合，才能生成新的知识。壶里的水倒入杯后，必须和杯子里的水发生"化学反应"，才是有效的输出。

心理学家卡尔·R.罗杰斯（Carl Ransom Rogers）提出壶与杯（jug and mug）的教育理论，主张废除老师这一角色，代之以"学习的促进者（facilitator）"。因为学生理解、接受老师输出的信息，把它们变成自己的知识，需要特定的心理气氛因素，这些因素存在于"促进者"与"学习者"的人际关系中。

第七章 借鉴银行的放贷思维
——谈冲刺阶段复习的策略

到什么山唱什么歌。学习策略的运用，也应随着学习阶段的不同而异。在中考、高考等大型考试临近阶段，冲刺复习时，我们应该借鉴银行的放贷思维，必须保证复习效果的确定性，力求在有限的时间内使收益最大化。

一、和银行相悖的行为

什么是冲刺复习阶段的银行放贷思维？

我们很多人都曾收到过银行发给自己的手机短信，大意是：你是我们银行的优质客户，你可以凭个人信用在我行贷款××万元，凭个人有效证件可立即前来办理。与此同时，一些需要贷款的单位或个人，他们递交给银行的申请贷款材料却一次次被退回，他们四处奔波却举借无门。

<u>银行放贷原则</u> 一些人不需要贷款，银行却向这些人敞开贷款的大门；另一些人需要贷款，银行却将他们拒之门外。银行是否发放贷款，不是依据客户是否需要来决定的。排除政策因素，他们放贷的依据是贷款的安全性和自身的收益率。银行的资金资源毕竟是有限的，把有限的资源配置给他们评定的优质客户，争取在单位时间内收益最大化，是银行年终考核的一个重要指标，这早已是公开的秘密。

作为一家自负盈亏的大型企业，银行行为的依据是科学的数学模型和精准的计算，而且以很多案例作为基础，以海量的数据作为支撑，它们克服了人性的弱点和主观的随意性。

<u>学生复习安排</u> 联想学生们冲刺阶段的复习，如果把复习的时间

比作资源,把学科比作客户,很多学生的资源配置是与银行相反的。比如某学生数学成绩较好但英语成绩很差,越是在大考临近的冲刺阶段复习中,他投放在数学学科上的资源(时间)越少,投放在英语学科上的资源(时间)反而越多。

在集体主义环境文化熏陶下长大的学生们,自幼在意识深处就有"均贫富、等贵贱"的思想,根本不理解"强者更强、弱者更弱"的马太效应。多数学生的复习时间安排取决于自己的想当然或随机决定,没有理性的思考和客观的依据,也就是没有这个阶段的复习策略,这样做的结果是风险得不到有效的控制、效果没有有力的保证。

二、像银行那样科学管理

什么是复习过程中的"分类、聚焦和围歼"?

银行给客户分类的依据是客户所属行业的前景、政策对该行业的扶持力度、客户自身的资产负债率等多个指标,然后按照一定的流程给客户分类。银行总是扶持有潜力的贷款方做强、做大自己的事业。学生在冲刺阶段的复习时间是有限的,也应该像银行那样科学管理自己的资源,让有限的时间资源发挥最大的价值。这个过程其实就是分类、聚焦、围歼,整个过程必须遵循理性的原则。

分类 学生要像银行那样科学、客观地给自己的考试学科分类。首先是根据增分的空间将各门考试学科逐一梳理一遍,确定主攻学科的排序。例如:学生程功成绩中等,通过比较增分空间后发现,英语学科和数学学科的增分空间较大,那么这两门学科便是主攻学科的第一梯队,相当于银行的一类客户。

聚焦 比较第一梯队学科增分空间的增分难度,寻找具体的增分点,这个过程是聚焦。例如:程功的英语增分主要来源于完形填空,但完形填空考查英语知识的综合运用,得分点零碎,短时间内复习找不到抓手;数学增分集中在平面解析几何,12分的大题通常仅得2分。由此可见,数学的增分难度小于英语。于是,程功确定数学为主攻学科,平面解析几何是具体的增分点。

<u>围歼</u> 解析几何包括椭圆、双曲线、抛物线,题型有根据定义求方程、利用方程求值。学生需要拉网式排查,确定自己的弱项,然后逐次围歼,各个击破。学习成功的奥秘之一就是专注——专心致志地做一件事,把每个点的成功连成线的成功,最终形成成功面,夺取全面的胜利。

<u>理性</u> 一位资深的大公司采购部经理工作出色,退休后,在他的下任向他请教时,他说:"采购工作必须克服人性的弱点,不要为自己的主观感受买单。"比如他到饭店消费,他考虑的是饭店的饭菜品位、性价比、环境,通常他不考虑服务员的态度。这位经理的观点很多人可能很难苟同,但学生无论把学习作为进入理想学校的敲门砖,还是作为生活的一部分,在学习过程中,都必须摆脱情感的困扰,不能因为喜欢某位老师、某门学科或者是因为相反的原因而不遵循理性安排学习的原则。

<u>总分制胜</u> 中考、高考不划定单科分数线,只划定总分分数线,每个学科的分数价值都一样有效。只要考生总分达到或超过分数线,退一万步讲(少数特殊专业的招生除外),即使某单科分数为零分,也不影响被录取。只有当总分相同时,才比较其他的指标。所以,提高总分才是硬道理。同样的时间投入,因为投入的对象(学科)不同,投入的收益(增分)也大相径庭。每位学生在冲刺阶段的复习中,都应该考虑自己的投入成本和投入收益之间的关系,力求收益率最大化。

三、目标分与拉网式排查

怎样才能实现考试的目标分?

稳定且连续 "三年早知道"是实施重大教育改革、教育政策调整的基本原则。像高考这样的大型考试,既要有利于高等学校选拔人才,又要有利于高中教学的稳定。高考试卷设计的前提就是在强调试卷区分度等指标的同时,保持试卷的稳定性和连续性。稳定性要求试题的难易程度不能有过大的波动。这一点,从各年一本最低控制线分值相近中也能得到佐证。连续性要求高考试题不能和上年度高考试题完全脱钩。以数学学科为例，高中数学各部分内容在试卷中分值是多少，一般以什么考试形式出现(是填空题、选择题，还是简答题、证明题)基本上都是确定的。

目标与策略 冲刺阶段的复习，既要突出重点，又要全面推进，只有这样才能提高自己的总分。总分来自各学科的得分，达到了各学科的目标分，总分目标就有了保证。我们以高考数学为例，谈谈如何实现学科的目标分。

高考数学试卷满分是150分，假设某考生平时模拟考试成绩基本上是100分，他高考数学学科的目标分是120分。有了明确的20分增分目标，还必须要有明确的增分来源、可靠的增分途径和可行的抢分策略。只有这样，增分的目标才有可能变成现实，学科目标分的计划才能实现。这时，考生需要统计近几次数学模拟考试的失分点，弄清楚这50分主要是在哪些得分点丢失的，具体涉及哪些内容，计划增加的这20分都应该来自哪些失分点。进一步摸排这丢失的50分，根据近三年各试卷中考查内容的难度，结合自己的学习情况，对试卷各部分内容进行"必得分""争取分"和"超难分"的划分，为目标的有效实施奠定坚实的基础。

"必得分" 首先，试卷中的"必得分"必须每分必得。高考数学试卷中的三角函数，一般有一道小题，为选择题或填空题，考查三角函数的图像知识或求值，5分；一道简答题，两问，12分。三角函数作为一种应用工具，在高考数学试卷中一般难度较小，考试时一分都不能丢失。

"争取分" 其次，试卷中的"争取分"必须每分必争。高考数学试卷中的立体几何，一般有一道小题，为选择题或填空题，考查1~2个基本知识点或三视图的判断，5分；一道简答题，两问，12分。那道小题和简答题中的第一问，必须一分不失，简答题中的第二问争取得满分。

"争取分"按五折计算后，与"必得分"之和必须等于大于目标分，并且"争取分"按五折计算后的数值，必须只能是"必得分"的二分之一或更小。只有这样,才有可能实现或超过自己预订的目标。

"超难分" 最后,试卷中的"超难分"必须勇敢放弃。有舍才有得,丢车才能保帅。有些题目,是给考北大、清华的学生设置的。如果考生的高考目标是普通的"双一流"大学,这类"超难分"的题目完全可以战略性放弃。如何判断哪些题的得分对自己而言是"超难分",第八章《匠心独运的"三轮做题法"》详细介绍了鉴别方法。

拉网排查 什么是拉网式排查、逐次围歼、各个击破的复习策略呢?我们以语文学科为例来说明。假设某学生语文试卷基础部分得分总是不理想,那就必须弄清楚是在哪些考查点丢的分。假设考生是在修改病句内容上丢分,就需要统计修改病句的所有题型。修改病句一般常有六种情况(①句子成分残缺;②词语搭配不当;③语意重复啰唆;④词序不对;⑤句意含混或错误;⑥不合逻辑),考生要清楚自己是哪一种或哪几种情况没有掌握,再对症下药,针对性地复习,逐一突破,直到验收过关为止。

执行到位 无论是数学、语文,还是其他学科,都需要先确定学科目标分,再拉网式排查,抽丝剥茧,层层深入,各个击破,这样,复习才能做到有的放矢、刀刀见血,增分计划、学科分的目标和总分目标才能落到实处。

目标越清晰,实现越容易;手段越直接,效果越明显;以直接的手段去追求清晰的目标,不仅操作性强,而且成功率高。

四、弯道实现逆袭

高考前,怎样才能实现逆袭?

高考本身在不断完善、向前发展,本文的理论也未必适合每一位学生。但如果学生在深刻领悟底层逻辑的前提下,根据自身的实际学习情况灵活运用,总复习时,常能收到事半功倍的学习效果。宋晓笛的进步就是一个很好的例子。

宋晓笛是一所省示范高中的高三年级理科学生。那年,全校那一届理科学生746人，每次模拟考试，他排名都在500名左右。他的高考目标就是当年能被本科录取。这已经是2015年的事情了，那时，国家还没有颁布"双减"政策。元旦那天，宋晓笛妈妈找到一所辅导学校的校长秦梅萍，请她安排数学老师给自己的儿子辅导数学中的数列综合题。

秦校长认真聆听了宋晓笛妈妈对宋晓笛学情的介绍，查阅了宋晓笛一段时间以来每次联考的数学试卷，也和宋晓笛本人交流了较长的时间。认真思考后，她明确地告诉宋晓笛的妈妈：

"距离高考只有5个月的时间。从现在开始，如果每周给宋晓笛辅导两次数学，一直辅导数列，若当年高考数学试卷的数列题目难度和考生所在的安徽省2013年、2014年的数列题目难度相近，高考时，宋晓笛在数列题目上，依然是零分的可能性很大。不能因为他平时每次考试数列得零分，辅导就从数列开始。接着，秦校长又介绍了银行的放贷思维，介绍了拉网式排查、逐次围歼、各个击破的复习策略。"

宋晓笛和他妈妈都同意秦校长的观点。于是，根据宋晓笛学习的实际情况，他们共同制订了寻求增分最大化的抢分策略，动态确定了各学科的"必得分""争取分"和"超难分"；要宋晓笛调整平时复习的时间分配，做到"必得分"万无一失，"争取分"每分必争，"超难分"战略放弃；让有限的时间产生最大的增分效果，一段时间后，根据复习的效果作新一轮的调整。

秦校长没有安排老师给宋晓笛辅导数学，只是经常掌握他的学习动态，每隔一段时间就和他一起调整寻求增分最大化抢分策略的内容。当年高考，宋晓笛的成绩在年级排在第349名，被自己理想的一所本科高校录取。而今，他已是一名"双一流"高校的在读博士研究生。

借鉴银行的放贷思维，寻求增分最大化策略，不仅可以提高学生复习的效率，帮助学生在考试中获得了理想的成绩，还改善了学生的学习面貌，改变了学生的命运。

第八章　匠心独运的"三轮做题法"
——在高考考场不留遗憾的策略

一次高考的成败，不能决定考生的命运，但高考确实是人生的一个重要转折点，通过高考改变命运的故事我们都听说过很多。每年高考，总有少数考生留有遗憾，比如犯了不该犯的错误，没有考出自己的真实水平。

本章以细腻的笔触，与各位读者分享有关考场的宝贵经验，包括一些注意事项。如果学生们在高三各次联考时就开始操练，并在操练的过程中不断总结，效果一定更好。

一、文具的准备

高考文具的标配，是一个透明的文具袋，2~3 支 0.5 mm 的黑色水笔，1~2 支双保险 2B 专用考试铅笔，一块橡皮，一副三角板（圆规很少用到，但可以带上）。考生应将这些文具连同考试需要的证件一起装入透明的文具袋里。袋子外面贴上一个小纸片，纸片上面写上家长的电话号码。

2022 年高考时间正好处于疫情期间，有些省、自治区、直辖市规定，考生还需要带上相关疫情检测的证明材料，以备查看。

橡皮要购买比较耐擦的绘图橡皮，防止使用时有很多碎屑。

新买的橡皮最好用水清洗一下，洗去表面的浮尘，晾干后使用效果更佳。否则，使用时，可能要擦多次才能擦干净。橡皮要有棱角，使用橡皮时，用橡皮的棱角准确对准要擦的内容。曾听说过 2B 铅笔有不合格的，为保险起见，建议考生到正规的文具店里购买。黑色水笔事先试写几笔，必须做到万无一失。

二、2B铅笔的涂黑

考试时,总有少数考生"涂黑"速度太慢。建议考生用2B专用考试铅笔快速涂黑,必要时可以把三角板放在待涂黑处,铅笔靠着三角板快速涂黑。不要在涂黑上耽误太多时间。

考生每做3~5题,就要开始在答题卷上涂黑,不要等选择题全部做完后才开始集中涂黑。据说,每年都有考生在涂黑时,答案与题号错位,导致自己失分。

高考试卷中如果有选做题(如数学),考生需要用2B铅笔在答题卷相应的位置涂黑,即把选做的题号涂黑。

@ 三、开考前的5分钟

开考前10分钟,监考老师分发答题卷。考生要按考试要求填写自己的信息,包括装订线外填写考生姓名、装订线内填写准考证号码,贴好条形码……这里不一一赘述。

开考前5分钟,监考老师分发高考试卷。学生们拿到试卷后,一般都是先浏览一遍,主要是了解有多少页、多少题。浏览需要几十秒钟,至少还剩下4分钟。这4分钟不允许学生动笔答题。

这4分钟干什么?有的学生在傻傻地等待,等开考的指令响起;也有的学生在阅读前面的选择题,虽然读懂了1~2道选择题,但因不允许动笔,只能在心里答题,且开考的指令发出后,总是不放心,又重复一遍,导致这4分钟实际上没有被充分利用。如果涉及计算,若与以前的心算不一致,还加剧了自己的心理紧张程度。

在剩下的这4分钟多的时间里,最好的办法是选择一道简答题,文科可以是阅读题,也就是后面的大题目,因为它们都不是一眼就能读懂的,考生正好可以利用这不允许动笔却可以思考的几分钟,认真思考,寻找解题的突破口,开考指令发出后立刻动笔答题。这样,在考试的开始,学生就能有把握地做完这道题,会极大地提升自己的信心,为高考的成功奠定坚实的基础。

选择突破的这道题,应该是自己平时最拿手的题型、最有把握的内容,而不是最难的题。如果发现自己选择的这道题,一时找不到解题的突破口,应该立即换一道题。

@ 四、三轮做题法

高考时,怎样才能把自己的能力发挥得淋漓尽致?

<u>深度思考,时间难控</u>　开考前的5分钟选择一道简答题,以后按试卷的编写顺序答题,不提倡考生从中间的简答题开始作答。简答题、大题通常都需要考生深度思考,考生一旦进入深度思考状态,时间意识就会模糊,很难把控时间。

<u>泛泛叮嘱,于事无补</u>　家长和老师们都告诫学生:考试时先做容易的题目,然后做难的题目。单纯这样说意义并不大,因为考生在紧张的考场上、在有限的时间内,不知道对于自己来说哪道题容易、哪道题难。也就是说,考生不能有效地给自己的答题排序,即先做哪道题,后做哪道题。

<u>成败得失,扑朔迷离</u>　考试时,考生期待按照试卷的编写顺序从前往后做题,一题不挡,但这对大多数考生来说是不现实的。

如果遇到一道题不会做怎么办?继续苦想,可能是柳暗花明、曲径通幽,这是最好的结果;但还有一种情况,那就是花了大量时间死磕,难关依然无法攻克,骑虎难下,不能得分,后面某道题也许能得分却没有了时间,有效的时间内没有任何分数收获。究竟是哪种情况,考生并不知道,只有经历了或等考试结束后,听了老师或其他人的分析才明白,但那时已经晚矣。

如果遇到一道题不会做就立刻跳过去,下一道题也不会做怎么办?继续往后写,还是返回到上道题?继续往后写,再不会怎么办?返回上道题,依然不会怎么办?如此循环必然导致考生心慌甚至心理崩溃,影响心态,影响正常水平的发挥。

在紧张的考场上,这些情况都有可能发生,这几乎是所有考生都面临的困惑。每年高考,都有考生因为时间分配不科学,导致该得的分数没有得到。

事预则立,不预则废 高考试卷的创作遵循很多原则,其中一个重要的原则就是"难点分散"。选择题、填空题、简答题,每种类型的题目中,都有 1~2 道题比较难,甚至对自己来说很难。高考没有结束,考生并不知道,而且每位考生的学习情况也不尽相同。

考试时,多数考生都是按试卷的编写顺序从前往后写。遇到一道题不会做,如果没有预案,没有理性、科学的解决策略,而是凭自己当时的感觉随机决定,就有一定的风险,不能保证自己在考场最大化地发挥自身的真实水平。如何把自己的真实水平在考试中发挥得淋漓尽致?甚至超常发挥?本文介绍的"三轮做题法"能帮助考生实现这个目的。

"三轮做题法" 就是做题有三个循环。正式开考后,按题号的顺序从前往后答题。如果一道题思考了 10 秒(这个时间,考生在高三平时的联考中摸索确定,再根据自己的水平确定高考时的这个时间。下同)仍然找不到解题的切入点,就用 2B 铅笔在题号前轻轻画一条横线作为标记(画线约 1~2 秒,可以试一试),接着做下一题。如此操作,直到最后一题。至于最后一题是不是最难的,暂时不去思考它。

第一轮做题完成后,第二轮从前往后专门做那些作了标记的题目。第二轮做题时,如果一道题在 20 秒(这个时间的确定原则同上)内找到了解题的突破口,就往下写,写完后,用橡皮擦掉题目前面已画的横线(擦去横线需要 1~2 秒,如果横线画重了,擦去它可能需要 2~3 秒);如果 20 秒内仍然找不到解题的切入点,一定要放弃,做下一道画了线的题。

第二轮做题完成后便是第三轮做题。第三轮做题用于寻找解题切入点的时间应该更长些。对于优秀学生而言,两轮做题后考试一般就结束了;对于那些基础中等或偏弱的考生来说,三轮后仍然会有部分不会做的题,这时请记住用橡皮擦去那些已画的横线,即使距离考试结束还有相对较长的时间,也不要再去做劳而无功的事情,因为那些题可能已经远远超出了自己的能力范围。

<u>田忌赛马</u>　我们很小就听说过田忌赛马的故事。同样的选手,同样的马匹,同样的规则,只是改变了马匹的出场顺序,田忌便夺得了比赛的胜利。从本质上来说,"三轮做题法"并没有提高考生的解题水平。但因有了"三轮做题"的预案,考生遇到不会做的题目时,不至于张皇失措"行动变形",这样便有利于自己水平的稳定发挥,争取做的题尽可能多得分,有效地保证了在有效的时间内得分最大化。

<u>致胜法宝</u>　高考试卷中,出现自己不会做甚至是根本就读不懂的题,一定不要大惊小怪。高考,不在于考生会做多少题,甚至不在于考生得多少分,关键在于考生的考试成绩超过了多少人。试卷的分值是等价的,基础题的一分,难题的一分,就分值而言没有区别。在单位时间内,尽可能多得分才是制胜的法宝。

五、关于验算、草稿纸和卷面

<u>验算</u>　高考时,考生普遍紧张。紧张状态下,多数人都有强迫症状,少数人甚至有生理反应。有的学生,做完了一道题后总是不放心,总想再验算一遍。一方面,时间根本不允许这样做,检查、验算必然导致后面的题目没有时间去做。另一方面,考生在做数学等学科的选择题、填空题时经常有这样的现象发生:第一次做题时是一个答案,验算时却是另外一个答案,很纠结;有时,甚至把正确的答案改成错误的答案。正确的做法是:考试容易紧张的学生,平时就要开展针对性的心理脱敏训练,动笔做题时就要分外仔细,尽可能少检查、不验算。具体情况只能因人而异,没有人能给出绝对的建议。

<u>草稿纸</u>　高考不允许考生自带草稿纸。对于语文考试中的作文标题、开头、结尾,考生可以在草稿纸上简略写下提纲甚至是句子框架,加工后抄到答题卷上。数学和物理等学科,草稿纸基本上是用来演算的,过程直接写在答题卷上。在平时的考试中,学生就要养成直接在答

题卷上作答的习惯。

有的学生太想当然了,他们甚至想在草稿纸上把题目做好,然后再抄到答题卷上。在这里明确告诉学生们,这是不可能的,想都不要想。如果担心草稿纸不够用,在监考老师第一轮发完草稿纸后立刻举手,请监考老师再发一张。一般情况下,每个考场草稿纸数都略大于考生数。

卷面　无论是草稿纸还是答题卷上,书写时,字体都不要太大。答题时,必须在答题线框内有序、紧凑地书写,中间不要有空行,防止阅卷老师阅卷时电脑屏幕没有往下平移,误以为考生就写这么多。千万不要在答题卷题号下方的中间,用大字体稀稀拉拉写上几行,导致后面的内容无处可写。

语文试卷有卷面分,其他学科也应力争卷面整洁。阅卷时间很紧,没有办法保证每位阅卷工作者的素质和水平。考生只能做好自己。

六、关于高考的其他事

高考是考生人生的一件大事,很多家长在高考期间陪同考生到考场大门口。去考场途中或考试时遇到意外情况,不要惊慌,惊慌只会使自己更加紧张,解决不了任何实质性问题。高考期间,全社会对考生都特别关注。对于解决不了的问题,考生要向现场人员求助、向带队老师报告。紧张时出现一些生理反应也很正常,心情平复后,生理反应很快就会消失。

每一场考试结束,家长都不要问孩子考得如何,这个问题没有任何实际意义。家长一定要忍!家长也不要上网查答案,不要和其他考生家长交流。学生一般都很友善,但有多少人愿意别人高考成绩超过自己?据说,有的考生某道题做错了,故意说自己做对了,不想别人快乐;也有考生某道题自己做对了,故意说做错了,示弱以迷惑别人。记住:考一场,忘一场,丢一场,直到最后一场结束。

以上内容是决胜高考三十多年的经验总结,在此与各位分享。其实,高考只是新征程的起点。生命的意义在于持续进步。

第二篇　思　考

什么是学生学习中最宝贵的品质？子曰："学而不思则罔，思而不学则殆。"学习，首先需要思考。

思考于人一生的发展都不可或缺。我们可以根据"思考"把人分为三大类。浑浑噩噩的人，面对问题不知道思考，总是不开窍，这样的人开局就是终点；热爱思考的人，外界信息的任何变化，都可能引发他们顿悟、催生他们觉醒，他们总是在不间断的思考中追逐自己心中的太阳；一直处于思考状态的人，对他们来说，思考早已成为其生理基础的一部分，他们总是与时俱进、勇立潮头，引领时代的发展。

思考的重要性贵不可言。如何引领学生养成正确思考、热爱思考的良好习惯？当前学生学习中的种种举措有哪些利与弊？关于学习的传统观念和行为，哪些应该保留、发扬，哪些应该完善、摈弃？

为什么多数学生学习缺乏自觉性和主动性？学生的学习兴趣是怎么一步一步衰减的？怎样才能保护、激发学生的学习兴趣？

学生学习过程中出现所谓的"粗心"现象十分常见，它的根源在哪里？如何把粗心带来的失误降到最低？为什么学生会反复出现某些特定的错误行为？为什么有些错误学生屡教不改？什么是思维的惯性和认知的倾向性？

导致学生很累的一般原因是什么？有哪些途径可以尝试去"减负"？

诘问几乎人人都会，思考也不是目的，更不是问题的终结，关键是通过思考和分析，寻觅解决问题的策略，再谨慎地探索，勇敢地向前。

本篇是关于学生学习的多层面深度思考，也是学习策略的重要组成部分，观点既有心理学理论的支撑，又有来源于学生的实际学习生活，为解决问题提供了很好的策略和思路。

本篇文章的阅读，定能让读者豁然开朗，对很多问题有全新的认识，在思考中收获满满。

第九章　有钱买不到"回头看"
——关于思考的习惯

绝大多数家长认为，学习习惯是制约学生学习成绩的第一要素，而思考又排在学习习惯的第一位。学生的思考能力直接影响他的学习效果。

本章从叙述一个故事开始，说明思考的重要性，介绍思考习惯的养成策略，主张习惯的培养应从娃娃开始抓起，力争使思考成为其生理基础的一部分。

一、父亲的叮嘱

本文所说的"回头看"有几层意思？

小时候，世为和他父亲在农村种田。读过几年私塾的父亲常和他说："有钱买不到'回头看'——农活结束了，起身回家的时候，回头看一看，有没有农具丢在田里，有没有农活没做到位。"

父亲还和他说了一个故事。在他们这个丘陵地区，有个村庄的村民因勤劳闻名遐迩。有一年春天，省报记者慕名前来，准备写篇现场报道。记者骑着自行车，远远看见一位农妇在花生地锄地。记者准备过去采访，却看到农妇坐在一个凳子上。他大失所望，绝尘而去。

"坐着干活？现实与传闻差别怎么这样大呢？"记者在心里嘀咕了一句，不自觉地回头看了一眼。这一看，让记者差点从自行车上摔了下来——原来，这位农妇只有一条腿。一条腿，她只能坐在凳子上锄地。

说到这里，世为的父亲缓了缓口气，接着说道："如果没有记者的那次'回头看'，这个村庄勤劳的美名不仅会丢失，而且还会被误解，蒙上不白之冤。'回头看'是生活中难得的习惯，是人生宝贵的财富，千金不换。"

世为记住了父亲的叮嘱,并慢慢养成了"回头看"的习惯。在"回头看"的过程中,他常有很多意想不到的发现和收获。如今,世为已经长大,渐渐领悟到"回头看"是自己对学习、工作、生活的思考,是对自身的反省,是不可多得的好习惯。

二、巨匠的追问

思考和学习是什么关系?怎样才能做到相得益彰?

从事研究工作,更需要有"回头看"的习惯。

<u>卢瑟福</u>　原子核物理学之父欧内斯特·卢瑟福(Ernest Rutherford)先生不仅是科学巨匠,而且还是杰出的学科带头人。他的助手和学生,先后有12人获得诺贝尔奖。下面是一个关于他教导学生的故事。

一天深夜,卢瑟福走进实验室,发现有一个学生仍然在工作台上紧张地忙碌着。

"这么晚了,你还在做什么?"卢瑟福不解地问。

"我在做实验。"学生头也没有抬起,一边忙,一边回答。

"你白天在做什么?"卢瑟福提高了语调,又问。

"我也在做实验。"学生停下手中的工作,略显自豪。

"你早晨也在做实验吗?"

"是的,教授,早晨我也在做实验。"学生带着谦恭的表情,期待着导师的赞许。

卢瑟福沉吟了一下,随后的追问明显携带些许费解和不满。

"你整天都在做实验,你用什么时间思考呢?"

卢瑟福先生的追问发人深省。不管身在哪个岗位,都要学会平衡思考与工作、清楚本和末的关系。

<u>牛顿</u>　传说,万有引力是这样被牛顿发现的。一天傍晚,工作一天的牛顿信步来到自家的苹果园里。这时,一个苹果恰好从树上落下来。那段时间,牛顿总是隐隐约约地感到,在神秘的自然界,一定有某种规律在支配着天体的运动。他苦苦思索却一直不得其解。苹果的竖直落

下，让他突然间有了顿悟。经过后来的反复思考，他发现了"万有引力"。

瓦特 没有思考，就没有蒸汽机的发明。照看炉子上烧水的茶壶，很多大人或孩子都有这样的经历。水烧开时，蒸汽顶开壶盖早已被熟视无睹。只有爱思考的瓦特经常盯着炉上的茶壶入神。壶盖原来是安静的，为什么水开时会跳动？多日的观察和持续的思考，使他获得了灵感。受此启发，他发明了蒸汽机，引发了人类技术发展史上的一次巨大革命——第一次工业革命，它不仅开创了以机器代替手工劳动的时代，还带来了一场深刻的社会变革。

如虎添翼 没有苦苦的思考，就没有忽而闪现却又稍纵即逝的顿悟，就没有伟大的发现，实验就失去了它应有的意义。科学史上，很多伟大的发现、发明，都是实验奠定了基础，思考使实验者于扑朔迷离、屡见不鲜的现象中，发现了现象背后的本质，得出令人瞠目结舌却又不能不接受的独到结论。

只顾埋头拉车，不知道抬头看路，拉车的方向未必正确。而思考，正是为了更好地确认前进的方向。为努力工作插上善于思考的翅膀，才可以飞得更高、更远。

三、从娃娃开始抓起

怎样使学生养成思考的习惯呢？

习惯升级 婴幼儿时期，孩子即使在众目睽睽之下，也常自言自语，有时甚至和自己争论。这些都有利于思考习惯的养成和思考能力的培养。如果没有思考，哪有这些行为的发生？

长大以后，孩子应该要努力保持这个习惯。在思想深处，和自己的灵魂对话——这就是思考。纵然脚下只有立锥之地，心里却仍然需要有无垠的天空，任思绪自由翱翔，迸发璀璨的火花，催生智慧的硕果。

<u>自以为是</u> 让思考成为习惯，应该从娃娃开始抓起。而部分家长的行为却很难让人苟同。

在一个炎热的夏天,程玉的爸爸从冰箱取出一支冷饮,告诉5岁的儿子去掉包装后食用。因为外包装和冷饮冻在一起,程玉正在端详,思考如何才能把外包装撕掉。程玉的妈妈走了过来,拿过冷饮,三下五除二撕去外包装,同时责问其丈夫:"你怎么这么懒?"很多家长就是这样,除了孩子的学习,其他事情,总喜欢替孩子大包大揽。

思考常是因为遇到了问题,思考的目的是问题的解决。在孩子很小的时候,如果很多事总是在他思考之前家长就替他做出了判断、做出了决定、帮他解决了,无意中就剥夺了孩子抉择的权利,实质就是剥夺了孩子思考和行动的机会。这些从小就很少有独立思考和行动机会的孩子,到了必须由他们自己进行思考判断而后采取行动的时候,常束手无策,做事自然十分被动,这种"被动"自然也会迁移到学习中去。

<u>创造情境</u>　其实,孩子在碰到问题时,要让他自己动脑筋、想办法,然后行动。这样,孩子的经验积累多了,他的思考能力、自主性、判断力和解决问题的能力也随之增长。如果孩子很少遇到问题,家长甚至可以有意"制造问题",实际就是给孩子思考创造机会。即使孩子思考错了,导致行动失败,只要行动本身没有危险,家长也尽量不要去干预。孩子会在自己思考后、在行动了但未成功的体验中再作反省,从而抓住通往成功之路的转折点。他们的这种综合能力形成后,就会扩散、迁移至其他领域,包括文化课的学习。

<u>终身受益</u>　"木直中绳,煣以为轮,其曲中规。虽有槁暴,不复挺者,煣使之然也。"这句话的意思是:木材直得符合拉直的墨线,用煣的工艺把它弯曲成车轮,(那么)木材的弯度(就)合乎圆的标准了。即使又被风吹日晒,(木材)也不会再挺直,(因为)经过加工使它成为这样的。孩子年幼时养成的习惯,伴其一生,更具有顽强和巨大的生命力。在孩子很小的时候,家长应从日常琐碎的小事开始,培养他们独立思考的习惯和处理问题的能力,这是给孩子最好的礼物,必将使他们终身受益。

四、做效率最高的事

作为学生,如何养成爱思考、善于思考的习惯?

美国作家卡曾斯曾说:"把时间用在思考上,是最能节省时间的事情。"最能节省时间的事情,也就是效率最高的事情。所以,学生学习,首先是学会思考。

没时间　也许,有学生说,自己整天都忙得焦头烂额、晕头转向,根本没时间去思考。如果是单纯从事体力工作,确实可以不思考,学习却不能这样。学习属于脑力劳动,是一个动脑的过程。新学的知识从接受到运用,最重要的一个步骤就是将其和已有的知识融合。思考,是促进融合的必要手段。学习与思考是"砍柴"与"磨刀"的关系。越是忙碌,越需要思考。思考能让自己忙中不乱,事半功倍。

忘记了　也许,有学生说,自己知道思考习惯的重要性,可事到临头却忘记了,事后才想起来。这并不奇怪,葛书贵同学也曾是这样。于是,在他爸爸的帮助下,一条小的红色横幅贴在了葛书贵家雪白的墙上。红色横幅上面是黄色的"思考"二字,特别显眼。还有写了"思考"二字的小纸块,贴在文具盒的盒盖里面。在无处不在的提醒下,他终于养成了思考的习惯。习惯的养成需要一个过程,在此期间,可用一些仪式来强化自己的意识。

怎么做　也许,有同学说,自己记得去思考,就是不知道怎么去思考和思考什么。如果是这样,请记住"是什么,为什么,怎么办"——我们面临的问题是什么,为什么问题是这样,我们应该怎么办。弄清了这三个问题,思考就有了方向。结合具体问题,把思考内容细化,一定有更大的收获。

不知情　有人说,学生应该在每晚临睡之前梳理纷乱的思绪,思考一天的学习内容。说这样话的人,只是站在理论的角度,其实对学生现实的学习生活并不知情。学生学习了一天,临睡前已经非常疲劳。有的眼睛都睁不开,上床就睡着了,再去回忆一天的学习内容是不现实的。

再者,临睡前思考,容易影响睡眠的质量,甚至导致失眠。

<u>过一遍</u>　学生应该养成凡事都"从脑子里过一遍"的习惯,并能利用零星时间集中思考一些具体问题。比如:每日早晨起床时想一想,昨天学习有无不足或遗漏之处,今天有哪些重要的安排;上学前想一想,今天有哪些课,课本、作业、资料、文具是否备齐了;下课后想一想,这一节课老师讲了哪些重要内容,哪一点自己可能没有掌握好,用什么方法去检验、巩固;晚上放学时想一想,今天有哪些作业,应从哪一学科开始写起;作业做完后想一想,这些作业,哪一题的解答带给自己的收获最大,哪些地方需要完善……

任何习惯的养成都不可能一蹴即至,需要自己持之以恒的努力。思考习惯的养成也是如此。

五、融入自己的生命

如果学生只是养成"思考"的习惯,那也是不够圆满的。只有使自己始终保持思考的状态,让思考成为自己生理基础的一部分——像呼吸那样自然和流畅,才是理想的结果。

<u>三类人</u>　面对问题,普通的人可能不知道怎样去思考,待他知道是怎么回事、应该怎样做时,常常已经错过了问题解决的最佳时机。聪明的人,一般是遇到事情才知道去思考,想一想才能有解决问题的答案。而智慧的人似乎不需要思考,因为他一直处于思考的状态,他几乎是在事情发生的同时就看清了问题的本质,在第一时间便给予了恰如其分的解答。他极短的思考时间似乎是可以忽略不计的,这是其经验和智慧的结晶。学生应该努力使自己成为这样智慧型的人。

<u>长明灯</u>　一件事,只要有想去做的执念,只要在心中确立坚不可摧的目标,任斗转星移,目标始终如心灵深处长久不熄的明灯,引领人们战胜人性的懦弱,穿过漫长的冬夜,走向灿烂的黎明。人生的每一次飞跃,都是因为克服了自己某种致命的弱点而得以实现的。

相信自己,也能将思考的习惯融入自己的生命。

第十章　光与影的和谐演奏（一）
——散落的学习花絮

　　培根说："既成的习惯，即使并不优良，也会因习惯而使人适应。而新事物，即使更优良，也会因不习惯而受到非议。"于是，关于学习的很多传统主张、策略，很多人经常是不假思索地人云亦云。比如，人们常说"勤学好问"，是不是"问"就一定值得倡导？怎样"问"才能提高"问"的效果？诸如此类，不胜枚举。让我们在思考中，重拾散落的学习花絮。

一、学与问

　　学生的"问"有几个目的？如何把问的效果发挥到极致？

　　家长经常叮嘱孩子，在学习过程中，"遇到问题，不懂就问"。古人亦云，"三人行，必有我师焉""敏而好学，不耻下问"。在很多人的脑海里，好问似乎是好学的表现，好问的学生就是好学的学生，好学的学生就是优秀的学生。好问真的有这么大的作用吗？

　　董老师曾经历过这样两件事。

　　1.甲、乙两名学生就同一问题分别来问她，她回答了甲的提问，后因临时有事没有回答乙。一段时间后，就这个问题，她分别向甲、乙两名学生提问，两人的回答各有千秋，难分伯仲。

　　2.钱小芬和厚玉洁两名学生也曾就另外一个同样的问题分别来问董老师。董老师回答了钱小芬的提问，一周后回答了厚玉洁的提问。一个月后，董老师就她们曾经问的问题，分别向她俩提问，而晚一周得到董老师回答的厚玉洁的答案略胜一筹。

　　为什么会出现上述情况呢？可能是"问"在他们脑海中保留的时间不同或"问"的目的有异。有的同学的"问"，仅仅是为了完成解决这个问题的任务;有的同学的"问",是为了弄清这个问题的本质。但不论是哪一种目的的"问",及时回答都不是最好的选择,甚至弊大于利。

<u>闭合理论</u>　格式塔心理学①家库尔特·卢因(Kurt Lewin)注意到,服务场所的服务人员能轻易记住尚未付款的客户的账单明细,而一旦付过款之后,服务人员就会立刻忘记。为此,他提出了"闭合律"理论。该理论认为,一件工作没有完成,它就没有闭合,因而可以引起张力,保持记忆。一旦闭合完成,张力即消除,记忆也就消失了。卢因的学生,一位名叫布鲁玛·塞加尼克(Bluma Zeigarnik)的俄国心理学家,做了一个非常著名的实验,验证了老师的推想。她给志愿者分配一些简单的任务:做泥人,解决算术问题等连串工作,很快又打断他们工作,不使其继续完成任务。几个小时后,她要求志愿者回忆各自所做的工作,结果发现,他们能清楚地记忆尚未完成的任务。已经完成的任务,他们的记忆效果要差很多。这就是心理学中的"塞加尼克效应"。

<u>延缓闭合</u>　这个理论也适用于学生的"提问"。为了提高"问"的效果,董老师要求学生问问题时,先把问题交给她,然后要求学生凭回忆叙述问题。无论学生能否完整、清晰地叙述问题,她都说"你自己回去想,一周后我们再交流",她有意延缓问题"闭合"的时间。如果学生通过自己的反复琢磨、苦苦思索悟出了答案,这比老师直接告诉他答案效果要好很多;如果学生没有悟出答案,或者悟出的答案不完整甚至错误,这时再听老师讲解,印象一定更深刻。即使学生将问题抛至九霄云外,这样做,对问题的解决也未必完全没有帮助。

<u>克服功能固着</u>　事实上,一周后,再次和那些同学探讨时,董老师发现有的学生真的不需要老师解释就已明白了其中的道理。科学史上,很多伟大的发现和发明都不是在高度集中的思考阶段,而是在放松的过程中、在生活的某个场景里甚至在睡梦之中完成的。心理学中有一个名词"功能固着",指个体在解决问题时,往往只看到某种事物的通常功能,而看不到它的其他方面可能有的功能。"搁置一段时间再去解决这个问题",是克服这种心理现象的有效途径。

有人说,手机或电脑屏幕关闭后,其后台却依然在运行。我们不是这方面的专业技术人员,不知道其真伪。但心理学研究表明,当一个没有被解决的问题被搁置后,在它没有"闭合"之前,"解决问题的思维活动只是在意识中被中止,在潜意识中却断断续续地进行"②,相关信息随时可能被激活。这也是一些问题被搁置一段时间后,能被轻松解决的一个原因。

家长们也许会担心,不及时回答学生的问题会不会打消孩子提问的积极性?实际学习中,学生提问的目的常因人而异。

<u>获得答案</u>　多数学生提问确实是很认真的,但通常是因为畏惧问题、没有苦苦思考就问,只是想得到解决问题的答案。

<u>拉近距离</u>　部分学生想通过"问"这种方式,拉近和老师之间的距离,给老师留下好的印象,这也是学生进取的表现。

<u>寻求满足</u>　有时候,提问的学生不在意老师所给的问题答案,而特别注重老师回答他提问这件事,他只是下意识地期待得到老师为自己答疑解惑的这种满足感。

所以,问或不问,答或不答,一般对学习效果没有实质性影响。学习成绩好的学生,多数是勤学苦思,而非勤学好问。高明的老师并非反对学生"好问",而是更倡导学生苦思后"慎问",有意延长问题"闭合"的时间,学生因此获得的收获常常大于立即得到答案之所得。同时,热情、耐心地和学生交流,把学生的这次提问作为引导他热爱本学科学习的契机。

二、听与记

课堂上,何为会听课?如何处理"听"与"记"的关系?

课堂上,学生自始至终全神贯注地听课,这是家长的期望,其实是不现实的。学生听课过程中偶尔分神(注意动摇)很正常,其中的原因,心理学主要有两种理论解读③。优秀的老师讲课很有艺术,他们把心理学中的"近因律""首因律"④运用得炉火纯青。由于这类老师上课时很注重为学生的选择性注意提供线索,学生听他们的课,很容易把飞出去的思绪拽回来,尽管上课时也分神,还是不会遗漏关键内容。

<u>会听课</u>　学习效率高的学生都是会听课的学生。所谓会听课,就是他们具有选择性注意的能力。听课时,这类学生即使似听非听,也能根据老师讲课的语速、语调和声音的强弱,结合自己直觉的判断,知道老师正在讲的内容相对于自己是不是重点、难点。如果是自己需要的,他立刻全神贯注。这类学生在听的同时,会自动对听到的内容进行思考、加工,把它们融入已有的知识体系。很多时候,他们还能捕捉老师想表达但没有表达或者是没有完整、清晰表达的言外之意。

<u>矛与盾</u>　对于很多学生来说,听课和记笔记总是矛盾的,如果全神贯注地听课,则来不及记笔记。然而,好记性不如烂笔头。如果只听不记,一些刚接收的信息很快就会被后来接收的信息覆盖,少数对于学生特别重要的信息可能还没来得及巩固就流逝了。一节课结束,学生真正接受、掌握的信息可能因此大打折扣。而认真记笔记,又经常忽略了老师的讲课内容。

如何解决听与记的矛盾,很难有标准的答案,只能结合老师的授课风格、学生接受信息通道优势等因素综合决定。

现在学生的实际学习非常忙、非常累,下课后有大量的作业需要完成,课后认真复习课堂笔记的可能性很小,至多是翻一翻。有的学生甚至连翻动笔记的时间都没有。如果为了将来某个时间可能去看一眼而记笔记,影响了听课,肯定得不偿失。有少数学生,听课时在分神记笔记,老师讲的内容没有听清楚,自己记的笔记也没有记完整,而且认为记了笔记就完成了任务,课后不挤时间去复习,这样做反而惜指失掌。书店里曾出售一些资料,书名为《考取××大学的学霸笔记》。其实那是编辑的策略,现实中的学生很难在课后——更不用说在课堂上了——完成那样完整的笔记。

<u>时间差</u>　因为学生听的速度比课堂上老师讲课的速度通常要快三至四倍,为避免在这段空闲时间滋生杂念,听课时,学生应该主动开动

脑筋跟着老师的思路去思考,及时理解、消化老师的讲解内容,做好新旧知识的融合与加工,尽最大努力做到知识的当堂消化,不要期待下课后或未来的某个时间去复习,因为那时可能有更重要的事情要去做。

同时,利用"听与讲"的速度差适当记笔记,主要是记录老师讲课的中心词、极少部分的重点,或者是听课时自己思考迸发的火花,如顿悟、联想、困惑,即记下对自己来说是关键或模糊的内容。这样,既有助于重要信息的理解和记忆,又为下课后思考、复习提供了素材。不要试图记录整句话,除非老师停下,要求学生们完整地记录这部分内容。

课堂学习,主要精力应该放在听课上,适当记笔记,"听"与"记"需要有机结合。

@ 三、看与做

做作业时,学生如何处理"看"与"做"?

作业中的题目是供学生思考后动手解答的,而不是用来被学生看的。如果一眼就能看出题目答案,要么题目太容易,要么学生道行太深,也可能是学生眼高手低。

<u>一类学生</u>　在实际学习过程中,有部分学生不是用脑、用手解题,而是用眼解题:看一眼题目就凭直觉直接说"不会",把题目搁置一边,他们似乎早已养成了如丘而止、懒于思考的习惯。也有的学生看一眼题目后便奋笔疾书,写得驴唇不对马嘴,或中途受挫后突然发现自己解答错误,又匆忙从头再来。

<u>二类难题</u>　理科中所谓的难题,大致分为两类。第一类题是提笔后苦苦思索却不得要领,找不到解题的突破口,突然灵光一闪,豁然开朗。解决这类难题,类似脑筋急转弯,需要毕其功于一役。这样的难题可以少做或不做。

第二类难题是有限小题的有机整合与发展,看一眼通常很难发现解题的切入点。学生在做题时,因注意力集中而使注意的范围变窄,容易疏忽一些信息。这时,可以跳至题目外来思考,同时发扬"小狗啃骨

头"的执着精神,致力于发扬"钉子精神"——桌子上原本没有洞,但钉子还是钻了进去。

<u>百战成诗</u>　解第二类题需要解题者有深厚的基本功,常以笔为马,视纸为阵,层层推进,步步为营,在纸上形成推理或"寻宝"的"过程链"。如果中途受挫,不能实现目标,解题者还需要回头搜索"过程链"中的每个"岔路口",回到某个"岔路口"重新开始。只有这样,才有可能拨云见日,最终柳暗花明。解这类题目,既可以练胆——增强学生攻坚克难的信心,也能着实提高学生的解题能力。学生常因此百炼成钢,无坚不摧。

<u>勤于动笔</u>　由此可见,面对题目,"看"是必要的,但"看"只是"做"的序曲,仅仅用眼看远远不够,必须努力尝试,要行动,要动笔"做"。有经验的老师,总是告诫学生,"不动笔墨不读书"。即使是文科类的阅读,适时动笔在纸上画画,也有助于增强记忆。这就是学习中"看与做"的有机结合。

四、慢与快

学习中,怎样才能做到"慢"与"快"的辩证统一?

在学习的过程中,如何把握"快与慢"的关系?学生表现各不相同。有的学生审题丢三落四,作业十分毛糙。老师讲,他都懂;自己做,经常错。也有的学生做作业的速度非常慢,火烧眉毛都不知道着急,经常到深夜才能勉强完成学校的作业。

<u>瞄准要慢</u>　如果把做题比作上战场消灭敌人,那么审题犹如开枪前的瞄准,瞄准的关键是准。所以,审题需要深刻领会题目中信息的含义,必要时可以把题目中的信息一一搜索、罗列出来,并进行有效的延伸和拓展。这个动作可以慢一点,切不可一目十行,囫囵吞枣,放松对一些信息应有的警觉,甚至被诱入出题人精心设置的陷阱。

<u>开枪要快</u>　瞄准动作完成了就要抓住契机,立即扣动扳机,干掉敌人。这个动作必须要快。切不可错失战机,让敌人跑了。所以,审题结

束尤其是有了解题的切入点以后,下笔、写字的速度一定要快。字,首先在于书写正确、工整,其次在于美观(如果字写得又快又好当然更好)。

<u>速度训练</u>　平时做作业,在力争正确的前提下,学生应把争速度、抢时间放在第一位。否则,很难完成学校的作业,更不用说针对自己的学习进行课外拓展提高了。就重要性而言,做作业时,"正确"排第一,"速度"排第二,第三才是作业呈现的形式美感——书写整洁、美观。我们强调"又对、又快、又好"的学习。对于少数特殊的学生来说,在特定的时期内,做作业的"速度"要排在"正确"之前(见第二章)。

学生在平时的学习中,就要有意识地开展提升思维和行动的速度训练,让反应敏捷、行动迅速成为习惯。

新高考在审题上、阅读材料速度上都有新的要求。考场上,许多学生觉得时间不够用,在规定的时间内做不完题。所以,在平时的学习过程中,我们就要用好"慢与快"的哲学。

注释:

①格式塔心理学(Gestalt　Psychology)又叫完形心理学,是西方现代心理学的主要学派之一。它诞生于德国,后来在美国得到了进一步的发展。

②详见黄希庭主编的《心理学导论》。

③对于注意力动摇的原因,一种观点认为,感觉器官的局部适应使其对外界的刺激不再敏感,注意力便开始短暂的下降,且这种现象交替出现。另一种观点认为,有机体一系列机能活动都具有节律性,如呼吸的节律、血压的节律、神经元活动的节律性等。注意力的动摇是由机体的这种节律性活动引起的。

④近因律是指最新近的反应比较早的反应更容易得到加强。首因律是指个体在社会认知过程中,通过最先输入的信息对客体以后的认知产生的影响作用容易得到加强。

第十一章　光与影的和谐演奏(二)
——散落的学习花絮

"有的人一到群体中,智商就严重降低,为了获得认同,个体愿意抛弃是非,用智商去换取那份让人倍感安全的归属感。"对于那些诞生于过去的、关于学习的很多主张和措施,在社会大众普遍认可的今天,我们是否需要用辩证的眼光、发展的思维重新去思考、审视? 新的背景、新的要求下,思考和审视的结果应该也是新的。

五、课本与资料

课本和资料各有什么特色? 如何使用才能相辅相成?

难圆其说　老师们曾经常说"以本(课本)为本,以纲(教学大纲)为纲",可见课本的重要性。现在,虽然教育部不再颁发教学大纲,但有具有更为详尽的要求的课程标准,学习内容的"纲"与"目"依然是泾渭分明。

必须读透课本,文科类学科尤为如此,这点毋庸置疑。但有一种说法——现实也的确如此,如果只是读透课本,以课本中习题的难度作为学生学习的标准,则学生很难在中考尤其是在高考中取得较好的成绩。为什么会出现这种情况呢?

心照不宣　初中属于义务教育,但初中毕业后要实施"普(通高中)职(业高中)分流",中考的残酷性大家深有体会,掌握课本是远远不够的。高中课本主要是按高中毕业、会考要求编写的,迎接会考使用现行的课本是合适的。但高中课本的编排体系、知识结构、难度和深度却与高考的要求都相距甚远。在绝大多数学校和高中学生都把高考作为学习的主要甚至唯一目的的今天,很多学校从高一开始就按高考的标准组织教学，并以此来要求学生。如此一来，课本的价值就显得无足轻重了。

<u>资料优势</u>　在知识点的归纳和总结方面，在习题的种类和数量方面，在解题方法的运用与拓展方面，在复习迎（高）考的策略和效率方面，学习资料比课本更具有针对性。这可能是学生选择学习资料作为补充的主要原因。

<u>友情提示</u>　知识来源于实践，课本将它们系统呈现。课本中的很多习题，是起点，也是典范，质量很好，历经数十年，依然熠熠生辉，一直被沿用。

在高考录取率很低、竞争异常激烈的20世纪80年代，高考采用全国统一试卷，数学试卷满分120分。有一年，数学试卷中，12分的立体几何题就是课本中的原题：三个平面两两相交，有三条交线。证明这三条交线要么相互平行，要么交于一点。当年，很多考生这一题没有得分。这些没有得分的学生，在没有真正读透课本、做透课本习题的情况下，就开始使用学习资料，甚至用学习资料代替课本，这是主次不分、本末倒置的典型表现。而且，部分学习资料有一味迎合应试之嫌，有舍本求末的危险。

<u>主次分明</u>　学生可以结合学习资料深化对课本内容的理解，并在确实掌握课本上的习题后，再使用资料中的习题进行补充、拓展和延伸。在学习竞争如此激烈的情况下，对大多数学生而言，不使用学习资料几乎是不可能的。

学习资料品种繁多，各有特色，质量也参差不齐。如何选择学习资料，请阅读本书第三十二章。只有处理好课本与资料的关系，学习效率才能提高。

六、预习和复习

怎样看待学习中的预习与复习？

<u>预习作用</u>　预习有哪些作用呢？预习的首要目的是弄清楚下节课

学习内容的重点和难点。从理论上说，预习是学生自主学习的重要方式，是培养学生在已有知识基础上构建新知能力的过程，是学生发现问题、激发学习兴趣的契机。

<u>并非假设</u>　事实上，如果问学生：你的预习能否真的发挥这些作用？实现这些目的？如果学生真实回答，答案大多数是否定的。

成绩中等和偏下的学生，预习时很难分清重点和难点，或者说对他而言都是难点。这是由他们本身的成绩决定的。他们的预习多数都是流于形式。预习时遇到太多不懂的知识，并不能促使他课堂上认真听课，反而事先就降低了他的学习兴趣和自信。

成绩优秀的学生，通过预习，即使真的清楚下节课的重点和难点，那么上课时，除了听老师讲解这些重点和难点外，他其余时间就不听课了吗？如果听课，必然影响听课兴趣——如果我们知道一个故事的结局，我们还有兴趣和耐心把这个故事听完吗？成人都做不到的事，期待孩子能做到并且做好，是不现实的。

<u>现实情况</u>　现实中的学生很忙，课后疲于完成学校作业，可自由支配的时间很少。很多初中甚至小学高年级学生的作业写到晚上 10 点甚至更晚已是常态。在时间如此紧张的状况下，预习是否值得？学生付出和得到之间的"性价比"究竟如何？这些，我们都需要认真思考，不要为了形式而自欺欺人。

一般而言，学校的管理者和教育研究者坚决主张预习，而有独立思想的一线教师对此却不以为然。过去，预习理论创建于一定的环境中。今天，学习环境条件已经发生了根本性的变化，理论已失去了根基。皮之不存，毛将焉附？

<u>敬陈管见</u>　少数同学可能已经养成了课前预习的习惯，并确实感觉预习有利于次日听课效率的提高。这里面可能有两个原因：一是因为部分教师喜欢非零起点的教学——课前布置预习作业，在预习的基础上开始教学。那些没有预习的学生，上课肯定跟不上老师的节奏，甚至受到老师的批评、惩罚。二是与学生心理因素有关。预习的学生，在

心理上已经有了一定的准备。所以，如果老师布置了预习作业，学生则必须完成，否则会影响听课效果。同时，学生做好上课前的准备包括心理上的准备，同样必不可少。如果预习占用了太多的时间和精力，则没有必要。

关于复习　复习就不一样，它必不可少。一方面，只有及时复习才能避免遗忘，短时记忆才能转变为长时记忆；另一方面，复习有利于所学知识的融合，有利于学生把课堂学习到的知识系统化，从而形成新的知识体系。

复习程序　复习的程序首先是尝试回忆——不看书和笔记，独立地把老师上课讲的内容压缩后回想一遍。对于回忆不起来的地方、搞不清楚的问题，再带着这些问题去阅读课本，整理笔记，甚至查阅学习资料。复习的重点是知识的归纳、总结、拓展和提升，运用知识解决问题。如做题，是把白天课堂上学到的知识运用到做题的实践中，是复习的有效形式。少数学生，运用知识的能力很弱，因为"知识本身并没有告诉人怎样运用它，运用的方法乃在书本之外"。这部分学生应该加大运用训练的力度。各种复习方式的时间分配不是一成不变的，学生应灵活掌握。

总之，预习至少需要改变目前的方式，投入更少的时间和精力，甚至可有可无，而复习则必不可少。

七、听课和自学

为什么有的学生不爱听课？自学有哪些注意点？

听课与成绩　认真听课的重要性毋庸置疑。老师依据课程标准的要求，结合自己多年的教学经验，精心设计、组织教学。这种情况下，学生认真听课会极大地提高自身的学习效率。小学生和初中生的学习，主要是课堂听老师讲课，课后完成老师布置的作业。在小学和初中阶段，成绩优秀的学生，绝大多数是听课认真的学生。

标准化与个性　然而，老师的课堂教学是针对班级大多数学生设计的,是程序化、标准化的流水作业,做不到因人而异。随着年龄的增长,学生的学习能力在增强的同时也加剧了分化,学习风格差异带来的结果也表现得越发明显。高中学生中,总有少部分学生感觉上课效率低,他想要的并不是老师给的。在高三年级,在有独立思考能力的学生中,这种现象更为普遍。

<u>课本与替代品</u>　现行的课本是供课堂教学使用的,不足以支撑学生的自学行为。1963年,上海人民出版社和上海科学技术出版社曾出版了一套《数理化自学丛书》,1977年重版发行。重版时,正值百废待兴之际,大批青年渴求知识。本书因其内容丰富、便于自学,深受广大青年欢迎。时过境迁,知识日新月异,这套丛书已经不再适合今天的学子了,但市场上尚未发现有类似的替代品。

<u>矫枉过正</u>　少数学生听课不认真,认为可以课下自学,甚至是请家教,这是学习行为的本末倒置,必须给予坚决制止。脱离学校回家自学,请各学科老师一对一辅导,即使政策和家里经济条件允许,长期这样也值得商榷。这样的学生,似乎掌握了所有知识,但运用知识解决问题却没有想象中那么顺利。脱离了集体生活,身心的健康发展也让人挂心。

所以,学生可以尝试的方法是:课堂上,尽一切努力让自己跟着老师的思路走;课后,努力让自己可支配的时间更多些,把听课和自学结合起来。

<u>未来文盲</u>　未来的文盲不是不认识字,而是没有再学习的能力。罗马教育家昆体良曾在《雄辩术原理》一书中提到,"教学的最终目的是要引导班上的学生,运用他们的智慧去发现问题"。我国教育学家叶圣陶先生也曾旗帜鲜明地指出,"教是为了不需要教"。学校也应该培养学生的自学能力,为培养学生的再学习能力奠定基础。

八、作业与考试

作业一定要批改吗?如何实现作业和考试目的最优化?

<u>传统的疑惑</u>　如果有人说:学生做的作业,老师没有必要全部批

改。几乎所有的家长都会反问:如果老师不批改作业,那学生做作业的目的何在?又怎么知道自己的解答是否正确?老师怎么知道学生的学习情况?

<u>科学的态度</u>　学生做作业的目的前文已叙,至于其他两问,学生或老师知道结果都不是目的。现在的学生和老师都非常忙,学生做不到认真品味老师关于自己作业的批改,老师也没有时间做到仔细批改。为了学生看一眼,老师花费大量时间走过场,真的不值得。老师也应该从形式中走出来,选择性批改学生的作业,把更多的精力用于教学之中,以考促练,以练代考,不能让改作业成为形式主义的牺牲品。

<u>试题的编辑</u>　这里所说的考试,不是中考和高考这样的大型考试,只是平时的小测验、月考。考试内容要明确、具体,60%以上的题目来源于学生平时的作业。这样,既有利于增强学生做作业的积极性,也迫使学生真正消化、吸收作业所涉及的知识,让学生自己对作业负责,不为做作业而做作业。

<u>考试的优化</u>　试卷中,只有少数题目是作业中题目的变形或综合。而且,当学生对自己这次考试的成绩心有不甘时,老师要创造机会,让学生立刻再考。再次考试前,老师要给学生更具体、更明确的考试内容,这既是使学生更认真地复习,也是争取让学生发现自己的进步,进一步激发学生的学习热情和超越自己的斗志。

<u>考后的处理</u>　平时考试的目的是检查学生一段时间以来的学习状况,督促学生进一步努力。它只是一种手段,本身不是目的,不能有"考倒"学生的想法。考试要有针对性和启发性,使学生从中受到激励和鞭策。评卷要及时、具体,考试的结果要使学生认识到"一分耕耘,一分收获"。

学生不要因为某次考试得分低而气馁,要把每次考试作为检验近期学习效果、发现自己学习中欠缺的契机;不要对考试抱有畏惧情绪,要勇于挑战、期盼考试,在频繁的考试中培养愈挫愈战、愈战愈勇的心态,把每次考试视为通向成功的阶梯。

第十二章 光与影的和谐演奏(三)
——散落的学习花絮

"群体追求和相信的从来不是什么真相和理性,而是盲从、残忍、偏执和狂热。"过去的经验帮助我们解决日常学习中的很多问题,但是它们也会妨碍新颖的、创造性想法的产生。今天,关于学生的学习,我们应该有什么样的思考?应该有什么样的主张和策略?

九、强势学科与弱势学科

学习中,出现薄弱学科怎么办?解决的思想是什么?

对于多数小学生而言,学科强弱的分化并不明显,但到中学以后,这种分化却日渐突出,少数学生甚至出现了两极分化的现象。

<u>偏科寻因</u> 有家长认为,孩子存在强势学科与弱势学科可能与性别、遗传因素有关。早在 1983 年,美国教育家、心理学家霍华德·加德纳(Howard Gardner)在《智力的结构》一书中就提出了"多元智力理论(Multiple Intelligences)"。它给教育工作者的提示是:"每一个学生只会在某一两方面的智能特别突出"。研究表明,女生在语言方面的学习能力强于男生,在空间想象方面的能力比男生稍弱。但性别带来的这一点差别不足以影响中小学生学科的均衡发展。至于遗传,道理亦然。

中学生偏科的原因是复杂的,不排除成长环境中某一偶然因素的影响,但更多的是与授课老师的教学风格、性格特质有关,也与父母的学科偏好影响有关。此外,还有社会性原因,社会对不同性别个体的期望加剧了性别导致的差别化发展。

<u>个人强化</u> 绝大多数学生都非常期待自己的学习成绩出类拔萃,但事实却一直不尽如人意。可能是因为某种机缘巧合,学生喜欢上了某

学科的学习,这门学科的成绩也渐次有所提高,给自己的学习带来了信心,成为支撑自己继续努力的精神支柱。喜欢与成绩之间互为因果。

人有一种心理,当自己某方面的能力被人们认可以后,就期待自己更加努力,进一步发挥这方面的能力。学生有了这种心理预期,便会加剧学习兴趣和时间分配的不均衡,这样做又强化了结果。例如,某女生喜欢英语老师的上课风格,不仅在听课时更认真,课下也不自觉地在英语学科投入更多的学习时间。当英语成绩取得了进步并给她带来了自信以后,她更愿意在英语学习上付出,因此形成了良性循环。而数学学科或其他学科的学习可能却与之相反。

<u>常见策略</u>　偏科形成以后,解决偏科的常见策略是"班主任效应"——选择的班级,班主任正好是自己偏弱学科的授课教师。相对于其他学科的教师,班主任和学生有更多的接触时间与机会,潜移默化的影响,可能使学生渐渐重视班主任教授的学科。班主任的威信,也使学生不敢怠慢他教授的学科。但这种方法也不是"包治百病"——并不是对所有偏科学生都有效,况且有的学校,分班原则的制订与实施完全根据学校工作安排的需要,分班时,学生和家长没有任何知情、选择的权利。

<u>家长观点</u>　多数家长不停地提醒偏科的孩子"N-1=0",督促他把强势学科暂时放一放,在弱势学科上投入更多的精力,待弱势学科强化后,各学科共同进步、均衡发展。家长这样的提醒是否有效呢?让我们来回顾偏科形成的过程。

<u>得不偿失</u>　学生之所以有相对较强的学科,是因为他在该学科上持续投入大量的时间。但强与弱是暂时的,是动态的。学习如逆水行舟,不进则退。学习在继续,每一天都有新的学习内容。一旦强势学科被暂时放一放,强势学科也就不再"强"了。自己的弱势学科多数是积重难返,且是别人的强势学科。目前,学校的考评方法是横向比较,所以,短期内,无论弱势学科进步程度如何,学生都很难以己之弱胜别人之强。结果是"弱"没有变"强",反而"强"却变"弱",给孩子带来自信甚

至是孩子引以为自豪的强势学科不复存在了。孩子会不自觉地怀疑自己的学习能力，渐渐就对所有学科的学习产生失望和厌恶，学习热情和信心可能会骤然崩塌。由此可见，家长美好的愿望实现的可行性很小，只是一厢情愿的"乌托邦"而已。

<u>教授建议</u>　在这方面，日本教育学家、心理学教授多湖辉先生的建议值得借鉴。他认为，纠正孩子弱势学科的关键，首先是帮助学生在他重视的学科收获更多的胜任感，让他体验成功；形成强势学科后，再把经改造的对于强势学科学习的热情、信心和积累的经验、策略有选择地用于弱势学科的学习。

家长是否同意教育学家的观点，我们不得而知，但有一点应该肯定：学生学习的信心永远是第一位的！如果学生对学习丧失了信心，还谈什么强势学科与弱势学科？

现在，高中学生之间流传着一种心照不宣的观点，认为（偏）理科学生可以不重视语文学科的学习，语文弱一点没有关系，这是不正确的。语文学得好，不仅能准确、流畅地表达自己的思想，还可以提高学习其他学科时的理解水平，有助于其他学科的学习。很多在理工科方面取得卓越成就的大家，他们的语文本身都学得特别好。气象学家竺可桢先生所写的《向沙漠进军》早已被选入初中语文课本，一直沿用至今；地质学家李四光先生的作品也曾被高中语文课本选用；数学家华罗庚先生文学功底深厚，喜欢写诗，他的很多诗被广为传诵；数学大师丘成桐，拥有深厚的中国古典文学修养……卓越的大家都是在某一领域出类拔萃，一专多能。

十、信与疑

学习中，如何把握"信"与"疑"？

讲课的内容，老师精心准备；书本里的信息，作者认真筛选。尤其是课本（教材）的编写，需要层层把关、审核。这些信息的可信度非常高，值得"信"。

"信"的条件 但"信"的生命力都有局限性,是有条件的,如同牛顿定律只能运用于经典力学一样。在"信"的同时,我们需要弄清在什么前提下、什么范围内,这些内容可以被"信"。理解信息,首先需要清楚信息产生的背景,需要把信息放在动态中、发展中理解,切不可断章取义。生活中,信息传播者想表达的意思、信息本身实际表达的意思和受众实际理解的意思,三者之间常常存在一定的差距,很难做到完全吻合。

"信"中有"疑" 信息值得"信",并非要我们放弃对它的"疑"。孟子曰:"尽信书,则不如无书。"怀疑和批判精神始终是学习者应有的态度。

长城被列为世界文化遗产。以前小学语文书里有一篇课文《长城砖》,说美国宇航员在太空看地球,可以看到的标志性建筑包括中国的长城。我们的肉眼能看见东西,是因为物体反射(或发出)的(可见)光进入了我们眼睛,在视网膜上成像。但我们的眼睛并不能发射出"视线"。从这个角度来分析,我们能看多远,主要取决于物体反射(或发出)的光线能否进入我们眼睛。因传播介质的影响,在太空中能看到长城总被人怀疑。后来,我国宇航员杨利伟遨游太空,他从神舟五号飞船上向下看,发现根本没法看到长城,小学语文课本也就剔除了这篇课文。

<u>辩证统一</u> 任何信息,只接收,不思考,都是不可取的。

思考,加工,将新信息与已有的信息融合,这是学生学习应有的方式。这个过程,这种方式,本身就是"信"与"疑"的结合。

我们的大脑应该如同一架高速、自动的红外线照相机,只要有热源经过就自动按下快门;我们的头脑里应该总有一根精准的保险丝,只要电流超标就立刻熔断,保护电路。始终以一颗极其敏锐的心捕捉每一粒微尘的起落,以眼注视每一片风云的变幻,只有这样,才能以不变应万变。"信和疑"是辩证的统一。

十一、严与慈

"严师出高徒",这句话有哪些利与弊?

<u>家长观念</u> 严师出高徒,这几乎是多数家长信奉的真理,尤其是那

些桀骜不驯、有个性、有叛逆特征的学生的家长。他们总希望老师越严越好,让孩子有"怕头",以弥补自己在管教孩子方面的无力、无助。另一部分家长,无论自己孩子的性格是内向、温顺还是外向、乖张,他们相信压力就是动力。于是,那些以"严"著称的老师,在学校总是受到更多家长的追捧。

<u>对事要严</u>　老师应该严格要求学生拥有严谨的求学态度和一丝不苟的学习习惯。对于指导实验操作和技能培训,尤其是一些危险工种的职业培训,老师更要严。它们对脑力要求不高,多属于机械的程序记忆,如果懈怠、马虎,轻则造成过失,重则可能引发事故。所以必须严,有时严的程度近乎苛刻也不为过。

<u>严而有爱</u>　但在管理学生方面,老师应该严而有爱,要看到学生犯错是成长过程中的必然,需要根据不同的对象和时机区别对待。有关需要用脑思考的活动,严一旦超过了"度",必使人产生过大的压力。心理学研究表明,学习压力、动机与学习效果的关系呈倒 U 字形,它们之间有一个临界点,超过了这个临界点,学习效果随着学习压力或动机的增大不升反降,注意力的范围随着压力的增加而变得狭窄,从而使学生丢失、忽视很多原本可以注意的因素。这就是心理学里著名的耶克斯—多德森定律(Yerkes-Dodson Law)。那时,学生可能就只有"怕"而忽视了"严"的原因,甚至孩子有可能产生"以眼还眼"的对抗情绪,最终事与愿违。

作为教师,最宝贵的特质不是严,更不是严得冷酷、偏激,甚至变态,而是包容大爱,豁达乐观,教导有方,诲人不倦。少数老师,缺乏管理学生的艺术,管理方法简单、霸道,结果只剩下"严"了。

<u>观念错位</u>　也许,有家长担心,老师如果不严就没有威严了,学生可能就得寸进尺,甚至任性妄为。有些错误,学生屡教不改,就应该严,给他教训,让他留下深刻的印象。用家长的话说,就是"让他长点记性"。

学生是否有敬畏之心,这不是老师"严"与"慈"的问题,而在于规则的制定与执行。管理学强调用制度管人,而不是用人管人。老师"严",

相当于"人治";老师慈,规则严,则相当于"法治"。孰是孰非,自不待言。

由此可见,老师最好能做到让学生"七分敬,三分畏"——甚至敬的成分更重一些,宽松有度,不怒自威,抓好班级的制度建设和文化建设。规则和人严慈相济,才是理想的结果。至于有效地改正学生学习过程中出现的错误,也是如此。

十二、情与争

友谊与竞争,家长与孩子的态度有什么不同?

渴望友谊　儿童很早就有慷慨分享的倾向,说明人在很小的时候就有渴望友谊的意识。进入青少年期后,随着表现性和内向性的共存、开放与压抑的交织,学生的身心常在矛盾中向前发展。学生有时会感到极度的寂寥和孤独,如果再遭遇成长过程中的风霜雨雪,会有一种不可名状的凄凉与绝望。如果这时能沐浴友谊的阳光,一定会使人倍感温暖,变得坚强。

需要友谊　人都有自我暴露的心理需求。一份快乐,两人分享,快乐加倍;一份痛苦,两人分担,痛苦减半。培根说:"友谊不但能使人走出暴风骤雨的感情世界而进入和风细雨的春天,而且能使人摆脱黑暗混乱的胡思乱想而走入光明而理性的思考。""没有友情的社会则是一片繁华的沙漠。"由此可见,无论怎样形容,友谊的重要性都名不虚立。

培育友谊　成人之间的交往有"虚"的成分,这已是成人交际文化的重要组成部分。而学生尚没有真正走进社会,即使显得老练也远没有部分成人的固执和狡黠,"虚"就如同眼睛里的沙子,无容身之地。学生间的交往,需要开诚布公地交流,尊重、接受并欣赏对方的个性,不苛求对方与自己一致。真诚和尊重是赢得友谊的最佳途径。

影响友谊　影响学生间友谊发展的因素多是性格或观点的差异。无谓的争论大可不必,希望通过争论的胜利显示自己高人一等是不明智的行为,往往是自以为争论赢了,在虚荣心得到满足的同时,相互间的友谊却渐行渐远。

作为学生本人,一定不要在同学面前表现出任何的优越感,不仅是学习成绩,更不能卖弄自己所谓的"聪明"。真正聪明的人都知道,"裹锋而行,方不至锋折"。

<u>升华友谊</u>　学生的主要任务是学习,学生之间客观上做不到不比较学习成绩。如何处理两者之间的关系?家长的观点通常是"竞争第一",而学生本人往往却主张"友谊在先"。学生之间如果能够坦诚地探讨学习,形成互补,共同努力,相互鞭策,友谊则上升到一个新的层面——学习的伙伴。

如果学生之间开展学习比赛,最好不要公开挑战,只能暗暗较劲。输了不要气馁,坦然面对;赢了一定要收敛,千万不要骄狂。如果一定要在友谊和竞争中选择,伟大、真诚的友谊,一定超越竞争。

*** *** *** ***

物理学常识告诉我们,光线在同种均匀介质中沿直线传播。当光线照射到不透明物体时,就会被挡住,从而形成一片相对较暗的区域,这就是影子。

光和影是相互矛盾的两个面。皮影戏就是利用它们来完成各种造型和场景的表演。如同光与影创造了皮影戏一样,学习中的诸多问题,看似是矛盾的,科学地驾驭它们,却能使之成为和谐统一的整体。

本章选择学生学习中十二个有代表性的小专题作为学习中的花絮,进行了深入的辨析。实际学习生活中,每个学生的学习情况千差万别,不存在所谓的万全之策。世界上没有"放之四海而皆准"的真理,关键在于结合自己的实际情况,把原则性和灵活性有机结合起来,创造性地把策略运用到自己的学习生活中,创作一首属于自己的光与影的和谐奏鸣曲。

第十三章 从一份尴尬的检测报告说起
——谈谈学生学习的自觉性

常听到家长抱怨:自己的孩子学习没有自觉性,不提醒、不督促,他就不会自觉地完成学校作业。写完学校作业后,要求他多写一道课外题、多读一页课外书都不愿意,更不用说主动学习了。是什么原因导致孩子学习如此不自觉、不主动呢?让我们一起来寻找问题的答案。

一、一份尴尬的检测报告

家长和孩子,哪一方具有较高的自觉性?

这是一则真实的报道。一年夏季,M市防疫部门对本市各游泳池中的水质进行检测,结果显示:成人游泳池里,水中尿液的含量远远超标;而儿童游泳池里,水中尿液含量指标基本正常。检测结果公布后,舆论一片哗然。这份尴尬的检测报告,使得很多爸爸妈妈那年夏天不再去游泳。

细细一想,这一点也不奇怪。即使上述报道不具备普遍性,但在无人值守的十字路口,我们常看到一群成年人结伴闯红灯,人称"中国式过马路",这早已是全国一道见怪不怪的风景。相对而言,小朋友闯红灯的现象几乎没有。爸爸妈妈和孩子一起过马路时,经常是孩子提醒父母遵守交通规则。

孩子也可能像一个小大人般早熟,但绝不会圆滑世故。朦胧的理想笼罩住了他们自己以及他们所生活的世界。他们活力喷薄四溢,敏于行动且充满自信,但毕竟还没有真正介入社会现实,机敏只是气质的表现,远远不同于成年人的现实化了的精明与世故。相对于成年人,孩子们更质朴,更清纯,更容易遵守规则,更珍惜别人的信任和期待。为什么在学习方面就没有自觉性呢？

二、一个有趣的类比

孩子学习不主动，根源究竟在哪里？

这是一个真实的故事，也许人们能从这个故事中找到上述问题的答案。

吴芹是位很要强的女孩，身材窈窕，眉清目秀，浅浅的笑容背后却隐藏着倔强。凭借女性少有的韧性、执着和拼搏精神，她成为村里第一个女大学生，大学毕业后被分配至一家市属企业。单位改制再就业时，她去了一家私营公司。

儿子6岁那年，她和丈夫离婚，儿子归她抚养。她无心组建新的家庭，儿子便成了她生活的全部。儿子上学后，她的整个精力都投注在了儿子的学习上，儿子的成长是她的全部期待。每天卡点上班，到点下班，节假日在家陪孩子，与同事少有来往，与原来的同学也基本上失去了联系。

时光荏苒，似水流年。转眼儿子上了初中，成绩始终在班级中等，自己却身心疲惫。多少个夜晚，夜阑人静，独对西窗，看空中的残月在云中穿行，冷冷的清光忽明忽暗，自己无处诉说心中的孤独与惆怅。

一天，公司的老总找到她。因为公司发展的需要，想聘她为部门经理。"做不了！"吴芹当场就表明了自己的态度，"我要陪伴儿子学习。"她没有给老总留下任何回旋的余地。

"你天天这样陪着儿子学习，他的成绩究竟怎么样？"老总开门见山地问。也许是这句话刺痛了吴芹，唤醒了她沉睡多年的倔强的性格特质；也许是这句话给了她启发，她想换种方式生活，让一束阳光透过小窗，照亮自己幽暗的心房，让热血重新涌流。

吴芹接过部门经理的聘书，她不再做儿子学习的"保姆"。她告诉儿子，你的任务是学习，学习中，遇到自己解决不了的问题时可以向她求助，而妈妈的任务是工作。她工作也不再是原先那种得过且过的态度。

每天,她都在想着"解决问题""完成指标"的策略。以前,她的经理再三要求她加班并且给补助,她才勉强加班。现在,她经常提前到单位,并似乎忘记了下班时间,加班已是家常便饭。从此,吴芹就像上足了劲的发条,一刻也不得停歇。她告别了空寂和失落,全身充满了活力。

也许是因为儿子的骨子里携带了母亲倔强的基因,也许是因为没有了外界的约束反而唤醒了自身的能动性,一段时间后,吴芹突然发现,不知不觉中,儿子比以前懂事了,成绩也有了很大的进步。这时,她才恍然大悟:儿子的学习和自己的工作是一样的道理。以前,自己总认为是在给老板打工,推一下动一下,没有自觉性和主动性。成了部门经理以后,她才意识到这是在为自己工作,一切都需要自己去努力。以前,尽管儿子在她的一再追问下,说是为自己学习,骨子里却认为是为妈妈读书。儿子成为自己学习的主管以后,自然认为学习是他自己的事,当然自觉去做。当一名初一学生有了学习的自觉性之后,成绩的提高肯定指日可待。

吴芹儿子学习成绩的进步,不由让人想起20世纪农村的改革。20世纪70年代中期,广大农民依然一穷二白,绝大多数家庭没有半导体收音机,手电筒是部分家庭拥有的唯一家用电器。1978年,全国各地农村陆续开始实施联产承包责任制。土地,还是那片广袤的土地;农民,还是那群朴实的农民,仅因国家放开了政策,解放了对农民的束缚,一下子就释放了广大农民的劳动热情。曾经贫瘠的土地,霎时展露出无限的勃勃生机,广大农民因此逐步告别了贫穷,走向了富裕。

一个人,在工作中如果总是被安排、被要求,没有商量的余地,没有选择的自由,他自己自觉、主动工作的可能性有多大?他会不会因为老板的忙碌、辛劳而感动?没有自主权,也谈不上自觉与主动。如果家长们明白了其中的道理,自然就能理解孩子对待学习的态度了。吴芹儿子的进步也是情理之中的事。

三、一个古老的故事

是什么扼杀了孩子学习的主动性？

一位母亲曾经问心理老师："怎样才能使孩子拥有学习的自觉性？"

心理老师回答："你不应该这样问我，你应该这样问，'是什么原因使孩子失去了学习的自觉性？'"

这不是文字的游戏。后者告诉人们，孩子原本是有学习自觉性的。人，生来就有成长的渴求，这是一种自我实现的本能，它促使个体往更快、更高、更强的方向发展。自我实现的需求是个人成长永恒的驱动力。家长不恰当的干预、无节制的要求，在无形中慢慢扼杀了孩子求知的欲望，使他们在不知不觉中认为读书不是自己的事情，只是为了完成任务。

也许有家长立刻反驳："我一直都是在鼓励孩子，我没有不恰当的干预。"

其实，并不是所有的鼓励都是正确的。内森·奥斯伯在《犹太民俗宝库》中讲过一个裁缝的故事。后来，这个故事被很多人改编，这里也说一个改编版的故事吧。

一对年迈的教授，暑假住在市郊的一个大院里。每天中午，都有一群小朋友在院里玩"抓特务"的游戏，大喊大叫，使得这对有几十年午休习惯的老两口中午无法休息。老爷爷和小朋友们说过多次，小朋友们置若罔闻，根本听不进去。最后，他的夫人，一位心理学教授想出了一个主意。

第二天，当这群小朋友们又来到院子里玩耍时，他夫人对小朋友们说："你们很棒！从今天开始，你们每个小朋友可以从我这里得到一元钱。"小朋友很开心，叫喊得更欢。

"今天我只能给你们每人五角钱。"第三天，老太太笑容可掬地说，"近来零钱紧张。"小朋友们有点不满意，第四天还是来了。

"今天,我的零钱只剩下一角钱了。"老太太面带微笑,略显无奈,平静地说。

"我们不来帮你驱赶寂寞了。"小朋友们说完一哄而散,悻悻而去。

从此,院子又恢复了往日的宁静。

上面的例子告诉我们:原本自己感兴趣的活动——"抓特务"的游戏,因为得到了老太太的鼓励和奖励,小朋友反而认为是帮别人驱赶寂寞,不愿意做了。在陪伴孩子成长的过程中,有时家长不恰当的行为会适得其反,而恰如其分的放任也未必不是一种可以选择的教育方式。

四、一则心理学效应

为什么说奖励或鼓励是一柄双刃剑?

<u>德西效应</u>　心理学中有个名词"德西效应"。针对孩子的教育,它可以这样表述:奖励的策略,偶尔为之,无可厚非;家长恰如其分地奖励孩子,可以激发他的学习动力;当学生对学习本身就有兴趣时,如果再奖励,就会降低他的兴趣,即如果人们由内在动机驱使的行为是有偿的,那么,这种行为动机就会因奖励而被削弱,从而影响其内在动机。

<u>目标转移</u>　给孩子不恰当的奖励,还会使孩子只关注奖励本身,把奖励当作学习的目的,导致孩子目标的转移,兴趣从学习成果转移到有无奖励上。于是,孩子通常不是因为取得好成绩而高兴,而是为获得奖励而欢喜,"成绩好"的喜悦变成了"得到"的快乐。如果孩子努力学习没有获得进步,或者是取得了进步但获奖的预期没有兑现,那么孩子对"成绩不好"的反省就变成了对"损失"的懊恼。在学习上反复使用这种方法,孩子会绞尽脑汁用最少的努力赢得最大的奖励,而不是千方百计取得更好的成绩,投机取巧的心态也因此慢慢形成。

<u>殃及池鱼</u>　在教育孩子方面,特别是实施奖励但方法又把控失当,随着时间的推移,就会给孩子误导,孩子自然就会下意识地认为学习不是自己的事,学习是为家长而学。随着这种意识的日积月累,当有一

天,孩子和家长意见不一致或双方之间发生不愉快时,孩子就会下意识用消极对待学习的方式来转移自己的不满,甚至开始厌恶自己曾经喜欢的学习,这就会在孩子学习行为上,演绎一则"城门失火,殃及池鱼"的故事。

<u>奖励学问</u>　不定时给孩子一些小的奖励,给孩子一些意外的惊喜,这种随机(意外)奖励的方式,效果一般好于许诺奖励。另外,与其奖励表现为成绩的结果,不如褒扬取得这种结果的努力精神和行为。特别是要让这种精神和行为的主体——孩子本人,明白被奖励的原因。

期中考试,刘志飞成绩名列全年级第三,他爸爸利用周末举办了一个小小的家庭晚宴。他爸爸说:"我们并非仅仅是祝贺你这次考试获得了全年级第三名的成绩,更是因为你一直以来信守我们之间的相互约定,严格要求自己。"期末考试,刘志飞成绩全年级第十,他爸爸在寒假举办了规模较大的家庭晚宴,他爸爸说:"刘志飞一直以来都在坚持不懈地努力"。刘志飞的外公、外婆、爷爷、奶奶均收到由刘志飞送给四位老人的礼物,他们都为有这样的孙子而自豪。刘志飞本人也因此收获了极大的成功喜悦,同时深刻认识到,这一切都是优秀成绩带来的,成绩本身就是最好的奖励。从此,他更加确信"遵守约定,严格要求自己,坚持不懈地努力"是最值得拥有的行为。一名学生,如果能坚持这样,又何愁不优秀?

<u>永恒驱力</u>　奖励只能是学习的外驱力,外驱力总是暂时的、有限的。外驱力不能及时转化为内驱力,动力就很难持续。我们要保护孩子与生俱来的内驱力,像刘志飞爸爸那样用分享的方式让孩子深刻地认识到,优秀的成绩本身就是最好的奖励,并让孩子在学习的过程中收获更多的快乐与成功的喜悦。

第十四章　找回不落的太阳
——浅说学生学习兴趣的维护与培养

不落的太阳，犹如永不枯竭的动力，永远都不会衰败。众所周知，兴趣是学生最好的老师，也就是学习中不落的太阳。然而，在教育已成为全社会关注的焦点的今天，学生热爱学习的兴趣却没有与日俱增，反而呈现两极分化的趋势，与学生的学习能力、成绩呈正相关。怎样维护并培养学生的学习兴趣？本章试图从心理学角度和大家共同探讨。

一、触目惊心的现象背后

为什么总有高三毕业生"恩将仇报"？

"恩将仇报"　近几年，高考后，网络上都疯传高三学生撕书、撕作业本的视频。学生站在教学楼的走道上，将一本本教材和学习资料一页页撕成碎片，抛向空中，犹如漫天飞雪，同时夹杂着歇斯底里的叫喊声。去年，在一所四线城市，高考后，一位高三学生在自家的二楼楼顶焚烧自己的课本和学习资料，因滚滚浓烟还引发了火情报警，虽没有酿成火灾，却使人惊愕不已。

原因探微　课本和学习资料是帮助学生进步、相伴学生成长的有效工具，是什么原因导致这部分学生不对它们留念、珍视、感激，反而恨之入骨呢？是学习，他们极其厌烦、无任何兴趣可言的学习。

在全国范围内，每年学生因厌学而引发的悲剧不在少数。这些触目惊心的现象，揭示了一个沉重的问题本质：学生的学习兴趣正在整体加速减退甚至趋于丧失，他们中的多数人只是把学习作为应对考试、升学的必要手段。中小学生和大学生学习努力程度的比较总体呈现出巨大反差，就是有力的佐证。

<u>行为影响</u>　家长和教师甚至不制止学生的这种过激行为,反而认为这是学生释放压力的有效手段。学弟学妹们目睹这样的情景,心理自然受到有力的冲击或暗示,就会误解学习行为,甚至在无意中埋下厌学的种子。而这一切,与教师和家长主张的"学习的目的"有关,与他们的教育引导是分不开的,这也催生了今天教育模式和评价体系的变革与完善。

二、兴趣衰减的过程

是哪些方面的原因使学生的学习兴趣逐渐衰减?

作为家长,一定都有亲身体会,睡在摇篮里的婴儿,当有人从他身旁走过时,只要他处于清醒状态,就会扭动脖子,投来注视的目光——婴儿自出生起,就对外面的世界充满着好奇。人生来就有探索的欲望。一个孩子,当他会跌跌撞撞走路时,就会用手摸摸这里,敲敲那里,整天都有问不完的问题。

刚入学的小学生,基本上都是以学习目的为取向,学习兴趣盎然。具有学习兴趣的学生,从不把学习当成负担,而是把学习看成是内心的满足。这种情境下,学生很容易也很自然获得理想的学习效果。然而,家长、老师和学校的一些做法可能并没有助长学生兴趣的发展,反而在客观上有阻碍作用。

<u>家长</u>　在孩子入学后不久,可能是第一年,甚至是第一周,多数家长常喜欢这样叮嘱孩子:好好学习,将来考取××中学;好好学习,将来考取××大学……给学生学习树立恰当的目标本是一件好事,但家长的做法其实是在无形中向孩子灌输、渗透一种思想:学习本身不是目的,它只是实现某种目的的一种手段。一旦孩子有了这种意识,这种意识就会在适当的时候以某种方式在行为中呈现,包括厌学。

<u>老师</u>　受传统观念的影响,部分老师"分数至上"的思想坚不可摧,"只爱分数不爱人"的行为一成不变。他们即使能够接受学生作业中的错误和考试中的低分,但(至少是心理上)更欢迎作业全部正确和考试

高分的学生。那些学习成绩暂时不优秀的学生自然有被冷落的感觉，时间久了，这部分学生就会产生畏惧情绪。还有少数学校老师发现学生作业中出现错误，就会批评学生；错误多了或是经常出错，就会"喊家长"，以致给孩子检查作业已成为部分小学家长每天必须完成的任务。这一切，都会让学生的学习兴趣渐渐衰减。

<u>学校</u>　学校使用的评价体系让学生逐渐产生这样的印象：在学校里，获得好成绩并不是取决于自己学习的进步，而是取决于和其他同学的比较；自己学习的进步并不是第一位的，重要的是超过同学。于是，"表现目的"慢慢代替了学习本身。为了这一目的的实现，学生甚至会运用某些影响提高自己成绩的策略。学生的学习动机就这样发生了重大的改变。学习动机的改变，标志着学习兴趣减退的开始。

成长的过程本身就有先后与快慢，学生的成绩肯定有高低之分。过分注重、追逐学习的结果，必然使学生在无意中淡化、丧失对学习过程本身乐趣的体验，包括且不限于学习过程中战胜困难的喜悦及成长带来的快乐。部分教育工作者主张并呼吁的"取消小学的考试，不公布中学生在校的考试成绩排名"，正是结合相关的理论研究和上述的事实提出的。但在选拔人才体制还没有进一步完善的今天，这个主张很快遭到了另一部分人的坚决抵制、反对。相关部门颁布的不允许按考试成绩排名的规定，在学校推进依然艰难，支持和反对的各方都有自己的理由。现代研究成果和传统观念之间的争鸣，短期内很难有明确的结果。但有一种现象应该警觉：部分学生曾经学习兴趣很浓，在悄无声息中，他们的学习兴趣渐次变淡了，随着时间的推移，甚至产生厌恶学习的情绪。家长和老师忧心忡忡，社会在感慨中叹息，却没有意识到这并不全是学生的责任。

三、兴趣续存的根基

怎样才能维护孩子的学习兴趣？

怎样才能保护孩子的学习兴趣呢？发生在这位母亲身上的故事，给了我们很好的借鉴。

初秋的一个午后,胡娜母子激烈的争吵声打破了午间特有的宁静。她的儿子刚读小学二年级,作业被母亲用橡皮擦了。

"作业做错了,重做!"胡娜对儿子说,没有任何商量的余地。

"作业没有错,你擦了,你做。"儿子回答,态度明确,毫不含糊。

双方各不相让,一场母子僵持的家庭矛盾就这样形成。其实,如果儿子作业真做错了,让老师画个"×"又何妨?一个"×"足让以孩子无话可说,而胡娜偏要不经过儿子同意就擦去了他的劳动成果。

通常情况下,人很难被唤醒,但容易被疼醒。早在18世纪,法国的教育家雅克·卢梭(Jean-Jacques Rousseau)就提出了"自然后果"的教育思想——主张让学生通过体验其过失的不良后果去认识错误,吸取教训,自行改正,这被称为"教育理论和教育领域的革命"。这位母亲粗暴地"干涉孩子作业内政"的做法却正好相反,孩子的学习兴趣也在无形中被打压。

<u>自我决定的需要</u>　很多成人业余时间喜欢打麻将,或者是玩扑克,如掼蛋,桌前一坐就是两个小时甚至更长时间,不觉疲劳,且始终兴趣不减。如果他们的活动是一项任务,每天必须完成,或者在活动中自己没有选择、决定出牌的权利,只能按照别人的指令操作,他们还能如此长时间地保持那么浓的兴趣吗?答案是否定的。当一个人的行为由他人决定,诸如要求、命令、压力性评价和强制性目标等,则对人的内在动机有削弱作用;而自己做出决定,便能对内在动机有促进作用。无论是关于什么方面的选择和决策,人,总是更多地希望由自己来做决定。人都希望通过自身的努力能够控制事态的发生、发展和结果。这就是心理学中所说的"自我决定的需要"。

<u>拉着手刹踩油门</u>　青少年时期,正是追求独立、渴望自由的阶段,而现实中,他们却总是对自己的学习丧失了控制的权利。他们自上小学开始,就被家长和老师要求学习要有主动性。而实际学习过程中,学生几乎没有任何选择的权利,只能被动地接受安排。随着被安排、被要

求的日积月累,学生把学习作为一项任务,他们学习只是为了完成任务,学习兴趣丧失、感觉很累就是很自然的事了。期待学生学习主动,又限制学生学习自由,这是什么逻辑?这犹如拉着手刹踩油门,还希望车子跑得更快。更可怕的是,很多年来,这种现象一直被熟视无睹。

权利回归 维护、培养学生的学习兴趣,提高他们学习的积极性,是父母和老师永恒的话题。但如果学生选择、决策的权利总是被剥夺,这一切都是空谈。只有学生应有的权利回归,才能引发他们学习热情的复燃。学生不是天生没有学习兴趣,而是与生俱来的学习兴趣在得不到呵护且不断被侵犯、打压后才日渐减退直至消失。在这过程中,家长、老师、教育的评价体系都有不可推卸的责任。

著名心理学家班杜拉说:"对生活环境进行控制的努力,几乎渗透于人一生的所有行为之中,人越能够对生活中的有关事件施加影响,就越能够将自己按照自己喜爱的那样进行塑造。相反,不能对事件施加影响会对生活造成不利的影响,它将滋生忧惧、冷漠和绝望。"

今昔对比 曾经,家长经常这样"威胁"孩子,"再不好好表现,就不让你读书"。那时,让孩子读书成为对他最大的奖赏,高玉宝的《我要读书》曾被选进了小学课本。今天,很多孩子却不爱读书,一个原因是生活中的诱惑太多,另外一个原因同样不可忽视,那就是家长总把读书作为任务布置给孩子。难怪乎有人惊叹,过去孩子爱读书与学习,是因为他们的父母不认识字——孩子的行为不被干预。这种言论虽然武断、极端甚至错误,但也不是一无是处,至少令人深思。

总有家长担心,把自主权还给孩子以后,孩子没有自觉性,可能会恣意妄为。家长的这种顾虑听起来有道理。但请家长想一想:孩子是怎么学会走路的?孩子出生后并不会走路,学会走路后依然可能跌倒,家长们就因此不让孩子独立走路吗?

生活中,我们不能因噎废食。在引领孩子读书与学习的过程中,我们怎么能因顾虑而裹足不前?如果胡娜不反思自己的行为,依然我行我素,他儿子学习主动性和兴趣的丧失只是迟早的事情。那时,她只能在无奈中叹气。

四、激发兴趣的探索

一些激发学习兴趣的探索给家长哪些启示？

学生学习兴趣的呵护，需要家长、老师和学校的共同努力。父母的职责就是根据孩子的实际情况，在关键节点给予纲领性提示，让孩子有更多热爱学习的理由。

一天放学后，七年级的子英突然对妈妈说："今晚语文作业太多了，不想写。"

妈妈没有为难她，而是征求她的意见："我们是外出美食，还是在家吃饭后去物业公司活动室打会乒乓球？"

"在家吃吧。"晚饭后，母女去活动室对弈了一局，子英还是主动回家去写作业了。次日放学，子英告诉妈妈："因语文老师和他儿子都生病了，课代表重复布置了作业。老师今天还向我们道歉了"。

"老师也非常辛苦！老师和学生、父母和子女，贵在相互理解。"母亲的几句话，会使孩子产生重新认识老师的好结果。老师的道歉，也一定能赢得学生更多的爱戴。

人，很容易接受心理暗示，一旦产生了好的看法，即用善意观察事物，就会在事物中看到过去所不曾看到的特性。反之，一旦产生了坏的看法，就会像滚雪球一样，觉得一切都是坏的。

子英就读于一所民办学校，学校在维护、激发学生学习兴趣方面，进行了很多的探索和实践。他们曾在初三年级实施"作业选择制"，在高三班实施"非常态化安排课时"的探索活动。

<u>作业自选制</u>　"作业自选制"要求老师布置作业只能是个范围，而且还必须严格控制作业总量。这种模式下，学生只需要试着对某一章节的学习效果进行自我评估，并完成和评估结果相对应的作业，作业的决定权在学生那里，学生不是对老师负责，而是对自己负责。

"作业自选制"可能会使少数学生放任自己，所以，在试行之初，老

师就要学生自我承诺,并通过民主集中的方式把承诺内容整理成为公约,以增强学生自我约束、自我管理的意识和能力,促使学生珍惜自己暂时拥有的权利。试行"作业自选制",必须定期考核。考核时,如果部分学生的考核成绩没有达到与自己评估结果对应的标准,老师在引领学生反思后,依然是包容、鼓励,而不是奚落、嘲讽。引领和鼓励永远是基础教育的主要手段,但学生原先享有的选择作业的权利受到相应的限制。当学生下次考核达标后,老师立刻把收回的权利归还给学生。

<u>效果比较</u>　在探索过程中,学校不断地进行横向和纵向的比较,发现实施"作业选择制"的班级,最大的变化是学生的学习兴趣有很大的提升,学生不再感觉学习很累,学生的总体成绩比其他没有实施的班级有很大程度的提高,而且多数学生都非常珍惜自己暂时拥有的权利。事实也证明:学生自己主动选择的活动,即使劳动量更大,他们的感受也是放松、快乐;而被要求的活动,结果多数却与之相反。

<u>非常态排课</u>　在探索学生自主选择作业的同时,另一种现象同样引起学校管理者的重视,就是高中学生偏科的现象普遍存在。于是,学校在高三班试行"非常态化安排课时"的探索。

高三班每个星期选出两个下午,打破班级编制的限制,在不同的教室,开展面向所有高三学生的不同学科的专题学习,学生可以根据自己的学习情况,自主选择教室,加强自己的弱势学科,以弥补、减弱偏科给总成绩带来的影响。这样,学生各学科的学习时间没有统一的标准,几乎是因人而异。例如,少数英语弱、数学强的学生,可能一个星期有 16 节英语课,而只有 8 节数学课。弱势学科可以得到如此力度的关注和强化,并且这个决定来自学生本人。自己的选择,再困难,也不觉得累,效果自然不言而喻。绝大多数学生通过一学期的自主选择,基本上实现了各学科的"同步走"。次年高考,高三班也取得了更好的效果。

我们都知道兴趣是学生最好的老师,但未必都清楚如何去维护、培养它。如果说学习兴趣是学习生活中"不落的太阳",找回这个"太阳",需要家长和学校携手共同努力。

五、永恒的动力源

什么才是孩子努力攀登的永恒动力源？

<u>毋庸置疑的事实</u>　今天,社会普遍存在一个毋庸置疑的事实,青少年成长的文化环境变了,时代崇尚的对象也变了。如果社会大众中的多数人,把追求物质享受和物质财富作为人生最大的价值取向,并以此作为衡量人生成败的重要标准,那么社会必然刮起崇尚急功近利甚至是投机取巧之风,浅薄、浮躁必然泛滥盛行;以德行和才学为猎名者,必定比以德行和才学本身为目的者获得更多的美誉。尚未成年的学生因此会得到什么样的心理暗示和行为导向？家长对孩子的期待与要求就会苍白乏力,还有多少学生愿意踏踏实实去学习？

<u>生生不息的驱力</u>　绝大多数学生都是为了将来考取一所好的学校、拥有一份理想的工作和幸福的个人生活而努力学习,这样的学习目的无可厚非。这样的学生同样可以有良好的学习习惯、顽强的毅力,并获得理想的学习成绩。但他可能为一次考试的失利而焦虑,为一次竞争的挫折而沮丧。如果他能把追求真理、探索世界作为自己的人生理想,把远大理想和眼前目标结合起来,他就不会为个人一次的成功或失败患得患失,他就会有生生不息的学习热情和内驱力。将军有剑不斩蝼蚁,欲成大树何与草争？

<u>无私永恒的幸福</u>　记得马克思在《青年在选择职业时的考虑》中有这样的一段话:"如果我们选择了最能为人类福利而劳动的职业,那么,重担就不能把我们压倒,因为这是为大家而献身;那时我们所感到的就不是可怜的、有限的、自私的乐趣,我们的幸福将属于千百万人,我们的事业将默默地、但是永恒发挥作用地存在下去。""为同时代人的完美、为他们的幸福而工作。"正因为马克思有如此崇高的目标,他才没有被难以想象的困难压倒,而是把自己的一生奉献给伟大的共产主义事业。

<u>无尽攀登的动力</u>　有的人只能看到眼前郁郁葱葱的小草、弯弯曲

曲的小路,看不到远处的山川、丛林,只是因为他站的高度不够。"一个人追求的目标越高,他的才力就发展得越快,对社会就越有益。""伟大的事业孕育伟大的精神,伟大的精神推进伟大的事业。"如果少年没有远大的梦想,青年没有激昂的演说,可以想象他们的中年是何等的世故和落魄,老年又是何等的悲伤与凄凉!如果学生的目标不止是考一所好学校、不止是将来有一份好工作,而是用伟大的理想引领自己的行动,他自然有无尽的攀登动力,这就是学习永恒的动力源。

拓展阅读六 思维的深刻性

小明和小华同时去一家公司应聘,入职半年后,小华获得了加薪。小明有些愤愤不平,他要经理给一个说法。

经理告诉小明:明天有客人来访,需要在附近饭店订个包厢。约一刻钟,小明回复说:"明晚订在秦淮人家210包厢。"

经理当着小明的面,给小华分配了同样的任务。一刻钟后,小华报告经理:

"距离公司3千米内有两家饭店:一家是秦淮人家,主营淮扬菜系,12座以上的包厢才有窗户;另一家是西湖食景,以杭帮菜系为主,停车不太方便。距离公司约4千米,有沸腾鱼乡,麻辣风味,最大包厢可坐16人。三家饭店,人均消费均在300元左右。"最后,小华请经理告诉他客人的情况,他来具体落实。

同样的任务,两人的处理方式悬殊,这其实是因为他们面对问题时思维的深刻性不同。有的人,看到一种现象就认为有了结果,便停止思考;而有的人看到了结果,还爱向前深入一步,作进一步的思考,直到出现自己想要的结果为止。

听完小华对经理的报告,小明惭愧地走出了经理室,回去立刻买了一套《新质学习力》,利用工作之余,认真阅读。

第十五章 抹去白璧上的微瑕
——追回考试中粗心丢失的分数

粗心的毛病似乎人人都有,比如下班时忘记了关灯,创作时写错了一个词组。学生考试中的粗心现象,多数表现在审题、思考或书写过程中,包括最后的答案出现错误。心理学家弗洛伊德认为,这些都是潜意识作用的结果。本章从信息加工的角度进行探微。

一、常见的误区

平时会做的题,为什么考试时却可能做错?

每次学校考试成绩公布后,总有部分学生很无奈地说"自己不是这样的成绩",考试时因"题目看走了眼"丢了很多分。很多家长在和老师交流时也露出很痛苦的表情,"孩子根本不是这个水平,只是因为做题时粗心"。

考试不得分的题目可简单地分为两类:一类是学生不知道从哪里入手,就是根本不清楚怎么解答;另一类就是学生自认为知道如何去解答,但实际的解答过程或结果是错误的,或者是部分出现了错误。对于后一类的丢分,多数学生和家长的归因是"粗心"而心有不甘。在部分学生和家长心目中,考试成绩似乎应该加上因粗心丢失的分数。其实,这是学生和家长常见的认识误区。

对于绝大多数学生来说,考试中因粗心而丢分的毛病是很难被根除的,但只要把因粗心而丢的分控制在有限的范围内就无可厚非了。部分学生和家长甚至包括少数在职教师那种不以为然的态度,其实是他们还没有清醒地认识到这个问题的本质。

学生走出考场,或者是经别人点拨后突然顿悟,或者是过了一天再做原题,然后惊呼"自己会做,考试时因粗心丢分"。这种"事后诸葛亮"、总是"慢半拍"的现象,心理学称为"后见之明偏差",有着深层次的心理原因。

二、曾经的故事

下棋时,为什么有人看不到己方的危险?

关于粗心的解释,夏日长经历的故事更是耐人寻味。

夏日长曾是位伶俐的少年,特别爱下象棋。村里有位姓周的三爷,四十来岁,身材不高却特别精悍,也爱下象棋。每次他俩对弈,周三爷输棋后都跳起来,僵着脑袋,很不服气地向他吼叫:"马走'日'字象飞'田',炮打隔子。你以为我不知道吗?我下输了,不是我水平不高,只是我眼睛不好。你的马吃我的车,我没有看到。看到了,我还让你吃吗?"

年少的夏日长听后一脸茫然,不知如何回答。周三爷下象棋输了,究竟是水平不高还是眼睛不好?这个故事又给人们带来什么样的思考呢?多少年以来,夏日长一直在苦苦寻思这个问题的答案。

三、问题的本质

对于学习中的粗心,心理学的解读有哪些?

粗心究竟是怎么回事呢?我们都知道人体免疫系统的防御机能和人体的排异反应,可能却不清楚人的认知体系也有类似现象的存在。人的注意力和记忆力都具有"搜寻、选择、集中、激活"等特性。人格的信息加工理论(Information Processing Theory of Personality)告诉我们:所谓注意其实是一个过程,即认知系统决定选择哪些信息进一步加工的过程。注意力是一种思维资源,具有非常明确的选择性,其容量是有限的,只有聚焦才便于思考和突破。人在高度集中自己的注意力时,会使自己关注的范围缩小、知觉的范围变得狭窄,自然会把一些原本能够选择的信息排除到关注的范围之外,影响了正常的智力活动,导致"粗心"现象的出现。我们用三个关键词来描述这个过程。

为什么有些信息视而不见？

1. 顾此失彼　思维能力相对较弱的学生，当他的心理活动或意识选择了某个对象进行信息加工时，做不到统筹兼顾，自然会加工一些信息，忽视了另外一些信息。

2. "任熟唯亲"　学生在读题时，通常只注意那些支持他们现存想法的信息。那些自己熟悉的、和自己认知风格吻合的信息被存储到暂时的记忆中，几乎是同时被自动进行加工，仿佛毫不费力、自动地被执行。而另外一些信息，如同体外微生物入侵被免疫系统识别、防御、排异一样，会被大脑"遗漏""筛选"或"屏蔽"。

3. 回首拾遗　只有当学生重新分配思维资源即注意力，再次思考那些信息时，那些被忽视了的信息才有可能被注意、被加工。这就导致学生和家长口中"考试时粗心、事后会做"等现象的发生，也是周三爷下象棋时常常看不到"己方正在受到威胁、即将损兵折将甚至走向死亡"，直到对方即将落子时才有可能突然醒悟的原因。

粗心现象的发生，有时是信息加工过程存在缺陷，更多的是信息在加工之前的信息选择过程中出现了遗漏或忽视，这也是学生们内心不甘的原因。生活和学习中，很多看似偶然的表象背后，其实都隐藏着发生的必然。

四、改善的策略

改善粗心的习惯，有哪些具体的策略？

家长们可能并不关心这些不熟悉的心理学理论，只想知道如何能最大程度地杜绝粗心现象在自己孩子身上发生。那就让我们分析考试因粗心导致丢分的主要原因，再分别探讨解决的方案。

知识点遗漏　导致考试因粗心丢分的第一个原因是知识点的遗漏。知识被碎片化后不系统、不连续，学生对该信息熟视无睹，导致解题步骤的不完整。以数学为例，比如解分式方程，第一步是去分母。在去分母的过程中，根的范围扩大了：去分母之前，要考虑舍去分母为0的情况；去分母之后，这时的分母是常数，就不存在这个限制了。如果学生该知识点掌握不牢，必然忘记这个步骤，可以认为是因粗心而丢分。所以，在平时的学习过程中，要做类似知识点的归纳。诸如解一元二次方程，有实数根的条件是判别式 $\Delta \geq 0$；若一元二次方程二次项系数中含有参数，一定要满足二次项系数 $\neq 0$；求数列通项公式 a_n 时，不能遗忘 $n=1$ 时的情况；解有关集合的题目时，牢记空集是任何非空集合的真子集……只要学生自己在平时的学习过程中留心积累，杜绝这方面的丢分一般是容易做到的。

注意范围变窄 导致学生粗心的第二个原因也是根本原因，是学生在考试时注意的范围变窄了，总是想不到那一步，在关键的一步走错，掉进出题人设置的陷阱。但如果高中生面对普通的初中题目，就不会出现这个问题，因为题目相对容易，对注意力容量（资源）的要求降低了；如果学生特别优秀，注意力的容量（资源）足够丰富，也不会发生粗心的现象。所以，扩充认知资源，拓展注意空间，全面提升自己的思维能力，才能从根本上解决问题。

改善思维品质 思维能力是由思维品质决定的。思维品质通常包括思维的敏捷性、灵活性、深刻性、创造性、批判性和系统性。各个方面的发展因人而异，并不均衡，每个人都表现出自己的思维特色。通常，我们说某人聪明，是因为他大脑反应快（思维的敏捷性）；说某人头脑好使，是因为此人机灵（思维的灵活性）；赞扬某人主意多，实质是肯定他常有别人没有想到的想法（思维的创造性）。而像高考这样的选拔性考试，强调试卷的区分度，同时也强调考查思维的品质。粗心的表象通常反映出学生的认知风格有待完善、思维品质有待提升，这是一个相对漫长而又艰难的过程。

对于"灯下黑"现象，很多学生意识不到。老师和家长要有意识、有计划地结合学科的具体学习内容，通过恰当的针对性训练，培养学生的思维能力。

授人以渔 我们这套书，包括我们的课程，自始至终都在强调底层逻辑，力争授人以渔，从源头解决问题。如同青少年在成长的过程中，身高、体重的变化虽然看不见但每天都在增长一样,阅读我们的书,学习我们的课程,进步未必看得见,但对全面提升自己的认知和思维能力帮助很大。每天进步一点点,量的积累必然引起质的变化。

五、斩草须除根

什么是思维的惯性、认知的倾向性?

像粗心现象很难被根除一样,学生某些特定的错误行为也会反复出现。家长常为此十分恼火,批评孩子不长记性、没有脑子,甚至质问"为什么屡教不改",殊不知它同样有深层次的心理原因。

<u>惯性定律</u>　如果汽车的车速是 120 km/h,刹车后则不能立刻停下来;汽车停下来后,如果再起动,还是沿着原来的方向前进。一切物体在没有受到外力(或合外力为 0)的作用时,总保持静止状态或匀速直线运动状态,这就是生活中的惯性定律。

<u>思维的惯性</u>　我们大多数人都熟悉生活中的惯性定律,对自己思维的惯性却知之甚少。思维的惯性表现为:人一旦用某种方式去思考,则很难跳出这种方式。生活中,有些人总是担心自己在某方面受挫(比如受骗),结果还是在那里栽了跟头(被骗),原因是他虽然有所警觉,但没有改变自己的思维惯性,终究还是没有走出自己。

学生在某一问题上犯错后,当他再次遇到这个问题或同类问题时,由于他的认知层面没有提升,思维方式没有改变,如同汽车起动后还是沿着原来的方向前进一样,再次犯错也就在所难免。

<u>认知的倾向性</u>　认知的倾向性表现为人很容易陷入一种固定的模式,这种模式不仅包括思维,还包括情绪和行为。比如,有的人认为社会上善良的人占大多数,有的人认为人都是自私的;身处美丽的风景区,有人喜欢自拍,有人喜欢唱歌,这就是他们思维和行为的倾向性。因为对别人思维的惯性和认知倾向性的准确把握,才有群英会蒋干中计,才有孔明智设空城计、武侯弹琴退仲达。因为思维模式的固着,才有很多学生在同一个地方多次摔倒,在迷失中"不识庐山真面目"。

挣脱锁链 在平时的学习过程中,题目做错了或不会做,如果这个题目要求的能力在"最近发展区"之内,则学生在自己弄懂之后,就一定要去反复琢磨:答案是怎么做的?为什么要这样做或者说怎么想到这样做?自己当时为什么做错了或不会做?自己当时是怎么思考的?正确的思考方式应该是什么?为什么要这样思考?直到真正掌握背后的逻辑。只有这样,才能挣脱思维惯性的锁链,清楚并防范自己认知倾向性的局限。

不是每道做错了或不会做的题目,都有这些问题的答案。但学生平时养成这样的学习习惯,通过这样的反思和总结,就能深刻领悟自己犯错的根源,认清问题的本质,克服自己思维的盲点,完善认知倾向的缺陷,拓展自己的思维空间,增强个人构念库的容量和弹性,从而真正提升自己的思维品质,使自身的认知结构上升至新的层面。平时,一般性订正错误犹如只是将庄稼地里的野草斩断,一段时间后,野草很容易再生。只有"挣脱锁链",才能减少以后再犯类似错误的可能性,有利于问题的彻底解决,如同将野草连根拔起。

"思维过程的根本性变化源于认知结构的变化。"改善自身的认知结构,提升认知层面,是一个人终生的努力目标。

六、成功的案例

小男孩的进步给我们哪些启示?

生活中,不乏提升认知、改善思维的例子,只是这样的例子常在悄无声息中发生,我们没有在意而已。

刘泽川,一个特别活泼的小男孩,圆圆的脸蛋上挂着一对浅浅的小酒窝;一头浓密竖起的头发,向人们显示他浑然自在、无拘无束的"混沌"状态;一双明亮的眼睛,时而忽转,时而凝视,告诉人们他的头脑始终在思考。

四年前,刘泽川读小学四年级。他反应快,但精确性差。每天放学回家,他都急于向爸爸妈妈表达,实际表达时又语无伦次、言不达意。他的表姐是位心理学老师,受刘泽川妈妈的委托帮助他更好地成长。于是,表姐要求他:每次和她见面,说任何一件事情都必须想好了再说,要一气呵成,且主题明确、层次分明。每个周末,表姐在他的作业中精选三道数学应用题,要他在规定的时间内完成。每次完成作业后,她不给他辅导,但问他:"考虑周全了吗?有无遗漏之处?如果自己完全肯定,能否分析给别人听?分析必须经得起提问的考验。"

在表姐一次次提问的启发下,刘泽川的思路更开阔了,思维的深刻性也有了很大的提升。通过一段时间的专项训练,他数学计算的精确性有了很大的提高,思维品质有了可观的改善,学习风格兼有了沉思型的优点。

思维敏捷、动作迅速似乎总是和粗枝大叶、丢三落四相伴而生,如同质优的水稻总是产量较低、质次的水稻总是高产一样。水稻的低产与高产、质优与质次是两对基因分别控制的相对性状。福建省农科院与中国农科院合作,利用基因重组,在2021年培育了高产质优的新品种。

在青少年的成长过程中,如果我们把提高他们思维品质的每项工作落到实处,就能够提升学生的认知,让学生做到思维特性的扬长避短,帮助他们改掉粗心的毛病,把考试中因粗心丢失的分数追回来,如同通过基因重新组合培育新品种,好比抹去白璧上的微瑕——趋于完美。

"粗心,是潜意识里对所粗心事情的抗拒"。

——精神分析法创始人弗洛伊德

第十六章　学习,为什么那么累?
——吴力浩分管教学时的亲身经历

2021年寒假前,吴力浩副校长给学校高三复读班的学生家长写了一封信。本章就是根据那封信改写而成的。很多读者可能不认同吴副校长的观点,但他并没有因为别人的反对而无视事实,没有为了迎合别人而不表达自己的真实想法。因为坦诚是最大的信任和尊重。

毛泽东主席在《反对本本主义》一文中提出了"没有调查,没有发言权"的著名论断。请读者不要急于立刻否定文章的观点。请读者耐心读一读,想一想,和孩子简单聊一聊,争取择机到学校观察一段时间后,再下结论。吴副校长在强调自己观点时,是否有放大、偏激之嫌,请读者明鉴。

一、匪夷所思的事实

很多家长不知道的学校课堂真相……

过去的结论　常听教育工作者说,经过一晚的休息,次日早晨和上午是学生一天中学习的黄金时间;上午的第一、第二节课,学生的精神状态最好。

上述结论来源于过去调查研究后的归纳总结。在得出这个结论的当时,学生学习远远没有现在这么"卷",他们的睡眠时间能够得到保证,这个结论当时肯定是正确的。

今天,过去调查研究的对象——学生的实际学习情况发生了深刻的变化。很多学生每晚都不得不学习到深夜,应有的睡眠时间根本得不到保证,结论的基础已经不复存在。可我们很多教育工作者却无视事实、固守成规,依然用过去的结论安排今天的工作,其结果不言自明。

今天的现状 现在,学生上午的实际学习情况究竟是怎样的?2020年秋季开学后,吴力浩副校长分管学校的教学管理工作,推门进教室听课是他职责内的事。2021年1月19日上午,早读后的第一节课,他走进学校理科复读班教室,坐在教室的最后一排。他看到右排的几个学生昏昏欲睡。授课老师可能是为了打破这种尴尬的局面,喊其中的一名同学回答问题。问题回答后,该同学故态复还,可见她睡意之浓。

是第一节课老师课上得不好,学生没有兴趣,还是第一节课学生还没有从睡梦中醒来?上午第一节课是这样,上午的其他几节课又如何?带着这样的疑问,1月23日上午第三节课,吴副校长再次走进教室。

吴副校长一边听课,一边观察。他发现:虽然是上午第三节课,上课时,依然有部分学生似睡非睡、似听非听,不是沉思,而是委顿,其中几名学生一直在打瞌睡。有的学生,虽然在睁着眼睛,实际上睡意绵绵,很难听进老师的讲课内容,更不用说记住讲课内容并思考消化了。

普遍的现象 高三复读班是这样,其他年级的情况又是如何?吴副校长经常在学校教学楼的走道上巡视,看到其他年级的情况与高三复读班大同小异、如出一辙,这里不再作具体的描述。

不知道这种现象是否出乎很多教育工作管理者的意料,让他们难以相信。很多家长可能宁可不相信这样的事实,也不愿接受这样的真相。但事实就是如此。而且,这样的事实已经存在很多年了。学生,真的很累!

二、睡意蒙眬的原由

困倦的根本原因在哪里?

学生为什么如此困倦?学生上午上课时睡意蒙眬,根本原因在于刚过去的晚上睡眠时间过少。

效率低 研究表明,学生连续两个小时左右的深度学习后就应该开始休息,至少是调整一会。但残酷的现实,常使学生平时晚上基本上都是连续作战。长时间的学习使大脑得不到应有的休息,学习效率必然下降。繁重的作业,使得多数高中生无论如何都得熬到晚上十一点以后,甚至更晚才能开始准备休息。

任务重 很多老师和家长都强调,高中学生怎么能在晚上十点就睡觉呢?就是初中学生,晚上十点能准点休息的也不多。很多人无意中把学生学习至深夜作为"努力"的标志,似乎晚上十点休息就是学习不努力、不想进步的表现,甚至有"不珍惜光阴、不知道感恩父母"之嫌。而学校安排的作息时间,使得学生最迟 6:30 也得起床,7:30 必须到校。青少年每晚至少保证 8 个小时的睡眠,多数学生其实是做不到的。

程序诱发 在所有的住宿制学校,没有雨雪的天气,学生早晨都有晨跑、早操等活动。学生运动后,吃完早饭,走进教室。走读制学校,学生更是匆忙。有的学生是在家吃完早饭,有的学生是在匆忙的路途中、坐在家长的汽车里或电动车和自行车上边行边吃,都是紧张地赶到学校的教室。

晚上睡眠得不到保证,运动后安静地坐下来,这样的流程更容易诱发睡意,必然导致学生次日上午听课时注意力的减退、精力的不集中、接收信息的倦怠、思维反应的迟钝甚至暂停。

难以自制 客观地讲,学校管理人员(当时吴力浩是常务副校长)走进教室听课,学生们至少比平时上课要紧张。然而,主观上的想学,无法抗拒客观上的困乏。想睡又担心被老师发现,宝贵的课堂时间就这样在纠结中流逝。少数学生,思维在逐渐固化,甚至僵化,原因可能就在于此。长此以往,恶性循环,除了获得心理安慰外,还能收获什么?只有累!

三、脱离实际的管理

为什么总有教育管理者不愿意相信事实?

学生困倦的现象早已长期、普遍存在。很多人一直认为,上午时间,学生的学习效率最高。几乎所有学校都把主课安排在上午,尤其是第一节课。岂不知上午第一、二节课,学生困倦,听课效率很低;第三、四节课,学生又可能因饥饿而无心听课。鉴于目前的实际情况,多数学生学习的黄金时间应该是午休后下午的第一、二节课和晚自习至晚上九点之前。可惜很多人对这样的事实不以为然,甚至嗤之以鼻。

为什么学校的管理不进行必要的调整?原因大致如下:

1. **刻舟求剑**　很多人都知道《吕氏春秋·察今》中刻舟求剑的故事,用来比喻死守教条、拘泥成法、固执不变通的人。今天,我们关于学校的管理有类同之处。时代、环境、对象都变了,学校的时间管理、工作流程却几乎没有变。难道不知道"舟已行矣,而剑不行"的道理吗?不是的,而是这些人不愿意直面现实并改变自己。

2. **自欺欺人**　少数人身处庙堂之高,盗钟掩耳;部分教育理论工作者,没有真正走进当今学生的实际学习生活,掩耳盗铃;上了年纪的学校管理者,可能主要是因为年龄,他们的睡眠需求时间本来就短,也淡忘了年轻时的睡眠状况,平时在学校的管理工作中又习惯于以自我为中心、一言堂,常无视或者根本不知道学生上午困倦的事实,自欺欺人。

3. **众口铄金**　学校一线的中青年教师中,部分人早已清楚这样的事实。但多年形成的规则和舆论形成的共识,使这些人失去了独立思考的能力,对真相熟视无睹,只能人云亦云。喊了多年的口号"小学生、初中学生必须在×点之后到校、×点之前离校",真正执行到位的学校又有多少呢?

试想,哪位班主任敢违背学校关于作息时间的统一规定?哪位校长有胆识去打破常规、冒天下之大不韪?即使教学效果优于过去,只要没有取得显著的成效,心比天高的家长很快就能自发形成舆情,甚至有人恨不得吃掉校长。所以,没有校长愿意做这样出力不讨好的事也是在情理之中。请家长理解学校的难处。家长也只能依据自己的实际情况,摸索着行动。

1837年,丹麦作家安徒生在《皇帝的新装》里这样写道,没有穿衣的皇帝在大街上游行,大人们对着皇帝(的新装)却齐声赞美:

"Beautiful(漂亮)!"只有一群孩子齐声大喊:"Have nothing on(一丝不挂)!"时隔近200年,联想到学校的管理,这篇童话依然耐人寻味。

四、权且听之的建议

什么是学生学习中的得不偿失、饮鸩止渴?

<u>争分夺秒</u>　怎么改变学生困倦的现状?第一,必须保证睡眠时间。为了争取晚上早点休息,学生白天必须见缝插针地利用时间,下午放学后必须争分夺秒,以最快的速度进入学习状态,杜绝行动懒洋洋、作业慢腾腾的不良习惯。与其晚一个小时睡觉,不如白天抓紧时间千方百计挤出一个小时。对于耗时间的难题,我们一定要量力而行,考虑时间成本。

<u>张弛有度</u>　第二,注意学习过程中的劳逸结合。有少数家长,对孩子周末休息半天都心存芥蒂。金属加工理论告诉我们,金属也会疲劳,轻则产生轻微裂纹,重则导致断裂,酿成事故。机场工作人员说,每次航班结束,无论时间多么紧张,机械师都要给飞机检修、保养。没有生命的飞机都如此,何况人乎?学生每周利用半天时间调整、放松,一点也不过分。弦紧必断,箍紧必炸,不要等到事与愿违时才后悔。

<u>削株掘根</u>　学习成绩好的学生,都是会学习的学生,会学习首先是会休息。部分学生之所以成绩上不去,是因为他学习效率低。之所以学习效率低,主要是因为他学习时间长、休息时间短,对信息的刺激不敏感且吸收信息的效率低。期待通过大幅度压缩睡眠时间来延长学习时间,从而提高学习成绩,就如同身体缺碘而甲状腺增生一样,不仅于事无补,甚至事与愿违。

只有强化学习节奏、提高学习效率、注重学习效果,才能保证睡眠时间,取得理想的学习效果。熬时间、疲劳战、低效率形成的恶性循环,只会让学生距离优秀和成功越来越远。

<u>事实说话</u>　请家长或学生自己作个记录:如果学生晚上十点以后继续学习至当晚睡觉前,究竟看了几页书、做了几道题、收获了多少?

这样做之所得,和次日上课因睡眠不足导致昏昏沉沉、学习效率低下之所失,孰多孰少、谁重谁轻?做个客观的比较,再下结论。晚上学习至深夜,次日听课效率下降,得不偿失,又何苦为难自己、掩目捕雀呢?

五、减负提效的尝试

怎样才能使学生挣断低效学习的恶性循环链?

<u>累之根源</u>　学生学业负担过重,多数是因为升学考试的过度竞争和低效重复的学习。没有选择的权利,低效重复的劳动,随时罚站、罚抄的风险,这些也许不是学生"累"的全部。无视学生的思想和诉求,抹杀学生的个性与灵光,只能被动地接受和执行,这可能是学生"累"的根源。

<u>南辕北辙</u>　老师发现学生学习结果不理想时,多数选择占用学生更多的自主学习时间,加班加点地上课,岂不知这正是部分高中生学习结果不理想的一个重要原因。

<u>正本清源</u>　有一所深受家长追捧的民办学校,就曾严格限制老师在课堂上的讲课时间,在发挥学生自主学习的能动性方面做了大胆的探索,取得了积极的效果。

这所学校还在少数班级进行作业自选、建立学习小组等系列改革。在班主任的适度参与和指导下,学生之间自由组成学习小组,每个小组都必须有自己的组名、口号、努力目标和最大梦想。小组讨论、共同提高是小组学习的重要内容。考试不比较学生个体的成绩,而是把学习小组作为考核单位,只比较学习小组的成绩。班主任时刻帮助、指导学习小组的文化建设,促使学习小组文化的健康繁荣,让学生把短期、中期、长期的努力目标结合起来,用目标引领行动,让学生以提高自身学习能力和成绩为学习目的取向,提升自我效能预期,努力使多数学生成为有理想、有追求、有顽强意志、有奉献精神、具有鲜明个性的新时代青年。

<u>团队力量</u>　学习小组建立以后,在老师(领袖)巧妙的引领(暗示)

下,群体属性昭然若揭。"个体的异质被群体的同质所淹没"(本自然段引号内文字,均引自《乌合之众》)。"相互差异的个人目标便被一个集体目标所取代",小组成员的"思想和感情因暗示和相互传染作用而转向一个共同的方向,并转变成行为",小组进步便成了共同的追求,学习的外驱动变成了内驱动。学习不再是枯燥的个人行为,而是充满乐趣的集体活动。分组考核会强化每个学生的集体荣誉感,促使小组成员之间团结合作、相互鼓励、共同进步,可以杜绝考核个人时可能给个体带来的失意、孤独和无助,有助于学生的成长。

一个人可能走得较快,一群人就能走得更远。作业自选制和学习小组的建立,提高了学生的学习效率,也就减轻了学生的负担,使他们学习时不再感到那么"累"。

<u>素教实践</u>　单打独斗的时代早已过去,今天的社会更注重个体之间的分工协作。从学生时代开始,培养学生的合作意识和能力,让学生把行使学校赋予的每一项学习自主权利都作为自我素质提升的实践,让素质教育渗透在学校的每个工作细节。量的积累,必然引发质的骤变。

也许,有人说,自己所在的学校曾经做过这样的尝试,但没有收获理想的效果。这正和我们常提醒学生"学习是一个渐进、反复的过程,不要期待一蹴而就"一样,教育改革的探索也是如此。人,才是各种活动中的决定性因素。

六、史实给予的启迪

两部巨著揭示了什么真理? 对今天的教育有何启示?

历史是一面镜子,过去的史实定能给我们带来有益的启示。

<u>天体运行</u>　16 世纪以前,宗教统治下的欧洲,人们普遍认为地球处于宇宙的中心,静止不动。人们认为,从地球向外,依次有月球、水星、金星、太阳、火星、木星和土星,它们在各自的轨道上绕地球运转。直到波兰科学家哥白尼写下了震惊世界的巨著《天体运行论》,提出了

"日心说"，意大利思想家布鲁诺被钉在罗马鲜花广场的十字架上，不畏火刑，传播真理，人们终似梦初觉，才发现自己曾经是那么幼稚。

<u>物种起源</u>　1859年11月24日，查尔斯·罗伯特·达尔文(Charles Robert Darwin)的《物种起源》(*On the Origin of Species*)一书在伦敦出版。这本以自然选择为基础的科学著作，首次告诉人们：世界上能够生存下来的物种，并不是那些最强壮的，也不是那些最聪明的，而是那些对变化作出快速反应的。

<u>当今学生</u>　今天，学生应该如何迅速应变，使自己更适应新时代、新时期社会的发展？很多学生整天忙忙碌碌，听课，读书，抄写，做作业……他们沿着固有的轨迹，沿袭几乎一成不变的学习方式，在匆忙的学习中度过了一天又一天。为什么是这样？能否换个学习方式？没有人回答。学生只知道匆匆赶路，似乎又不知道路在哪里。

<u>换种步伐</u>　关于学生的学习，今天已经到了不得不"回头看"的时候了，是否需要重新思考甚至进行一场暴风骤雨般的革命？如果学生的学习状态和结果一直都不尽人意，过去的方法也已经证明没有理想的效果，那么不妨换一种步伐前进。

没有开垦的荒地，往往藏有更稀世的珍宝；没有行踪的小径，足迹更会熠熠生辉。

拓展阅读七　古诗一首

群盲煮鱼羹

群盲煮鱼羹，投鱼不中釜。
水沸争相尝，味鲜似牛脯。
世间耳食人，无异此群瞽！

第三篇　环　境

　　人们对环境对个体成长影响的重要性已形成共识,但对于如何影响,却不甚了了。

　　孩子的降临给家庭带来了前所未有的欢乐,孩子的教育和成长随即成为家庭关注的焦点。然而,面对尚处于婴幼儿时期的孩子,多数父母并不十分清楚如何去营造更恰当的成长环境,也没有清醒地意识到这个时期的成长环境对其今后的学习和成长带去的深远影响。

　　孩子在学习、成长方面表现出来的差异,究竟是因为先天的遗传基因,还是因为后天的成长环境?它们各自是如何发挥作用的?所谓认知风格又是怎么回事呢?

　　记忆和遗忘如同一枚硬币的两个面。怎样才能做到记得快、记得牢?所谓思维品质包含哪些因素?怎样才能提高思维能力?记忆和思维是制约学生学习成绩的至关重要因素,我们不清楚遗传基因与它们的具体相关度,但正确认识它们并学习关于它们的理论,也能使自己变得更加优秀。

　　少数孩子在成长的过程中,可能会经历心理障碍的困扰。抑郁情绪和抑郁症既有区别又有联系。真正让人担忧的其实不是问题的本身,而是人们对问题的误读。矫正认知,改善情绪,加强对心理障碍的有效防治,也要从改变环境开始。只有清楚当今青少年的心理健康状况,才能更好地为他们的健康成长保驾护航。

　　我们无法改变自己的遗传基因,有现实意义的是创造更合适的环境。没有人可以回到过去重新开始,却可以从现在开始谱写一个全新的未来。本篇文章,定能颠覆读者的一些固有认知,使其更清楚地认识庐山真面目。

　　阅读本篇有些章节时,读者可能需要放慢速度。我们已在阅读难度较大的章节标题的右侧标注了"★"号。此外,建议读者观看本篇文章的视频解读。

第十七章　揭开记忆神秘的面纱 **
——浅析记忆的机理及提高记忆的策略

记忆的过程和学习的过程有很多类同的地方，主要都是信息的选择、提取、储存、加工和运用。所以说，只有记得住、记得牢，才能学得好、用得活。本章依据认知心理学的最新研究成果，用浅显易懂的语言，简要介绍记忆的分类、信息的转化和提高记忆效果的常用策略，供广大读者借鉴和实践。

一、记忆的分类 *

记忆可以分为哪三大类？遗忘的主要原因是什么？

记忆分类　在学习记忆理论之前，我们先来介绍记忆单位。什么是记忆单位？举例说明，对于没有学过唐诗的幼儿园小朋友来说，"床前明月光"是5个记忆单位；而对于已经背诵过它的小学生而言，它是1个记忆单位；对于初中生来说，"床前明月光，疑是地上霜。举头望明月，低头思故乡"这20个字才是一个记忆单位。心理学根据记忆单位在大脑里存储的时间，将记忆分为瞬时记忆（保持感觉刺激的瞬时映像，所以，很多心理学工作者又称之为感觉记忆）、短时记忆和长时记忆。

瞬时记忆　每时每刻，人都会接收大量的信息。但大部分信息都只是"过眼云烟"，或者是"左耳朵进，右耳朵出"，没有被进一步加工就立刻消退了，这就是瞬时记忆。瞬时记忆信息的储存量较大，一般认为能存储20个记忆单位或者更多，但存储的时间短，一般认为是0.25至4秒。我们平时看电视、听报告，多数时候都是一边看或一边听并一边忘，后面的信息覆盖了前面的信息，这就属于瞬时记忆。

短时记忆　瞬时记忆中，只有那些能引起个体注意并被及时识别

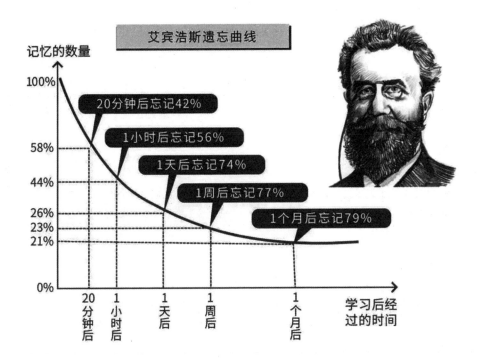

原来,遗忘有规律,记忆有科学

的信息,才有可能转化为短时记忆。比如,我们在听报告的过程中,如果报告中的某个观点被报告者特别强调,或者是引发我们情感上的共鸣,或者是唤醒我们某方面的联想,那么这个观点会因为被注意、被识别、被加工而转化为短时记忆。短时记忆信息内容存储的空间非常有限,大约是5至9个记忆单位,存储时间一般认为是5秒至1分钟。

<u>长时记忆</u>　因为信息痕迹的衰退,特别是信息的相互干扰而产生抑制,短时记忆中的信息很快就会被遗忘,只有那些被及时复述的信息才能转化为长时记忆。长时记忆是一个巨大的信息库,目前人们还不清楚它储存空间的上限。生活和工作中,我们提取和加工的信息,都储存在长时记忆中。

人们还可以根据其他分类标准,把记忆分为内隐记忆和外显记忆;把长时记忆分为情景记忆、语义记忆和程序记忆。

二、信息的转化 *

信息在各类记忆中是如何转化的?

<u>信息识别</u>　瞬时记忆中的信息,怎样才能被注意、被识别呢?例如,在一个嘈杂的宴会上,坐在你身边的两人正在低声细语,你可能看到了他们在交谈,但却没有在意他们在交谈什么。如果其中一人突然提到你的名字,就会立刻引起你的警觉,因为你对自己的名字特别敏感,敏感必然引发注意。人们对周围信息的敏感程度,会随着注意力的集中而提高。所以,特别敏感的信息或在注意力集中的情况下听取的信息,容易被识别,即瞬时记忆容易转化为短时记忆。

<u>扩充单位</u>　短时记忆可储存的记忆单位数量小于瞬时记忆。为了提高信息转化的效率,在平时的学习过程中,我们需要有意扩充记忆单位的长度——使一个记忆单位包含更多的信息,有意识地把一些知识单元归纳、浓缩为一个记忆单位。比如,把物理中的开普勒三大定律、数学中的三角函数的基本性质、英语中的定语从句的关系词……作为一个记忆单位,这样就会极大地提高记忆的效率。速记学科要求

学习者在速记时采用符号、记录关键词均是这个原理的具体运用。

复述分类 瞬时记忆中的信息转化为短时记忆后,必须及时进行复述。只有这样,它们才能转化为长时记忆,否则就会被遗忘。复述有保持性复述和整合性复述两种形式。保持性复述多数情况下是机械的练习,犹如小和尚念经,虽忙得不亦乐乎,但效果却很难保证。只有整合性复述,才能收获满意的效果。

三、整合性复述 *

用哪几个词概括整合性复述的内容?

整合性复述可以用三个关键词概括:理解,加工,整合。

理解 首先,我们必须尽自己最大的努力去理解那些有待被我们长时记忆的信息。这些信息只有被理解了,才便于记忆。为了便于理解,我们可以对信息内容进行简约的概括、归纳,并适时给予回顾。我们把书存放在图书馆时,只有清楚书的内容,才能给书分类、贴上合适的标签。这样,存放时井然有序,提取时才会简捷方便。如果再回忆一下整个存取书的过程,我们的印象就更深刻。在大脑里存取信息,道理也是如此,只是可能我们没有意识到而已。

加工 其次,我们需要对自己已经理解了的信息进行加工。记忆的效果,不仅依赖于对信息本身的加工,还依赖于对相联系信息的加工。

什么是信息加工呢?比如,高奶奶需要去上海斜土路中山医院看病,她的孙女在医院旁边的桔子酒店上班,但斜土路有很多酒店,高奶奶记不住是哪家酒店。她孙女说:"奶奶,你记住,桔子树生长在土上面。"从此,高奶奶再也没有忘记。这种把新接收的信息(桔子酒店)和自己已储存的信息(中山医院的地址是斜土路)建立联系的过程就是加工。有时,这种联系的逻辑也许只有自己能理解。比如,重力加速度在地球赤道略小,北极稍大,一位学生在理解其中的原理后,用一句"小道上北大"(赤道小,在北极大,走捷径上北京大学)便记住了结论,缩短了平时使用这个结论解题时的思考时间。当然,这种联系越深入、越广泛,加工就越精细,记忆的效果就越好。

据说,身残志坚的中国残联第七届主席团主席张海迪女士,在以不息的热情追求当代人应有的才华和充实的人生的过程中,初学英语时,三天都没有记住英语单词"study",后来她却翻译了《海边诊所》,能熟练地使用英语。几乎每个外语学习者都有类似这样的经历:初学时以记忆单词为主,而且记忆的效果常不尽人意;在后来的学习过程中,单词的记忆退居次要的位置,反而变得十分轻松。因为初学英语时,大脑对单词的储存量有限,单词多数是孤立的,不容易在头脑里建立联系,也就不容易被加工。随着词汇量的增长、联系的增多,记忆也就变得相对不难了。这充分说明,记忆依赖于人已有的知识结构,孤立的信息很难被记住,且很难被储存于大脑中。

记住信息,只是记忆的第一步。记忆的目的不仅是储存信息,更重要的是在需要的时候,快捷、完整地提取它,方便、灵活地运用它。在实际的工作和生活中,一些确已记住的信息,在需要它的时候就是想不起来,如同一本书确实存放在图书馆里,想调阅时就是找不到,主要原因在于没有合适的索引,使得寻找、调阅、提取无从下手。给需要被长时记忆的信息建立广泛、深入的联系,实质是对信息进行精细加工,就是给这些信息设置索引,使我们在需要它的时候,能通过联想很容易回忆起它们。比如,今天刚记忆的酒店名称(桔子),即使暂时被遗忘,我们也可以因为中山医院的地址斜土路而联想起它。

整合　最后,我们需要对被长时记忆的信息进行整合。我们要在理解、加工的基础上,对这些信息质疑,寻求问题的例证,结合个人的经验,自问自答。同时,试着向假想的第三方表达,并力争在大脑里创作视觉画面,表达这些信息。比如,对于刚才学习的英语单词"university",我们以这样想象:问自己的学妹,新学的单词"university"与已经学习的单词"college"有什么联系和区别呢?深圳大学和深圳职业技术学院应该分别对应哪个单词?接着,在自己的脑海里呈现这两所高校的画面,并与这两个单词对应。

整合还包括复习。德国心理学家艾宾浩斯研究发现,遗忘在学习之后立即开始,而且遗忘的进程是不均匀的,最初遗忘的速度很快,以后逐渐变慢。所以,用分散复习代替集中复习是提高记忆效果的有效手段。初期,复习的时间间隔应该较短,以后可以越来越长。这样,就能战胜遗忘,取得很好的记忆效果。人到了一定年龄以后,短时记忆转化为长时记忆会变得困难。因为提取记忆的线索变得模糊,提取信息的速度变慢,经常出现有些事需要想一会儿或者一时想不起来的情况。

四、回忆的准确性

为什么回忆的信息有时不准确?

<u>撒谎＝被冤枉?</u> 信息储存于大脑后并非一成不变,即使在没有意识到的情况下,也可以被潜意识地加工,即被调用、整合。信息之间的自动组合而导致的不真实的回忆就是虚假记忆,这就是人们常说的"记错了"的现象发生的主要原因。有时候,人们仅仅是嘴上说说发生了什么事情,就倾向于认为它真的发生了,而无论事实上发生与否,其实这就是记忆的扭曲。若孩子身上发生了上述这些现象,常被大人们认为在"撒谎",并上升到"品行问题"的高度进行批评,甚至惩罚。这样做就冤枉了孩子,因孩子并没有主观上的"故意"。

<u>模糊＋被带偏＝?</u> 人的大脑通常不会刻意去观察和记忆。每个人日常感知的信息通常都很模糊,心理状态又使人获取信息时具有选择性。所谓回忆,其实就是组合记忆的碎片。在组合的过程中,那些信息缺失的模糊地带就有被植入、被编造的可能,这种可能又常受到现实感情、主观预期、文化预期等多种因素的共同影响。人类的情感敏感且复杂,一旦事物引起强烈的情绪共鸣,信息的感知就会被带偏。

<u>"帮凶"</u> 当人有了某种猜想后,原则上,他都期望能获得某种信息,用来证实自己现有猜测的正确性,而不会去寻找可能驳倒现有猜想的暗示或线索。心理学中,这种现象被称为"确认偏差"。这种心理倾向助推了虚假记忆、记忆扭曲的发生。

怀旧 人到了一定的年龄后就喜欢回忆与怀旧，这与脑海里储存的信息种类与数量有关。寻求发展的机遇总是随着年龄的递增而日少，个人设计的前程多数被人人相袭的常规所替代；总以为属于自己的生活还没有开始，其实它正在悄悄流逝；对未来的憧憬在递减，而过去的沉淀却在增多，于是，他们常被现实中的某个线索把思绪带回到过去，变成回忆与怀旧。

修剪 同一段经历，同一个故事，在不同的场景、不同的心情下回忆，可能都有较大的差别。信息的每一次提取，在放回去的时候，记忆本身可能已经被修剪过了一次；再提取，就会再次被修剪。有时候，有些事情你越是回忆，就距离真相越远，但当事人未必有这方面的意识。

记忆的感知、保持和提取，每一个环节都可能有误差，都有可能被修改，因而就很难确认回忆的准确性。

五、记忆二三事

在实际学习过程中，有些需要被长时记忆的信息，是学生当时理解不了的，而学生又必须记住它。这时，学生可以跳过"理解"这个环节，直接进入"加工""整合"这个步骤。这样，学生也能获得比较理想的效果。下面，我们举例说明。

初二学习物理物态变化时，我们知道物质一般有三种存在状态，即固态、液态和气态。在一定条件下，三种状态可以相互转化。物态转化过程的名称分别是熔化、凝固、汽化、液化、升华、凝华。在转化过程中，总有能量的变化，即放出热量或吸收热量。是什么原因引起能量的变化？初中生是无法理解的，但《初中物理课程标准》要求学生：了解物态变化过程中的吸热和放热现象，这几乎是考试时的必考内容之一。于是，一位物理老师面带苦笑，这样无奈地和学生们说：

"我家住在101室。我家楼上201室有一个小男孩很调皮，有时站在阳台上向下倒开水（为了使学生印象深刻，或说向下尿尿）。倒开水（尿尿），是不是放热？所以，请同学们记住，201（二零一），放热的，其中,'20(二零)'代表凝固、凝华,'1'代表液化,即凝固、凝华、液化放热,而另外三种物态变化是吸热。"听完老师讲的这个故事后,同学们还会忘记这个结论吗?

再举一个例子。初三化学课本中,有水通直流电即电解水的实验。通电一段时间后,两个玻璃管内收集了一些气体。与正极相连的玻璃管内的气体体积小,这种气体能使带火星的木条复燃,说明是氧气;与负极相连的玻璃管内气体的体积约为氧气的两倍,用火柴点燃,它可以在空气中安静地燃烧,并发出淡蓝色的火焰,这种气体是氢气。为什么是这种结果呢?初中生所学的化学知识无法解释这种结果,同学们常因此把结果给记颠倒了。

幽默的化学老师诙谐地和同学们说起了故事:杨勇是个非常孝顺的孩子,每次他爸爸后背痒,都喊杨勇去挠。这件事情可简化为"父亲,正痒",即(父亲)负极是氢,(正痒)正极是氧。老师生动的表达,使学生们再也不会混淆结论了。

由此可见,即使是一些学生暂时不理解地信息,老师只要开动脑筋,也可以将其和学生们生活中喜闻乐见的经历、故事联系起来,记忆也能变得相对容易、简单。

关于记忆的机理,心理学家们仍在不懈的探索中,虽然有很多未解之谜,但学生掌握上述这些知识和策略,可以大幅度提高自己的记忆效率。

高效的记忆有利于知识的获取,但获取知识只是学习的第一步,对学生来说,更重要的是形成能力,实现能力广泛、深入的迁移与应用,尤其是在今天。

第十八章　一只看不见的手
——关于思维能力和创造性思维的培养

也许，我们都有过这样的经历：有时为自己的智慧欢呼雀跃，也有时为自己的愚蠢而捶胸顿足。是什么原因导致这种天壤之别现象的发生？同一时间，同一地点，面对同一件事，每个人的反应不尽相同，处理的方式也不同，这一切都源于每个人特有的思维方式。在众多的思维方式中，本章向读者介绍发散思维和逆向思维，同时介绍创造性思维能力的培养。

一、从青霉素的发现说起 *

同样的发现，为什么结果却迥然不同？两位科学家分别用了什么样的思维方式？

<u>青霉素</u>　医学界没有人不知道青霉素，它的发现开创了抗菌素史的新纪元。曾经，许多严重危害人类健康的疾病，如以前被认为不治之症的肺炎、化脓性咽喉炎以及各种结核病、败血病、伤寒等，因为青霉素的使用，都获得了很好的治疗。青霉素奇迹般的疗效，还开启了利用抗菌物质杀灭人体内致病细菌的新思路。关于青霉素的发现，有一则耐人寻味的故事。

<u>弗莱明</u>　据史料记载，英国细菌学家弗莱明曾从病人的脓液中提取了葡萄球菌，他把这些细菌放在玻璃器皿中培养。一天，他在观察培养皿中的细菌时，惊奇地发现玻璃器皿里有一个地方沾上了绿色的"霉"，并且开始向器皿四周蔓延。不仅这种"霉"周围的葡萄球菌没有生长，而且离它较远的地方的葡萄球菌也被溶解，变成了一滴滴露水的样子。

为什么会出现这种奇特的现象呢？可能是由于时常打开盖子，培养液被空气中的微生物污染了。污染后发生了什么？弗莱明没有放弃思考，并且不停留在思考和理论的分析阶段，他采用客观性和实证性追究的思维形式，即运用实证思维进行仔细的研究和实验，终于发现这些培养液里含有一种新的化合物，最后从中分离出一种能抑制细菌生长的抗菌素——青霉素。后来，经过多人漫长而又曲折的努力，青霉素终于走上了应用，挽救了无数人的生命。鉴于这一划时代的伟大发现，弗莱明获得了1945年的诺贝尔生理学和医学奖。

<u>吉在由直</u>　早在弗莱明发现青霉素之前，日本科学家吉在由直在实验室也曾发现过这种现象，发现了这种"霉"。但他认为，葡萄球菌的消失只是由于被污染的细菌迅速繁衍，消耗了培养皿中的养分；即使是葡萄球菌被污染的霉菌所吞噬，也是普遍存在的正常现象。他没有做进一步的分析、实验和研究，仅依据内因的感知——直觉思维，迅速地对问题做出判断并得出结论。吉在由直采用直觉思维，导致自己与伟大的发现和科学界最高的荣誉失之交臂。

两位科学家同样的发现，结果却迥然不同。后人把这种差异归因于他们各自不同的思维方式，不同的思维必然对应不同的结果。

二、司马光砸缸的故事 *

什么是发散思维与逆向思维？为什么说司马光砸缸同时包含了这两种思维？

什么是思维呢？简言之，思维就是求得问题解决的高级认知过程。人按性别分类，可分为男性或女性；按职业分类，可分为工人、农民或科技工作者……思维的分类也是一样，它的分类标准和方法也有很多类型。一种类型的思维，总有另一种类型的思维与之对应。如，形象思维对应抽象思维，实证思维对应直觉思维，发散思维对应聚合思维，逆向思维对应正向思维。实际生活中，某一问题的解决常常包含多种思维方式。

司马光砸缸的故事多数人耳熟能详。据《宋史》记载，从前有个叫司马光的人，小时候常跟小朋友们在花园里玩耍。花园里有一座假山，假山旁边有一口大缸。在他7岁那年，有一次，他跟几个小伙伴在后院玩耍时，有一个很淘气的孩子爬上了假山，一脚踩空，失足跌进水缸里。水缸很深，孩子很小。眼看小伙伴有生命危险。就在其他的孩子们惊慌失措、吓得大哭起来的时候，司马光从地上抱起一块石头，用全身力气，毅然向水缸撞去。水缸破碎了，水涌出来，小伙伴因此获救。

这个故事一直流传至今，主要是因为司马光的智慧。常规思维的人——也就是正向思维的人，见到孩子落水后，想到的就是如何把孩子从水里救上来。如果司马光也是用这样的思维去寻求解决问题的对策，也许孩子就失去了生命。

孩子落水了，只有让人和水分离才能保证孩子的安全。实施人水分离只有两种方法，方法一是把人从水中救上来，方法二是使水从人身旁流走。从这个角度来看，我们可以认为，司马光砸缸是发散思维方式在生活中的具体应用。

什么是发散思维？发散思维又称辐射思维，是指大脑在思考时呈现的一种扩散状态的思维模式。它以解决问题为出发点和最终目的，寻求、罗列解决问题的各种途径，表现为思维视野广阔，思维呈现出多维发散状，信息朝各种可能的方向扩散并引发更多新信息，使思考者能从各种假设出发，不拘泥于一个途径，不局限于既定的理解，尽可能做出合乎条件的各种回答，比如学生学习中的"一题多解"。

三、逆向思维的妙用

逆向思维在生活中有哪些具体应用？

逆向思维　对于司马光砸缸，更多的人认为司马光运用了逆向思维。逆向思维是针对某一种具体的、司空见惯的、似乎已成定论的事物或观点反过来思考的一种思维方式。

<u>古人运用</u>　《三国演义》中，"空城计"的故事就是逆向思维的有效

运用。街亭失守后,魏将司马懿乘势引15万大军向诸葛亮所在的西城蜂拥而来。正向思维的人,应该选择逃离、藏匿或积极应战,而诸葛亮却反其道而行之,传令把所有的旌旗都藏起来,并把四个城门都打开,每个城门之上派20名士兵扮成百姓模样,洒水扫街,自己则披上鹤氅,戴上纶巾,领着两个小书童,在城楼弹琴。司马懿远远看后,疑惑不已:诸葛亮一生谨慎,不曾冒险。现在城门大开,里面必有埋伏,快快撤退。于是,各路兵马都退了回去。

　　今人故事　　现实生活中,逆向思维也有很多成功的运用。在斗智斗勇的商业游戏中,逆向思维运用的例子更是层出不穷。华仁本中医学院大专毕业,在医院实习了两年后,在女友的鼓励下,自己贷款10万元,在小区的主干道上找了三间门面房,和房东签订了两年的租赁合同,购买了几台理疗设备,在相关部门核准、登记手续后,开设了一家理疗诊所。

　　因为现在久坐的人越来越多,腰酸背痛、颈椎不适的人随之增长。华仁本认真钻研业务,诊所价格公道,平均每天营业时间近14个小时,生意十分火爆,赢得了很多人的肯定。租赁合同很快到期,房东要求房子租金从每年的9万元增至15万元。这时,华仁本才意识到,自己因第一次创业而对很多问题思考的深度不够。房东要求续租时的租金涨幅过高,虽不近人情,自己却无可奈何。在实际利益面前,有多少人愿意让步呢?

　　房东明确告诉他,如果不愿意续租,在合同即将到期的最后一个月,他将对外发布招租广告,届时意向承租客户过来看房子时,请华仁本给予方便。华仁本心里有一百个不愿意,但也只能无奈叹气。他女友说,这条街上同样规格的房子因在街道上的位置不同,目前年租金在8万元至12万元之间。如果有人过来想租我们现在正在使用的房子,我们直接说现在年租金18万元,吓退对方。

　　多数人都会像他女友这样思考,这是正向思维,但华仁本就没有这样想。如果告诉客户现在年租金18万元,当客户和房东联系后,获悉他只需要支付年租金 15 万元时,他反而觉得自己占了便宜,客观上促使了他们之间的成交。我们不如反其道而行之,和客户说现在的年租金 6 万元,这样做有三大利己因素。

1. 心理失衡　租金从 6 万元突然涨到 15 万元,客户肯定心理失去平衡,觉得租金增幅太高了。

2. 心生顾忌　客户肯定也害怕这样的增幅在自己身上重演,必心生顾忌,担心在以后的租赁过程中房东过于唯利是图。

3. 宁信其有　当房东和客户说目前房租是 9 万元时,客户肯定宁愿相信现在年租金是 6 万元,这是多数人的本性。

于是,华仁本以其人之道还治其人之身。他和房东交流,同意房东将房子对外招租;如果有客户愿意出更高的租金租赁,房东就出租给新的客户;如果租赁合同到期但无客户承租,则自己再按原价续租三年。后来,事情就像华仁本想的那样,虽有客户过来看房,但获得相应信息后都悻悻离去,房东只能以原价和华仁本续签了三年的租赁合同。

华仁本在商业活动中,维护了自己的权益,是逆向思维成功运用的结果。

@ 四、创造性思维的培养 *

如何培养孩子的创造性思维?什么是远距离联想?如何培养孩子的这种能力?

在所有的思维中,创造性思维尤为可贵,因为只有创造才能推动社会向前发展,一项伟大的创造有时具有划时代的颠覆意义。创造离不开创造性思维,创造性思维能力的培养需要经过长期的知识积累、素质磨砺。英国心理学家瓦拉斯提出了创造性思维的四个阶段,即准备阶段、孕育阶段、明朗阶段、验证阶段。在日常生活中,家长可以从下面四个方面培养孩子的创造性思维。

1. 思维的流畅性　思维从来都不是静止的,而是在流动的。如果流畅性不够、被阻塞,则不利于思维的发展和创意的萌发。思维的流畅性包括用词的流畅性、表达的流畅性、联想的流畅性、观念的流畅性。它代表心智灵活,思路通达。

智慧型的家长经常有意和孩子开展这方面的游戏,比如词语接龙的游戏(用词的流畅性),如一字千金、金枝玉叶、叶公好龙、龙马精神、神采飞扬等;比如在规定的时间内,说出表达"春天"的句子(表达的流畅性),如冰雪融化了,小溪唱歌了,小草变绿了,柳树发芽了等;比如在规定的时间内,针对同一问题想到更多的答案(联想的流畅性),并产生更多数量的观念(观念的流畅性)。这些做法,都是训练孩子思维流畅性的必要方式。

2. 思维的灵活性　思维的灵活性又称思维的变通性,它是指一个人不受思维定式的束缚,能迅速地转变思维的方向,快速地从问题的一个侧面转向另一个侧面,从一种假设迅速转向另一种假设的能力。它表现为面对问题情境时,能突破思维的惯性,不墨守成规,不钻牛角尖,随机应变,触类旁通,开创不同的思维方向,寻求更有效的解决途径。

如果一个人长期用一个思维方式去探索问题的解决,或许在实践中很能见效,但同时却容易造成思维定式,使思路闭塞、思维僵化。心理学经常通过在规定的时间内说出某种物品用途的多少来衡量一个人思维的灵活性。对同一问题所想出不同类型的答案越多者,其灵活性越高。例如,请在5分钟内说出书的用途,如果仅仅说出供人阅读、欣赏,说明此人灵活性很弱。家长可以和孩子开展类似方式的训练,以提高孩子思维的灵活性。

3. 思维的独创性　思维的独创性指个人产生不同寻常的反应的能力,包括重新定义或按新的方式对人们的所见所闻加以重构的能力。它表现为:面对问题情境时,能跳出传统思维的框架,打破常规,别出心裁,超越自己,也超越前辈;能提出不落俗套的、独特新颖的见解和解决方式。独创性具有新奇性。对同一问题所提的意见愈新奇、越独特,其独创性越高,如曹冲称象、部分脑筋急转弯的游戏。

传说19世纪中叶,美国加州发现金矿后,淘金者蜂拥而至。实际上,不但金子难淘,而且因为当地气候干燥,水源奇缺,许多淘金者一无所获并饱经饥渴的折磨。17岁的亚默尔毅然决定放弃淘金,他用淘金的工具将远方的河水引入水池,待水沉淀后再过滤,最后把它们变成清凉可口的饮用水对外出售,因此发迹。这出人意料却又在情理之中,可谓是思维独创性的运用。

4. 远距离联想　远距离联想就是寻找相距很远的概念之间的关系。普通人通常只能看到相同事物之间的相同点,聪明人通常能看到不同事物之间的不同点,而智慧型的人不仅能看到不同事物之间的不同点,还能发现它们之间的共同点和联系。马斯克本人认为,自己最大的能力就在于此。

在电视主持人大赛上,远距离联想一直是比赛的保留项目。例如,中央广播电视总台2019主持人大赛上,主持人要求选手用2分钟时间说一个关于"沙、青春、家书"的故事。这三个词的关联度很低,怎样用一个故事把它们串联起来呢?这考查的就是选手远距离联想的能力。通过联想寻找相联度很低的概念之间的联系,需要思维具有创造性。日常生活中,家长可以参照这种方式,和孩子进行类似内容的游戏。

思维犹如一只无形的手,时刻都在制约人的行为,它看似无形却有规律可循。关于思维的研究文献很多,本文呈现的仅是大海里的一朵浪花。如果读者能投身大海的怀抱,劈波斩浪,定能在领略大海波澜壮阔的同时,游向成功的彼岸。

第十九章 隐形的翅膀
——关于学习策略的渗透与引领

婴幼儿期,是人生成长的关键期。苏联心理学家维果茨基曾提出"学习最佳期限"的理论,他认为,儿童学习任何知识或技能都有一个最佳的年龄。婴幼儿的教育,首先是创造恰当的外部环境,促进脑的发育,开发智力;同时,让他们经历更多的情景体验,以促进情绪智力的发展;在日常生活中,渗透学习策略的思想,为将来运用学习策略奠定基础。

教育,贵在授人以渔。

一、更丰富的刺激体验 *

幼儿园小朋友反应快慢各不相同,除了与遗传因素有关外,还与哪些因素有关呢?

<u>幼儿差异</u> 幼儿园的老师们几乎都有这样深刻的体会:新生入园后,尽管同一班级的幼儿年龄相仿,但有的孩子十分机灵,反应敏捷,有的孩子就显得笨拙,反应迟钝。这固然与孩子的遗传基因有关,这里还有一个不可忽视的原因,就是孩子自出生以来接受的刺激体验、生活环境存在很大的差异。父母的差距,不仅表现在基因的遗传方面,也表现在给孩子的刺激方式、创造环境方面。孩子出生时,基因及排序已经定型,但给孩子营造刺激的成长环境才刚刚开始。

<u>差异原因</u> 《改变心理学的40项研究》这本书已经连续多年位居亚马逊网上书店心理学类畅销书之首,排在该书第二位的研究名称为《丰富的经历＝更大的大脑?》。该项科学研究结果证明,老鼠的大脑皮层随着生活环境的不同会存在很多方面显著的差异,在丰富环境下生活的老鼠大脑皮层更重、更厚。研究和实验表明,人的大脑皮层负责行动、记忆、学习和所有感觉的输入,它对应的是人的学习能力。由此,科

学家推导出儿童接受刺激、个人经历和大脑发育的关系。同期研究表明,长期持续的营养不良可能影响大脑的发育,使一个人对环境刺激反应迟钝,但营养不良对大脑发育的影响也会因环境的丰富而减轻,或因环境的贫乏而加重。

环境刺激　所以,很多用心的父母,总是在婴儿的房间里,甚至在婴儿床边或婴儿触手可及的上方,悬挂许多玩具。有的玩具会发光,有的会演奏音乐……婴儿们特别喜欢这些东西。一点响动,婴儿都会倾耳聆听;进入视野的一切景象,婴儿都认真注目、追视——外界任何一点刺激,婴儿都会做出积极的反应。我们不知道婴儿此刻究竟在想什么,但可以肯定的是,这样的氛围令他们兴奋,为最大限度地促进他们大脑细胞的发育和智力的发展提供了合适的外部环境。大脑的生理变化,常是经验的结果,而经验是由外界环境持续刺激形成的。

逗　育儿专家常说"婴儿要逗"。逗,《新华字典》解释为"引逗,招引,逗笑儿",就是根据婴儿的特征,不断给他提供恰当的刺激。在婴儿不会说话之前,我们除了提供表情刺激外,也可提供语言刺激——和他"对话",他会用表情回答;对于年龄再稍大一些的幼儿,我们可以提供行为方面的刺激——其实就是营造一种成长环境。孩子接收到这些刺激信号后,必定要做出相应的反应,引发相应的动作。在接收信号和动作之间,婴儿有系列的思维过程,我们不能因为看不到这个思维过程就否定它的存在。"人的具体思维活动常由一定的问题引起并指向问题的解决。""在婴儿个体思维智力的发展过程中,动作起决定性作用。"

合适且具有挑战性的刺激,在刺激儿童脑细胞发育的同时,也催生他们各种行为的发展。这也是最初的思维训练,是最基本的体验积累。这样的成长环境,这种持续的训练和积累,影响着他们的思维发展和学习能力的形成。

二、更广泛的理解共鸣 *

什么是情商?怎样从小就培养孩子的情商和悟性?它们与孩子将来

学习的理解能力有什么关系？

婴幼儿环境刺激的形式应随着他们年龄的增长而变化。父母除了在日常生活中留心布置更丰富的环境刺激外，也可以通过角色扮演、移情训练来丰富环境刺激。

<u>角色扮演</u>　中国有句俗话叫做"屁股决定脑袋"——只有坐上那个位置，才能进行与该位置对应的思考。孩子只有通过扮演形形色色的角色，才能更好地理解各种各样人对应的立场。美国的幼儿园里一般都设有"家庭生活区"，配备着真的厨房、电冰箱、床、洋娃娃等。孩子们在"家庭生活区"里，通过扮演父母的角色来理解父母的立场，从而获得对社会的一些认识。

<u>移情训练</u>　移情训练可以理解为换位思考，就是设身处地地站在对方的位置上，从对方的角度去体验对应的情感。一般，讲故事、做游戏等方式可以让幼儿更好地体察他人情绪，理解他人情感，提高自己和他人交往的共鸣能力。研究表明，一般认为情商[①]与智商对个人成功的贡献是 2:1 的关系。所谓情商，代表的是一个人情绪智力的指数，它通常是指个人了解、控制自己的情感，了解他人的情感，与人交往的技巧。上述各项策略的实施，也是提高孩子情商的有效途径。

<u>社会化过程</u>　家长们常说，"大人们说话时孩子不要插嘴"。这些家长认为，孩子参与他们的交流，影响他们的谈话效率，是负担，甚至使他们心烦。实际情况是，孩子经常对参与大人们的谈话兴趣盎然。对孩子而言，参与大人们的谈话，不仅能给自己带来新奇的体验，而且能在表达自己的观点时找到存在感，更主要的是孩子想得到大人们对自己观点的反馈。如果观点被肯定，那就是肯定孩子本人；如果观点被否定，孩子也很想从中收获进步。

孩子成长的过程是一个逐步社会化的过程。让孩子在适当的时候参与大人们的交流活动，也是拓展孩子理解、共情能力的良好方式。同时，孩子还可以从中获得一定的社交经验和技能。为了孩子的进步和成长，在家庭聚会时，在谈话内容不需要保密的情况下，家长应创造机

会,让孩子表达自己的观点。在孩子表达的过程中,家长不要给孩子问题的答案,要只给他信息,引领他思考和分析,让他从中悟出问题的答案庢。从小培养孩子的悟性,天长日久,这种悟性将发展成为一种直觉。

三、思维发展的一双翅膀

情感与认知之间存在什么样的关系?

<u>刺激与情感</u> 给孩子的恰当刺激远不止这些。这些刺激看起来没有直接给孩子传授知识,但无不在为培养他们将来学习知识的能力发挥至关重要的作用。刺激能带来情感的发展,孩子上幼儿园以后,这种发展带来的认知等方面的差异便能看到。

<u>情感与认知</u> 对于那些来自同一所幼儿园、同一个班级的小学一年级学生来说,尽管老师从零起点开始教学,入学以后,有的孩子对老师的话心领神会,很快就能在行动中有相应的体现;有的孩子,似乎听懂了,但其实是"知其然却不知其所以然",听后还是茫然。这其实是理解、接受、执行能力的差异导致的。

是什么原因导致学生在理解、接受、执行能力方面存在如此大的差异?北京师范大学博士生导师陈琦教授和刘儒德教授在《当代教育心理学》中明确表述:"情感和认知是人类精神世界中两个不可分割的有机组成部分,两者融为一体"。孩子经历了丰富的刺激体验,情感一定会越发饱满,这会带动孩子认知的发展,一定会在孩子思维方面烙下很多积极印记,有利于孩子综合能力的全面提升。那些理解、接受、执行能力偏弱的学生,从小就缺乏更丰富的环境刺激,包括且不限于缺乏丰富的角色扮演和共情能力训练,他们共鸣度较低、情感相对贫乏。这一切,都影响、制约孩子学习能力的进一步形成和发展,并且随着他们年龄的增长,这种现象会愈发明显。

<u>成长的起点</u> 情感和认知是个体思维发展过程中的一双翅膀。在孩子上小学之前,他们接受的环境刺激和拥有的体验积累已经因人而异,在过去独特经历基础上形成的知识又各不相同,每个学生都带着

自己的知识去听老师讲课、去学习。其实在入学之前,孩子之间已经拉开了学习能力的差距。不考虑遗传因素,孩子呱呱坠地的那一刻,应该就是他成长的起点。

四、学习策略的两种表现 *

幼儿教育怎样实现学生时代学习策略思想的渗透?

幼儿"四不准"　孩子尚处在幼儿时期,少数家长却急于指导孩子学习知识。幼儿过早地开始文化课的学习,易因把握失当而揠苗助长。幼儿的心理发展研究结果表明,"幼儿长时间保持一种姿势或集中注意于单调乏味的课业,往往会引起高级神经活动的紊乱(林崇德《发展心理学》)",是弊大于利的。国家明令禁止在幼儿园开设文化课的学习课程,不允许教授幼儿汉语拼音、汉字、英语、计算等课程,有些地方称之为"四不准"。这样的规定不是凭空想象,既有理论依据,又有实验结果作为支撑。

幼儿园执行"四不准",但却可以开展与幼儿年龄相适宜的其他活动,在"其他活动"中实现学习策略的渗透和潜移默化。孩子入学后,很快就能将自己掌握的学习策略无意识地运用到文化课的学习中,学习效率将有明显的提高。这也是导致学生在入学时学习能力已存在差异的一个重要原因。

选择性注意　从目前的研究来看,学习策略首先表现为选择性注意。什么是选择性注意呢?在任意时间内,一个人同时会接收到很多刺激,但不可能同时注意它们,而总是有选择地注意某一刺激而忽视其他多种刺激。如学生上课时,小鸟可能栖在窗外的树枝上,汽车行驶的声音可能从远处传来。正常情况下,学生只是集中注意于老师的讲课或演示。如果学生注意观察窗外树枝上的小鸟,或者是用心去聆听远处汽车的行驶声,他必然忽视了老师的讲课内容。至于家长们所说的专注力,是指把注意力集中于特定对象的能力,两者有相同的地方。选择性注意还有一层意思,就是在平淡的风景中发现亮点,比如人际交往中强调听话"听音"——就是通过辨别说话者语音、语调的变化,抓住说话者想强调的重点,领悟表达者的真实意图。

小学生学习,上课时主要是通过听觉通道接收老师传输的信息。很多小朋友入学后,听课时经常分神,即使全神贯注也难分辨出重点,其实就是选择性注意能力欠缺所致。如果学生这种能力较强,就会极大地提高听课效率。

家长应当从幼儿期开始,培养孩子的选择性注意能力。家长在和孩子交流的过程中,不妨这样问孩子:刚才我说的那句话,重点是什么?这不仅培养了孩子的语言理解能力,还培养了孩子选择性注意这句话中心词的能力。待孩子年龄再大一些时,再推动这种能力向前发展,家长可以这样问:刚才我说的那几句话中,哪一句话是重点?在与孩子的所有对话过程中,家长都不能满足于孩子正确而无创意的回答,要千方百计地激发孩子的想象力和创造力,同时引领孩子往深处进一步思考,也就是培养孩子思维的深刻性。日积月累,必有裨益。

<u>信息编码</u>　学习策略其次表现为对信息的编码。对幼儿来说,其主要是复述策略。幼儿都爱听故事,父母讲完一个故事后,要激发孩子表达的欲望,鼓励他复述一遍。在复述的过程中,家长要有意引导、启发孩子用自己简短的语言概括故事的大意,还可以引领孩子扩充内容、想象故事的续篇。这些都有利于培养孩子的表达能力、总结能力、想象力和创造力,它们对孩子将来学习素养的发展都尤为重要。

家长需要注意千万不能将上文中的"鼓励"变成"任务",一旦成为任务,孩子渐渐就有压力,听故事就会成为负担,兴趣可能会慢慢丧失。

最初的学习策略主要有以上两种表现形式。所有这些育儿策略,都必将成为孩子隐形的翅膀,助力孩子飞得更高、更远。这样的孩子必然拥有更精彩的辉煌人生。

注释:

[1] 有兴趣的读者请参阅哈佛大学心理学家丹尼尔·戈尔曼所著的《情绪智力》。

第二十章 永不枯竭的动力源
——婴幼儿的抚育与自信特质的形成

做好婴幼儿期的抚育工作,更有利于婴幼儿今后的成长和发展。因此,"抚"的重要性显而易见。在"育"的方面,家长可能还没有清醒地意识到,孩子入学以后对待学习的态度和长大以后很多行为的动机,其实都与孩子幼儿时习得的归因模式与成功体验有着无法分割的联系。只有在孩子很小的时候就给予他更多温情的关爱,创造条件让他经历更多的成功体验,从而形成自信的特质和科学客观的归因模式,才有助于孩子在成长的过程中具有不断前行的内驱力。

一、一种现象的原因发掘 *

为什么越来越多的学生表现出缺乏斗志,不愿主动去尝试、挑战?安全需求没有得到充分满足对孩子的将来有什么样的影响?

人类是在和自然界的斗争中获得了发展。人类的发展史,就是一部不息斗争的演化史。"和天斗,和地斗,和人斗,其乐无穷。"尝试和挑战,只是"斗"的序曲,也是人生存、发展的基本特质。

然而,今天的教师们却早已发现,学校里,越来越多的孩子在学习中过多地实施避免失败的行为,他们不愿意去主动尝试、挑战,而且这种现象随着学生年龄的增长而越发明显、普遍。有相当一部分学生还出现了一种"隐讳努力"的现象——他们在同学中尽量表现出贪玩、不在乎学习和考试,实质是对自己缺乏信心,为自己可能真的失败留有退路。为什么这种"斗"的特质在部分学生身上日益表现出退化的趋势呢?

2018年暑假,心理老师姚天成接待了一位初一的男孩。这位男孩长得帅气却不阳光,给姚老师的第一印象就是这个孩子缺乏安全感,他寻求安全的需求在小时候可能一直没有得到充分的满足。后来,孩子的妈妈悄悄介绍说:孩子的生父有家暴行为,孩子在很小的时候就经常被勒令跪在地上。孩子8岁时,她和孩子生父离婚了。再婚后,孩子的继父利用一年多的时间与孩子磨合,相处融洽。不幸的是,继父两年前在一次事故中诀别了人世。孩子今天的性格表象,正是他童年经历的缩影。

人们常说,幸福的童年治愈一生,不幸的童年需用一生去治愈。著名的心理学家卡伦·霍妮认为,心理失常的导火线常常是社会性心理发育的障碍,即儿童在与他生活中重要的人物角色如爸爸妈妈发展相互关系时遇到的麻烦。心理学家伯奈关于"自我"理论的核心是,"儿童时代养成的精神状态,构成了成年人自我的一个重要部分"。孩子在青春期之前耽误的东西,进入青春期后,必须通过巨大的付出才能得到有限的弥补。

那些得不到应有关爱、生活中缺乏安全感的儿童,缺少应有的呵护和成功体验,长大后未必都成为性格阴郁、心理存在障碍的人。但那些不愿尝试、缺乏挑战勇气和行为的人,多半是在婴幼儿和儿童时期有着类似的成长经历或环境。心理学家弗洛伊德说:"人的一生总是在弥补童年的缺失。"

健全的人格是终身幸福的根基。在孩子婴幼儿时期,给他更贴心的温情关爱,就是给孩子自信和力量,就是使他拥有更频繁尝试的勇气和不惧失败的挑战能力。很多年轻的爸爸妈妈对此可能还没有明确的意识,急需补上这方面的空白。

二、一个实验的结论拓展 *

什么是婴幼儿最强烈的基本需求?如果这种需求没有被满足,会对其日后产生什么样的影响?

没有不爱自己孩子的父母。然而,高尔基曾经说过:爱自己的孩子,这是母鸡都会做的,教育好孩子才是一门艺术。在孩子婴幼儿时期,年轻的爸爸妈妈初为人父母,尽管内心非常爱自己的孩子,但他们有时的表现却未必能满足婴幼儿最强烈的基本需求,未必能给予孩子最需要的。

实验　美国比较心理学家哈利·哈洛曾将一群刚出生的恒河幼猴分成两组,分别由一只代理妈妈喂养。第一组的代理妈妈是木头做的,外表披上带绒毛的布,保持37℃左右的温度,外加一个随时提供食物的奶嘴,我们称之为"绒布妈妈"。第二组的代理妈妈是铁丝制成的,同样有一个随时提供食物的奶嘴,我们称之为"铁丝妈妈"。

现象　由于"绒布妈妈"比"铁丝妈妈"更像真的妈妈,尽管喂养两组幼猴的食物和方式完全相同,但如果两组小猴受到惊吓,如出现一只仿制的蜘蛛,幼猴们都跑向"绒布妈妈"那里,依偎在"绒布妈妈"身边,与之亲密。如果没有"绒布妈妈",小猴子就吓得蹲在地上战栗,吃手指……人为地将两组幼猴和代理妈妈分别30天,当它们分别被送回代理妈妈身边时,"绒布妈妈"养育的孩子会飞快地扑过来与之拥抱、亲热……"铁丝妈妈"代理的孩子,就会找个角落黯然地蹲下来,表现出十分沮丧的样子,并且"铁丝妈妈""喂养"的猴子消化不良,经常腹泻。

结论　恒河猴属于灵长类动物,与人类存在近亲关系,基因相似度达94%,它们面对刺激所做出的反应和人类特别相似。心理学家根据这个实验得出结论:婴幼儿时期,孩子亲情的需求是第一位的,母爱会影响孩子身体和心智的发育。

拓展　后来,该实验还证明:如果孩子在成长期间缺乏母爱,而且也没有替代性的母爱补偿,孩子身上我们称之为"人"的品质最终会被剥夺。这样环境中长大的孩子,日后在心理、社交方面更有可能存在缺陷。

父母也许曾注意到,对处在婴幼儿期的孩子来说,当自己在场的时候,他们会感到安全与放松,会更充满好奇心、更乐意去探索周围的环境。即使是那些被批评、被打骂甚至是被虐待的孩子,也很爱甚至依恋他的父母。这种现象是很好解释的,因为对于婴幼儿而言,依恋是最强烈的基本需要,尽管父母对孩子可能没有应有的关爱甚至施以虐待,但孩子本人没有办法摆脱这种需求。这种需求的本身超越了被虐的痛苦。

现代社会有一种倾向,多数家长主张女孩子可以像男孩子那样抚养,而对待男孩子绝不可以像对女孩子那样,旨在培养孩子的独立精神、坚强个性。心理学家通过大量的研究后对此有更科学、更完整的解读①,有兴趣的读者可以去了解这种解读的详细内容。我们姑且不论这种社会倾向的优劣,我们认为,孩子的抚育和培养是一个不断变化的动态过程。在婴幼儿时期,孩子需要更多、更贴心的温情关爱,如深情的凝望、亲昵的拥抱。这时,父母不要把爱藏在心里,不要吝惜而应该慷慨给予孩子最需要也是人间最珍贵的,那就是爱。它们与上述倾向和解读都并行不悖。

@ 三、更客观的归因模式 *

什么是归因?父母的教养方式是怎样影响孩子的归因模式的?归因模式是怎样影响一个人的行为动机?它与孩子将来的学习动机存在什么样的关系?

<u>归因</u>　所谓归因,就是对行为和行为结果产生的原因进行解释。3岁的周正在客厅乱跑,一不小心,头碰到了餐桌,鼓起一个小包,他赖在地上嗷嗷哭喊。奶奶步履蹒跚地走过来,拿起鸡毛掸子敲打桌子,"打死你!你为什么要碰我孙子"。然后,奶奶走到周正面前对他说:"奶奶已经打了它,起来吧"。孩子碰到了餐桌,真正的原因是孩子自己不小心,他奶奶却归结为"桌子碰我孙子",仅就归因模式来说,这属于外归因。

<u>外归因</u>　外归因的人认为,是外在的因素包括机会和他人、环境条件等影响行为的发生;事情的成功或失败,都是自己无法把控的,是环境等外部因素造就的必然结果。凡外归因的人,大多相信命运,他们听

对孩子来说，关爱和亲情的需求，超过对物质的需求；婴幼儿及童年时期失去的，以后需要加倍的努力才能得到补偿。

任生命的潜能在体内昏睡,从来不想、也不知道把它唤醒,终年过着守株待兔式的生活。

内归因 与外归因对应的是内归因。内归因者认为,影响行为发生的是自身的因素,与环境等因素关系很小,或者说没有必然的关系;事情的成败,首先需要从自身找原因,人,才是决定性因素。内归因的人清醒地认识到,社会本来就是一个有缺陷的存在。虽然生活时常给他们某种失望,但他们绝不屈服于命运的摆布,坚信只要不懈地追求,不可能一无所获。

归因模式与学习驱力 归因模式直接影响着一个人行为的动机。不同的归因模式下,在相同环境里面对相同的事情,个人实施的行动有很大的差异。孩子入学后能否积极、主动学习,与自己的归因模式有着无法分割的联系。凡事总是找外因替自己解脱的学生,自然放松对自己的严格要求,努力也常是尽力而为。而一个相信将来的命运、今天的成绩都由自己掌控的内归因者,他怎么可能甘于落后?那些习惯内归因的学生,更能抵制外界环境包括他人的影响,改善环境中的不利因素,不断激发自己学习的内驱力,提高自己的学习成绩。

家长影响 父母的教养方式,直接影响、制约、决定孩子的归因模式。婴儿在成长为儿童的过程中,会因为某些原因导致一些行为结果,父母对这种因果关系的解释,无论是内归因还是外归因,都会增加儿童认为这种行为将引起某些特定结果的预期。随着儿童的成长,一些儿童经常感受到两者之间的联系,却忽视与之相反的解读,在无意识中形成了条件反射,强化父母归因模式的总体印象,日渐习惯于对自己行为结果的归因模式解释,并将这样的解释运用于自己几乎所有情境的行为中。

举例说明 刘涵小朋友在幼儿园没有得到小红花。如果父母外归因,就会说,"我们是普通的家庭,老师总是关注有关系、有钱人家的孩子"。于是,老师对普通家庭孩子的关注就常常被刘涵忽视,对其他孩子的关注却被她放大。久而久之,刘涵便感觉到事情的结果和自身的努力没有关系,形成凡事外归因的习惯。如果父母和刘涵说:"没有得到小红花是你自己不够优秀,如果严格要求自己并持续努力,总有一天老师会给你小红花的"。当刘涵某一天真的得到小红花时,她便认识到"一分耕耘,一分收获",凡事需要从自身找原因,便会渐渐养成内归因的习惯。

<u>正确方式</u>　在孩子很小的时候,父母就要结合孩子的行为结果,引导孩子形成客观、正确的归因模式,且保持归因原则的连贯性和一致性,使他更清楚地看清行为和行为结果的本质,更客观地认识自己。家长既要帮孩子看到外因存在的客观性,防止他们走进内归因的死胡同,又不能像周正奶奶那样没有形成正确的归因模式,阻碍孩子的进步和成长。

<u>归因倾向</u>　通常情况下,人们在分析别人的行为结果时,一般会低估环境影响的复杂性和多样性,同时放大内因的作用——习惯归内因;在解释自己的行为结果时,通常喜欢从环境方面找原因,认为事情成功了是因为自己的能力和努力,而把事情的失败归咎于环境——倾向归外因。

客观、正确的归因,犹如人生征途中的加油站,能不断激发人在人生的道路上披荆斩棘、奋勇向前。"幸运的机会好像银河,他们作为个体是不显眼的,但作为整体却光辉灿烂。"越努力的人,总是越幸运。

四、"躺平"者的内外因素 *

少数人为什么选择"躺平"？怎样帮助孩子从"躺平"中站起来？

不同的归因方式,导致不同的生活态度。近年来,网络流行词"躺平"成为很多年轻人真实生活的缩影:内心毫无波澜,不再渴求成功。学生"躺平"是指没有应有的进取精神和行为。

<u>外因</u>　人们对行为结果的把控能力是从经验中习得的,当一个人控制特定事件的努力遭受多次失败后,他将停止这种尝试。如果这种情形出现得过于频繁,这个人就会把这种把控能力缺失的印象泛化到

所有的情境中,甚至泛化到原本能够控制的情况中。于是,他们开始感到自己像一颗命运的棋子,任人摆布。这时,一种弥散的、无助的和抑郁的状态就会出现,这就是美国心理学家赛利格曼提出的"习得性无助"。

<u>内因</u>　选择"躺平"的人,多数成功体验很少,缺乏自信,凡事倾向外归因,即将个人经历的多次挫折和失败归因于个人不可控制的外部因素。于是,当他再次面对问题时,便产生无能为力的心理状态和行为,无助感使他不想去尝试、去努力。

<u>外因与内因结合</u>　尤为曾是很活泼的小朋友,对天文知识充满着好奇。浩瀚的宇宙遍布了耐他寻味的奥秘,遥远的星系是他读不透的诗篇。他有无数个"为什么"想和妈妈分享。平时,即使妈妈在厨房忙碌,他也来到厨房的水池边,既要和妈妈分享自己当下的想法,又想帮妈妈干活。

"你来干什么?"妈妈总是很不耐烦地说,"不要来添乱。"拒人于千里之外。终于,尤为和妈妈说的话越来越少,分享的冲动也日渐变淡。他没有机会体验劳动的乐趣和劳动后收获成功的兴奋,只能按妈妈的要求自己去学习。

"考试必须保持班级前五名",这是他妈妈给他确定的目标。曾经有一次,他距离这个目标仅一步之遥,但因班级"内卷"得很,使他与目标渐行渐远。

尤为上中学时的一个周末,吃晚饭时,他无意中听到爸爸和妈妈的对话。爸爸说:"我弟弟这次又没有被评上先进,如果公司领导中有我家的亲戚,结果可能就不是这样。""先进工作者与一个人的工作努力没有必然的联系。"妈妈说,"你弟弟没有改变这种现实的能力。"

有时候,父母着意叮嘱孩子,可能并不能收到应有的效果,而无意间的一句话,却可能给孩子带来深远的影响。年少的尤为听了父母的对话,似懂非懂。他突然感觉到自己再怎么努力也没有能力改变自己的学习现状,他感到无助和无望,不知不觉中,放松了努力尝试的力度。后来,他在学习中越来越被动、消极、缺乏进取心,不知不觉认为自己的一切努力都是徒劳的。随着这种意识在自己生活中的多方面渗透,几乎没有成功体验的尤为,对自己越来越没有信心。

幸亏后来,尤为的班主任发现了这些现象。他管理班级经验丰富,且拥有渊博的心理学知识。班主任建议尤为的父母从小的方面开始,给孩子更多、更强烈的成功体验。他也给尤为分析自己把控能力暂时缺失的原因,持续有针对性地鼓励和引领。终于,尤为摆脱了"躺平"的阴影,重回阳光的赛道。

五、勇敢者的必要条件

怎样帮助孩子拒绝"躺平",形成自信的特质?

拒绝"躺平"的主要策略,是家长创造更多的机会,让孩子自幼就有更多、更强烈的成功体验,形成自信的特质,拥有更客观、更科学的归因模式。

<u>体验成功</u>　梅敏是位普通但却智慧的母亲。在她忙碌的时候,她年幼的儿子偶尔也过来凑热闹,梅敏总是把握这个契机甚至创造机会,让儿子去搬个小板凳或是做些其他力所能及的事,其实就是让孩子体验成功。孩子虽然只是三分钟热度,却为自己的成功开心——孩子发现自身存在价值的喜悦,是大人们很难想象到的,它还会极大地提高孩子的上进心,培养和锻炼他们的意志力。

<u>培养自信</u>　要培养孩子自信,就要在他很小的时候、从他能做的小事情开始。孩子一旦尝到成功的甜头,诚如比尔·盖茨所说的"再也没有比成功带来的喜悦让人兴奋",渴望成功的欲望和自我证明的渴求将变为他无法遏制的学习动力。随着这种成功体验的日积月累和喜悦情绪的日益高涨,他们就会出现心理学中所说的登门槛效应[2]。它的另一层意思是:循序渐进地爬坡上坎,一直走到最高点,从而形成自信的特质,而且这种特质会迁移到生活和学习的各个方面。他们会深深地相信,很多事的成功,自身才是决定性因素。孩子因为相信才成功,而

不是成功了才去相信。

科学归因 平时,梅敏总是见缝插针地和儿子说"爸爸因为工作努力,这次又获得了表彰"之类的故事,就是引导他在个人成败方面拥有客观、科学的归因模式。正因为如此,她的儿子成为一名优秀的科技工作者后,在科研探索的路上劈波斩浪,取得了很多令人瞩目的成绩。

家长不要低估孩子的观察、总结能力。其实,一个5岁的孩子,就能从父母的行为中,得出诸如"爸爸不给我买零食、妈妈不给我买玩具"之类的结论。父母的举手投足,都会给孩子留下某种印象,尤其是父母的一些特定行为与对待行为结果的态度,都在影响着孩子归因模式的形成,并不断被强化。一位家长曾无奈地说,自己能接受孩子落后、平庸,但无法接受他"躺平"。假如她孩子长大后真的"躺平",其实和他幼时的成长历程有着不可分割的联系。勇敢的尝试,成功的体验,正确的归因,都必将成为孩子人生征程中的加油站,源源不断地给他输送能量,使他拥有永不枯竭的内驱力。

注释:

①见《改变心理学的40项研究》:男性化,女性化……双性化。

②"登门槛效应"是指一个人一旦接受了他人的一个微不足道的要求,为了避免认知上的不协调,或想给他人以前后一致的印象,就有可能接受更大的要求。

拓展阅读八　番茄学习法

番茄学习法:一种简单有效的时间管理方法,旨在提高学习效率,其核心在于将学习时间划分为固定时间段(通常为25分钟),之后进行短暂休息(3~5分钟),然后继续下一个时间段。这种方法减少分心,有助于提高专注力、记忆力和学习效率。它的步骤包括:制定学习计划,设定番茄钟,专注学习,短暂休息,持续循环,直到完成任务。

第二十一章　种子萌芽与水分阳光 *
——浅说先天遗传与后天环境

人们常说"某人聪明",这里所说的"聪明"究竟包含哪些内容?是否指其智力高?智力和智商是怎么回事?一个人学业上取得的成绩,究竟是因为先天遗传还是因为后天努力?如果是二者共同作用的结果,这两个因素又是怎么发挥作用的?我们来聊聊这些话题。

一、智力测验与智商 **

阅读时,可以跳过比率智商和离差智商两节内容。

<u>聪明</u>　什么是聪明?每个人的头脑里,都有一个关于聪明的模糊原型。生活中,人们判断一个人是否聪明,主要取决于把这个人与自己头脑中的原型进行比较的结果,并没有客观的标准,这种判断方法就是心理学中所说的"原型取向"。

<u>智力</u>　社会大众通常模糊地认为,聪明的人智力就高。心理学调查统计显示,人们常在无意中认为,儿童智力高的前五个标准分别是:思维敏捷,好奇心强,爱思考和提问,富有想象力,富有创造性;成人智力高的前五个标准分别是:逻辑思维能力强,有洞察力,接受新事物的能力强,思维灵活,富有创造性。心理学中,智力有多种检测的方式。

智力和智商是什么关系呢?关于智力和智商的理论很多,这里仅简要介绍比率智商和离差智商。

<u>比率智商</u>　对于简单的问题,如果一个七岁的孩子正确回答了70%七岁的孩子都能回答的问题,但不能回答适合八岁孩子回答的问题,那么,这个孩子的智力年龄就是七岁。如果一个七岁的孩子只能回答70%五岁孩子就能回答的问题,不能回答为六岁孩子设置的问题,那么

他的智力年龄就是五岁。如果在这些七岁的孩子中,有某个孩子能够回答70%九岁孩子才能回答的问题,那么他的智力年龄就是九岁。

用IA代表智力年龄,LA代表实际年龄,比率智商RIQ =100 (IA / LA),即用智力年龄和实际年龄的比乘以100来表示智商,俗称比率智商(RIQ)。它有一个明显的缺点:人的年龄始终在增长,即分母一直在增大,而作为分子的智力年龄很快就停滞,接着就不增反降,这样的检测有一定的局限性。

<u>离差智商</u> 离差智商弥补了比率智商上述的不足。它不在于被测者测验的分数,而在于自己的分数在同龄人的测验分数中的位置。它的依据是:大多数人的智力水平呈正态分布,即大多数人的智力处于中等水平,其智商平均值为100;离平均数越远,获得该分数的人就越少。

人的智商从最低到最高变化范围很大。一般,定义智商分布的标准差为15,这样,一个人的智力水平,就可以用其测验分数在同龄人的测验分数分布中的相对位置来表示。离差智商计算公式为:DIQ =100+15Z, Z=(X−Y)/S。其中,DIQ表示离差智商,Z代表标准分数;X代表个体的测验分数,Y代表团体的平均分数,S代表团体分数的标准差。例如,某年龄组智商的平均得分为80分,标准差为5分,而某人得分78分,则Z=(78−80)/5= − 0.4,即他的得分比他所在的年龄组的平均得分低0.4个标准差,他的离差智商DIQ=100−15×0.4=94。通常,我们用IQ表示智商,用RIQ表示比率智商,用DIQ表示离差智商。

<u>习惯观念</u> 生活中,人们常认为那些思维敏捷、灵活、领悟能力强的学生智商高。其实,两者没有必然的联系。智力测验都有固定的答案,测验的结果主要反映一个人的记忆、理解和一般推理能力,很难体现被测者思维的敏捷性、灵活性和创造性。少数人在谈到智商时口若悬河、眉飞色舞,仅是在不知情人面前故弄玄虚而已。

智商与被测者的学习成绩有关联,但远没有很多人想象得那么密切和玄乎。学生的学习成绩,主要取决于他的学习意愿、学习策略和个人所处的学习环境。

二、晶态智力和液态智力 *

中考和高考,偏重于什么类型的智力考查?

关于智力的研究理论非常丰富,心理学家还提出了晶态智力和液态智力的理论。

晶态智力 晶态智力依赖于知识经验的多寡,主要受教育和文化程度的影响。改革后,中考偏重于对晶态智力的考查,于是便出现了一些所谓"聪明"但努力程度不够的学生在中考中没有夺得高分、高分段学生中女生比例增大的情况。

液态智力 液态智力依赖于先天的禀赋,较少受教育与文化程度的影响,与神经系统生理机能的发展状态有关。高考特别偏重对考生液态智力的考查。对于绝大多数考生来说,只要肯努力,拥有合适的学习方法、考取普通的"双一流"大学并非难事。但如果想考取国内顶尖的名校,武断地说,有相当一部分考生,即使高考一辈子,凭裸分也很难被清华大学、北京大学录取。

大学教授、博士生的晶态智力,中小学生望尘莫及,但如果他们与生俱来的液态智力水平只是一般,即使他们研究的方向是数学专业,做不出中学甚至小学数学奥赛题也是见怪不怪、理所当然的事,因为奥数主要是对液态智力的考查。

然而,液态智力的高低不影响个人的职业发展。目前,尚没有研究表明个人的职业发展与液态智力有很强的关联。有的学生高考复读多年后考取三本,后来获得博士学位;也有的学生只是专科毕业,但却在自己的行业做出了突出的贡献。只有极少数竞争异常残酷的尖端技术领域,行业发展日新月异,不断对研究者自身提出挑战,对研究者的液态智力提出较高的要求。心理学研究表明,人的液态智力通常在35岁开始减退,而晶态智力却能保持到70岁以后才缓缓下降。

扬长避短 一个人很难改变自己的液态智力,但人生的发展有时没有必要"强化自己木桶的短板",扬长避短是更合适的选择。喜欢雄辩的学生，将来可以去学法律，毕业后成为一名律师，真理总是越辩越明；性格文静、做事细心的学生，可以报考财会专业，因为会计需要文静、细心、能坐得住的人；建议坐不住的人从事销售等外向型工作。

三、遗传因素与环境 **

父母遗传给孩子什么？遗传与环境如何相互发生作用？

在智力的研究领域，很多心理学家都从自己的考量维度创建了理论，遗传与环境之间的关系也是他们的重要研究内容。

遗传与环境 父母遗传给孩子的不是固定的行为方式（比如勤奋或懒惰，这种行为方式不是遗传基因决定的），而是在某些领域（比如身高、文艺、体育或学习等方面）的潜力。由基因决定的潜力究竟怎么发展，取决于一个人所处的环境，即基因创造潜力，怎样发挥这些潜力则取决于环境。

基因参与选择 据网上消息，篮球明星姚明的女儿姚×蕾因为遗传的原因，13岁便身高190 cm，为她将来成为篮球明星创造了极好的条件。然而，如果姚×蕾自幼就没有和篮球接触的机会，她也没有可能成为女篮明星。这说明遗传基因给个体某方面的发展提供了可能性，后天的环境将这种可能变为现实。"遗传和环境的共同作用是在环境条件下发生的，基因参与了环境条件的选择。"什么是"基因参与了环境条件的选择"呢？我们以姚×蕾为例来解释这句话的意思。如果姚X蕾来到体育场上，她看到有人在练举重、有人在学跳高，她会走向篮球场——主动寻找适合她遗传基因发挥潜力的环境。

两种观点 因为遗传和生理因素对人的行为的影响一般不能直接观察到，一些人普遍接受用环境因素解释人类行为。北宋文学家王安石曾创作一篇散文《伤仲永》，文章讲述了江西金溪人方仲永小时会题诗、书法，简直是神童。后来，父亲不让他学习，他被父亲当作赚钱的工具，最终沦落为一个普通人。璀璨之星黯然湮灭，也再次有力佐证了后天环境的重要性。在人的成长过程中，有人相信真正起作用的，是人们在生活中所做出的各种选择和努力,这样能体现个人的"自由意志"。但也有人相信带有宿命论味道的"基因决定论",为自己没有获得理想的成功找理由。

<u>两者影响</u>　先天的遗传和后天的环境,究竟哪种因素发挥的作用更大?研究表明,当环境因素影响较小时,其差异更多地来自遗传。比如,很多女孩子都打篮球——环境因素影响较小,结果姚×蕾成了灌篮高手——遗传基因起决定性作用。当环境因素影响较大时,则遗传的影响就较小。比如,少数学生拼命补课——环境差异较大,这部分学生的成绩有明显的提升。"有效的经验在很大程度上是个人自我选择的结果,这种选择又为遗传的恒定压力所引导。"

四、行为结果的稳定影响 *

在家庭教育中,什么是影响孩子成长的关键因素?

人的很多行为,看起来平淡无奇,细细探究,可能就有内在的必然性。

<u>矿泉水事故</u>　媒体曾经有过这样的报道:炎热的夏天,一名装修工人在小区门口的小卖部买了一瓶冰镇矿泉水,喝了两口就剧痛难忍,不得不拨打急救电话。原来,那不是一瓶矿泉水,而是一瓶化工原料。小卖部的男主人在化工厂上班,他把带回家的化工原料倒入一个空的矿泉水瓶里,随手放置在门的后面。女主人从外面回来,误以为它是一瓶矿泉水,把它扔进冰柜里,后来被那名装修工人买走,发生了媒体所称的"矿泉水事故"。看起来这只是一个偶然的事故,但在这个事故的背后,却掩藏着一个鲜为人知的心理学结论。

<u>随机性</u>　一天早晨,心理学工作者姚薇一边思考一边走进厨房,就在她刚拧开水龙头准备洗手吃早饭的时候,突然听到爱人的责备声:"你的眼睛长哪去了?又不看水槽。"姚薇这才发现,水龙头下的水槽里放着一个瓷缸,瓷缸里放着一瓶已经打开瓶盖的牛奶,爱人在用瓷缸里的热水给牛奶水浴加热。姚薇把瓷缸移至水槽旁的台面,联想起"矿

泉水事故",她突然眼前一亮,似乎明白了这两件事之间的联系。后来,她通过大量的观察和思考,更加确信了自己的这个结论。有些人,比如那位男店主和姚薇的爱人,他们的临时行为,如物品用后随手放置,完全是随机的,遵循的是便捷、简单的原则,追求的是当下效率最高。姚薇称之为临时行为准则的"随机性"。

约定性　而另一类人却与之相反,他们的行为总是遵循自己一定的准则,他们的临时行为似乎和自己有某种约定,物品用后是归位的,这类人凡事追求有条不紊。姚薇称之为临时行为准则的"约定性"。那位女店主,她根本不会也就没有想到矿泉水瓶里装的是化工原料,认为既然是一瓶矿泉水,就应该放置冰柜里,这样才符合井然有序的原则。姚薇根本不会把水浴加热牛奶的瓷缸放置在水龙头下的水槽里,即使放置后也会移至水槽旁的台面上,所以洗手时根本就没有注意水槽。

暗示链　"随机性"和"约定性"都是一种行为习惯,但"约定性"的行为总是遵循自己一定的准则,并保持其内在逻辑的一致性。如果家长的临时行为准则为"约定性"类型,他们在使用恰当的语言启蒙、要求孩子时,其行为本身就会形成系列的"暗示链",给孩子稳定、积极的影响和示范。这样的教育则更生动、更有效。很多家庭,父母的文化水平一般都不高,孩子却非常优秀,原因是父母在用自己的行为言传身教,使孩子们有了"无需提醒的自觉"、不用交流的心灵约定,拥有了在人生征途中不断超越自我的内在动力,这正是父母的自身行为对孩子积极影响的结果。

关键因素　"己所不欲,勿施于人。"在家庭教育方面,父母的文化水平偏低不是致命的,父母行为准则形成的习惯和这些习惯背后稳定、一致的动机才是关键因素,它们对孩子产生的影响,远远强于父母的文化层次。如果父母在日常的言行中,时刻流露出对知识的尊重和渴望,肯定会在孩子脑海里镂刻对知识向往的深刻印象;即使父母文化层次很高,却不时表现出对知识的鄙视、对奢华生活的向往,甚至自己长时沉迷于刷视频、打麻将,也很难培养孩子热爱学习的习惯。

大胡是位外乡人,沧桑的面容写满了朴实和勤劳。儿子小强很小的时候,从来不知道用嘴唇的运动来表达感情,只有在开心时"哦,哦"两声。他来城里打工后,小强便来市郊就读。他整天踏实地工作,根本不可能陪读,但他的行为却时时在无形中影响着自己的儿子。小强进入新的班级,始终谨记老师的教导:"不比基础比努力,不比排名比进步"——只和过去的自己比。这名初一转学过来的男孩,阳光大气,成绩很快从班级的后面步入中等的行列。家长率先垂范的行为准则带给孩子成长的积极影响,再次得到了有力的诠释和佐证。

五、后天环境与成才

普通家庭的孩子,如何才能更容易获得成功?

绝大多数普通家长并不关心遗传基因对孩子成长的影响,因为每一个新生命的降临,基因及其排序都是不可改变的,只能被动地接受。智商高的学生,至多不过是在学习方面走得快些,能否到达辉煌的顶点,取决于他们是否拥有有利于自身发展的环境,是否坚持不懈地努力,是否能够灵活地运用学习策略。

据史料记载,达尔文小时候智力低下,曾被认为是一个平庸的孩子;华罗庚初中一年级数学补考后才及格。但他们都勤奋好学,站到了巨人的肩膀上,获得了巨大的成功。一位已有26年高中班主任经历的老师说,考上高中的学生,只要身体没有意外,只要愿意学,无需复读都能考取本科。一位心理学工作者一直在研究人的发展,他的结论是:绝大多数人的智力水平都能支撑他们被"双一流"高校录取。大量事实证明,后天因素在人生发展过程中的作用和重要性越来越显著。

晏子曾曰:"橘生淮南则为橘,生于淮北则为枳,叶徒相似,其实味不同。所以然者何?水土异也。"植物因环境而变异,而人是最易受到暗示的动物,处在成长期的青少年,缺乏定力,尤为如此。"蓬生麻中,不扶而直。"早在战国时期,就有孟母三迁的故事。它告诉我们,人的成长和生活环境有密切的联系,接近好的人、事、物,才能学习到好的习惯。没有孟母三迁,孟轲肯定依然存在,但能否有战国时期儒家的代表思想——孟子思想的诞生?没有人能给出确切的答案。

今天,在孩子的成长过程中,家长关心及可以做的,是千方百计改善孩子的外部环境。为此,很多家庭举全家之力,不惜一掷千金,选择学区和学校。越来越多的教育工作者、家长开始意识到在孩子成长、成才的过程中,非智力因素的重要性。

关于先天遗传和后天努力,就学生学习而言,可以用简单的三句话进行总结。

<u>1. 成绩来源于努力</u>　常言道,"努力未必成功,放弃一定失败"。无论多么聪明的学生,不努力都不可能取得好的成绩。一分耕耘,一分收获,而且勤能补拙。

<u>2. 优秀还需要方法</u>　在学习方面,绝大多数学生之间最小的差距是智商,最大的差距是个人毅力和学习方法。绝大多数学生的智力水平都支撑他考取普通的"985"大学,但优秀成绩的取得需要坚持"努力+学习策略"。

<u>3. 卓越与天分有关</u>　那些被保送清华大学、北京大学或考取中国科学技术大学少年班的学生,除了"努力+策略"外,还依靠个人的天分。但对多数人的成功而言,天分的作用经常是可以忽略不计的。

一粒种子从萌动、发芽到生根、长成参天大树,首先需要自身具备生命力,同时需要恰当的水分、合适的温度和充足的氧气。如果把一个人比作一粒种子,人的发展岂不也是遗传因素和外部环境共同作用的结果!

第二十二章 假如孩子是"色盲"
——简述认知风格类型及接受信息的通道

我们适应春夏秋冬的更迭,习惯风霜雪雨的变幻。但在干旱季节,当天空有云朵时,我们也实施人工增雨——人们在适应环境的同时,也在努力改善环境。

色盲、色弱者不能分辨某种或某几种颜色,人们很少去责备他们,但关于色盲、色弱的研究工作却从来没有停止。关于学生学习中认知风格的类型和信息获取的通道,我们又该如何去理解呢?

一、色盲—认知风格 **

孩子表现某种言行时,家长是否想过这种言行发生的深层次原因?调查研究表明,在我国,色弱和色盲人数大约分别是6000万与2000万,男女的比例约为4:1。这些人分不清某种或某几种颜色,是因为视锥细胞中的光敏色素异常或不全导致了色觉紊乱,使人缺乏辨别某种或某几种颜色的能力。也许家长们不清楚这种视觉障碍的机理,但基本上都能理解、接受他们分辨颜色困难这件事。

生活或学习中,有些学生的言行有时难免让家长惊诧、困惑、恼怒:孩子怎么这样呢?如果有人告诉家长:孩子的言行之所以那样,是由其认知风格决定的,认知风格如同视锥细胞中的光敏色素,不是人的主观意志就能够控制或左右的。知道了其中的原因,家长还惊诧、困惑、恼怒吗?

当学生没有辨别某种或某几种颜色的能力时,家长或老师肯定不会责怪他们,在表示理解的同时多少还有点遗憾或同情。在学生出现某些言行时,为什么家长或老师在没有弄清楚这种言行是不是其认知风格带来的必然结果或与其认知风格有关的情况下，常常给予批评、责备？

什么是认知风格？认知风格又叫认知方式，指个体感知、记忆、思维、决策、问题解决以及信息加工的典型方式，表现为对信息加工方式的某种偏爱。认知风格并无优劣好坏之分。个体在认知风格上的差异，具有一定的稳定性。儿童时期所表现出来的某种认知风格，可能会保持到成年。下面，我们介绍它的主要类型。

二、场独立型—场依存型 **

性格中的哪些特性是由人的生理基础决定的？

心理学起源于德国，在美国获得了飞速的发展和广泛的应用。第二次世界大战期间，美国和盟友都曾发生多起意外的机毁人亡事故，原因几乎大同小异，飞机本想直冲云霄结果却俯冲大地。研究后发现，这是因为飞行员驾驶飞机在云雾中穿插时，机身翻转导致飞行员丧失了方向感。在飞行器科技尚不发达的当时，世界大战正在进行，研制更先进的飞机力不从心，远水也救不了近火，只能尝试从飞行员身上找原因来杜绝事故的发生。心理学家威特金接受了这个任务。他在研究垂直视知觉时发现，人存在两种知觉类型。

<u>场独立型</u>　一类人倾向于以自身内在参照标准即独立的标准觉察判断事物。他们受外界刺激改变的影响较小，对实际空间方位判断的准确率很高，比较容易从视野中离析出知觉单元。威特金称之为场独立型认知风格。

<u>学习特性(1)</u>　在学习方面，场独立型的学生表现出"不易受外部环境影响"的行为方式。他们能独立自觉地学习，学习由内在动机支配。他们普遍喜欢抽象的概念和理论，倾向于抽象和分析。在学科成绩上，他们的自然科学成绩相对较好，社会科学成绩相对较弱。他们社会敏感性差，不善于社交，自信、自尊心强，喜欢独处，在阅读文章时，对文中的具体细节理解记忆较深，但在把握文章中心思想方面往往逊色。在教学偏好上，他们偏好结构不严密的教学。选择职业时，他们的

明明是直插云端,为什么变成了俯冲大地?

职业兴趣更专业化,职业兴趣和职业目标比较一致,更可能选择自然学科,如数学、工程学、建筑学等。

<u>场依存型</u>　另一类人则较多依赖外在的参照知觉事物,难以摆脱环境因素的影响。他们很容易受到外界的干扰,当刺激情境改变后,很难再有正确的空间方位知觉,很难从视野中离析出知觉单元。威特金称之为场依存型认知风格。

<u>学习特性(2)</u>　场依存型的学生习惯性地或偏爱从外部环境(即所谓的"场")中搜索信息。由于这种搜索过程常常是不自觉的,所以他们的态度和自我知觉容易受到外界的影响和干扰,独立性差,容易受暗示。在学习方面,场依存型的学生易受环境的影响,学习缺少主动性,其学习由外在动机支配,较多依赖外部反馈,当受到批评或打击时,学习成绩容易下降。他们的自然科学成绩相对较弱,社会科学成绩相对较好,比较容易注意并记忆言语信息中的社会内容,善于察言观色,长于交际。阅读文章时,他们对文章的框架、核心思想把握得很好,整体知觉是他的强项。在教学偏好上,他们偏好结构严密的教学。在职业选择时,他们常犹豫不决,倾向于选择人文学科,如社会学、语言学、教育学、写作等。

随着年龄的增长,在思维独创性、灵活性、敏捷性方面,场独立型学生的能力普遍高于场依存型学生。但在思维的深刻性方面,场依存型学生表现得更优秀。

三、冲动型—沉思型 **

性格中的冲动或沉思各有什么利弊?能否被有效地改善?

<u>分类标准</u>　杰罗姆·卡根等人依据学生"匹配相似图形测验"(从一组差别极小的图片中,找出与样板图片完全相同的图片;或者是在每组图片中,找出与众不同的那一个)的速度和成绩,将认知风格分为冲动型和沉思型。两者的差异主要表现在对问题的思考速度上。

<u>冲动型</u>　冲动型的学生遇到问题时,倾向于根据几条线索甚至一

条线索形成直觉,通常以很快的速度形成自己的看法,并迅速做出反应、匆忙做出选择。比如,在老师提出一个问题的时候,他们总是立刻举手,快速抢答。当老师要他回答时,他可能不知道说什么,也可能会不假思索就将自己刚想到的答案脱口而出。他们的答案常缺乏周全的考虑、不合逻辑,因而错误较多。冲动型的人比较感性,多数比较热情、友善、直率、适应力强、灵活机智、反应快;缺点是喜怒形于色,情绪忽上忽下、忽左忽右,有时做事耐心不足、精确性比较差。他遇到事情的时候,情绪容易激动,也会比较轻率、爱冲动行事。

<u>沉思型</u> 沉思型的学生遇到问题时并不急于作答,他们总是谨小慎微,深入浅出地分析、耗费心机地思考、一丝不苟地比较,评估各种可替代的答案,对想出的各种答案权衡后再进行取舍,力争从中选择一个满足多种条件的、有把握的最佳答案,因而答案的准确度比较高。通常,他们做出的选择比较精确,但速度较慢。沉思型的人都比较理性,其独立思考能力、专注力和洞察能力都很强,比较有思想、有原则、有毅力、有目标,遇到事情的时候,比较淡定,会经过比较长时间的思考后再做出决策。但他也可能会比较固执、呆板、情感比较淡漠、反应比较慢。两种认知风格各有千秋。

<u>系列型与整体型</u> 此外,戈登·帕斯克在对学生学习方法调查研究时发现,学生在使用假设类型以及建立分类系统的方式上,存在差异。有些学生提出的假设一般比较简单,每个假设只包括一个属性,从一个假设到下一个假设是呈直线的方式进展的,他称之为系列型。这类学生只是在学习过程快结束时,才对所学的内容形成一种比较完整的看法。还有些学生在使用每个假设的同时,设计若干个属性,从全盘上考虑如何解决问题,他称之为整体型。这类学生往往较多地运用理性思维,先从现实问题出发,后联系到抽象问题,最后从抽象问题回到现实问题中去,并以此检验问题之间的异同之处。

<u>继时型与同时型</u> 达斯等人根据脑功能研究发现,左脑优势的个体解决问题时会一步一步地分析问题,思维呈单线程,即继时型认知

风格;右脑优势的个体解决问题时会同时考虑多种假设,兼顾各种可能,他称之为同时型认知风格。吉尔福特提出辐合型与发散型认知风格,应该与之殊途同归。还有学者根据个体信息加工的深度,将认知风格分为深层加工风格和表层加工风格。

四、家长—孩子 *

家长怎么理解孩子的某种性格特性?

<u>通道概述</u>　学生接收信息的通道优势也因人而异,记忆的效果也因接收信息通道的不同而不同。有的学生对视觉刺激较为敏感,习惯于通过视觉接收信息。有的学生偏重听觉刺激,他们对语言、声响和音乐的接受力和理解力较强。还有的学生喜欢接触和操作物体,对于自己能够动手参与的认知活动更感兴趣。当然,更多的学生属于混合型,只是偏重某种通道而已。

<u>通道优势</u>　一般而言,年级较低的学生,听觉通道优势强于视觉通道。多数家长们都有这样的体会,在小学读书的孩子,当他阅读题目因不理解题意不会做时,家长给他读一遍题目,尽管没有展开分析,他就会做了。这就是不同通道接受信息的差异。心理学工作者姚薇认为,这可能与听觉能力的发展先于视觉阅读能力的发展有关。

知识分子和喜欢阅读的人接收消息时,视觉通道强于听觉通道,这可能是因为用进废退。随着年龄的增长,尤其是对于语意较深的内容,视觉接收信息优于听觉,因为阅读时自己可以控制速度,还可以再阅读一遍。

<u>各取所长</u>　通道优势和认知风格较多地依存于遗传因素和生理基础,具有较强的稳定性。子女的血液里,流淌的是父母的基因。父母可以因为孩子的某种通道优势和认知风格而喜,但也要清醒地认识到,自己必须接受由此带来的劣势,不能因此而责备孩子。父母需要做的是帮助孩子清醒地认识自己的通道优势和认知风格,知道其长处和不足,扬长避短,最大限度地发挥自身的优势,必要时强化自己木桶的短

板。比如,鼓励场独立型的学生多参加集体活动,在活动中更多地关注别人,体验他们的感受;叮嘱沉思型的学生,让他们思考、行动的速度更快一些,这样一定有助于孩子更健康、更快乐地成长。

<u>尺有所短</u>　其实,任何通道优势和认知风格本身都无优劣之分,即使是色盲者,也有其特殊价值。第二次世界大战期间,盟军曾经征募了一批全色盲的人入伍,他们的专职工作就是对侦察图进行分析。全色盲的人不仅看不到红色和绿色,也看不到其他颜色,但是却可以观察到挂在坦克上的伪装网,这是色觉正常的人做不到的。随着科技的飞速发展,借助先进仪器的帮助,色盲、色弱者的颜色辨别能力也得到了相应的改善。

<u>春兰秋菊</u>　国外有句谚语:青年人愿意相信许多假的,老年人却要怀疑很多真的。这并不是个体的差异,而是年龄特征导致的认知倾向的不同。如果不明白这一点,这两类人在一起又怎么能彼此理解、相互融合呢? 正是人与人之间的差异和相互成全,才促进了人类的整体发展。

春天的森林,夏日的旷野,金秋的湖泊,严冬的冰川,变幻递嬗的四季,孕育了无数生命。大自然的神奇,在于万物的循环与和谐。我们欣赏玫瑰的芬芳,就要接受玫瑰的茎刺,当心枝刺伤手。关于学习中信息获取的通道和认知风格的类型,也是如此!

拓展阅读九　自主神经系统

自主神经系统包括交感神经和副交感神经系统,它们在情绪刺激下,激活机体中的器官和组织,对情绪起着支持和延续的作用。内脏器官一般由它们双重支配,相互拮抗,相辅相成。

交感神经系统可以比作汽车的气囊,在人遇到危险时提供紧急反应所需的能量。一个人如果感觉到危险并做出害怕的反应时,就需要这种能量,以便能够反抗或逃跑。副交感神经系统可以比作机动车的刹车,使身体重新"恢复正常"。

第二十三章 "所想即所得"
——如何走出抑郁情绪的阴影

本章首先说一个故事:面对同样一件事,悲观和乐观的人会得出截然相反的结论。接着,介绍性格特质、抑郁思维的利弊、负性认知等情绪的习得过程。最后,介绍通过矫正认知改善自己的认知风格。下一章主要介绍心理障碍的形成原因与防治措施,这两章既有联系也有一定的区别。

一、截然不同的态度

同样的情境,为什么有些人的感受却截然相反?

大家可能都听说过这个故事。传说太平洋上有一个小岛,这个岛位于热带,岛上居民常年赤脚,没有人穿鞋。美国有两家制鞋公司,各派一名推销员甲和乙到这个小岛推销鞋子。

甲来到小岛后,看着光脚的岛民,十分气馁,认为"没有市场",便在失望中踏上回国的旅程,奔波一天后找到一家旅馆。旅馆已经打烊,店里只有半个米饼。甲非常失落,抱怨到:为什么只有半个米饼?吃完了这半个米饼怎么办?

另一家公司的推销员乙来到岛上,看到岛上无人穿鞋后心中窃喜,他认为"市场前景可期",便立即启程回国,准备研制一款适合热带的防水凉鞋。乙奔波一天找到一家旅馆,老板说因连日暴雨,水患成灾,店里只有半个米饼。乙惊喜交加,非常感激:半个米饼虽不能彻底解决饥饿,却能补充能量,使自己继续前行。

同样是开拓鞋的销售市场和面对半个米饼,甲和乙的态度为什么如此截然相反?虽然这只是人们杜撰的一个故事,但现实生活中,类似这样的人或事却屡见不鲜。如果用两个维度来描述人的性格特质,那就是悲观和乐观。生活中,悲观特质的人,即使取得了成功,也不能形成期盼,他们对未来总是充满忧患;而乐观特质的人,纵然坠身于黑暗的苦难深渊,也绝不放弃对希望曙光的憧憬,他们总是相信未来。

人们常说,现实是客观的、残酷的。难道现实能因我们的心态而改变吗?

二、抑郁思维的利弊 *

抑郁思维有哪些特征?有什么长处和不足?

生活中,总有很多悲观特质的人,他们表现为抑郁思维和负性思考。历史上,很多非常了不起的伟人也深陷抑郁思维甚至抑郁症的困扰,如罗斯福、林肯、丘吉尔……但同时,他们也将这种思维的优势发挥到了极致。和正常人相比,抑郁思维者更多地使用负性思考的解释风格,可用四个词来概括这种思维的特征。

1. <u>归因</u>　对失败和挫折的归因,他们倾向于笼统化——认为都是自己的错;过度化——认为事态会持续这样;扩大化——认为每件事都是如此。

2. <u>评价</u>　在自我评价方面,他们总是更理性,他们会更多地反思自身的责任,鞭策自己更加努力,这有利于个人潜能的最大限度发挥。

3. <u>环境影响</u>　他们不容易受到他人和环境控制错觉的影响,对未来的认识更客观、更接地气。

4. <u>忧患意识</u>　他们总有更多的忧患意识,有更多的防患于未然的策略,这有利于事业的长盛不衰。

面对财富与成功　当财富和成功像潮水般涌来的时候,抑郁思维者从不张狂,总是以恬淡的心态待之。他们总是心怀敬畏,如履薄冰,无一日敢懈怠,无一事敢马虎。他们的事业很少中途崩溃。而另一部分人却与之相反,他们把这一切归功于自己,很容易忘乎所以,只能永远在侥幸的成功和必然的失落中轮回。有的人改变了自身的命运甚至是历史的进程,最终却不能挣脱自身悲剧的归宿。所以,只要把握恰当,把它控制在一定的范围内,抑郁思维方式就有积极的一面。

悲观而明智效应 心理学家曾以轻度抑郁（尚没有达到抑郁症的程度,只是抑郁思维）和不抑郁的大学生为对象进行研究。实验中,学生的桌面上装有按键,心理学家要学生们事先预测自己按键时远处的灯是否会亮。比较两组实验结果,心理学家惊讶地发现,在预测对灯的控制程度时,那些轻度抑郁的学生预测的准确率更高,而那些不抑郁学生的预测常出差错,他们乐观地估计了自己的控制程度。这就是心理学中所说的"悲观而明智效应"。

日中则昃 有机物在自然界漫长的演化过程中,总是遵循"物竞天择,适者生存"的法则。一切生物,必然有着自己能适应的生存环境。人类的演化更是如此。但凡事都具有两面性,正所谓"日中则昃,月盈则亏",抑郁思维一旦越过临界值,肯定弊大于利。他们的消极观点,常使自己对很多事情失去兴趣和热情。他们放大痛苦的体验,缩小快乐的领略。如果总是保持消极的归因风格、负性思考的自我体验,归因和体验之间就可能形成恶性循环。当抑郁思维程度加重时,人们就会感到迷茫,就会有记忆力减退等现象的发生,甚至很可能在个人遇到较大的负性事件时心理崩溃。

相互强化 我们的思维总是和我们的感受同步体验着沉重与轻松、痛苦与欢乐。究竟是抑郁的心境导致了负性的思考,还是负性的思考导致了抑郁的思维呢？大量心理学实验表明,抑郁思维导致抑郁情绪,负性思考带来负性认知。抑郁与负性之间互为因果,循环强化。

@ 三、负性认知形成的过程

情绪和特定刺激之间是怎么建立联系的？怎样发挥作用？

与抑郁思维、情绪关系极为密切的负性认知是怎么产生的？它的根源在哪里？人们首先想到的应该是遗传。其实,环境因素形成的条件反射可能占更大的比例。

早在1920年,心理学家华生就开始了心理学史上一个著名的实验,揭示条件反射是如何构成人类行为和情感反应的。

<u>阿尔伯特实验</u>　实验者找来一名叫阿尔伯特的婴儿,在他身边放置老鼠,阿尔伯特并不害怕。后来,在老鼠出现的同时,突然用锤子在其脑后敲击一根铁棒,这种敲击声使他一脸恐惧。但两个月之后,他却淡忘了这段经历。

于是,实验者又开始重复这个实验:每次都是在把老鼠放到阿尔伯特身边的同时,在他脑后突然敲击铁棒。因为敲击铁棒的惊吓,5、6次后,阿尔伯特便形成了对老鼠的完全恐惧式条件反射——我们可以理解为恐惧对象的转移:把对敲击声的恐惧,转移到老鼠,老鼠一出现,阿尔伯特就开始哭。再后来,阿尔伯特对其他毛乎乎的东西全都产生了恐惧,包括海豹皮大衣、棉绒……一个多月后,实验者又对阿尔伯特进行实验。尽管已不再有任何敲击铁棒的声音,但他对老鼠和其他一系列毛乎乎的东西——只要呈现在他的眼前,依然感到十分害怕。

<u>行为→刺激→情绪</u>　虽然这一实验带有方法上的缺陷,并且严重违反了道德操守,但在很大程度上却证明了行为和情绪反应之间可以通过简单的刺激形成联系。我们对环境中某种特定刺激的条件反射,都是习得和条件反射的结果。愤怒、悲伤、颓丧、消沉或厌恶等都可以用类似这样的方式习得。在人的头脑中,那些特定的情绪,不知在什么时候早已与某些对应的刺激(经验)建立了条件反射(联系),抑郁情绪、负性认知也是如此,只是当事者自己没有意识到而已。

<u>毫不知情的自动加工</u>　人的注意力具有自动的选择性。人一旦形成了负性认知的习惯,就开始习惯并放任自己去关注消极、负面的事情,并从心理上感觉阴暗的事情越来越多。与这种习惯紧密相连的抑郁情绪就会在脑海弥漫,逐渐占据整个思维空间,积极、阳光的心态就被挤出思维空间。在遇到任何问题时,那些负性认知和抑郁情绪就会在瞬间被唤醒,并以极快的速度被自动加工、毫不费力地被自动执行,但本人却毫不知情。

今天,自媒体盛行。部分自媒体为了吸引人的眼球,多半喜欢哗众

取宠，或者采用否定、批判、标新立异的方式传递信息，因为这种方式不仅没有建树艰难，而且容易给人留下较深刻的印象。但是，它诱导人们负性思考的一面也是显而易见的，其不利的影响会日渐显现。每个沉浸其中的人都需要有清醒的认识。

四、修复认知缺陷的策略

消极思维的人一般都有哪四个典型错误？怎么去矫正？

生理常识告诉我们，人体甲状腺的主要功能是合成、分泌甲状腺激素。碘是合成甲状腺激素重要的物质。身体缺碘时，只有补充身体可吸收的碘才能恢复健康。免疫系统就是不知道"合成所需碘的物质缺乏"，反而认为是"合成的腺体功能不足"，常导致甲状腺增生，但增生只是补偿性代替，于事无补，反而加重病态。心理学上，也有类似现象的发生。负性认知、抑郁情绪并不是生理、精神或情绪上的疾病，只是过去某种刺激（经验）在无意中让人养成了特定的认知习惯，由此带来认知风格（方法、角度）上的缺陷。既然它们只是一种或多种由经验诱发出来的习惯，就能够被新的习惯所代替，形成新的认知风格。

预言效应 人是极其奇妙的万物之灵。无数心理学家和医学家经年累月地努力，至今仍然无法解释大脑中数以亿计的神经元、无数的神经冲动是如何变成思想、情绪和有意识的行为的。但我们知道，如果我们预期某一事物将以某种方式发生，我们的期望就会倾向于让这种预期变为现实，这就是心理暗示的力量。它们或多或少会对自己的潜能产生某种期待，这种期待会在无意识中，对自己的行为表现给予一些鼓励和鞭策，使自己产生自我实现的预期和能量，自己也因此变得更加出色。

据报道，有些运动心理学家在运动员进行实际比赛前，指导他们在心里预演自己所期望达到的水平。一些运动员确实因此取得了稳定的骄人成绩。一位钢琴演奏家因冤案被判刑5年，出狱后演奏技巧并没有减退，原因在于服刑期间，他利用一切可以利用的时间，不间断地在脑海里想象演奏。这就是心理学中所说的自我实现的预言效应。

这样的例子很多,矫正认知带来的效果更为显著。抑郁思维的人的一个显著特点就是负性认知,以至认知扭曲。

一位高二女生,因为常年和妈妈冷战,自己整日笼罩在不幸的阴云里,以泪洗面,抑郁情绪很重。心理学工作者宜老师通过和她耐心、漫长的交流后发现,这位女生身上集中呈现了以下四方面的错误。

1. 过度泛化　这位女生很脆弱,有时妈妈稍不留神说出一句话,她都觉得自己受到了伤害;她总是从一个琐细的出发点得出很大的结论。

2. 极端夸张　她总是盯着妈妈的缺陷或过错,妈妈一点点的不完美都会成为她放不下的思虑内容,她喜欢把事情放大和缩小,并不合理地将其推向两个极端。

3. 选择性抽样　她只选择能支持自己已有观点的事例,经常回忆和妈妈争吵、冷战,且越想越伤感、越失落,与自己观点相反的事实却被她遗落。

4. 任意的推断　在没有任何证据的前提下,她推断得出结论:家里有了小弟弟,妈妈不爱她了。

宜老师有很深的专业造诣,每次都耐心聆听这位女生把一件事说完。他从不直接表达自己的观点,而是逐一从另一个角度轻轻地提问,让她通过自己的思考,在回答中得出与自己原先想法矛盾的结论,再慢慢引领、启发她步入正确的思维轨道。通过一段时间的共同努力,她最终矫正了自己的认知,逐步走出过度负性思维、抑郁情绪的阴影。

防控抑郁情绪,应该从矫正认知开始。凡事坚持积极、乐观、阳光的心态,少抱怨,不纠结,坦然面对,这些都是健康生活方式应有的态度。在漫长的人生征途中,人都会犯这样或那样的错误。一个优点突出的人,其缺点也明显。没有至善至美的生活,也没有至善至美的生活环境,我们必须在接受的同时,积极寻求改善的策略。

尽管现实是客观的、残酷的,但很多时候、很大程度上,现实就能为我们的心态所改变。心理学中有句名言:"所想即所得"。

第二十四章　风雨之后见彩虹
——中小学生心理健康面面观

中小学生目前的心理健康状况如何？心理障碍主要有哪几种表现形式？它们是怎样产生的？如何鉴别？怎样才能做到早发现、早预防、早干预？抑郁症患者康复的最大难度在哪里？但愿本章能抛砖引玉，成为解决问题的视点。

一、心理健康的现状

怎样理解和看待青少年的心理健康问题？

这些年，很多学校都有少数学生因为心理问题不能坚持正常学习，学校和教师无可奈何却又爱莫能助，只能期待学生尽早毕业，平安离开校园。学生离开校园只是危机转移，隐患并没有从此消失。他们自身的痛苦和内耗，给家庭和社会带来的不安定因素都无法估量。

M市是江南的一座四线城市，市区中小学生总数约12万。仅2021年春季，M市就发生了5起以上的学生跳楼事件。伴随着家长撕心裂肺哭喊的，是一个鲜活年轻生命的消失，是一个家庭的绝望和破碎。每年，全国有多少花朵还没有绽放就因自身原因凋谢？这可能是一个不便公开却又十分惊人的数字。这其中有一时冲动、偶然因素酿成的悲剧，但更多的是他们对生活没有丝毫留恋的绝望之举。当一个人在痛苦中无法自拔时才会痛不欲生，而鲜活的生命从憧憬未来到悲观厌世，一定有一个相对漫长而又复杂的心路历程。这过程中究竟发生了什么？真的不可逆转吗？有多少人能从这些悲剧中惊醒从而阻止更多悲剧的发生？开展生命意义的教育刻不容缓，但有效解决问题的方法远远不是这么简单。

2017年4月7日晚,中央电视台一套《晚间新闻》公布了这样的两组数据:相关部门抽样调查发现,抑郁患者占样本总数的3.59%,焦虑患者占样本总数的4.98%。据《2022年国民抑郁症蓝皮书》记载,中国精神卫生调查显示:我国成人抑郁障碍终生患病率为6.8%;目前我们患抑郁症人数约9500万,18岁以下的抑郁症患者占患者总数的30%,抑郁症发病群体呈年轻化趋势;青少年抑郁症患病率已达15%~20%,接近于成人。有研究认为,成年期抑郁症在青少年时期已有所显现。

庞大的数字让人心惊胆战。但如果有人说,在过去的一年里,我国有超过10亿人得过感冒,我们却并不惊讶。如果抑郁和感冒一样,人们习惯了用药,用药后各种症状都有明显的改善,且治愈率很高,再回过头看看抑郁症患者的人数,我们还会提心吊胆吗?其实,心理学家一直称抑郁症是"心理感冒",只是很多人缺乏对它的了解,这才加剧了对它的担忧。

二、主要障碍的分类

青少年的心理障碍主要有哪几类?各有哪些主要表现?

心理障碍在学生群体中表现最多的分别是焦虑、抑郁和强迫。随着学生年级的递增,学习压力、竞争和"内卷"的日益加剧,它们也随之增长。

<u>焦虑</u>　焦虑是多种感受交织在一起的情绪体验,多数源于对不明朗、不确定因素的担忧。只要个人想加以避免或应对但又感到力不从心并受到威胁时,复合的恐惧就可能转为焦虑。

在期中、期末尤其是升学等大型考试前夕,多数学生都伴有不同程度的焦虑,这是身体正常的应激反应,具有保护性意义,适当的焦虑还能提高学生学习的内驱力。但长时间严重的焦虑则有害于身心健康,不仅可能导致动作失调、影响正常水平的发挥,而且躯体在生理方面由于交感神经系统兴奋,会导致血液内肾上腺素浓度增加、肝糖原分解、血压升高、心率和呼吸变快,便会出现副交感神经系统症状,如部

分学生在考试前夕失眠、低烧、胃肠功能异常,少数学生在考试期间突然腹泻。

抑郁 抑郁症是忧愁、悲伤、颓丧、消沉等多种不愉快情绪综合而成的心理状态,最明显的症状是情绪显著而持久的低落、悲观、郁郁寡欢,不时长吁短叹,没有愉快感,有时甚至绝望,觉得人活着没意思,同时失去以前的爱好,对任何事情都不感兴趣。抑郁患者通常伴有焦虑和强迫。多数抑郁患者,犹如生活在幽暗的囚室,有时感觉自己在漆黑的深夜、跌入不见底的万丈深渊,心中莫名的痛苦挥之不去,无法自拔。

学生抑郁后,上课时很难集中注意力,思维迟缓,对外界刺激反应慢;下课后,常坐在座位上两眼发直,不愿意和别人交流,有时神情沮丧、目光呆滞。

强迫 强迫有很多种表现形式,常见的有思维强迫,比如强迫回忆、强迫自己去思考某个问题;行为强迫,比如强迫自己不停地洗手或其他动作。强迫使人纠结。那些无法控制的思想、行为,常令人痛苦不堪。强迫症患者多伴有抑郁。

生活中,很多人都有轻微的强迫,表现为对有些事总是放心不下,如出门前已经关好了煤气灶,准备锁门时,还是再次检查一下煤气灶关好了没有。

许华建在表现出强迫的同时,有时还表现出特别的焦躁甚至兴奋。这位高二学生对学习中的每个问题都追根究底地发问,即使是显而易见的道理,他也有无数个为什么。晚自习,只要他突然闪现"上厕所"的念头,虽然他没有这样的需要,且晚自习中途休息的铃声也没有响起,但他也控制不住这个想法而走向厕所。他是住校生,一个周日的晚上,他刚从家里来到学校,晚饭后又要求回家。当班主任问他回家的目的时,他泪流满面,说:"突然有了回家的想法,我控制不住自己。"

中学生的心理障碍主要就这三类,极少数学生可能还有双向情感障碍、精神分裂等其他心理障碍,我们在此不做介绍。

三、障碍成因及判别

心理障碍是怎么形成的？有哪些判别标准？

<u>障碍寻因</u>　是什么原因导致很多青少年心理偏离了健康的轨道？大半个世纪之前，心理学家荣格曾说："我们今天所遇到的许多精神病患者中，有许多人如果生活在别的时代，恐怕就不会染上这些毛病了——是社会文化的分裂摧残了他们。"时代确实是其中的一个重要因素。但我们应该看到，同样的时代，有的人愈挫愈勇，反而取得了令人振奋的成功；有的人却一蹶不振，从此步入漫长的人生冬季。

<u>业界共识</u>　很多心理学家和神经方面的医学家在夜以继日地探索，但至今还没有明确的答案。生理学家提出了"5－HT 神经递质假说、肠道菌群失调假说"，认为它们是抑郁的元凶；心理学家认为，心理障碍与个体的成长经历和家庭教育有关；还有人提出，心理障碍与社会、文化因素有关；业界目前认为，心理障碍是遗传基因、性格特质和环境刺激共同作用的结果。

<u>导火索</u>　本书创作者通过大量的调研后发现，现实生活中，抑郁症患者都曾经有过痛苦的失落，失落的心路历程可能是抑郁的导火索。失落通常与个体当前的境况并无必然的联系，它主要来自个体在某一领域里的现实与理想的差距、今天和昨天的落差。如，少数当红明星，曾经铁粉云集，到哪里都是前呼后拥，突然被封杀、冷落；再如，少数领导，在单位一言九鼎，经常是属下请示汇报，但因为年龄的原因退休赋闲在家，门庭冷落。这种巨大的落差都可能引发失落以致抑郁。

<u>干预延误</u>　据《医学心理学》本科教材介绍，11~14 岁是青少年心理发展的关键时期。这个时期，他们正处于小学或初中阶段。很多家长和教师，只知道关心孩子的身体状况和学习成绩，却常忽视孩子的心理健康。有少部分家长和教师有这方面的意识，但客观上做不到及时发现和解决问题，他们中的多数人不能分辨抑郁情绪和抑郁症、强迫表现和强迫症。尽管很多学校有心理教师，甚至配备了专职心理教师，

但心理学研究包罗万象、方向太多,这些教师对医学心理学几乎都知之甚少(甚至包括某些非专科医院的心理医生)。他们的专业课内容多数偏向于思政领域,长于学生的思想引领。学校老师最常用的方法是找这样的学生和家长谈心,或是劝学生回家休息。

  青少年时期,有些非常态心理现象是暂时的,随着时间的推移会日渐消失;也有些现象是不可逆转的,谈心或回家休息根本消除不了,必须及时给予必要的心理干预。而多数学生实质就是被动地任事态发展,在被动地等待中被耽误,因此错过了最佳的干预时期。由此可见,及时发现学生心理存在的障碍、实施及时干预是非常重要的。

  如何区别正常行为和异常行为,是心理学的基本问题。然而,人的所有行为都可以被看作是位于一个连续的轴上,心理健康位于轴的一端,心理障碍则位于轴的另一端,区分正常与异常的界限并不是十分清晰。心理学家说:"我们不能简单地因为一个人(包括精神卫生专业人员)不能理解另一个人所说的话或行为,而将其'作为个人心理不健康的正当理由'。"

  目前,症状学的判断标准主要是情绪(低下)症状、躯体(僵硬、不灵活)症状、认知(记忆力减退、反应迟钝、执行力差)症状。临床心理学家、精神病学家和其他心理治疗师多数还运用下面四条标准中的一条或多条进行综合判别。

  1. 行为场景 行为本身一般不能作为判断心理是否健康的依据,必须和行为发生的场景结合起来。例如,有人给自己的脸涂上彩色图案,并穿上与之匹配的上衣。如果是在日常生活中,这就是行为古怪;如果是在足球场上或是在戏剧院里,这种行为并不古怪,可以被接受。

  2. 行为频率 如果仅仅把行为和行为发生的场景作为判断的依据,有时也是不准确的,因为绝大多数人都曾有过"疯狂"的时刻,甚至偶尔还表现出不正常行为。例如,某人突然彩票中奖或是收到其他令他兴奋的消息,他会忍不住在大街上欢呼、跳跃,这不一定表明他有心理障碍。但如果他每周甚至每天的大部分时间都是如此,就显得不正常了。所以，行为的发生，必须和行为发生的场景和频率联系起来，综合考虑判断。

<u>3. 主观痛苦</u>　如果一个人在做心理诊断时，诉说自己的主观痛苦或者由于心理问题不能正常地生活，这可以作为有心理障碍的依据。特别是家长，需要关注孩子的自我感受。

<u>4. 功能影响</u>　假设某人有一个不能控制的习惯，比如每天晚上睡觉之前站在床上唱歌，这种持续的行为肯定是古怪的，但如果他没有把邻居吵醒或干扰家庭其他成员的休息，他的行为只对他个人的一般生活功能有很小的影响，则不能作为心理障碍的依据。如果这个人的行为严重违反了社会期望和规范，就会被认为是社会越轨行为，若这种越轨行为非常极端和持久，就可作为心理障碍的依据。

随着心理学研究的深入和医学检测技术的发展，在心理健康领域，专科医院的检测手段也越来越先进、完备。

@ 四、障碍防治之建议

诊治心理障碍的最大障碍是什么？

家长关注最多的是抑郁症。预防抑郁症，首先需要远离过度的抑郁情绪。这里再补充三点：

<u>1. 客观要求，乐观心态</u>　多数抑郁症患者凡事追求完美，无视客观事实，苛刻要求自己，导致自己长时处于失落状态。社会本身就是不完美的存在，没有至善至美的生活。所以，预防抑郁症应从以客观的心态坦然接受客观事实，尤其是接受现实的自我开始。凡事不要追求十全十美，知足常乐。

<u>2. 发展友谊，培养爱好</u>　生活中，必须有几位可以互诉衷肠的朋友。当心灵跌落幽暗的谷底时，友谊能带来明媚的阳光。同时，一个人必须有自己的爱好（最好是体育方面的），必要时实施情绪的转移。体育运动本身对心理有着很好的"按摩"作用，也是负面情绪最好的发泄渠道。运动时能够分泌肾上腺素和多巴胺，它们可以使交感神经兴奋，

让人的大脑产生愉悦感。

3. 内外兼修,齐驱压力　心理学研究发现,抑郁症患者多数都性格文弱,为人谦和;抑郁症似乎和那些举止粗鲁、不拘形迹的人无缘。心理学有一种说法,人有攻击的本能,当这种攻击不能对外时便转向对内(自残)。所以,人既要苦练内功,学会排解、化解抑郁情绪,又必须有合适的情绪宣泄途径。必要时,牢骚、抱怨也是一种释放的形式,甚至可以骂人。当然,这种暂时行为不能演变为饮鸩止渴。

有一种说法,适度的压力和有序的忙碌是驱赶失落的有效良方。所以,人不能太闲,整天饱食终日、无所事事容易诱发心理障碍;但也不能太忙,压力太大也容易使人焦虑,关键是把握好这个度。

如果抑郁了,大可不必惶惶不安。美国加州大学精神病学临床教授马歇尔·A.弗里曼(Michael A. Freeman)的一项研究表明:30%的企业家有过抑郁症,49%的企业家在其一生中遭受至少一种形式的心理健康状况的折磨。华为创始人任正非先生就曾明确表示自己患过多年抑郁。上网搜索一下"患抑郁症的名人",屏幕显示的结果让人震惊,甚至令人难以置信、接受。

抑郁本身并不可怕,可怕的是很多人的无视、偏见和无知。

<u>无视</u>　因为缺乏对医学心理学的深度了解,青少年的一些非常态表现,常被很多人"矫情""想不开""青春期叛逆"等恣意的断言所掩饰、蒙蔽和无视。

<u>偏见</u>　有些人总是爱强调学生自身行为的主观性,总是要求学生按照他们的标准去做,殊不知像"注意力不能集中"等现象的发生都有着深刻的物质客观性,是大脑机能不协调的结果,不是学生本人主观上能够左右、客观上就能做到的。如同脑卒中患者,走路时很难将脚放在自己想放的位置,结果在地上留下歪歪斜斜的足迹,这根本不是他的本意。

<u>无知</u>　正常人无法体会那些认知失调、心理失衡学生的内心痛苦,他们犹如盲人、瞎马在黑暗中孤独地摸索和徘徊。如果家庭、学校不能

给予这类特定人群应有的关爱和指导,反而以常人的标准对其进行要求和监管,便会让他们看不到生的希望,更容易使他们失去对生命的依恋。很多悲剧都是这种无知导致的。这里还有三点需要特别注意。

1. 隐患被藏匿　对于抑郁症患者来说,任何形式的安慰、疏导和"散心"等行为,多数只能暂时减缓症状;单纯这种行为本身,很难使抑郁本身有本质的改变,并常使隐患暂时被藏匿而成为更大的危险。患者去正规的机构如脑科医院接受规范、系统的干预(治疗),才是正确、科学的选择。

2. 干预被耽误　从2017年9月15日起,国家取消了人社部心理咨询师职业资格认证考试。目前,心理咨询师考试发证单位较多,我们不清楚证书的含金量。心理咨询机构的设置门槛较低。有些机构的心理咨询师可能是自身水平的原因,也可能是不愿"客户流失",他们的导向,有时客观上耽误了患者及时被规范、系统地干预,要引起足够的警觉。

3. 良机被错过　家长总是担心用药的安全问题。这种担心完全是正常的,但其实是多余的。是否需要用药、用量多少,有大量的"双盲实验"①数据支撑。正规机构里,工作态度端正的医生会根据规定的标准认真负责地履行自己的职责。饭吃多了会伤食,水喝多了会中毒,任何东西过量都有副作用。目前,干预(治疗)抑郁症的药物的副作用都在可控范围之内,在专业人士的指导下,可以长期大胆地使用,千万不能因为无视或偏见错过了最佳的干预(治疗)时间。有资料表明,第一次出现抑郁症状时,实施规范、系统的干预,一般2~6个月便能痊愈;如果错过了第一次的干预时间,第二次出现症状时,实施干预经常需要6个月至2年的时间,而第三次及以后可能需要长期实施干预(当然也有特例)。错过最佳干预时间,才是真正让人恐惧的洪水猛兽。

身体的疾病和生理周期多数已被大众所熟知,对于心理障碍的认识尚在探索之中。心理出现了不适的状况,如同身体感冒一样正常,无需顾忌。我们要做的,就是去正规的心理机构咨询,聆听专业医生的声音,兵来将挡,水来土掩。很多心理障碍的诊治,困难常不是来自障碍本身,而是来自人们对它的恐惧、无视、偏见和无知。错过了最佳的干预时期是最让人担忧的事情。让专业的人做专业的事。风雨之后见彩虹,那时的阳光更明媚。

注释:

①双盲实验是指被试和实验者都不知道哪些被试接受哪一种处理方式的实验技术。

拓展阅读十　拒绝"躺平"

"躺平"的形成,一般需要经历三个阶段。

1. 人们对行为结果的把控能力是从经验中习得的,当一个人控制某种特定事件的努力遭受多次失败后,他将停止这种尝试。第一阶段,说的是一件事,多次努力没有成功便放弃了。

2. 如果上述情形出现过于频繁,即对很多行为结果的把控都失去能力,这个人便开始怀疑自己,就会把这种把控能力缺失的印象迁移、泛化到所有的情境中,甚至泛化到原本能够控制的情况中。第二阶段,说的是很多事,都没有能力去把控,便开始怀疑自己了。

3. 渐渐地,他开始感到自己像一颗"命运的棋子",任人摆布,一种弥散的、无助的和抑郁的状态就会出现。这就是心理学家提出的"习得性无助"。于是,当他再次面对问题时,便产生无能为力的心理状态和行为,无助感使他不想去尝试、去努力。第三阶段,"躺平"了。

对上述过程中的任一阶段实施有效干预,都能使人拒绝"躺平"。另外,选择"躺平"的人,多数是外归因的人,即将个人经历的多次挫折和失败归因于个人不可控的外部因素。学会客观、科学地归因,经历更多的成功体验,也都能使人拒绝"躺平"。

湾区（广东）教育研究院校长培训用书

新质学习力
——寻找优秀背后的底层逻辑

下 册

姚 澍 主编

东南大学出版社
SOUTHEAST UNIVERSITY PRESS
南京

内容提要

本书分上册、下册和落地篇。主要是系统剖析学习与成长背后的底层逻辑，介绍科学的学习方法。

如何陪伴、引领孩子的学习与成长？多数家长依靠个人对教育的理解和个人经验，但这样做存在很大的局限性；也有部分家长喜欢按照流行的方式对孩子进行教育，却忽略了其中的差异性，结果发现那些优秀的学生常常都是"别人家的孩子"，自己孩子的学习总是不尽如人意。

学习力究竟是怎么发生的？当今大多数学生的学习现状是怎样的？如何才能提高学习效率？这套书的作者力求以心理学和教育学为依据，用平和的心态、尊重事实的原则，帮助家长和学生解决实际问题，介绍婴幼儿、小学、中学教育的前沿理论、实战案例和提高学生学习效率的策略，以及与他们学习生活、成长过程密切相关的教育内容。

图书在版编目(CIP)数据

新质学习力：寻找优秀背后的底层逻辑 / 姚澂主编.
南京：东南大学出版社，2024.8. — ISBN 978-7-5766-1522-7

Ⅰ.G442

中国国家版本馆 CIP 数据核字 2024781DR4 号

责任编辑：周荣虎　　责任校对：子雪莲　　封面设计：毕　真　　责任印制：周荣虎

新质学习力：寻找优秀背后的底层逻辑 Xinzhi Xuexili: Xunzhao Youxiu Beihou De Diceng Luoji

主　　编	姚　澂
出版发行	东南大学出版社
社　　址	南京四牌楼 2 号（邮编：210096 电话：025-83793330）
出 版 人	白云飞
经　　销	全国各地新华书店
印　　刷	南京迅驰彩色印刷有限公司
开　　本	718mm×1000mm 1/16
印　　张	27.75
字　　数	450 千字
版　　次	2024 年 8 月第 1 版
印　　次	2024 年 8 月第 1 次印刷
书　　号	ISBN 978-7-5766-1522-7
定　　价	166.00 元（全 3 册）

＊本社图书若有印装质量问题，请直接与营销部调换。电话（传真）：025-83791830

阅 读 索 引

章 序	主 要 内 容	阅读对象
第二十五章	从心理学角度阐述青春期叛逆的本质	家 长
第二十六章	家长引领孩子成长的原则	家 长
第二十七章	人与人相处过程中定位的重要性	家 长
第二十八章	父母批评、惩罚孩子的学问	家 长
第二十九章	换个角度思考,解决孩子拖延问题的策略	家 长
第三十章	谈另一类学生的学习与发展	家 长
第三十一章	关于孩子沉迷网络游戏的剖析与对应策略	家 长
第三十二章	学习资料的分类、目标及题目难度的确定	学生和家长
第三十三章	谈阅读习惯的培养与读书的艺术	学生和家长
第三十四章	把控孩子成长过程中的每一个重要节点	家 长
第三十五章	消除孩子成长过程中的"内耗"	学生和家长
第三十六章	谈家庭文化与影响孩子成长的环境	家 长

续表

章　序	主　要　内　容	阅读对象
第三十七章	关于考试的分类、高考的历程、高考试卷的创作、阅卷和填报高考志愿的简介	学生和家长
第三十八章	寻找人生成功的新路径	家长
第三十九章	关于目前教育之痛、矛盾成因、个人核心竞争力与生活幸福的拙见	家长
第四十章	关于本书的创作背景、价值和发挥价值的前提	家长
第四十一章	高考数学149分的女生学数学的经验分享	学生和家长
第四十二章	高考状元的求学历程与个人的学习特色	学生和家长
第四十三章	一位普通母亲的成功教子之道	家长
第四十四章	新课程背景下修习语文的路径和方法	教师和家长
第四十五章	一位中学校长关于教育的思考	家长
第四十六章	资深教育局长谈初中生的两大特点及教育对策	家长
第四十七章	一对母女跨越世纪的通信	家长
第四十八章	一位资深教育管理工作者的读后感言	家长和教师

目 录（下册）

第四篇 认 知

第二十五章　洒向青春期的甘霖 / 2
　　　　　　　——突破和孩子交流的心理屏障
　　　　一、一触即发的家庭矛盾 / 2
　　　　二、逆反心理的追本溯源 / 3
　　　　三、熟视无睹的刻板印象 / 4
　　　　四、釜底抽薪的解决策略 / 6
　　　　五、走出个体的认知盲区 / 7
　　　　　　拓展阅读十一　费曼学习法 / 9

第二十六章　只给一枚指南针 / 10
　　　　　　　——家庭教育刍议
　　　　一、奇奇错哪了 / 10
　　　　二、为啥要听话 / 12
　　　　三、只给指南针 / 13
　　　　四、不给导航仪 / 14
　　　　　　拓展阅读十二　寻找合适的中间人 / 17

第二十七章　找准自己的坐标 / 18
　　　　　　　——像绿叶那样陪衬成长
　　　　一、委屈与辛酸 / 18
　　　　二、尊重的含义 / 19

　　　　三、参考三字词 / 21
　　　　四、例子再分析 / 23

第二十八章　胡萝卜加大棒的哲学 / 25
　　　　——惩罚孩子的学问
　　　　一、惩罚的原则 / 25
　　　　二、目的与手段 / 26
　　　　三、配合的学问 / 28
　　　　四、善后的艺术 / 29
　　　　五、另一类惩罚 / 30
　　　　　拓展阅读十三　《心态管理》节选 / 32

第二十九章　换一个方向思考 / 33
　　　　——探索一些表象背后的本质
　　　　一、速度,远比认真更重要 / 33
　　　　二、明理,未必利好创造力 / 34
　　　　三、拖延,解决策略各不同 / 35
　　　　　拓展阅读十四　时间的相对论(2) / 39

第三十章　在奔向罗马的人群里 / 40
　　　　——如何最大限度地争取成功
　　　　一、起跑线与终点 / 40
　　　　二、曲折中向前 / 44
　　　　三、跳跃式前行 / 45
　　　　四、强化自身的优势 / 48

第三十一章　还孩子一片明净的天空 / 50
　　　　——谈青少年成长与网络游戏

一、游戏的风险和沉迷的寻因 / 50

二、沉迷的分类和根除的策略 / 53

三、其他类型及对应策略 / 55

　　拓展阅读十五　康奈尔笔记法 / 56

第三十二章　拨开迷雾，见金山银花 / 57

　　——介绍学习资源的有效配置

一、"武器"与学习资料 / 57

二、"挑稻捆"与"做难题" / 60

三、摘苹果与"最近发展区" / 61

四、"1+2+3"策略与成绩 / 62

　　拓展阅读十六　西蒙学习法 / 63

　　拓展阅读十七　学习究竟是怎么发生的 / 64

第五篇　征　程

第三十三章　通向成功的阶梯 / 66

　　——谈幼儿和青少年的课外阅读

一、三个步骤培养孩子读书习惯 / 66

二、三种途径帮助孩子选择好书 / 68

三、四类读者和两种阅读方式 / 69

四、三本书的阅读举例 / 70

　　拓展阅读十八　只为爱你如初 / 72

第三十四章　走对人生的每一个路口 / 73

　　——我和小姨不得不说的故事

一、石门两枝梅 / 73

二、两朵玫瑰花 / 74

三、战线看不见 / 76
　　四、未来犹可期 / 77
　　　　拓展阅读十九　成人的三种生活态度 / 79

第三十五章　杜绝成长过程中的"跑冒滴漏" / 80
　　——学生"内耗"现象拾贝
　　一、身材高大的风险 / 80
　　二、长得美丽的烦恼 / 82
　　三、老师相处的艺术 / 84
　　四、减缓内耗的学问 / 85
　　　　拓展阅读二十　"三要三不要" / 86

第三十六章　漫漫航程的灯塔 / 87
　　——浅说家庭文化
　　一、说家庭文化，明兴衰之理 / 87
　　二、品酸甜苦辣，赏沿途风景 / 88
　　三、处五色同学，不迷失方向 / 91
　　四、食五谷杂粮，更健康成长 / 93
　　五、以包容心态，做理性家长 / 95
　　　　拓展阅读二十一　酝酿效应 / 96

第三十七章　人生腾飞的契机 / 97
　　——说说高考那些事
　　一、考试类型简介 / 97
　　二、高考历程回顾 / 98
　　三、试卷创作要素 / 99
　　四、高考阅卷流程 / 101
　　五、志愿填报参谋 / 102

第三十八章 "天下同归而殊途" / 104
　　——寻找成功的新航线
　　一、家长愿望背后的苦衷 / 104
　　二、"高压催化"背后的代价 / 105
　　三、消除"剧场效应"在行动 / 107
　　四、开辟人生新航线 / 108

第三十九章 幸福的路上不拥挤 / 110
　　——一个与生活密切关联的话题
　　一、在阵痛中发展 / 110
　　二、发展中的必然 / 112
　　三、核心竞争力 / 114
　　四、幸福很简单 / 116
　　　　拓展阅读二十二　好好说话 / 118

第四十章 寻找点石成金的神手指 / 119
　　——关于本书创作后的断想
　　一、时代的产儿 / 119
　　二、证券分析师的困惑 / 120
　　三、一则故事的启示 / 121
　　四、寻找神手指 / 122
　　　　拓展阅读二十三　把控人生的重要节点一览表 / 124

第六篇　他山之石

第四十一章 我的数学学习之路:U字形 / 126
　　——简述我的高中数学学习 / 程欣
　　一、猝不及防遇挫折 / 126

二、痛定思痛挖根源 / 127

三、脚踏实际寻对策 / 127

四、乘风破浪上台阶 / 128

　　拓展阅读二十四　究竟是谁的错了？ / 129

第四十二章　我在复旦等你！ / 130

　　——简介我的高中学习生活 / 祝辉

一、独立思考,自主抉择 / 130

二、脚踏实地,张弛有度 / 132

三、直面无常,成竹在胸 / 133

四、战高考,稳中求胜 / 133

　　拓展阅读二十五　SQ3R 阅读法 / 134

第四十三章　于细微之处见精神 / 135

　　——一位普通母亲和她儿子成长的故事

　　　/ 褚玉娟 口述　王芸　丁芬 整理

一、成长的基石 / 135

二、成功的分享 / 136

三、心智的迁移 / 138

四、全新的起点 / 139

　　拓展阅读二十六　《开讲啦》听后的联想 / 140

第四十四章　百川归大海 / 141

　　——新课程背景下修习语文的路径和方法 / 俞仁凤

一、背景一:从"双基"到"核心素养" / 141

二、背景二:从任务群到教材 / 142

三、方法和路径一:从单文本阅读走向微专题阅读 / 142

四、方法和路径二:大单元 / 143

五、方法和路径三：从群文到整本书阅读 / 146

六、方法和路径四：动口与动手 / 147

第四十五章　学生成长过程中的"加减乘除" / 148

——一位校长的工作随想 / 张武根

一、曾像家长一样困惑 / 148

二、加法还是减法 / 149

三、割补原理的运用 / 151

四、成长中的"加减乘除" / 152

第四十六章　爱有智慧　伴同成长 / 154

——谈初中生的两大特点及教育对策 / 万亚平

一、初中生的心理特点及教育对策 / 154

二、亲子关系特点及教育对策 / 157

拓展阅读二十七　主观幸福感 / 161

第四十七章　一场跨越世纪交替的对话 / 162

——一对母女的两次通信 / 曹先英

一、惓惓之情洒笔端（一）——母亲给汝云的一封信 / 162

二、直言不讳吐心声（一）——汝云给母亲的回信 / 164

三、惓惓之情洒笔端（二）——汝云给母亲的来信 / 165

四、直言不讳吐心声（二）——母亲给汝云的回信 / 167

第四十八章　慈航济众　金针度人 / 168
　　——我读《追寻优秀背后的底层逻辑》/ 陶泽云
一、颠覆认知的阅读 / 168
二、本书的四大特色 / 169
三、三条个人建议 / 172
　　拓展阅读二十八　严慈人的情怀 / 173

第四篇　认　知

　　青春期是人生必经的一个重要过程。因为生理和心理因素的叠加,这个时期的孩子有时表现出让人难以理解的特性。

　　如何和孩子相处并更好地引领他们成长,这里面有很深的学问。即使是批评、惩罚孩子,也必须遵循一定的原则。只有认清这些问题的本质,拥有对问题的处理能力,才能有效地实现行为的目的。

　　有时候,家长总爱在无意中要求孩子生活在自己人为划定的空间,对孩子的要求和现实生活之间总存在一定的差距。这是因为,家长身在"庐山",很难看清问题的本来面目,倘若换一个方向思考,便能看清这些问题的本质。

　　学生的学习特性各不相同,要学会在曲折中前进,选择性突破,跳跃式发展,争取把个性特质与职业特点结合起来,强化自己的优势。比人生起跑线更重要的,是过程和终点。

　　孩子沉迷网络游戏的原因各不相同,本质却大同小异。帮助他们摆脱沉迷游戏的现状,需要遵循相应的心理学原理。

　　市场上存在的学习资料名目繁多,让人眼花缭乱。选择的原则同样是认清资料的本质特性和学生的学习状态,最合适的才是最好的。对于如何对待学习中遇到的难题,怎样确定学习目标等,依据"最近发展区"理论,才有利于问题的有效解决。

　　本篇的所有文章,都立足于分析问题的本质,力争提升学生和家长自身的认知水平。认知能力决定一个人处理问题的能力,也制约着问题的解决程度和效果。

　　只有优化自身的认知结构,才能使自己的思维跃上新的台阶。改善认知结构,提升认知能力,是一个人终生孜孜以求的目标。

第二十五章　洒向青春期的甘霖
——突破和孩子交流的心理屏障

青春期的孩子多数桀骜不驯，有时像一只发怒的刺猬，全身蜷缩成球形，让人无法靠近，只能望之兴叹。形成这种现象的深层次原因何在？有哪些改善的途径？本章试图从心理学方面阐述其中的缘由，在改善读者认知的同时，实现家长和孩子的有效交流。

一、一触即发的家庭矛盾

父母与子女之间的矛盾经常是怎么发生的？

"如何改善亲子关系"，这是家庭教育中的一个热点话题。有些家长很无奈地说："自己常常是看着孩子，想说话却不知道如何开口；没有办法和读中学的孩子交流，一说话双方就较上劲。"我们先来说说江中水一家今年春节前发生的事。

江中水今年在一所省示范高中读高一。学校今年的高考结果并不理想，因此学校对这一届高一抓得特紧。期末考试是全市统考，网上统一阅卷。距离春节还有4天，学校公布了江中水的期末考试成绩，数学试卷满分150分，江中水得了134分。这应该是很不错的成绩，但身为单位技术部部长的江中水爸爸特别要强，一直在嚷嚷："要找到这16分丢失的原因。"

登录阅卷系统，输入密码，江中水爸爸发现有一个题有两小问，共计12分。江中水第二问的解答虽然写在答题框内，但因写在答题框内的底部，和第一问的解答中间有较大的空白。可能是时间很紧，阅卷老师在阅卷时屏幕没有移动，认为考生只答了第一问，导致第二问的解答没有评判。该题虽然解答正确，却少得了6分。

江中水爸爸恼火了:"我早就说过,答题要规范,书写要紧凑……"

"我写在答题框内,是老师……"

"谁和你讲道理?如果是高考……"

父子互不相让,越说越激动。江中水"嘭"的一声把房门关上,他爸爸冲上前阻止,心急的奶奶担心儿子和孙子发生肢体冲突,匆忙赶过来时头撞到了墙上,倒地……春节,本是一家人欢乐的时光,江中水一家却都默然不语,只有家中的宠物狗偶尔在客厅走动,却无人搭理,也被冷落。

很多家庭,常有类似这样一触即发的矛盾。

二、逆反心理的追本溯源

造成青春期孩子逆反的原因有哪些?

<u>现象</u> 有人曾说,青春期的孩子就像处于临界状态的炸弹,任何一个微不足道的刺激都可能成为引爆点,即使没遇火星,随时也可能爆炸。有时候,父母和孩子犹如各自抓住绳的一端,都紧抓不放,绳中间结成的死疙瘩越拉越紧。

多数教育工作者和父母都将这类现象归因为"逆反心理""青春期叛逆"。无论这种归因是否正确、全面,都不能成为问题的终结,我们都应该进一步去探究问题的解决策略。

<u>内因</u> 我国心理学界泰斗林崇德教授在《发展心理学》中明确指出,青少年时期的个性特点与自我意识的典型特征是"不平衡性、极端性和偏执性"。这里的原因是多方面的,既有个人随着年龄的递增导致的自我意识的突然高涨,也有因为特定年龄阶段中枢神经系统的兴奋性过强。

<u>外因</u> 还有人认为,独生子女的家庭现状和人民生活水平的普遍提高也是不可忽视的因素。以前,家里兄弟姐妹多,父母很难把关注的焦点集中在某一个孩子身上。在物资匮乏的年代,父母常为子女们的温饱奔波,也常和子女们为了共同的目标一起努力。无形中,父母和子

女变成一个团队的"战友",目标一致,团结协作。兄弟姐妹之间的矛盾或协作,也帮助他们更清醒地认识自己,这些都有利于个体的成长。

今天,我们很难看到上述的情景了。多数家庭是独生子女家庭,父母的关注常别无选择。父母与子女之间即使是游戏,也在对弈,如打乒乓球、下象棋。父母与孩子之间联系的纽带几乎只剩下学习,父母开口闭口绕不开学习这个话题。在学校,孩子无论对学习是否厌倦,也只能是敢怒不敢言。如果孩子带着某种憋屈或挫折回到家中,发生在孩子身上的任何一件小事,都可能引爆他的情绪,父母很容易成为他发泄情绪的对象,因为挫折很容易引发替代性攻击[①]。

如果孩子能和父母心平气和地沟通,很多矛盾就不复存在。孩子和父母不能像朋友甚至像陌生人那样交流,还有另外的一个原因,那就是心理学中所说的刻板印象的存在,一切都让人觉得难以理喻却时刻在发生。

三、熟视无睹的刻板印象 **

青春期逆反的原因涉及哪些心理学方面的因素?

什么是刻板印象呢?工作或生活中,人们通常所说的"成见"就属于其中的一类,但不限于此。让我们先来了解两个专有名词:内隐记忆和双重加工。

<u>内隐记忆</u>　走近商场,即使面对的都是陌生的营业员,但我们可能还是觉得这位营业员比较亲切,自己愿意和她成交;和那位营业员有心理距离,自己不喜欢与之交流。原因就在于,我们的头脑已对人进行了分类。这种对人分类的依据是自己"过去的经验",它不需要意识或有意回忆,便会对当前行为自动产生影响。这些"过去的经验"已被大脑记忆,心理学中称之为"内隐记忆"。

<u>双重加工</u>　和别人相遇后,根据内隐记忆,我们的思维、记忆和态度都同时在两个水平上运行:一个是有意识和有意图的"深思熟虑",另一个是无意识和自动的"直觉"。心理学称这种现象为"双重加工",

即"有意识"和"无意识"这两种加工方式几乎是在同一时间发生的。如果我们一见面,你一眼就认出我,这个"一眼"的时间一般是1/7秒。你能告诉我:你是怎么认出我来的?实际是"双重加工"的结果。

<u>刻板印象</u>　面对陌生的营业员,为什么我们给对方下不同的结论?针对某个确定的个体,我们由内隐记忆和双重加工对该个体形成一种固定概括而又笼统的观点和看法,并把对方的言行归结到这种固定的观点、看法里,且大范围推而广之,成为思维定式而固化,这就是刻板印象。

我们没有意识到刻板印象的形成过程,其实它时刻都在发生,如同我们没有感觉到自己的血液在流动、心脏等器官始终在工作一样,它却一直没有停止运行。我们用"加工、激活、解码、错位、循环"五个词来说明这一过程。

<u>加工</u>　潜意识总是更及时、更迅速地加工。当刺激没有被个体意识所觉察(低于知觉阈限)时,个体也可以对刺激进行加工,加工的结果也能对个体的行为产生影响。

<u>激活</u>　父母或孩子一方的语言、行为总是很容易激活另一方深藏在意识深处的刻板印象。激活所需要的时间几乎可以忽略不计。

<u>解码</u>　这些被激活的印象,几乎在被激活的同时就参与信息的解码。双方总是以过去的经验为依据,在自身的认知层面内,采取压缩的形式对自己接收到的信息进行解码。

<u>错位</u>　负面的印象随着时间的积累会导致认同错位。即使一方表达简洁、准确,另一方也很难做到耐心地聆听对方把话说完,更难做到站在对方的角度去思考,而是按照自身的刻板印象去理解,很自然与另一方针锋相对、反唇相讥。行为上的背道而驰也就是顺理成章的事了。

<u>循环</u>　另一方在语言、行为之前,也有关于对方的刻板印象。于是,双方的刻板印象都被立刻激活,一发不可收。

心理学中的确认偏差理论告诉我们,当人有了一个猜想以后,他很难做到放空心态,将问题置于更广阔的时间和空间去思考,而是自动

进入一种搜索模式：看似在思考，其实是在整理自己的偏见，无意中，倾向于为这种猜想的发生搜索、提供证据，而不是去寻找证据来否定这种猜想。

以江中水父子争执为例，江中水爸爸在说话的时候，就不自觉地联想到儿子过去的一些学习方式和这次（可能）出现的态度；江中水在开口的时候，过去不愉快的经历和这次不是自己过错而丢分的委屈就被唤醒，可能还夹杂着对阅卷结果的不满。双方的表现恰好又证明、强化了对方的这个刻板印象。双方之间、刻板印象与现实表现之间，互为因果，循环论证，彼此强化，愈演愈烈，使双方的刻板印象更加根深蒂固、矛盾越发不可调和。而双方对此却茫无所知，不知道这是刻板印象的结果，而认为对方的本质本来就是这样，并因此导致、引发一系列消极现象的发生。由此可见，父母与子女实现有效沟通的前提，是双方消除自己脑海里关于对方的负面的刻板印象。

@ 四、釜底抽薪的解决策略

什么是本文中所说的釜底抽薪策略？

怎样消除负面的刻板印象？由于负面刻板印象的存在，家长一开口，青春期的孩子便不自觉地认为自己知道家长要表达什么；家长脑海里，似乎也给孩子画了模型。所以，家长首先要以身作则，力争双方都打破这种思维定式。

杨刚是个很聪明但也很叛逆的男孩，高一时曾在家待过一个多月，就是不去学校，后来在他人的再三劝说下终于复学。现在高二了，他的心思仍然经常在电脑游戏上。

上个星期日，他很晚才起床，吃过早饭又在家晃悠。杨刚妈妈因公出差去了，他爸爸知道儿子的心思，刚想提醒他学习，突然想起心理老师前天给他的建议。于是，他对杨刚说："小刚，现在没事，不如打开电脑玩一局，反正闲着也是闲着。"

杨刚听他爸这么说，十分意外。平时爸爸特别反感自己玩游戏，今天怎么还提醒自己玩呢？杨刚在迟疑，他有点不敢相信爸爸刚才说的话。

"你自己开电脑吧。"杨刚爸爸接着说，"我马上出去办点事，大约下午三四点回家。中午的菜已准备好了，放在冰箱里，届时你用微波炉把菜热一下。煮饭你按下电饭煲按钮。"

现在杨刚相信了，他反而感觉有点不好意思，主动说："好像你前天带回一套数学同步试卷吧？我做完了再开电脑。"

"好！试卷在我房间床头柜上。"杨刚爸爸说完就出门了。

下午4点左右，杨刚爸爸回到家里，看到儿子已把做好的数学试卷放在客厅的茶几上，自己在房间打游戏。杨刚爸爸一改平日常态，没有去找他说话，直接去厨房做晚饭。饭做好后，他没有喊杨刚，自己一个人先吃，吃完饭后，回自己的房间看新闻联播。

7点多的时候，杨刚从书房走出来，看到爸爸已经做好了晚饭，并且已经吃过了。他内心再次感到十分惊讶，下意识觉得爸爸变了。

杨刚吃完饭，他爸爸在收拾碗筷时顺便问了他一些问题，不是关于学习的，而是电脑游戏方面的。此刻，杨刚不再惊讶了，他愿意和爸爸交流，他对爸爸的刻板印象在无意中因此而改变。

杨刚父子关系的改善，其实经历了漫长而曲折的过程。我们缩短、简化了这个故事，但改善关系涉及的方法和这个故事的开头与结局却并没有改变。

家长希望孩子接受自己的观点，首先需要孩子愿意和自己交流，而孩子愿意和自己交流的前提是谈孩子感兴趣的话题。每位家长都必须知道孩子的兴奋点在哪里。家长和孩子有了共同的兴趣点后，心理距离自然就近了；所谓的矛盾，都能通过协商得到有效的解决。精诚所至，金石为开；急功近利，欲速不达。

五、走出个体的认知盲区

为什么做不到知行合一？

<u>触觉与痛觉</u>　医学常识告诉我们，触觉来源于机械刺激，而痛觉是

指大脑皮质感受到刺激性伤害。有时,医生给需要小手术的患者实施普通的局部麻醉。手术过程中,患者不感觉痛,因为传入疼痛的神经被阻断,但却能感觉到手术刀在身体上划过。这说明触觉和痛觉不仅有各自的感受器,而且它们还有独立的传入通道。视觉和听觉也是如此。其实,人的认知、情感、行为都有不同的通道。

很多家长在认知上有一个盲区,他们喜欢和孩子讲道理,讲完道理后,如果没有收获期望的效果,他们就失去耐心,或恼怒,或在无可奈何中失落,却始终没有深究其中的道理。

认知与情感 孩子明白了道理,只是他的认知通道被打通,但知道未必能够做到。很多成人知道吸烟有害健康,却总是戒不了,以致有人曾幽默地说:"戒烟是件很容易的事情,我已经戒了几十次。"

青少年心智发育没有成熟,更是情感引领行动。积极的情感产生的是喜爱、尊重、接受,而消极的情感则产生厌恶、拒绝、排斥。当孩子在认知上接受家长的观点以后,家长还需要打通孩子的情感通道。有时,把握好孩子的情感,才能改变他的认知。认知和情感相统一,才能引发相应的行为。

情感与行为 怎样把握孩子的情感呢?只能根据他的性格特质,因时而异。当孩子情绪激动时,先让他把怒气、情绪宣泄完,然后他会有一种满足和疲倦带来的安宁。这时候,理智从情感的压迫中挣脱出来,他自己就会回味刚才说过的话、做过的事,并判断那些话和行为是否妥当。在这种负疚的心理下,只要遵循"越有理态度越好"的准则,只要不评论他刚才的情绪,他就会同意家长修订和完善的有关自己言行的原则。在情感上接受父母(情感通道被打通)后,孩子的行为才能改变(打通他的行为通道)。否则,即使孩子屈服于家长的权威而改变自己,也很难心悦诚服,多数会随着年龄的增长出现反弹。

青春期的孩子,他们内心经常矛盾,有时自己也很痛苦、很焦躁。父母在给予更多理解的同时,需要选择与之相处的方式和策略,把握好时机,给焦躁的青春喷洒甘霖,共同解决孩子在特定时期的成长难题。

当家长和孩子意见相左时,家长总是期待或要求孩子改变,这种想法本身就是错误的。心理学中有个原则:"谁痛苦谁改变,谁有能力谁改变"。所以,在和孩子发生意见冲突时,家长首先应考虑的是改变自己的观念。

教育孩子的过程,其实也是父母提升认知的过程、自我成长的过程。

注释:

①替代性攻击:遭受挫折后,由于无法直接向挫折制造的源头表达愤怒,便将怒气发泄到"替罪羊"身上。

拓展阅读十一　费曼学习法

费曼学习法:理查德·费曼,著名的物理学家、诺贝尔奖获得者,费曼学习法指出者。这种学习法旨在通过教授他人来巩固自己对知识理解,强调知识的输出比单纯的输入更为重要。它的核心在于将复杂的知识简单化,用最简单的语言向他人解释,直到对方完全理解。这一过程不仅加深了学习者对知识的理解,还帮助发现和理解自己在知识掌握上的漏洞。费曼学习法可以分为以下几个步骤,可简化为四个单词:concept、teach、review、simplify。

(1)<u>明确主题</u>　必须十分清楚具体的知识或学习内容。

(2)<u>以教代学</u>　假设把这些知识或学习内容传授给你的同伴,自己应该怎么做?

(3)<u>评价反思</u>　如果自己这样讲解,对方能听懂、接受吗?

(4)<u>语言简化</u>　进一步整合信息,优化自己的表达方式。

第二十六章 只给一枚指南针
——家庭教育刍议

天下父母的心都是相通的,他们总想把最好的留给孩子,希望孩子都能绕过自己曾经走过的坎坷。因此,他们不断地提醒孩子,干预他们的言行。而孩子降临后的成长是从零开始的,与父母成长的背景和环境也大相径庭。成长是一个不断被社会化的过程,多数孩子只有经历了成长才理解父母。提升父母和孩子这方面的认知,有利于孩子更好地成长。

一、奇奇错哪了

孩子的想法和家长不一样,是对还是错?

这是很多年前发生在叶又趣身边的故事。那时,他住在市郊的一个大院里,邻居姓唐,家里有个名叫奇奇的七岁男孩,宽阔的额头、弯弯的眉毛、仰月形的嘴巴,无不显示他是一个特别可爱的男童,尤其是他那双明亮的眼睛会说话。

元旦那天上午,叶又趣休息,正在房间写作,突然听到奇奇妈妈训斥儿子的声音,接着传来奇奇委屈的哭泣声。

大院里的几家住户关系和睦,平时任何一点"风吹草动"都会引起群体效应。听到外面的嘈杂声,叶又趣急忙走出房间,只见院子的走廊上放着一个脸盆,脸盆里盛有半盆水,还有一片猪肉在盆里面,脸盆旁边有个小凳子,凳子上还有一块肥皂。叶又趣大感不解,刚想问怎么回事,奇奇妈妈便说话了:"奇奇爷爷早晨去菜市场买了几斤猪肉,好久没有吃肉的奇奇围着爷爷转,急着用手去摸。我说'猪肉很脏,不要用手摸',随后我便到池塘洗菜去了,回来时发现奇奇正在给猪肉抹肥皂。你说这个孩子该不该训?"

奇奇更是冤枉,圆圆的脸蛋上还挂着两颗泪珠。他不解地说:"你不是说猪肉脏吗?猪肉脏,我用肥皂给它洗一洗,我错哪了?"

时隔多年,岁月的风雨冲淡了许多往事,但这件事叶又趣至今都记忆犹新,也使他时常陷入沉思。

老师和家长都有这样的体会,有时感觉孩子真的不可理喻。比如在课堂上,有的学生就是不积极发言,老师喊他回答问题,他总保持沉默,无论老师怎么鼓励都无济于事。在大人看来,这是很好的锻炼机会,回答错了又何妨呢?

可孩子就不这样想,他有自己的思考和逻辑,他担心回答不好遭同学们背后笑话。孩子有自己的圈子,随着年龄的增长,他的圈子和家长的交集越来越少,越发不被家长理解和关注,尽管家长也都是从孩子成长过来的。

面对同样的信息、同样的情境,不同的人有不同的理解。因为父母和子女在阅历、认知等方面存在差异,特别是所站的立场不同、关注点不同,"理解差异"是经常发生的事情。如果有家长对孩子说"钱很脏",孩子岂能理解这里"脏"字的另外一层意思?奇奇妈妈说"猪肉很脏",奇奇用肥皂把猪肉洗一洗,他究竟错哪了?如果家长因此恼怒、批评甚至惩罚孩子,不仅达不到目的,因要求孩子跳过他现在思维的层面去思考,某种程度上甚至还影响孩子思维的健康发展。

心理学家埃里克森将人生划分为八个阶段,每个阶段可能提前或推迟,但很难被跨越;每一阶段都存在着一种发展危机,危机的解决,标志着前一阶段向后一阶段的转化。如果成人总用自己的思维来要求孩子,不仅容易引发矛盾,也不利于这个阶段的危机的解决,不利于孩子的成长。

孩子和成人,有不同的思维方式。很多时候,孩子的想法或逻辑与成人确实不同,但未必就一无是处。曾经有科学家提议,把一只狗和一个孩子送到太空去,目的是让他们能有成人不曾有的发现。

二、为啥要听话

孩子"不听话"的背后,隐藏着什么样的逻辑?

当孩子和父母想法不一致时,不一定是孩子错了,而恰恰说明父母需要重新认识和反思、更应该从自己身上找原因。

玲玲的故事　周末,恰逢初春,风和日丽,鸟语花香。公园里的草坪上,三三两两的小朋友在放风筝;香樟树下,不时传来琅琅书声。在这样美好的时光里,玲玲和妈妈翠芬又闹别扭了,这已是这个月的第三次。引发母女矛盾的根本不是什么大事,她们常为一些小事摩擦不断。

玲玲爸爸跟着企业常年在外施工,一年三百六十五天,可能有三百天在外地工地干活。玲玲妈妈除了自己的工作,还要照顾双方的老人和玲玲的生活,本身就够烦的了,每当玲玲不听话的时候,她更觉得自己苦不堪言。

干嘛听你的　一个假日,玲玲妈妈去姥姥家,她向自己表妹诉说自己的心事,岂料这位心理系的高才生竟然这样说:"如果玲玲没有明显违反什么规章制度,只是不听你的话,这不能算过错。"

翠芬听后一时语塞,不知道怎么回答。她只好绕回到自己开始时抛出的话题:玲玲爸爸常年在外施工,我一个人克服很多人想象不到的困难,把她从小带大,要求她听我的话过分吗?我只是希望她将来更好!

"表姐,你说的话我都理解,"这位心理学高才生接着说,"但如果任何一件事,玲玲都按你说的那样去做,至多就是第二个你。你不希望她超过你吗?"表妹的话让翠芬无言以对,她也似乎明白了什么。

发展的前提　有人说,社会之所以能够向前发展,是因为下一代人不听上一代人的话。成长,首先需要突破,摒弃旧的自我而呈现新的自我。从牙牙学语的婴幼儿到意气风发的青少年,在这个过程中,家长们常见儿童把自己装扮成小大人。青少年特别期待别人把他们看成成人,其实,他们是在寻求身份的认同,是在从依赖走向独立。他们的语言和举止都很难把握好分寸,不容易做到恰到好处,而父母又通常用道德的或者社会常规甚至是理想的标准来干预、纠正他们的言行。这时期的青少年，追求独立的愿望非常强烈，常将父母的这种行为理解为试图否定他的身份认同，矛盾常由此而生。事实上，父母的要求常常过于理想化，他们也低估了青春期孩子的认知能力，没有意识到孩子自己有对事情的理解和处理方式。

<u>真正的担忧</u>　"每个人在成长过程中，和父母都必有一战。如果孩子赢了，是喜剧；如果父母赢了，是悲剧。"记不得这是谁说的，但我们知道，许多父母却把经常与子女发生的、有时很激烈的争吵当成负担。其实，父母应该清楚，"这些冲突是家庭成员关系重组的一个正常过程。如果孩子在进入青春期后从不与父母产生意见分歧，那才是值得忧虑的，因为这可能意味着孩子寻求身份的成长过程根本没有发生，或者过早地结束了"。

每位期待孩子"听话"的家长，都应该思考其中的道理。

三、只给指南针

家长应该给孩子怎么样的"指南针"？

父母总是牵挂孩子，这是血浓于水的亲情。家长站在孩子的角度思考、理解问题，不是对他不提任何要求，更不是完全放任孩子，而恰恰是为了更恰当地要求他、引领他更好地成长。

在孩子小的时候，父母就要旗帜鲜明地通过告诉他爸爸妈妈支持什么、反对什么来渗透自己的行为思想和方法，并让他明白这些思想和方法背后的逻辑，相当于给孩子一枚行为的指南针。在孩子慢慢长大的过程中，家长一定要和孩子通过协商达成约定，即使家长和孩子之间没有制订规则，也要有一种默契。规则或默契必须做到底线明确，可操作性强，有成长性和扩展的空间。这样，孩子的行为就有了方向。

<u>底线</u>　家长必须让孩子非常清楚什么是不能触碰的底线，比如，很多家长要求孩子"凡事诚实守信，不能偷拿别人的东西"。一位妈妈在女儿很小的时候就明确告诉她：在没有上大学之前，坚决不允许在同

学或朋友家过夜。

底线就是原则，没有商议和讨价还价的余地。有底线思维的孩子自幼就有强烈的原则意识，长大以后也是一个原则性很强的人，在大是大非面前不会犯错误，纵然人生有些坎坷，也不会栽跟头。

<u>操作性</u>　要求孩子实现的所有目标，必须是孩子通过自身的努力能够实现的；考查的内容必须是他自己可以把控的。否则，规则就失去了实际意义。

以学习为例，有的家长要求孩子每次考试必须进入班级前5名。这样的要求并不合理，因为孩子只能做好自己。如果别的家长也有类似这样的要求，岂不变成了不可调和的矛盾？再如，满分100分的试卷，有的家长要求孩子每次考试不能低于90分。这样的要求也不科学。小学时的90分可能比较容易实现，中学时的90分却有相当大的难度，最重要的是每次考试试卷的难度都在变化。我们要求孩子每天早晨必须什么时候起床，每天看电视必须控制在多长时间之内，每天必须如何安排自己的学习，如果这些都是他能够做到的，就是可操作的规则。

规则的可操作性，不仅让孩子心悦诚服，也助力孩子成为一个凡事脚踏实地的人。

<u>成长性</u>　从最基础的要求出发，利用心理学中的"登门槛原理"，逐步提高要求，每学期或每年完善或升级一次，规则就有了成长性和扩展的空间。

其实，考核通常是机械、偷懒的做法，把握好学习和成长过程中的每一步，必然有应有的结果。因此，家长要分清因和果的关系，更重视过程的把握。

四、不给导航仪

为什么不能给孩子"导航仪"？

我们倡导只给孩子一枚指南针，不给他导航仪。因为给了指南针，孩子的行为就有了方向；不给导航仪，就是不告诉他每一步怎么走。这

导航仪,指南针,我们应给孩子哪一个?

样,孩子行为的方向不会错,至于怎么走,孩子必然要发挥自己的主观能动性。这样既减少父母与孩子之间的矛盾,又有利于孩子的成长。

董敏作为一位普通的母亲,在这方面做得很出色。她出生于湖南的一个乡镇。家乡的山,使她具备了山一样的坚毅与执着;家乡的水,自幼就给了她水一般的灵气与俊俏,使她朴实的外表下隐藏着一颗智慧的心。在教育孩子方面,她自小就培养儿子鲲鹏的独立性。自上学之初,她和孩子就有约定:学习是自己的事情,必须自己独立完成;如果遇到自己克服不了的困难,可以告诉妈妈,共同协商如何去解决。她很少批评孩子,也只有在恰当的时候才给予鼓励。

父母根据自己的人生阅历,总想让孩子走平坦、顺畅的路。父母的这种心情可以理解,但如果总是"吾爱汝至,所以为汝谋者惟恐未尽"(这里借用林觉民的这句话,这句话是他写给他妻子的),势必得不到孩子的理解和珍惜,反而会扼杀孩子独立成长的渴望,又何来成长的内驱力?

"孩子毕竟是孩子。在鲲鹏成长的过程中,我有时发现,他就要栽跟头。但只要没有危险,我都让他用自己的方式——绝不是我们家长的方式——去理解、去体验、去思考,并尝试去解决问题。人的一生,绝不会都在风平浪静的环境中度过。尽可能让孩子有更多的经历、具备更强的适应能力,这也是父母的重要责任。一个人如果一次小的危险都没有经历过,他就没有危险的意识,更不可能产生克服危险的智慧。唤醒的效果远没有痛醒的效果深刻,要让孩子自己在挫折中积累人生感悟和经验。人类的历史,就是与挫折、危险不断斗争的历史。"在一次家长会上,董敏曾这样和与会者分享,"我并不是真的不关注孩子,而是给他创造更多的机会来体验成功、体验成长的快乐"。

每个孩子都期待进步、渴望成功、憧憬成长,它们才是孩子成长过程中生生不息的内驱力。父母不仅不能伤害,还要用心呵护这种内驱力。今天,鲲鹏已是一个加工厂的经理,引领一群和他年龄相仿的人在打拼。他在工厂推行"无为而治"的管理模式。加工厂发展蒸蒸日上,展现出无限的勃勃生机。

很多家长曾经说,管理孩子就像放风筝,风筝飞得再高、再远,线始终都握在自己的手里。对家长的这种说法,我们不能完全苟同。中国的很多家长,对孩子的控制欲总是特别强烈。在孩子尚小的时候,我们可以把他视为风筝;当孩子慢慢长大以后,我们一定要把他视为一只雄鹰,助力他飞向更广阔的蓝天。

拓展阅读十二　寻找合适的中间人

有些家庭,很早就有合适的中间人,不仅充当家长和孩子之间的润滑剂,在家庭教育中确实也起到很好的补充作用。

前提　在父母和孩子关系非常融洽时,家长可以事先提出"中间人"的概念,人选最好由孩子提出来;或者是在孩子小时,有意让孩子认"干爸、干妈或哥哥、姐姐",他们必须是孩子非常信任的人。家长私下对中间人要委以重托。在逢年过节的交往中,中间人需有意识和孩子亲近,但仅限于加深感情,以备不时之需,千万不能让孩子感觉"他和父母站在一起"。

价值　因为父母和孩子都存在关于对方的负面刻板印象,有时候,有些话,家长或孩子自己无法说。当家长和孩子之间出现一时较难调和的矛盾时,中间人就要出面,去做孩子包括家长的工作,这样可以起到事半功倍的效果。

平时,家长需要找机会多向中间人介绍家庭的整体情况,特别是自己的期待、孩子的想法和学习。中间人要熟悉孩子的性格特质,注意提高自己的交流水平和协调能力。

第二十七章　找准自己的坐标
——像绿叶那样陪衬成长

生活中,与人相处,最重要的是找准自己的位置。无论是士兵,还是元帅,不知道给自己准确定位,就不知道什么是相互尊重,就可能弄巧成拙。家长在和孩子的相处过程中,要甘为人梯、愿做绿叶,陪衬孩子成长。

一、委屈与辛酸

相处过程中的委屈与辛酸,常是因为没有找准自己的位置。

张宇是不幸的,在他5岁的时候,母亲离家出走,从此杳无音信。父亲抽烟酗酒,很少给他应有的关爱,也促使他养成了内向、倔强的个性。张宇也是幸运的,他在上小学的时候,认识了比他大6个月的同班同学春生。春生阳光豁达、乐于奉献和助人,给了他春天般的温暖,渐渐便成了张宇生活和学习中不可或缺的好朋友。

二十多年来,在张宇和春生的交往过程中,春生总是有求必应。对于张宇情绪上的烦恼,抑或是生活中的窘迫,包括现代人特别忌讳的借钱,春生总是尽自己最大的努力伸出温暖的双手。然而,上个月,他俩的友谊还是出现了危机。有人给张宇介绍对象,张宇想买套西装去相亲,他给春生发了一条微信,邀请春生为自己购衣做参谋。那段时间,春生正在忙于自己的硕士论文答辩,他看错了时间,等他发现时已经成为"过去"。任凭春生如何解释,张宇就是不信。

有人为春生的委屈鸣不平,甚至想当面斥问张宇:春生为你做了那么多牺牲,为什么视而不见?一次失误,也不至于如此得理不饶人吧!这一切都源于张宇在和春生交往的过程中,没有摆正自己的位置,他把春生的一切付出都视为理所当然。

春生的故事只是生活乐章中偶尔出现的杂音，张宇这样的朋友是否值得珍惜，本身就值得思考。而成千上万的学生和家长每天所受的委屈被熟视无睹，才真正让人揪心。

<u>孩子的委屈</u>　绝大多数学生学习都是十分努力的，而部分家长们看到的常常是孩子学习不主动、自觉性不够。家长们很难看到孩子取得的成绩，即使看到孩子取得了进步，也是高兴在心里，不喜形于色；而孩子学习过程中的任何一点过错，都有可能成为他被批评的理由。

最让孩子们难以接受的是少数家长实施的比较行为。家长不是纵向比较孩子的进步与成长，而是横向比较孩子与同伴之间的差距；且经常是用自己孩子身上的弱项、缺点与其他孩子的强项、优点相比，比较的结果是"优秀的学生都是别人家的孩子"。家长为什么不能给自己的孩子应有的肯定和鼓励呢？

<u>家长的辛酸</u>　与此同时，在孩子求学的过程中，家长也倍感辛酸。在父母日渐弯曲的脊背里，孩子慢慢长大。随着孩子日渐增高，自己却日益老去，多少无奈、多少心酸，无处倾诉。陌生人的点滴相助，孩子常是谢声不绝；自己经年累月老黄牛式的付出，却很难得到孩子的珍视，甚至是很难得到理解，有时想和孩子说几句话都得不到积极的响应。孩子为什么不能向父母表达自己的感恩之情？

所有这些，都是因为孩子和家长都没有站在对方的立场上思考，其实就是没有找准自己的坐标。只有准确给自己定位，才能更清楚什么是相互理解和相互尊重。

二、尊重的含义

相互尊重应该怎样落实到语言和行动中？

如何给自己定位，不是每个人都一清二楚。于是，对于相互尊重，很多人仅停留在语言上，很难落实到行动中。

<u>尊重对方感受</u>　第二次世界大战期间，英国元帅蒙哥马利曾统帅

过美国军队。一次,他对官兵们发表讲话,他谈到自己与美国艾森豪威尔将军的友情,谈到他对美国的热爱以及战后访问美国的愿望。他原以为这段讲话会赢得官兵的掌声和欢呼,岂料事与愿违,台下一片哗然,有的士兵甚至质疑他说这些话的目的。

蒙哥马利事后反思,他明白了其中的道理。战争中的士兵最关心的是战争何时结束,他们何时才能回家与亲人团聚。对于两国将军之间的友谊和国与国之间领导人的访问,士兵们没有兴趣。自己只是站在个人的立场上,没有尊重士兵的感受。于是,在以后的讲话中,蒙哥马利放下身段,特别尊重士兵们归心似箭的心情,开始强调自己"比谁都急于早日结束战争,回家团聚"。同时,他还鼓励士兵"成功地执行自己的任务,争取立功回到家中,荣归故里"。他的演说赢来了阵阵掌声。

尊重对方兴趣 尊重,还包括尊重对方的兴趣。一位心理老师曾特别强调"和孩子相处,不能只谈自己感兴趣、自己关心的话题",他说:"要聊孩子感兴趣的事情,和他有了共同的话题后,才能打开他的话匣子,交流才能继续和深入下去。这时父母便发现,即使孩子早熟老成、自以为是,但很少世故,其实很容易交流和相处。"要想让孩子相信家长是对的,并按照家长的意见行事,首先需要孩子认可家长、喜欢家长,这样,他就有可能按照父母的意见行事。如果不尊重孩子的兴趣,很难有这种共赢的局面。

尊重对方身份 很多家长在和别人说话时彬彬有礼,但在和孩子说话时却放不下架子,总认为对方是自己的孩子,态度和方式方法无足轻重;即使不专横霸道,也很难做到注意方式方法。很多问题,在孩子没有回答之前,家长其实已经亮明了自己的态度,通常没有商议的余地,这谈不上尊重。

那些没有得到应有尊重的孩子,也许能日渐习惯这样的事实,但在无意间可能也养成了逆来顺受的性格特质;也可能在小的时候敢怒不敢言,心中的反感情绪随着年龄的递增而日长,说不定某一天会突然集中爆发,让父母猝不及防。那时,即使父母想到尊重,也已经晚了半步。

尊重,需要站在对方的立场上思考,这是自己本该有的定位。只有这样,才能尊重对方的感受、兴趣和身份。

@ 三、参考三字词

在孩子尚未成年时,家长在和孩子相处的过程中,不能放任、纵容孩子,但应时刻清楚,自己的定位是引领。如何实现这个目标?请参考下面的内容。

忍 日常生活中,面对孩子的行为,包括说话,家长常没有"忍"的概念。比如,家长看到孩子做的事不符合自己的意愿时,尽管孩子的行为没有危险,还是没有耐心等待孩子后续的行为,而是立即上前制止;如果家长听到孩子说了自己不中听的话,通常没有等到孩子再说下一句,就会直接打断孩子的说话,取而代之的是表达自己的观点。

如果家长总是这样没有"忍"的修养,凡事直奔目标、直接越位,事事干预,很容易和孩子发生争执。同时,孩子在不知不觉中,会失去对自己言行的自信,养成遇事退缩的习惯。这不仅会加剧孩子青春期的反感与叛逆,而且还不利于孩子自信特质的形成和成长。

思 我们说话是为了实现某种目的,不是为说话而说话。家长在开口说话前,需要在心里问一下自己:"孩子听到这句话后有什么反应?是自己期望的结果吗?"这就是"思"。对于达不到目的的话,应不说或换一种方式说。如果家长已经意识到说出这句话不能实现目的,但还是说了,那么家长除了"说"的欲望得到满足外,得到的可能还有失落、不愉快,甚至是因此引发的矛盾。这只能说明家长是任性和不理智的。

上文提到的江中水爸爸,在看到孩子少得 6 分后,如果能忍一忍,或者是在说话前想一想,也不至于春节前家里发生那样不愉快的事情。

反,即正话反说 人有时候很奇怪,比如甲乙两位朋友一起在徒步,甲想停下来休息一会儿,但如果此时乙对他说"停下来休息一会吧",本想休息的甲很可能回答"不！我们继续走"。在有个性、喜欢独立思考的人身上，这种特性表现尤为明显。

如果家长有把握判断说出某句话后，孩子的反应是自己期望的结果，就应该说出这句话。如果家长对孩子的反应没有把握，不妨投石问路，根据"问路"的结果再作下一步决定。如果家长已经预感到这句话说出来之后，孩子的反应和自己期望的结果相反，不妨把这句话反过来说，如上文中杨刚爸爸，反而能够收获自己期望的效果。即使家长没有收获意外的惊喜，也要坦然接受，千万不能出尔反尔，失信于孩子。作为家长，在和孩子相处的过程中，一定要把孩子当作自己的朋友。和朋友相处需要格局和策略，和孩子相处也是如此。

接纳　有人曾问一位心理咨询师："你聆听咨询者的倾诉后，是不是立刻纠正对方的错误观念，再表达自己的观点？"

"不是的！"心理咨询师说，"每个人观点的形成、行为的发生都有自身内在的原因，很难因别人的一席话而改变。所以，无论咨询者表达什么样的观点，自己都表示接纳。只有这样，咨询者紧张的情绪才能放松下来，自己才有机会走进对方的世界，才有可能利用自己的专业知识影响对方。"

父母总是以自己理想的标准来要求孩子，而现实中的孩子总有这样或那样的不足，如果父母不知道接纳，只知道要求，随着孩子年龄的增长，孩子要么沉默，要么抗拒，几乎都做不到聆听后改进。

信任　一个杯子，如果里面已经装满了饮料，再想往里面倒水，结果是水和饮料都会溢出来。如果往杯子里倒水，杯子必须是空的，这就是"空杯理论"。

孩子只有真正被接纳，才有可能将自己的心态回归到零，才能听进父母的意见，信任父母。父母在千方百计争取孩子信任的时候，有时需要暂时隐藏甚至放弃自己的观点，以退为进。没有信任，一切交流都是敷衍、徒劳，很难有实质性的效果。

引领　赢得了孩子对自己的信任以后，才能做到对孩子的引领。尤其是在他处在困境中且认知失调①时,更愿意聆听父母的意见,效仿父母的思想和言行。否则,引领只是父母单方的一厢情愿,甚至会事与愿违。

四、例子再分析

家长和孩子共情时,有什么注意点?

现在,让我们再来分析发生在江中水家的故事。上文已经介绍,因为阅卷工作的疏忽,江中水期末考试中数学少得了 6 分。由于其父亲处理不当,引发了家庭矛盾。在这样的事实面前,父亲应该怎样给自己定位呢?

<u>共情</u>　江中水在答题框内正确答题却少得了 6 分,心生怨气,无处倾诉。作为家长,应该要想到儿子此时的心情,只有首先对儿子的委屈、不公正际遇表示共情,才有可能拉近和儿子的心理距离。这就是和孩子相处过程中的"思"。

<u>暗示</u>　拉近心理距离并不是最终目的,家长还要借此机会警醒儿子。所以,等江中水情绪完全平复后,家长可以自我感慨一句,"幸亏这次考试不是高考"。这句感慨其实不是为了抒发自己的情感,而是为了引发儿子对此事的反思,使其从中收获启发。

江中水听到这句话后,如果表面上平静,内心有所触动,这事就到此为止;如果无动于衷,可以再补充一句,"不知道高考时有没有这样的失误,我们只能做好自己"。听到这两句感慨,冷静后的江中水会通过反思去总结教训,明白类似这样不公正的事在社会上可能经常发生,自己只能在平时的考试中特别注意,这样也就实现了家长的主要目的。

<u>等待</u>　如果孩子听了两句后还没有反应,说明他的认知暂时还没有达到那个层面——理解父亲想表达的意思,只能再找机会让他领悟其中的道理。这时,家长一定要忍。

<u>注意</u>　在处置此事的过程中,另外一个目的同样不能忽视。无论老

师是忙中出错,还是工作态度不严谨,都不能让孩子把情绪转移到阅卷老师身上。否则,可能导致孩子对老师群体的不信任,无意中影响孩子的学习和成长。家长必须让孩子明白,老师工作非常辛苦,不能因为自己少得6分就责怪老师。

<u>坚持</u>　现实生活中,孩子责怪老师无任何实际意义。有多少老师因为学生的责怪而改变自己?学生只会因此影响了自己的学习。家长要和孩子共情,但原则问题上还需坚持自己的立场。

由此可见,做合格的父母,也需要不断地学习,提高自己的认知。家长在感慨和孩子交流不畅时,也应该反思自己的定位,应该清楚别人的孩子也有许多自己不知道的弱项与缺点,自己的孩子在别人眼里肯定也有很多优点。

如果在家长与孩子之间有合适的中间人,这时请中间人出面最合适,请他帮孩子及时认识到:生活中,有时难免受委屈,即使自己受了委屈,也要感激父母的无私奉献之恩。平时,家长就要努力寻找这样的中间人,共同去培育下一代。

<u>甘为人梯</u>　法国著名作家雨果曾说过:"花的事业是尊贵的,果实的事业是甜美的,让我们做叶的事业吧,因为叶的事业是平凡而谦逊的。"

人们常说,孩子是祖国的花朵,教育是叶的事业。其实,家长在和孩子相伴成长的过程中,应该时刻清醒自己的定位,时刻为孩子的成长创造机遇,甘当人梯,努力把孩子从幕后推向台前。只有像绿叶那样的陪衬,才更能映托花儿的美丽和果实的丰硕,才能更好地助力花和果实的生长与成熟。

注释:
①认知失调是一个心理学上的名词,用来描述在同一时间有着两种相矛盾的想法,因而产生了一种不甚舒适的紧张状态。

第二十八章　胡萝卜加大棒的哲学
——惩罚孩子的学问

  这些年,时常有人说,"跪着的教师教不出站着的学生",呼吁把"戒尺还给老师"。人们从某一特定个体身上得出的结论,实施于与该个体有共同特性的群体中肯定是行之有效的策略。但如同电路中信号放大就会失真一样,这些策略是否可以大面积、大幅度地推广,值得商榷。如果惩罚孩子不可避免,实施奖罚行为时需要遵循什么样的原则?本文与读者共同来探讨惩罚的学问。本章所说的惩罚包括批评。

一、惩罚的原则

什么是惩罚孩子的原则?
  有时,必要的惩罚在所难免,但惩罚孩子必须遵循一定的原则,惩罚的原则必须保持连续性和稳定性。
  <u>事不过三</u>　中国有句俗语是"不知者不为怪",意思是说由于不了解情况而无意中做错了事,不应该被怪罪。孩子第一次犯错,是因为他不知情,就不应该批评他。只有学而知之,没有生而知之。对于孩子不知道的事情,家长要清晰、耐心地告诉他,这时批评他,他只会觉得自己很受委屈。孩子第二次犯错了,虽然是同一件事情,仍然不要批评他。人都有不小心的时候,孩子更是如此,这时批评他,他会心有不甘。家长要得理也饶人,再原谅他一次。但这时必须郑重地提醒他,要他高度重视。如果孩子第三次犯同样的错误,那就不得不批评了,这时孩子也会心服口服。
  这个惩罚的原则,是世界级管理大师余世维先生在管理工作中的一贯主张。余世维先生分别在哈佛大学和剑桥大学获得博士学位,被

称为"华人管理第一人",只不过他所说的对象是公司的员工,本文所说的对象是未成年的孩子。

另外,对于孩子无法把控的事情,无论结果如何都不要去批评他。考查与孩子自身无关或关联度很小的事项,或者因为其他人或事迁怒于孩子并责备他,都没有任何实际意义,反而使孩子滋生缺乏安全感的心理。

亡羊补牢　很多家长喜欢提前反复告诫孩子:你需要如何行动,否则将怎样……当结果果然像家长所说的那样时,家长一边自诩自己的先见之明,一边加倍惩罚孩子。这种做法是不可取的。一方面,孩子和家长处于不同的认知层面,他根本理解不了家长的提醒甚至预警。另一方面,当有一天真的需要提前预警时,就会出现"狼来了"的现象。所以,只要不是危险或带来重大损失的事,家长事先不要频繁提醒,更不要预警。

孩子失败后痛苦的教训、对痛苦的正确归因,都有利于他成长。如果"人未跌倒,拐杖已送到",就会剥夺孩子宝贵的失败经历,容易造成孩子不依靠父母就不知道如何行动,也不知道"拐杖"的价值。对孩子来说,通过发现自己的错误收获进步和成长,也是获得教育的方法之一——"发现学习"或"挫折教育"。亡羊补牢,有时效果可能更好。

二、目的与手段

什么是惩罚时目的和手段的统一?

仅有惩罚的原则是不够的,家长还必须清楚惩罚的目的和实施手段的匹配,克服自己因情绪冲动而实施惩罚行为。

林格是一位农村兼职养殖户,他带着弟弟林春散养了几头猪。一天,林春在给猪喂食时,刚把饲料倒入猪食槽中,猪就用嘴把食槽拱翻了。林春停下手中的活,转过身,把食槽扶起来,再次把饲料放进去,猪又用嘴立刻把食槽拱翻。林春怒不可遏,上前狠狠踹了小猪一脚,小猪惨叫一声,惊慌而逃。

林格正好从此路过，随口问道："弟弟，我们养殖小猪是为了出气，还是为了它快速长大，好卖了赚钱？"

"哥，此话怎讲？"弟弟睁大眼睛，看着哥哥，不解地问。

"如果是为了出气，我们拿扁担砍伤它。"哥哥笑着说，"如果是为了它快速长大我们好赚钱，和它计较什么呢？你这一脚踹下去，今天一天它可能都不长肉了。"

林格的观点是正确的。做任何事情，我们都应该非常清楚行为的手段和行为的目的，达不到目的的手段没有意义，更不能两者颠倒。

家长在批评、惩罚孩子前，要思考孩子是否非常清楚他被惩罚的原因和改正的途径，他能否做到以后不再犯同样或类似的错误。如果孩子一时尚未明白这些，父母必须在孩子明白后才行动。让孩子明白的最好方式是让他自己去思考，做出判断，得出结论。

家长在惩罚孩子时还要思考，在这种情境下实施惩罚，孩子是否能够表现出自己预期的行为方式，而这种行为方式往往必须先得到鼓励。比如，孩子因失信按约定接受惩罚，而信守承诺是家长一再鼓励的原则，诚信守约则是家长期待孩子被处罚后的行为准则和行为表现。

如果父母刚要开始批评或惩罚孩子，孩子就知道自己错了，就开始认真反省，表现出深深的自责。这时，惩罚的目的就已达到了一半。接下来，父母需要做的不是批评、惩罚，而是在慰藉、鼓励声中和他进一步分析、深挖问题的根源，以期待问题被彻底地解决。如果孩子犯下重大的过错，如惊弓之鸟胆战心惊，这种情况下，父母也一定不要再追究了，要待事态平静后，根据情境再决定下一步行动。上述两种情况下，如果父母还没完没了地责备，只会伤害孩子，引起相反的效果，甚至引发意外。

少数家长，脾气暴躁，动辄发火，导致孩子噤若寒蝉、非常恐惧，根本不知道被惩罚的原因，或者是顾不上对惩罚的原因进行反思。这样的批评或惩罚都必须杜绝。

认知、感情和行为有不同的通道，承受压力的极限也因人而异。批评孩子千万不要过火,一旦孩子没有退路,就会造成这样的一种局面:尽管孩子在道理上明白自己做得不对,但感情上却接受不了。这样可能就会导致少数孩子在被父母批评时,知道自己错了,但还是控制不住自己而反过来与父母顶撞。

优秀的家长在批评或惩罚孩子时,总是保持原则的一致性。

三、配合的学问

当父母或老师批评孩子时,相互之间应该怎样配合?

惩罚孩子时,父母之间或者家长与老师之间,应该根据具体的情况,进行必要的配合。

在一座四线城市,曾发生过这样的悲剧。一位初二学生家长被班主任约到办公室,班主任当着家长的面,奚落孩子的种种不是,并要家长把孩子带回家去"反思、教育"。孩子站在办公室的窗前,默然不语,满脸都是惊恐。家长根本没有注意到这些,骂了孩子几句后还是怒不可遏。就在家长想上前体罚孩子的时候,孩子纵身从二楼窗户跳了下去。

也许,孩子自己早已是满肚怨气,他有很多理由为自己辩解,可就是没有说话的机会。沉默的背后,是难言的心酸和无尽的委屈。这时,父母的存在价值就是给予安慰、鼓励,从而使他自己在确信"爸爸妈妈是爱我的、相信我"的同时,获得坚强的信心和战胜挫折的勇气。当家长可能是因为面子不分青红皂白,坚决地站在老师的一边狠狠批评孩子时,孩子的最后一线希望彻底破灭了。

诚然,孩子过激的行为没有任何价值,但生活对他来说又有多少留恋?心理学告诉我们,情绪能够被自我知觉,但不能被很好地控制,因为主控情绪的自主神经系统一般不受个人意志掌控。于是,就会发生家长们都不愿看到的一幕。

其实,青春期只是一个过程,过了这个特殊的时期,一切都会步入正常的坦途。犹如夏日电闪雷鸣的暴雨之后,依旧是阳光明媚。

另一件事却正好与之相反。读初中的朱国庆是当地有名的纨绔子弟，他饱食终日，无所用心，到处惹是生非、打架斗殴。一次，就在他身为处长的爸爸准备狠狠教训他的时候，朱国庆离家出走了。后来，比朱国庆爸爸职位更高的伯伯送他回家，朱国庆以为爸爸会等到伯伯离开后和他"算总账"，岂料他爸爸在热情招待伯伯的同时，也给他好吃好喝的，再也不提这些事。从此，朱国庆更加有恃无恐，最终走上了犯罪的道路。

当老师或父母中的一方惩罚孩子时，另一方应根据当时的情况灵活决定自己的立场。如果孩子自己觉得委屈，或者已是惶惶不安，另一方应将孩子带离现场，给予安慰，待他心情平静后再进行交流；如果孩子依然趾高气扬，桀骜不驯，则需要考虑"形成合力"，增加对孩子的震慑；如果拿不准孩子的状态，可以投石问路，切不可鲁莽行事而酿成悲剧或错失契机。

四、善后的艺术

怎样才能使惩罚的效果更完美？

惩罚孩子，配合是一门学问，善后处理更有艺术。

日本企业家松下幸之助在60余年漫长的企业经营生涯中，创造了很多惊人的奇迹。只有3个人的小作坊，在他的带领下，变成一家跨国性企业，并在全球设有300多家公司。他曾被日本企业界称为"经营之神"，而他却说松下公司是"人才松下"，只是"兼营电器产品"。让我们来阅读下面的故事。

后藤先生是松下幸之助公司的一名中层管理人员，一天，他被松下狠狠批评了一顿。晚上下班后，后藤无精打采，情绪低落，回到家里，却意外地发现妻子已经斟上酒，面带甜蜜的微笑站在饭桌边。他刚要开口说话，妻子就很温柔地轻声说道："松下早已打来电话，告诉我，你今天回家时可能心情不好，要我准备好酒和下酒的菜。"听了这话，后藤先生先是愣了一下，旋即，弥漫在他胸中的烦恼和失落便一扫而光，并感到深深的愧疚。松下就是这样培养了许许多多杰出的经营人才，而这些精英又心悦诚服地为公司服务,直至肝脑涂地。

身为管理者的成人,在自己被批评后都有失落的心理,何况孩子!孩子做了错事,符合批评条件时,对他提出批评,这是父母应尽的责任,且适当的惩罚必不可少,但不是提出了批评、给予了惩罚就万事大吉。批评或惩罚只是手段,绝不是目的,批评或惩罚后应有必要的善后处理。

孩子被批评或惩罚后,或不安,非常紧张;或生气,有反抗心理。特别是处于叛逆期的孩子,在受到父母批评或惩罚后,不会主动接近父母。这时,如果父母放任不管,孩子不会进行反省。因此,批评或惩罚完了以后,父母要不计前嫌,一如既往地向他伸出温暖的手,但千万不能让孩子形成"刚才不应该批评或惩罚"的错觉,而应该让孩子真切地感受到"父母依然深深地爱着自己,批评的只是自己身上的缺点,只是那种错误的行为方式"。

孩子并非不想改正自身的错误,而是认知和行为分属不同的通道,这也是部分人做不到知行合一的主要原因。打通行为通道需要顽强的意志、情感的支持或习惯的驱使。恰当的情感补偿,既可以扭转孩子沮丧的情绪,又可以维护亲子关系,并一定能坚定孩子为改正错误而采取更有力的行动的决心。

五、另一类惩罚

什么是惩罚中的"不战而屈人之兵"?

惩罚本身不是目的,不使用惩罚的手段,就实现了惩罚的目的,可谓善之善者也。我们的身边不乏这样的故事。

毋寒是个憨厚的孩子,学习有潜力,但缺乏进取心,成绩在班级总是中等偏下。妈妈批评他,他不回嘴;真的动手打他两下,他也是站在那里任由你发怒,让人无可奈何。

初三年级第一次模拟考试,他成绩退步明显。家长会结束后,毋寒和妈妈一起回到家里,他做好了接受妈妈惩罚的思想准备。可这次,妈妈却没有批评他,直接去厨房做饭了。大约过了一个小时,毋寒从自己的房间走出来,看到饭菜已摆上了餐桌,妈妈坐在桌子旁边做手工。

毋寒想开口说话,但不知道说什么。"你爸今晚加班,你先吃晚饭吧。"妈妈一边说,一边用手在揉自己的眼睛,仍然没有批评他。

毋寒这时有点着急了:"妈妈,你怎么了?"妈妈的眼睛布满了血丝。儿子看到自然着急,"这次考得不好,你为什么不批评我呢?"

"我的眼睛飞进了小虫。"妈妈一改往日的说话方式,平淡地说,"妈妈该说的话早已说过了。再说,你已经长大,关于未来,你一定早有打算。送快递,做服务员……你自己决定。"

"我要读书!"毋寒这下真的急了,很坚决地说。

"我们支持你读书,但目前的成绩考不上高中,你到哪去读书呢?"

"从今天开始,我全力以赴,一定能考上高中。"

"喊口号有用吗?"妈妈平静地问。

"请妈妈看我的行动!"毋寒坚定地说。

水激石则鸣,人激志则宏。当正面开导与说服达不到应有的效果时,换一种方式,反而可以使人的自尊心从自我压抑中解脱出来,达到新的心理平衡以改变原有的状态。

初中生的成长,首先需要灵魂的自我觉醒,因为自身成长的愿望不够强烈,所以才出现缺乏坚持、听不进家长和老师叮嘱等的现象。但当他的灵魂觉醒后,家长的提醒和督促就能发挥有效的作用。

后来,毋寒果然没有让妈妈失望,考上高中后依然严格要求自己。如果那次模拟考试后,妈妈依然像以前那样絮絮叨叨,情况又会如何?陪伴孩子成长的过程,也是家长不断提升自我认知的过程。有时候,家长需要换一种方式,调整一下策略。

感冒冲剂、阿莫西林颗粒……很多良药已不再苦口,批评、惩罚孩子也应该有更科学的策略,家长要学好"胡萝卜加大棒"的哲学。

拓展阅读十三 《心态管理》节选

谦卑心态 成人教育学家卡耐基先生通过几十年的调研发现:人普遍感兴趣的话题是"自己"。心理学家马斯洛的层次需要学理论明确提出"当人的基本需求满足以后,更渴望实现个人的自身价值"。人,总爱把最大的奉承献给自己。多数人能接受"自己看轻别人",却很难接受"别人看轻自己"。每个人都有"被他人看成重要人物"的潜在意识。

老子曰:"上善若水,水善利万物而不争。"当我们怀有谦卑心态的时候,更多的人才愿意和我们在一起,信赖我们,欢迎我们,我们才有更多的机会凸显自身的价值,最终才能实现自己既定的目标。

空杯心态 因为阅历、年龄、学历尤其是认知水平的差异,我们可能看不到我们认知范围外的另一面,我们的很多观念和认知可能都有不完美甚至有错误之处。当别人在阐述他的思想时,我们必须把心放空,让心态回归到零。否则,我们的脑海就被自己已有的观点占据,我们就做不到静下心来认真思考,就听不进别人的意见,多数时候可能是听而不闻,甚至想当然地给予否定,最终还是坚持自己的观点,沿袭自己的思维轨迹,穿旧鞋,走老路。

包容心态 常言道:江山易改,本性难移。人的性格一旦定型就很难被改变,至多是暂时以另一种形式呈现,其实质是在沉睡,并没有被根除。即使勉强施以压抑,只会使它在压力消除后表现得更加猛烈。能够断然强制自己并一举根除某种习性的人,是极有毅力的人。

(《心态管理》共十章,由本书创作团队创作,本文仅节选前三章的部分自然段。)

第二十九章　换一个方向思考
——探索一些表象背后的本质

在孩子的成长过程中，家长常根据自己的期待要求孩子。在家长的要求中，有无不科学、不现实的成分？为什么少数学生在学习过程中存在拖延现象？这些表象背后有什么深刻的本质原因？如果家长能换一个方向思考，很多问题就有了答案。

一、速度，远比认真更重要

什么是制约学生学习成绩的第一要素？

孩子入学后，多数家长说得最多的一句话可能是"学习要认真"。从小学一年级甚至是入学的第一周开始，家长几乎都会叮嘱自己的孩子"听课要认真""做作业要认真"。甚至有少数家长发现孩子的作业写得"不认真"后，还要孩子认认真真地重写一遍。

"认真"的要求有错吗？没有！但家长所说的"作业认真"，其实是指作业的呈现状态，文字和各种算式写得工工整整。他们强调的是静态的结果，却忽略了动态的过程——写作业的速度。在实际学习中，这种做法随着学生年级的升高越发显露出不足。随着年级的升高，学生们不得不选择新的方式，以适应实际学习的要求，变得"不认真"起来。

社会和家长早已习惯把学生的考试成绩，尤其是毕业升学的考试成绩作为评价学校教学效果和学生学习成绩的重要甚至唯一标准。于是，很多学生包括部分老师把考试夺取高分作为学习目的就成了心照不宣的事实。要在考试中取得比较好的成绩，最直接也是最原始的方法就是"刷题"——在尽可能短的时间内快速接触大量题目，用尽量短的时间弄懂题目和答案的意思，掌握解答的方法。这些年来，"题海战术"就是这样被广泛采用的,因为成了常态,人们才见怪不怪。

进入初中以后,学生的作业量明显增多,既有授课老师"地毯式"布置的作业,也有学生根据自己学习的实际情况选择的针对性练习。而部分同学,在规定的时间内完成学校老师布置的作业都勉为其难,再谈及其他简直是异想天开。这时,人们才惊诧地发现,在学习态度端正的前提下,速度才是影响学习效果的最重要因素。兵贵神速,学习也是如此。但如果学生从小学开始,一直追求"作业认真"的状态,进入初中以后,他做作业的速度能突然快起来吗?

有种田经历的人都有这样的体会,初学插秧时,尽管每棵秧都插得东倒西歪,生产队长还是说:"不要管它,要快!"快的习惯养成了,练习多了,秧棵自然就正了;如果开始插秧时,迅速的习惯没有养成,以后就不可能快了。

天下功夫,唯快不破。学生入学时,家长是否也该像生产队长要求初学插秧者那样要求孩子先学快、再学好?是不是也要强调速度呢?是不是也要提醒学生快速地接受、转换、加工学习中的信息,快速地完成作业?

作为行为的当事人,孩子有时比家长和老师更清楚自己面临的客观现实。如果孩子作业成堆,心头的压力和焦虑难以言喻,这时家长还要求他作业的完成状态,强调孩子作业"认真",却不引导他为提高作业速度而努力,孩子会怎么想呢?家长是否有点站着说话不腰疼?

速度,是制约学习效果的重要因素,常常比认真更重要。请家长切记"一对二快三认真,有时速度最重要"。

二、明理,未必利好创造力

期待孩子将来成为什么样的人才?

<u>入画与不入画</u>　瑞士艺术研究专家洪尔夫林在区分美术风格时提出了"入画"与"不入画"的概念。例如:一间房间非常干净整齐,光洁如新,那是"不入画"的;而房间里如果不那么整洁,墙壁有些粗糙剥落,

地板有点裂缝,摆设中有点不起眼的日常杂品,就成为"入画"的,因为正是在那些斑驳中"活跃着闪烁与颤动的生命"(摘自高晓康《世界美人鉴赏录》)。从发展的角度看学生的成长,也多是如此。

<u>第十名现象</u>　家长和教师眼里的好学生,基本上都是那些明理、听话的学生。虽然他们也知道这种倾向的局限性,但从便于自己管理出发,常在无意中满意于这种状态。事实早已证明,走上社会参加工作以后,发展最好的学生多数不是当年在班级最懂事或成绩最优秀的学生,而是那些爱独立思考、成绩中等及偏上的学生。这就是人们常说的"第十名现象"。

<u>创造性前提</u>　懂事、明理的学生,常因"懂"而失去对事的"深究",习惯于循规蹈矩。那些表现为不太懂事的学生,常因"不懂"而不落俗套。好奇心、别开生面,常驱动创造思维的发展;对各种问题敏感、始终不倦地寻求问题的答案,常使人有新的发现。伟大的创新常从"离经叛道"或"否定"开始。

所谓灵感、创意,多数都是在凌乱中迸发的,是瞬间闪现的智慧火花。新想法的产生,需要有丰富的想象力和自由、灵活、独立的思考。当人不受生活琐事或条条框框束缚时,是萌发创造性思维的最佳时机。如果家庭教育过于严厉,家长总是要求孩子服从,要求孩子凡事按部就班、井然有序,则容易固化孩子思维的灵性,不利于孩子创造力的发展。

追求完美、理想状态的家长应该深刻反思,自己究竟期待孩子将来成为什么样的人才?"美人方有一陋处",如果期待孩子将来有更好的创造性,就需要接受孩子某方面的不足甚至是缺陷。有时,正是一方面的不足,造就了另一方面的成功。

人的成长,有时类似唐诗宋词的创作——无理而妙。

三、拖延,解决策略各不同

孩子"磨蹭"与"拖延",原因和解决的方法有哪些?

多数饮酒的人都有这样的体会:如果酒喝过量了,吐出来,难受的症状就会缓解。如果人误服不洁食物,吐出来就会减轻危害。

人类在漫长的进化过程中,早已形成了很多自我防御、保护机制,如呕吐、咳嗽……对于生理上的这种防御、保护行为,人们早就习以为常。而对心理上的防御、保护机制,多数人通常却知之甚少,甚至人为阻碍机制的启动。

当孩子出现某些大人们不愿看到的现象时,大人们看到的常是这种现象的本身,却不知道这是孩子在不知不觉中启动了个人的自我防御、保护机制,不知道这种表象是孩子当下最好的选择。如果我们不去挖掘表象背后的根源,从源头解决问题,只是和这种表象作斗争,只能是扬汤止沸,甚至是事与愿违。

孩子身上表现出来的问题通常只是"果","因"却常在家长那里。部分学生有行为拖延的习惯。无论这些习惯的表现形式是否相同,本质上多数都与家长有着千丝万缕的联系。只有深挖原因、有的放矢,才能帮助学生解决自身行为的拖延。

1. 外力逼迫型 少数家长,对孩子的要求不断加码,得寸进尺。孩子完成学校作业后,家长没完没了地要求孩子另外抄写、背诵。在外力的逼迫下,孩子的本能反应就是"拖延",悄无声息地养成了行为拖延的习惯,其实是对父母欲壑难填形成的抗拒。

钟致远曾是一个行动非常迅速的孩子。他好奇心极重,诡异的百慕大、神秘的巨石阵都引起他无限的遐想。每天晚上,他很快就完成作业,浏览次日的课程后,便开始阅读他最喜欢的《世界未解之谜》。进入小学四年级以后,他便失去了享受这美好时光的自主权。每次完成当天的作业后,妈妈总要他再做一套同步辅导试卷;做完试卷后,妈妈感觉时间还早,要他再抄写一段好词好句。渐渐地,他做作业的速度越来越慢了。现在,钟致远已是七年级的学生。每天下午放学回家后,他总是把书包放在一边,自己"歇一会",等着吃晚饭。晚饭后,先喝水,然后坐在厕所马桶上迟迟不出来。在父母的再三催促下,他才坐到书桌前,经常做作业到深夜,才勉强完成学校作业。

很多家长,喜欢在"都是为你将来好"的道德、情感绑架声中,不克制自己的主观随意性,给孩子的压力越来越大,却没有想到孩子会在无形的抵触中形成拖延的习惯。解决这类孩子的拖延毛病,首先需要家长觉醒。后来,钟致远的父母和钟致远达成了包含以下三部分内容的协议,并去学校向班主任、各科老师报告,请求他们的理解和支持。

(1)合理分配时间 钟致远每天放学回家,根据当天老师布置的作业,给每科作业分配大致的时间。全部作业最迟写到10点;如果10点没有完成,就不再写作业而是洗漱后休息。

(2)明确当天任务 如果提前完成了作业,当晚剩余的时间由钟致远自己安排,包括且不限于阅读《世界未解之谜》,绝不要求他写其他作业或背诵、抄写。

(3)培养自主能力 明确每个星期六的学习任务,星期天的时间归他自己管理。所有作业,在保证正确率和以前相近的前提下,追求速度。

一段时间以后,钟致远的拖延症状有了明显的改善,并有了一定的自主安排、自主学习的意识,自主学习的能力也得到了提高。

<u>2. 无言抗拒型</u> 在孩子的成长过程中,父母总喜欢要求孩子执行自己的意愿。虽然孩子没有能力敢和父母直接对抗,但随着年龄的增长,他渐渐便有了勇气和办法,用行动间接表示自己的不满。行动拖延就是无言抗拒的一种方式。

五年级的林开喜欢乒乓球运动,也曾像昆虫学家法布尔那样对昆虫世界情有独钟。他对很多小动物和植物的习性了如指掌,但父母却认为这样的爱好"登不了大雅之堂"。林开的父母都来自农村,通过自身的努力考取了大学。他的父母在年轻时就有"音乐梦",怎奈当时条件不允许,一直不能梦想成真。林开上幼儿园时,爸爸妈妈便买了一架三脚架钢琴,每周送林开到老师家学习一小时钢琴。那时,林开年龄尚小,虽不情愿但还是不敢违背父母的意愿。

林开一天天地长大,对每周一次的钢琴课越发厌烦。下午两点上钢琴课,他常常1:55还在家里到处找上课需要的琴谱。一次次的拖延,慢慢形成了习惯,并且这个习惯在无意识中被迁移、泛化到文化课的学习中。林开的拖延,是他对钢琴课不感兴趣的必然结果。

对于林开,想要改变他的拖延习惯,首先是他父母需要放弃"补偿"的心理。改善他拖延症状的办法更为直接:把学弹钢琴的时间换成林开喜欢的乒乓球运动,前提是必须在规定的时间内完成相应的学习内容,做事不拖延。不到一个月的时间,林开的身上就看不到拖延的影子了,每次去打乒乓球,他跑得比兔子还快。

与其要求孩子去做自己不愿做的事情,任时光无谓地消耗,不如让他去从事自己感兴趣的活动,这可以杜绝"拖延""磨蹭"习惯的养成。

3. 迟疑游离型　在这套书上册的第一章里,我们介绍过,有一类学生,对外界刺激的反应总是慢半拍;做作业时,因为对概念、解题方法一知半解,一直处于不确定的迟疑或没有目标的游离状态,特别害怕出错。这类学生表现为动笔速度慢,行动迟缓,答题不果断;有时不知道解题的突破口在哪里,似乎坐在那里发愣,思维暂停,学习效率很低。解决这类拖延的方法前文已有介绍,这里不再赘述。

4. 估量失误型　有些孩子拖延,是因为对情况的把握、对时间的估量难以做到像大人那样精准。家长与孩子在对时间的把控上存在着很大的差异,孩子认为自己已经在很努力地加快行动,家长可能却感觉他动作迟缓。拖延、磨蹭的习惯是在无意中养成的。面对这样的学生,家长不要无谓地加以催促。一旦孩子习惯了家长的催促,除了彼此心生不快、加剧磨蹭外,还能收获什么呢?

解决这类拖延的策略是"进行时间规划",让孩子自己有个大概的意识,规划在什么时间内完成哪些任务。一般情况下,他的任务很难在规定的时间内完成,家长不要因此批评或奚落他。如果孩子年龄尚小,家长可以给他提出一个时间安排计划;如果孩子已经长大,家长可以与孩子共同协商确定关于时间的安排,帮他养成"计划""抓紧"的习惯,必要时需要像"商鞅立木为信"那样,协助孩子在限定的时间内完成规定的任务,让孩子尝到"行动迅速"的甜头。一般在经历几次之后,孩子就有明显的改善,在此基础上,再分析、总结,进一步完善。

在《人性的弱点》一书中,卡耐基提到了爱默生的故事。爱默生和儿子想小牛去喝水,可是小牛不愿走,父子俩越是生拖硬拽,小牛越是挺直了腿向后使劲儿。此时,女佣走上前,拿着一把青草面向小牛,小牛跟着她走向了小河边。教育孩子,家长们是否该学学这位女佣的方式?

在孩子的成长过程中,很多家长总爱理想化要求孩子,总是希望孩子学习、生活在自己人为划定的空间。自己未曾实现的梦想,总是希望能在孩子身上得到补偿。请家长先想想自己的小时候,再深刻领会法国心理学家古斯塔夫·勒庞在《乌合之众》《经验》中所说的"通常,一代人的经验对下一代人是没有多少用处的",自然就明白自己的行为是否正确。

家长的期待和要求常常显得很丰满,含有太多理想化的成分;而孩子却直面现实,显得单薄与骨感,矛盾也常因此而生。如果家长能换个思考方向,切实站在孩子的角度思考,看清问题的全貌,便能在理想和现实之间找到平衡点。人生是一个不断变化的动态过程,重要的是在动态中找到平衡。

拓展阅读十四　时间的相对论(2)

小时候,盼着过年,觉得时间过得太慢;成年后,又感觉光阴似箭,转眼又是一年。施一公先生曾说,时间是不存在的。时间只是一种感知,知觉的鉴别标准不是恒定的。一个10岁的孩子,他感觉一年的时间是他过去人生的1/10;一个40岁的中年人,他感觉一年的时间是他过去人生的1/40。一年还是365天,每天还是24个小时,但因感知的标准不同,感觉自然不一样。

爱因斯坦曾说:Put your hand on a hot stove for a minute, and it seems like an hour. It's like a minute to sit with a pretty girl for an hour(把你的手放在滚热的炉子上一分钟,感觉起来像一小时。坐在一个漂亮姑娘身边整整一小时,感觉起来像一分钟)。

第三十章　在奔向罗马的人群里
——如何最大限度地争取成功

　　大多数人的一生，其实就是在寻觅成功，做最好的自己。奔向罗马的个体，各有特色。如何发挥自身的优势，各显神通？这篇文章叙述的故事、表达的观点，可能常被忽略，但对部分学生和家长来说，却有很大的参考价值。

一、起跑线与终点

奔向罗马，抢跑的意义有多大？

吴越和莉莎是发小，她俩同一年结婚，次年各自生下一个男婴，吴越的儿子取名杨小伟，莉莎的儿子取名李志鹏。俩人虽情同姐妹，但教育儿子的理念和方式却迥然不同。

<u>幼儿园</u>　3岁的时候，杨小伟去了当地所谓最好的一所民办幼儿园，收费是普惠型幼儿园的三倍。吸引家长的不仅是这所幼儿园的设施，更主要的是这所幼儿园善于打"擦边球"，总是隔三岔五地实施超前教育。虽然那些上课内容早已被相关规定明文禁止，但却受到多数家长们的追捧。李志鹏去了小区附近的一所普惠型幼儿园，幼儿园的一切活动和流程都遵循相关规定，从不越雷池半步。

<u>小学</u>　读小学的时候，两位男孩因在同一学区自然就读于同一所小学，两人在学习方面的表现很快就有明显的差距。小学一年级的很多学习内容，杨小伟在幼儿园时已经学过，学习成绩当然一路领先。吴越为了让儿子保持这种优势，在"双减"政策还没有实施的当时，课外阅读班、作文班、奥数班、少儿英语班……几乎占据了杨小伟周末和节假日的全部时间，寒暑假也不例外。李志鹏的学习成绩没有杨小伟优

秀,莉莎似乎也很在意儿子的成绩,但却一直没有相应的行动。她注重儿子习惯的养成,常对儿子进行常规思维模式的训练。周末,她几乎都让儿子处于"放任"的状态;每年寒暑假,她都带着儿子去全国各地旅游,长城、故宫、苏州园林都留有他们的足迹;方特、长隆、哈尔滨冰雪奇缘的童话世界都回荡着他们欢乐的笑声。14岁以后,每年暑假,李志鹏都跟随青少年夏令营独自旅行。

<u>初中</u>　进入初中以后,杨小伟和李志鹏学习成绩的差距有慢慢拉大的趋势。吴越开始开导自己的闺蜜,建议她给孩子报几个课外辅导班,而莉莎总有自己的主张。关于孩子的教育她们无法形成共识,常为此争执不休。后来,她们便不再谈论孩子的学习与教育了。

<u>高中</u>　中考的结果毫无悬念,杨小伟高出李志鹏近50分,两人分别录取于两所不同的示范高中。然而,两人高中的学习情况却出乎吴越的意料。杨小伟逐渐显露疲态,学习十分吃力。高一第一学期期末全市联考,两人的考试总分已经非常接近了,而且数学、物理学科,杨小伟还低李志鹏几分。高一下学期,吴越最担心的事情还是发生了,杨小伟成绩总体低于李志鹏,尤其是数学和物理。杨小伟学习的优势一去不复存在。

<u>求解</u>　杨小伟小学、初中学习成绩都很优秀,甩李志鹏一大截,为什么高中的学习成绩很普通?为什么会被李志鹏反超?吴越愁肠百结,百思不得其解。难道真的如少数人所说"过早开发孩子的智力,会使孩子后劲不足,高中就没有学习潜力了"?

高一下学期,吴越无意间在网上认识了一位研究学生学习的教育心理学工作者曹翼,她预约后千里迢迢去咨询。

曹老师认真聆听了吴越的叙述,向她介绍了美国心理学家格塞尔曾经做过的一个实验。同卵双生子的遗传基因和排序完全相同,格塞尔选择同卵双生子中的一人,在他46周时开始训练他爬楼梯,训练6周后测试,被训练的婴儿爬楼梯的成绩明显高于没有被训练的孪生兄弟。接着,双生子中另外一人也开始训练,两人的训练量和方式完全相同,尽管其中一人提前训练了 6 个星期,但在第 55 周至三岁期间,这对双生子的爬梯成绩却惊人的相似。这个实验说明,超前训练确实能收获眼前的成绩,但最终还是徒劳无益。

理论 常言道,"春耕,夏种,秋收,冬藏"。每种农作物都有自己的生长季节,虽然温室大棚能使蔬菜水果四季生长,但人如果长期食用反季节的蔬菜与水果可能对健康不利。人的发展同样需要遵循自身的成长规律。

苏联心理学家维果羡基曾提出"学习的最佳期限"理论。他认为在人的成长过程中,各项活动都有最佳时期。在这个时期内,大脑对某种能力的开发最为敏感,人们也最容易获得这种能力。

游戏、旅游……这些活动看起来与学生的学习没有直接的关系,但它们却开阔了孩子的视野,给孩子更多的体验和经历,无形中改善了孩子的知识结构,增强了他们的理解与认知能力。日积月累,其于孩子学习能力的形成必有裨益。

<u>得失</u> 如果最佳期限应有的对应活动缺失或被加班加点的超前学习行为所取代,势必影响孩子将来的发展,有时,甚至无异于拔苗助长,会适得其反。如果家长只注重孩子课本知识的纵深发展,而忽略课外视野的横向拓宽,短期内,孩子的学习成绩可能确实比较显著地优于按部就班学习的同伴,给孩子带来暂时的优秀和自信,这也是"抢跑"的积极意义。但如果没有其他强有力的配套补救措施,随着孩子年龄的增长,这种彩色的光环可能将慢慢变暗,直至消失。盆水无以行舟,寸土不能植树。花盆中不可能长出参天大树。

最后,曹老师总结说:"水深则所载者重,土厚则所植者蕃;要建高耸的大厦,必须要有宽厚的根基;引领孩子的成长,必须尊重人的发展规律。"

吴越听后茅塞顿开。这些年来,自认为在教育孩子方面很优秀、很成功,其实是以牺牲孩子的未来发展换取眼前暂时的优秀。幸亏杨小伟高中还有两年,亡羊补牢犹未迟也。而且家中还有二宝,自己一定用

条条大路通罗马,人生难免走弯路,但弯路毕竟不是必经之路。

科学的、而不是自以为是的方式陪伴、引领孩子成长。

输赢 家长们常说,不能让孩子输在起跑线上。其实,多数家长并不知道起跑线在哪里。即使孩子赢在起跑线,也未必能赢在征程、赢在终点。流水不争,争的是滔滔不绝。

杨小伟、李志鹏可能是学生群体中两种类型的代表,还有一类学生在群体里似乎也很显眼,他们该如何结合自身的特点寻求成功呢?

二、曲折中向前

奔向罗马,可以带伤负重前行吗?

一个初冬的夜晚,十点以后,灰蒙蒙的天空飘起了零星的雨点,虽然没有进九,却寒气袭人。文凡老师刚洗漱完毕,准备上床休息,突然听到了外面的敲门声。

"这么晚了,谁找我?"文老师很诧异,站在房间,静下心来,这时才听到窗外飕飕的风声。

"咚咚……"确实是敲门的声音,文老师走到客厅的门前,刚想问话,就传来低沉的声音:"文老师休息了吗?"听出来了,是学生孟本的妈妈,文老师急忙打开门。

"真不好意思,这么晚了还来打扰您。"孟本是文老师初三班的一名学生,学习态度非常端正,但成绩总是很弱,他妈妈为了他的学习也操碎了心。这么晚了,她来干什么呢?文老师正想问,孟本妈妈满面愁容,焦虑的心情流露于眉宇之间,她很无奈地说:"孟本数学学习遇到了困难,他非常烦躁,作业也写不下去了。我九点就出门了,好不容易才找到您家。"

"题目带来了吗?"文老师理解家长的心情,也急着想解决问题,"快进屋坐。"

"不是题目,是一个概念。"孟本妈妈说。她一直站在客厅的门口,不肯坐下。

什么概念让孟本如此不堪?文老师心里这样想,嘴里只长长地

"哦——"了一声。

"孟本说,今天数学课学习几何的《圆》。他不知道什么叫'弦'。老师没有讲,课本上也没有找到。"

"连接圆周上任意两点间的线段,这个线段就叫弦。如果线段过圆心,就是直径,直径是最长的弦。"文老师根据自己的理解,脱口而出。"还有其他问题吗?"

"暂时没有了。"孟本妈妈又笑了笑,很不自然,她要文老师用笔把刚才说的定义写在她带来的笔记本上,然后告辞带着笔记本回家去了。

有一类学生,在学习过程中,遇到一点自己不懂的问题就慌乱不安,无所适从,他们不知道绕过去继续前行,只知道在被动地等待中停滞不前,任时光流逝。他们心里容不下任何疑惑,如同眼睛里容不得沙子。孟本就是这类学生的突出代表。

其实,学习中遇到不会的问题本是很正常的现象,把问题放一放,过段时间再去回顾,也许就不是问题了;即使依然是问题,多数情况下对后续学习的影响都不是致命的,无须大惊小怪。小学升初中时,并非小学所学的知识都掌握了才升到初中;初中毕业时,仍然有很多初中的题目不会做,很多学生还是上了高中,而且多数在高中学习还很顺利。

学习过程中没有阻碍,一帆风顺,这是最好不过了。但这种理想的完美状态,如同我们苛求生活十全十美一样,是不现实的。无论是今天的学习,还是将来的工作与生活,都会有很多暂时解决不了的困难。我们并非主张学生放任问题、不去钻研,而是说,成长的路上,有时也需要带伤负重前行。

三、跳跃式前行 *

奔向罗马,暂时落后的学生能否跳跃式向前?

与孟本的学习风格迥然不同,少数学生在学习时,不是只盯着一个问题不放,他们可以同时考虑多种假设、兼顾各种可能,从全盘上考虑如何解决问题。在本书《假如孩子是色盲》那篇文章里,我们已经作了介绍,这种认知风格决定了其拥有者具备思维的跳跃性,可以突破按部就班的常规学习模式。

绝大多数家长对学习的理解,可能源于自己的经验或想象,几乎都局限在自己的认知范围内。下面的例子,也许能为他们打开一扇窗户。

<u>曾经的试题</u>　20世纪八十年代,高考竞争异常残酷,但1986年的高考理科数学试卷中却有这样的一道选择题——为了叙述简便,在不影响题目原意的前提下,把它改编为填空题,求:91、90、88、91、93、92、91、87、86这九个数的和。

今天的考生一定嗤之以鼻,不要说高中生,就是初中生也可以很快给出正确的答案。随着计算机的普及、数据理论的飞速发展,小学开始学习《数据的收集与整理》,初中又学习《统计初步》,对于这9个数字的求和简直是易如反掌。但在三十多年前,高中生没有学习关于数据分析与统计方面的任何知识,在时间紧张、不给携带计算器的考场,相当一部分考生这一题没有得分。然而,那些从没有学习过数据知识的考生,肯定有一部分考上大学以后从事与"数"有关的学习,后来发展也很好,这说明中学阶段这些知识的学习是可以忽略不计的——至少不会给今后的学习带来致命的影响。

<u>忽略的事实</u>　小学、初中、高中,前一阶段的学习成绩影响后一阶段的学习,但绝不是后来学习成绩的决定因素。小学和初中的学习成绩关联度较高,但很多初中学习成绩非常优秀的学生,到了高中以后,学习成绩就不再优秀了;而高中学习成绩优秀的学生当中,有些学生初中成绩未必很好。

大学的学习也是这样。田俊当年参加高考时是全国统一命题,虽然高考是同一张试卷,但当时本科分数线却由各省划定。他大学学理工科,寝室有6位同学。当年,他所在的省本科线是383分,而其他省份的本科线多在500分左右。这些高考成绩悬殊100分以上的考生,录取在同一所大学、同一个班级、同一个专业。大学学习期间,在44人的班级中,田俊的成绩一直排在15名左右,高于来自其他省的多数同学。

很多人喜欢说，知识是一环紧扣一环，必须按部就班去学。这种说法的正确性不容否认，按照这种理想的途径去学习当然是尽善尽美。但我们还应该看到问题的另一面，如果因为某种客观的原因，导致了某些学习内容的缺失或脱节而没有学好，或者是某一阶段学习落后，绝不能成为自己现在不优秀的理由。作为学生，无论过去学得怎样，也无论自身的条件如何，唯有把握今天，才能不断超越。

<u>超越的经典</u>　铁人王进喜有句名言："有条件要上，没有条件创造条件也要上。"北京大学教授王选院士的伟大成就，进一步证明了跳跃式发展的可行性。

1959年12月20日，世界上第一架用程序控制的电子排版机研制成功。之后十几年的时间里，国外的电子排版技术获得了风驰电掣的发展，印刷行业发生了翻天覆地的变化。但由于汉字结构的特殊性，我国却一直在使用一千多年前的活字印刷术。在如此薄弱的基础上，北京大学王选教授提出"跳过自己的二代机、三代机，直接研制西方还没有产品的第四代激光照排技术"。他带领团队，艰苦攻关，终于获得了成功。从铅字排版直接跨越到激光照排，走完了西方几十年才完成的技术改造道路，被公认为是毕昇发明活字印刷术后中国印刷技术的第二次革命。

<u>唯一的选择</u>　小学至高中，我们所学的知识其实经常是以相对独立的单元呈现的，单元之间既存在某种联系，彼此又相互独立。跳过某个独立的单元，对整体的学习影响很小，重要的是学习能力的衔接，而且学习能力也不总是一脉相承。

作家魏巍创作的长篇小说《东方》，是一部描写中国人民志愿军在朝鲜战场上抗美援朝的故事。作者借主人公之口反复强调一个观点：敌人拥有飞机大炮，我们只有小米加步枪；如果我们停下来去研制飞机大炮，没有等到我们有飞机大炮时就被敌人消灭了。利用小米加步枪消灭拥有飞机大炮的敌人，是我们唯一的选择。抗美援朝就是在这样的条件下夺得了胜利。

学习成绩暂时落后的学生,从以上故事中获得什么启示?尽管起点不同,但终点并没有因此被定型。很多时候,人,才是决定性因素。

四、强化自己的优势 *

奔向罗马,如何让性格特质变成自己的优势?

生活中,有类人似乎很另类,让我们从心理学的角度去解读这类人吧,帮助他们去争取更大的成功。

<u>"药神"的故事</u>　2023年1月5日,一条新闻刷爆朋友圈。安徽马鞍山"药神"秦×东案宣判,秦×东犯生产假药罪、非法吸收公众存款罪,数罪合并,判处有期徒刑三年,缓刑四年,并处罚金人民币十五万元。

很多关注他的人如释重负,他们在感慨的同时也充满了疑惑。

秦×东1963年出生,1980年考入北京科技大学材料科学专业,1985年被公派到英国牛津大学读博,在牛津大学获得博士学位,并有博士后工作经历,曾在新加坡、中国香港等地高校任教,后放弃高额收入和资产,回来悉心科研,当起了科研个体户。2002年初,他前往六安创业,办锁厂,研究造纸,现在又潜心研发了一种用于治疗癌症的"组合物"。

<u>大众的疑惑</u>　癌症,世界医学界的难题。很多药理学家、科学家皓首穷经,在实验室和临床夜以继日地工作,但至今都没有找到防治癌症的满意答案。一个人单枪匹马挑战行业的尖端难题,能取得什么样的成果?如果他能在合法合规的途径下研制生产自己的"组合物",肯定是一件利国利民的好事。那么,他为什么要凭一己之力试图成为扭转抗癌环境的"英雄式药神"?如此高学历的人才,为什么要游走甚至踩着法律红线在步入花甲之年经历如此人生坎坷?围观的群众一时议论纷纷。

<u>魅力的根源</u>　人们常说,性格决定命运。很多关注秦东的人,在感慨声里也充满疑惑。他为什么要凭一己之力、试图成为扭转抗癌环境的"英雄式药神"?人们常说,性格决定命运,这类人的性格常有如下几

个特征：

1. 不安于现状，喜欢折腾，不断地挑战是他的性格特征，也是亮点。他追求的目标总是超出现有的状态。

2. 他的境遇注定了他的挫折。于是，他便始终在挫折与奋起之间抗争，上演一出追求与挫折的缠斗剧。

3. 这种不可征服的力量与沧桑、无奈的现实之间的每一次碰撞，都凸显他品质的高贵和追求的执着，也成为他潜意识里的另一种追求，让很多人肃然起敬。当现实中的相应问题得不到化解或不满社会的某种现状时，大众会下意识地在心底展开对比，结果加剧了敬服。

<u>生物学研究</u>　当代心理学的一个重要特点就是综合各种研究取向。生物学取向着重从生物、生理、遗传基因的角度研究心理与行为。研究人员在对人的大脑扫描的研究中发现，前额叶激活水平与犯罪有着紧密的联系，攻击行为是由一种能够改变神经递质平衡的基因和童年期受虐待的经历共同决定的。于是，这难免不让人这样思考：是不是很多人的生物学基础决定了他们天赋异禀？同时又决定了他们总爱剑走偏锋、独辟蹊径，必须经历另一类人生？

<u>天性的升华</u>　有的人生性敏感而多情，每到一处，几乎都留有难以割舍的情愫。人们多数上升到道德的制高点加以谴责，殊不知那些行为很多是由生物学基础决定的，他本人经常也很无奈。弗洛伊德教授在阐述焦虑时，提出了十种自我防御机制。依据他的理论，就让这种多情的人从事文学或艺术创作吧，因为这样的职业要求从业者始终具有不息的热情和年轻、多情的心，这也正好让他实施情感的转移与升华。如果秦×东毕业后就找到适合他的平台，不断实践他的创意，平复他不安分的心，他既不需如此折腾，而且可能早就有了更大的成就。

每位帮助孩子规划未来的父母，都应该考虑孩子的性格特质，尽可能让职业和他生物学基础决定的性格特质吻合。虽然外界环境可以不同程度地改变人的特质，但如果把职业生涯规划和性格特质、外部环境结合起来，强化自己的优势，岂不是一举多得、相得益彰！

第三十一章　还孩子一片明净的天空
——谈青少年成长与网络游戏

在绝大多数家长心目中,网络游戏对于孩子来说犹如洪水猛兽。为什么网络游戏对孩子有那么大的吸引力?孩子喜欢网络游戏究竟有哪些内外因素?怎样才能使孩子从网络游戏中走出来?本文为还孩子一片明净的天空献计献策。

一、游戏的风险和沉迷的寻因

学生沉迷网络游戏的原因有哪些?

在一个伸手不见五指的寒夜,阴风凄凄,冷雨瑟瑟,班主任接到了学生朱安家长的求助。朱安放学回家后一直在玩游戏。父亲看不下去,上前制止,双方发生了争执。冲动中的朱安摔门而去,消失在茫茫黑夜里。

游戏有游戏机游戏、单机电脑游戏、电脑或手机网络游戏,其中,网络游戏对中小学生吸引力最大。几乎每年,都有父母因干预孩子沉迷于网络游戏而导致悲剧发生。手机、网络游戏是家长最关切的问题,没有之一。

为什么家长如此敏感、顾虑自己的孩子玩手机或玩网络游戏呢?答案几乎是统一的:网络游戏的存在有积极的一面,有节制的参与游戏可以缓解紧张的学习,丰富自己的课余生活,提升自身的智力发展;但因绝大多数学生自身定力不够,参与游戏便容易沉迷,一旦沉迷于游戏不能自拔就等于给学习判了死刑,而且游戏的内容还可能影响学生的"三观";过度沉迷网络游戏甚至让学生出现幻觉、幻听,严重损害身心健康。万一网络游戏成瘾,后果更是不堪设想。

短视频里,有人声称自己可以激发学生学习的内驱力,以抵抗游戏的诱惑,其实只是停留在美好的想象里。网络上,有帮助戒除网瘾的机构推介;书店里,有很多关于帮助学生戒掉网瘾的书籍出售。但他们多数均在探索中。

一位医务工作人员曾经说,普通疾病的诊治根本不需要广告宣传,因为几乎每所医院都可以治疗;到处做宣传广告的,治疗的都是疑难杂症。有的机构抓住患者求医心切、久治不愈的心理,夸大宣传,但效果未必能够确信。关于帮助青少年摆脱对网络游戏迷恋的宣传,也多数如此。

为什么网络游戏对青少年有那么大的吸引力?很多开发网络游戏的公司今天已经上市。在商品经济社会,资本的神通辽阔无边,资本的力量无与伦比。这些公司聘请心理学家、行为学家、教育学家、美术设计师等各方面的专业人才,组建项目团队,利用集体的智慧,依据心理学理论,设计出深谙人性的产品。网络游戏的开发者与参与者,处于完全不对等的社会层面。以下四个方面的分析让人一目了然。

1. 满足欲望　游戏设计者根据不同年龄段青少年的心理特点,通过创造丰富多彩的游戏情节,激发参与者的好奇心和探索欲望;精心设计一个又一个环环相扣、扣人心弦、引人入胜的游戏情境,满足参与者多方面的心理需求。参与者逐步成为游戏中故事的角色后,他的角色都是英雄、拯救者,(基本上)都能通过自身的努力实现自己的宏伟目标。

2. 及时反馈　在参与游戏的过程中,游戏设计者设计了及时反馈和奖励机制,使参与者的每一次努力都能被看见,每做一个动作都有奖赏(积分)。这种奖励机制激发了参与者的成就感和满足感,大大增强了他们进一步投入游戏的愿望。

3. 自主掌控　青少年在参与游戏的过程中,拥有设计者赋予的一定的主宰权和控制权,而且这种权利基本上会随着自己在游戏中的战绩而递增,他们亲身感受到自己在游戏中具有影响力和掌控感。游戏中的自由度，使参与者可以自由探索和发现，这种设计客观上也激发了参与者的创造力和探索精神。

4.满足属性　人的本质属性是社会性，每个人都有与他人交往的需求，并在和别人的交往中感受到自己的成功和幸福。很多网络游戏鼓励参与者与其他玩家互动与合作，满足参与者的社交欲望，让他们从游戏中得到友谊和归属感。同时，游戏设计者通过精美的画面、逼真的音效、动感的音乐等手段，为参与者创造一个沉浸式的游戏体验。身临其境的感觉，极大增强了游戏本身的魅力。

<u>看透本质</u>　我们并非完全否定游戏设计者的美好愿望和游戏本身拥有的积极意义。但很多时候，这其实是一群拥有专业知识的成年人，在资本的驱使和裹挟下，用他们逐利的贪婪与心智幼稚、尚未成年的个体之间进行的一场诱惑与反诱惑的较量，结果不言自明。

青少年一旦介入游戏，则欲罢不能。青少年形成对网络游戏的迷恋是一群成年人成熟的集体运作的必然结果，是情理之中的事。游戏内容很快便成为参与者的内隐记忆——不需要在有意识或有意回忆的条件下，个体的过去经验便对当前任务自动产生影响，如幽灵游荡在生命的时空，给生命的色彩蒙上阴晦。不要说心智健全的青少年很难摆脱网络游戏的诱惑，就是年过而立的成年人也很难做到一举彻底挣脱被游戏吸引的锁链。成人游戏占有更大的市场份额，只是少被关注而已。

在强大的资本和极具诱惑的游戏面前，孤勇的家长无奈无助，只能迁怒于孩子。家长们叹息抱怨，甚至指责打骂孩子，酿成很多悲剧，却忽略了这个被掩盖的基本事实。岂不知纵然孙悟空一个筋斗十万八千里，也逃不出如来佛祖的手掌心。沉迷网络游戏的孩子，企图单凭自己微薄的力量摆脱对网络游戏的迷恋，几乎是螳臂当车。

当今的教育工作者，是不是应该从游戏设计中吸收有益的养分，把它们迁移到教育工作中？

二、沉迷的分类和根除的策略

如何对症下药并解除学生对网络游戏的沉迷？

沉迷网络游戏的孩子，绝大多数反应敏捷，因为反应迟钝的参与者在网络游戏中很快就会"死亡"，被淘汰了自然就失去兴趣。参与者主要归纳为三大类，我们都能从心理学角度找出他们沉迷网络游戏的深层次原因和根除沉迷的策略。

<u>1. 释放能量型</u>　德国物理学家、生理学家赫尔曼·冯·亥姆霍兹（Hermann von Helmholtz）提出了自然界的能量守恒原则：任何一个封闭系统中的能量总和为常数。心理学精神分析学派创始人弗洛伊德教授相信这一原则也可应用到精神现象中去。

有一类学生学习轻松，精力充沛，成绩在中等徘徊，课余活动又找不到同伴或是暂时没有自己喜欢的项目，学校的体育课也常因"体育老师生病或请假"而被主科替代，偶尔出去参观、郊游也是带着"任务"，他们能玩的空间实在是太少了。当他们过剩的能量无处释放时，只好在网络上拼杀，网络游戏便成了这类学生释放能量的首选。

朱安就属于这类学生的代表。目前，他读高一，学习成绩中等偏上，但平时做作业的速度却特别快。一般情况下，在学校他就完成了当天的大部分作业，晚上放学回到家里基本上是"打扫战场"。用他自己的话说，"我也不想玩游戏，但不玩游戏又干什么呢"。后来，家长给他报了一个霹雳舞、街舞班。每晚放学后，他直奔舞蹈房，如旋风般疯狂，消耗自己的能量。周末，爸爸带他去蹦极。这是近些年来新兴的一项非常刺激的户外休闲运动，人们在惊慌和恐惧之后，会获得一种释放和挑战的体验，幸福感便姗姗而来。随着运动次数的增多，惊慌和恐惧的感觉越来越轻，而幸福与愉悦的体验却愈发强烈。朱安就在这些运动中渐渐远离了网络游戏，高中毕业后，以优秀的成绩被一所体育大学录取。

<u>2. 体验成功型</u>　人追求成功的愿望几乎是与生俱来。有些学生因

为自身的某种原因,在学习和生活中极少体验到成功,而虚拟世界丰富的成功体验却能填补这方面的空白。

和朱安的情况完全不同,龙忠启小学三年级时随父母来到城里读书。父母在城里开了一家水果店,起早贪黑,进货送货,接待顾客,没有精力关心儿子。小学时,周末和节假日,龙忠启还能和少数同学玩在一起。读初中后,他的同学不是在家学习,就是去参加培训班,而他既不会跳舞,也不会弹钢琴,在无所事事时他发现玩游戏几乎是无师自通。网络游戏中"过关斩将"、通过自己的能力偶尔还能"出售武器装备",这些都给他带来前所未有的成就感。不知不觉中,他喜欢上了电脑游戏,以致沉迷。

沉迷游戏的这类学生中,有些学生平时学习成绩比较优秀,但自尊心极强、挫折经历少、心理素质差,一旦成绩下滑、遇到挫折就容易产生沮丧、逃避的心理。他本想通过网络游戏来暂时转移自己的注意力,寻求安慰,满足自己的愉悦感和掌控感,岂料陷入便不能自拔。

如果孩子沉迷网络游戏是为了体验成功,家长就要创造条件,让孩子在生活中有更多的成功体验。同时,请专业人士分析孩子的学习风格,为他推介学习策略。对于成绩暂时太落后的学生,在政策允许的情况下,家长甚至可以让他转学或降级,让他在学习中收获成功的喜悦。这样,网络游戏中的所谓成功就会黯然失色,他自然愿意回归正常的学习生活。

龙忠启的父母在班主任一次家访后,知道了孩子沉迷游戏的真相。在班主任的建议下,龙忠启每个周末都去父母的水果店帮忙,在顾客的认可和好评声中,他发现了自身的价值。后来,他通过竞选,任班级的劳动委员,班级卫生在评比中经常获得"最清洁"的荣誉,他也在悄无声息中告别了网络游戏。

<u>3. 寻找归属型</u>　心理学家马斯洛的需求层次理论告诉我们,人都有寻求归属和爱的需求。在虚拟的网络游戏世界里,参与者常归属各自的战队,为打败对手,大家精诚团结,奋力拼杀。这种存在、归属的感

觉让参与者有了自己的职责和权利。当学生归属感缺乏时,网络游戏便是他很好的选择。

贝仁旺是个内向的孩子。爸爸是单位的销售经理,不是在拜访客户就是在拜访客户的路上。妈妈虽只是一名普通的员工,闺蜜却特多,唱歌、郊游、打麻将是她业余生活的全部。贝仁旺似乎是一个被遗忘的人。在孤独和寂寞中,他开始接触网络游戏并很快沉迷。

因寻找归属感而沉迷游戏的学生多数性格内向孤僻,来自单亲家庭的居多;或者是父母经常争吵,常年冷战;或因为其他情况,孩子关爱缺失。这类学生人际交往能力差,缺少存在感,似乎是多余的人。但没有人甘愿退出人生的舞台,都期待在生活中有自己的角色。对于这些在现实生活里被"遗忘"的个体来说,现实生活中得不到的,他都能在虚拟世界里找到相应的补偿,自然很难割断对网络的依恋。

这类学生家长更应该反思,在家庭和事业、在陪伴孩子成长和寻求个人发展之间认真权衡,要勇敢地承担做家长的责任。只有给孩子更多的关爱,才能把他从虚拟世界里拽回来。

当然,同一个体可能同时归属于不同的类型,仅是主要表现不同而已,也可能是在不同的时期有不同的主要表现。只有正本清源,才能有效地帮助孩子走出对网络游戏的迷恋。

三、其他类型及对应策略

浪子回头金不换的故事,生活中一定很多……

孩子和网络游戏的关系,除了沉迷型外,还有其他几种类型,所对应的实施策略也各不相同。如果孩子目前尚没有接触网络游戏,最好的策略是防患于未然。孩子接触不到网络游戏,也就不用担心。如同眼镜蛇虽然剧毒但我们却从不害怕它一样,因为它多栖息于沿海低地至海拔1800米的山区,主要栖息于热带雨林中。我们在城市里不可能见到,有什么害怕的呢?

如果孩子已经接触了网络游戏但尚未沉迷其中,这时家长要给孩子更多的关爱，及时、恰当而又频繁地和孩子交流，密切关注他的思想动态，鼓励他适当参加体育运动，创造条件让他在生活中体验成功，在学习中收获成长的乐趣。

如果孩子不小心已经网络游戏成瘾，这时家长就需要特别慎重。网络游戏成瘾主要是指孩子持久地渴望网络游戏或难以控制网络使用行为；使用过程中不能有效地控制时间，出现无法自拔的现象，表现为无心学习，废寝忘食，对其他一切活动均不感兴趣，无视个人和世界的存在，不玩游戏则坐立不安、焦虑或抑郁。这时，他的心理很可能已经偏离了常态。如果家长直接使用简单、粗暴的方式强制他远离游戏，不仅可能欲速不达，甚至还有意外发生。比较合适的做法是送孩子去正规的心理治疗机构进行规范、系统的脱敏治疗，或是进行认知—行为治疗。专业的心理医生值得信赖。

无论孩子与网络游戏的关系目前是哪种类型，忧患和焦虑都不能解决实际问题。只有冷静地分析问题的本质、踏踏实实地行动，才有利于问题的彻底解决。既然沉迷游戏甚至网络游戏成瘾首先表现为心理上的耽溺，那么只有依据心理学对应的原理制订有效的策略，才能引领孩子走出对游戏的迷恋。现实生活中，有不少学生曾经沉迷游戏甚至成瘾，最终还是从游戏中走出来，热爱学习，走向生命的春天。

满目荒凉的冬日总是那样萧瑟、那么漫长，但岁月终究穿过凝重的阴霾，寒冬的尽头是蔚蓝的天空和苏醒的大地。当清冷的寒风裹着雨雪席卷我们的家园时，它也在传递一个信息：冬天来了，春天还会远吗？

拓展阅读十五　康奈尔笔记法

康奈尔笔记法：康奈尔笔记法由康奈尔大学教授沃尔特·波克提出，也被称为5R笔记法，它包括记录(Record)、简化(Reduce)、背诵(Recite)、思考(Reflect)和复习(Review)五个步骤，是一种高效的笔记方法。

第三十二章　拨开迷雾，见金山银花
——介绍学习资源的有效配置

我们常和学生说，要选择一本合适的学习资料。究竟什么才叫"合适"呢？作业中遇到自己不会做的题目，是不达目的不罢休还是战略性放弃？英语很弱的高三学生，如何实施逆袭？让我们从介绍学习资料开始，和大家共同探讨这个话题。

一、"武器"与学习资料

学习资料可分为哪几类？分别适合什么样的学生使用？

在战斗中，战士手中没有武器，战斗力会急剧减弱。今天，对于学生的学习来说，学习资料就是武器，人手必备。一套合适的学习资料是学生课后学习的得力助手，在学习的进程中发挥事半功倍的作用，让学生少走很多弯路。它们犹如登楼的梯子，为向上攀登提供了极大的便捷。而不适合学生的学习资料，犹如鸡肋，对学生学习的帮助效果甚微。

走进书店，看到书架上琳琅满目的资料，很多学生如雾里看花，一时无所适从。学习资料属于学生的有效学习资源，确定资料的种类和选择资料后科学合理地发挥它的利用价值，都属于资源的有效配置。通常情况下，学习资料本身无优劣之分，只能说学习资料是否适合自己，最合适的就是最好的。让我们在抽丝剥茧的分析中，寻求什么是"最合适"的答案吧。

学习资料大体可以分为三类。

<u>1.同步辅导类</u>　这类资料的特点是内容和学生在学校使用教材的内容完全同步。这类资料以讲解为主，一般选择部分知识点，讲得全面详细。基础一般、成绩中等的同学，可以购买这类学习资料，但最好仅

将其作为工具书使用,当自己某一知识点不清楚或欠缺时,可以在这类资料里查阅。这类资料的不足之处是使用时太费时间,学习成绩中等偏上的学生不适合使用此类资料。

2. 讲练结合类　这类资料,内容基本上也和课本内容同步,一般分三大块。第一块是内容的概述,包括名词解释和概念、原理,写得都比较简洁;第二块是例题,每道例题一般解题前有分析,解题后有总结归纳;第三块是配套练习及答案,答案里有极其简略的解答过程。此类资料适合中等学习成绩的学生培养自己的自学能力时使用。但因讲解的深度和题型的容量有限,不利于大面积、大幅度提高学生的学习成绩。

3. 习题试卷类(包括文科的课外阅读)　这类资料全是题目,分A、B两个档甚至更多档,答案单独成册或者直接附在资料的后面。为了增加吸引力,有的资料可能还配有对教材的同步总结(含定理、公式等)。这类资料,对学生的学习能力有一定的要求,很多学生在使用时虎头蛇尾。学习成绩中等及以上的学生,如果能够坚持认真使用,一定有很大的收获;如果浅尝辄止,使用后则达不到预期的效果。

不同的学生或同一学生在不同的学习阶段,应根据自己的实际学习情况,有针对性地选购不同的资料。任何一本资料,都做不到满足所有学生的所有需求。比较合适的做法是以一本资料为主,以其他资料为辅,且随着自己学习成绩的提高而变更。同时我们应该清楚以下三点:

1. 市场经济,效益第一　现在出版的市场竞争非常残酷,出版社自己组织专业人员编写资料、原创习题的成本太高,有的资料是委托在校教师编写的,有的是收集全国各地考试资料进行改编的。

2. 配套资料,时效性强　和课本配套的学习资料都因教学的发展而更新。除了词典等工具书外,资料的内容、排版、印刷都是一年更换一次,出版社做不到也没有必要为某本资料付出太多。

3. 目标清晰,逐本舍末　学习资料只是工具,它再好也需要学生用心使用、用心领悟。学生自己悟出来的道理、方法,才容易变成自己的

学习资料堆积如山,使用资料有什么原则和策略?

东西,才有可能成功地被运用于解题实践中。通过学习资料的合理使用,提高学生的解题能力、提高考试的卷面成绩才是使用学习资料的目的。

"工欲善其事,必先利其器。"学习资料的配置必须因人而异,因时而化。学习资料中习题的练习,第六章的第四节中介绍得比较详细,这里不再赘述。

二、"挑稻捆"与"做难题"

学生在平时的学习过程中,怎样对待所谓的难题?

学生在平时的学习过程中,遇到自己不会做或者是自己不懂的题目,是知难而退,还是迎难而上?这里,请大家先听一个故事,那是很多年前发生在农村的事。

<u>挑稻捆</u>　20世纪七八十年代,农村还没有实现农业机械化,农活都是依靠人和牛。每年"双抢(抢收割、抢插秧)"期间,人们都需要把稻捆从水田里挑到打谷场。每趟挑两捆,人轻松但效率太低;每趟挑4捆,效率虽高却显得自己力气小。很多心高气傲的年轻人,在虚荣心的驱使下,常常每趟挑6捆,每走一程就要歇一会,效率不高,而且人还特别累。

<u>做难题</u>　部分学生做题,犹如这些年轻人挑稻捆,自己成绩中等,但喜欢做一些其他同学做不出来的难题,以显示自己的能力,经常是付出很多但收获却很少。

<u>排次序</u>　学生做题,效率和效果应该排在第一位。学生首先需要完成学校老师布置的作业,因为当前学校教育的实际情况是老师的意愿不可违背。完成了学校的作业以后,再考虑自己近期学习计划中关于当天的学习安排。如果确实学有余力,可以去攻克难题,毕竟攻克一道难题,会极大地提升自己的信心。如果不是上述情况,难题就要放一放、缓一缓。学习一定要考量投入与回报的"性价比",千万不能自不量力、好高骛远。

三、摘苹果与"最近发展区"*

确定学习目标应该依据什么样的科学理论？

对于学生而言,什么样的要求标准才是恰如其分呢？

做作业时,学生练习过于简单的题目,犹如初中生背诵乘法口诀表,没有实际意义;攻克非常难的习题,即使背熟了整个解题过程,一段时间后基本上也会遗忘,纵然没有被遗忘也不会运用,更谈不上灵活运用、能力的迁移,意义也不大。只有恰如其分的要求,才是引领学生进步、成长最好的灯塔。

<u>摘苹果启示</u> 什么是恰如其分的要求呢？有所中学每年秋季都组织学生参加社会实践活动。在苹果园摘苹果的实践活动结束后,教导员这样和学生们说:"长在低于我们身高地方的苹果,摘下它太容易了,没有挑战性;而长在苹果树上部的苹果,远远超出我们的身高,不借助工具我们没有能力摘下它。自己踮起脚或跳一跳就能够得着的苹果,才是自己的努力目标,摘下它才能获得成功的体验。学习中,习题的选择和学习目标的确定也是这样,通过自己努力能够实现的目标才是恰到好处的目标。"

<u>最近发展区</u> 其实,这位教导员的演说,与苏联心理学家维果茨基的最近发展区理论有异曲同工之妙。该理论认为,学生的发展有两种水平:一种是学生当前的现有水平,就做题而言,就是当下自己独立的解题水平;另一种是学生可能的发展水平,也就是通过老师指导、同学帮助或自己苦心钻研所能达到的水平,两者之间就是最近发展区。我国的教育专家冯恩洪先生说得更具体,他说,一般情况下,学生目前的考试成绩加上 20 分,这个区间,就是该生的最近发展区。

<u>发展发展区</u> 学生学习目标的确定,应该以自己的最近发展区为依据,最大限度地挖掘学习潜能,提升学习效率。习题的难度应在最近发展区以内,把最近发展区作为学生要求自己的标准,才是恰到好处的,如同踮起脚摘苹果。

依据我国教育专家冯恩洪先生的解读，如果某学生考试成绩60分，那么80分就是他的最近发展区。他首先确定61~80分作为自己的努力目标。当自己下次考试是70分时，则确定90分作为目标，全力以赴，使最近发展区的水平尽快变成自己的实际水平。并在此基础上进行新"发展区"的发展，使"发展区"不断向前移动，形成向前发展的轨迹、向上攀登的阶梯。目标太大，会由于经受挫折而灰心；目标太小，则会由于收效缓慢而泄气。

四、"1+2+3"策略与成绩

英语成绩弱的高三毕业生，如何逆袭？

上述理论的生命力如何？实践是检验真理的唯一标准。吴力浩副校长直面学生的实际学习成绩，调整学生复习的起点，选择合适的学习资料，指导学生实现逆袭，就是上述理论的生动运用。

<u>愿望美好</u> 2021年，安徽高考还没有使用"3+1+2"的模式，依然是分文科和理科考试。那年7月，高考复读生开始上课后，分管教学工作的吴力浩副校长发现理科复读班有很多学生的英语特别弱。高考时，英语满分150分，他们的高考英语成绩基本在55分上下，薄弱程度可想而知，而他们却期待来年高考英语突破合格线——90分，甚至更高。

<u>现实残酷</u> 这些学生，有的是单词储备量太少，有的是在英语语法的使用上错误百出，每人手中都有一本权威的英语语法书和几本高三英语综合复习资料。他们的课余时间被英语学习用去了一大半，他们动辄就采用"背、抄、默"等蛮干方式。8月份月考，这些学生的英语成绩却没有获得明显的进步。

<u>措施得力</u> 时间一天天地过去，距离来年高考剩下不到10个月的时间，再这样下去，不仅英语成绩不能有效提高，还会影响其他学科的成绩。怎么办？吴副校长和英语教研组多次探讨后，提出了英语学习"降低起点和实施'1+2+3'时间安排的策略"，征得这部分同学和家长同意后开始实施。这个策略的核心就是一个月系统、综合复习初中英

语,使用初中的英语资料;两个月集中复习高一的英语,三个月集中复习高二的英语,分别使用高一、高二的英语资料,对应高一、高二的学习难度;剩下的时间专攻高三,也就是备战高考。

<u>依据科学</u>　有研究表明,学生英语阅读生词率控制在4%以内比较合适,这样,理解程度就可以达到60%至70%;若生词率超过4%,则很难达到预期的阅读效果。即使是挑战自己,生词率也不能超过6%。英语高考试卷,是对高中学生英语水平的全面检测,综合性很强。高三英语综合复习资料,基本上也是按高考的思路编辑的。这些学生使用高三英语综合复习资料,生词率超过了10%,正常的阅读就变成了查词典。一篇短文甚至每个句子,都有很多不熟悉的单词或词组。不懂的太多,短时间内不可能记住,更谈不上掌握后灵活运用了,英语学习效率低、效果差也就是很自然的事了。在英语学习上投入了大量的时间和精力,进步却不明显,原因就在于此。如同年轻人当年"挑稻捆",看起来很卖力,实际上却没有收获最佳的效果。

<u>效果显著</u>　从初中开始综合复习,有利于英语知识的点滴积累,有利于基础知识的逐步夯实,有利于知识单点逐项突破,量变必然引起质变,英语综合水平自然随之提高,迎战高考,获得理想的成绩也就水到渠成。次年的高考英语成绩证明了吴副校长决策的正确性。在英语复习上投入大量精力但成绩却难见起色的老大难问题,因上述策略的有效实施迎刃而解,真可谓"听似天方夜谭,实则雾里看花,慧眼拨开迷雾,方见金山银花"。

拓展阅读十六　西蒙学习法

西蒙学习法:这种方法由诺贝尔经济学奖获得者赫伯特·西蒙提出,其核心思想是在一段时间内集中精力学习一个主题,以达到快速掌握的目的。它包括确定学习目标,拆解目标,集中精力学习,必要的时间投入等步骤。

拓展阅读十七　学习究竟是怎么发生的?
——关于学习的理论

学习究竟是怎么发生的?关于学习的理论精彩纷呈,前面已经做了一些简单介绍。本文再精选几家之言,以飨读者。

<u>顿悟学习</u>　多数家长可能认为,学习就是观察、模仿或试错、发现的过程,与强化有着很密切的关系。而顿悟学习理论认为,真正的学习需要主体的顿悟,没有这样的顿悟过程而拼命死记硬背、强化训练,很多时候可能很难获得理想的效果。

什么是顿悟呢?比如,猜谜语时,突然灵光一闪,获得了谜语的正确答案,类似这样的体会我们都有过。

当人建立起相应的认知结构,形成对应的学习反应机制和知识体系后,就能获得某种顿悟,不仅能获得解决问题的方法,而且还能把它概括并稍加改善后应用到其他不同的情形之中。

<u>建构主义</u>　建构主义学习理论认为,学习过程中,学生并非只是单纯的、被动的信息接受者,学生会根据自己已储存的信息种类、结构、经验背景,对外部信息主动地选择和加工。加工包括对所接受的信息进行解读,主动建构信息的意义,生成个人的意义或者说是自己的理解。

学生通过新旧信息的相互作用,实现对新信息的内化,丰富和调整自己的信息结构。一方面,新信息纳入已有的认知结构中,获得了新的意义;另一方面,原有的信息经验因为新信息的纳入,也得到了一定改善和更新。

<u>PQ4R</u>　PQ4R为预览(Preview)、提问(Question)、阅读(Read)、反思(Reflect)、背诵(Recite)和复习(Review)。运用PQ4R学习法进行阅读,能够帮助学生集中注意力并有效组织信息,从而提高对阅读内容的理解。

第五篇 征 程

人生犹如漫长的征程。帮助孩子养成热爱读书的良好习惯，就是让其征程中拥有同行的伴侣。选对书，读好书，读书好比充电，源源不断地为前行者提供养料和动力。

"人生的道路虽然漫长，但要紧处常常只有几步。"在短暂而又漫长的人生征程中，把握好征程中的每个岔路口，便能少走很多弯路。孩子成长过程中的每个重要节点，都是征程中的一个岔路口，它在检测家长的智慧。

青春期的学生常受一些"内耗"现象影响，少数学生甚至因问题处理不当使自己的人生之路变为"之"字形。只有挖掘这些常见现象的深层次原因、选择正确的策略，才能顺利度过这个过程。

家长是孩子的第一任老师，好家长就是一所好学校。家长是家庭文化的缔造者。优秀的家庭文化好比征程中的灯塔，时刻给孩子指明前进的方向，引领孩子勇敢前行。家庭文化给孩子的深远影响如影随形，无处不在。

高考常被看作是人生征程中实现腾飞的一个契机。但对于高考本身，有些人却知之甚少。高考试卷创作遵循哪些原则？试卷是怎么评阅的？填报高考志愿有哪些注意事项？

在高考中落选，开辟人生新的征程同样可以获得成功。人生征程中的核心竞争力是认知水平的高低，它是人综合素质的内核。现实生活中的成才与幸福没有必然的关联。生命最高贵的价值，体现在追求崇高目标的漫漫征程中。

如何把书中的理论和实际学习生活相结合，走好人生征程中的每一步，本篇观点明确，意见中肯。

请读者不仅要注重创作者在实践基础上得出的结论，更要注重创作者的思考和思考的逻辑，把这些思考和逻辑运用到学习实践中。只有行动，才能到达成功的彼岸。

第三十三章　通向成功的阶梯
——谈幼儿和青少年的课外阅读

　　读书的益处尽人皆知。怎样才能使孩子自幼就养成热爱读书的良好习惯？如何帮助孩子选择适合的书籍？不同的读书态度和方法，收获也常迥然不同，每位家长未必都十分清楚。本章能帮助读者更好地领略读书的艺术，并分享三本书的阅读方法。

一、三个步骤培养孩子读书习惯

通常有哪些方法能使孩子养成爱读书的好习惯？

高尔基说："书籍是人类进步的阶梯。"书籍是前人智慧的结晶，阅读的过程通常是读者体验作者创作的心路历程的过程，同时也是激发自我创作欲望的过程。怎样才能使孩子自幼就养成热爱读书的好习惯呢？可以分三个步骤来完成。

第一步：引领　越来越多的家长已经意识到阅读的重要性，他们常在孩子很小的时候，就开始培养孩子的阅读习惯。那时，孩子尚没有学习汉语拼音，不认识汉字，但都爱听大人讲故事。这时，家长可以通过讲故事的方式，对着绘本边读边讲，目的是让孩子熟悉阅读的过程。这也是孩子获取知识、认识社会的有效途径。

孩子读图的能力常超出大人们的想象。如果孩子自己愿意去"读"，尽管他不识字，家长也不要干预，而要在旁耐心地享受这个过程。

第二步：陪伴　随着年龄的增长，孩子学会了汉语拼音，认识了一些汉字。这时，家长可以带着孩子一起去阅读注音绘本，即文字很少且都标注了汉语拼音的图画书。在阅读过程中，家长的作用逐渐由引领变为陪伴，让孩子成为阅读的主体，并可以恰当地有意提问，培养孩子慢慢养成阅读的习惯。

第三步：分享 孩子有了阅读兴趣以后，如何让他保持兴趣，使阅读真正成为他生活中重要的组成部分？分享阅读后的收获是重要的手段。在平时的生活中，家长要不失时机地诱导孩子分享自己近期的阅读感悟，让孩子充分释放阅读带来的乐趣。在分享过程中，家长可以给予适当的提示，但不能影响孩子作为分享主体的角色，喧宾夺主不利于孩子阅读兴趣的巩固和自信特质的培养。分享不限于父母和子女之间，如果能更大范围地展开，一定有利于效果的提高。

李扬是一位热爱阅读的母亲，她两位闺蜜的孩子和自己儿子年龄相仿。她们约定，非寒暑假期间，三个家庭每个月聚会一次，聚会的主题就是让孩子分享各自近期的阅读故事。初期，活动由家长主持，后来发展为孩子自己轮流主持。家长必须全神贯注地参与，不能发生家长间相互闲谈却疏忽、冷落孩子的现象。在分享的过程中，家长的关注和恰当的提问可进一步强化孩子的阅读习惯，提高他的阅读能力，同时也能让孩子收获成功的体验。

提醒 这个活动的核心是分享行为本身，而不是分享时孩子表现出来的水平和结果。少数家长功利思想太浓，凡事总爱横向比较。在整个分享过程中，家长可以留心，但不要有意去比较孩子水平的高低，更不要当众提醒甚至批评、谴责自己孩子的缺陷。一旦孩子意识到自己总是落后，不仅分享的活动无法继续下去，孩子心灵深处的自卑可能还会被唤醒，不利于其阳光、豁达性格特质的养成。不能把分享作为任务，否则孩子会感到压力，慢慢就会失去分享的乐趣。

孩子进入中学以后，学习竞争日趋激烈，"中考"实际上发挥着"普职分流"的功能。初三学生压力很大，高中学习更紧张，绝大多数高中生学习的目的就是为了高考取得理想的成绩。所以，初三年级及以上的学生，除了阅读和课本配套的学习资料外，阅读课外其他读物的实际可能性很小。而当他们考上大学、走上工作岗位以后，如果不是因为写论文或工作的需要，多数人一般很少去主动读书。由此可见，阅读活动的对象主要是初二及以下的学生和幼儿,培养他们的阅读习惯和阅读能力更有现实意义。

二、三种途径帮助孩子选择好书

选择一本好书有哪几种途径?

学生进入高中学习以后,读书的目的愈发明确,书籍的选择范围也越来越小。这种学习恰似小孩搭积木,到了一定的层次,就再也垒不上去了。怎样才能达到气势磅礴的埃及金字塔高度呢?只有夯实宽厚的根基,才能建起高耸的大厦。学生只有拥有广博的知识储备,才有可能在某个领域出类拔萃。古人云:"非尽百家之美,不能成一人之奇。"所以,孩子在小的时候,阅读涉猎范围一定要宽泛。求博的途径也是求精的窍门。

<u>不能饥不择食</u>　但博览群书并非饥不择食。阅读,不能慌不择路。书籍市场鱼龙混杂,良莠不齐,家长必须把好选择关。选择一本合适的书非常重要。

首先,对照教育部推荐的小学和初中必读课外书目录,逐次阅读。教育主管部门推荐的书籍,质量有保证,出现瑕疵的概率极小。其次,选择其他一些古今中外的名作阅读。这些书籍深受千百万读者的喜爱,历经时间的检验,在岁月的长河里依然熠熠生辉,值得信赖。最后,根据孩子自身的性格特质和成长需要,针对性地选择书籍。培根说:"读史使人明智,读诗使人灵秀,数学使人周密,科学使人深刻,伦理使人庄重,逻辑修辞使人善辩:凡有所学,皆成性格。"家长应该选择相应的书籍,以强化孩子的短板。

<u>谨防以劣充优</u>　是否选购畅销书,不能一概而论。流行的未必都是优秀的。无论是哪类书籍,购置时都需要注意出版社和作者。翻译过来的书需要注意译者。对于外文书籍,翻译的过程其实就是再创作的过程。在市场经济的背景下,总有少数出版社接受专业水平很一般的译者翻译的国外名作,在降低成本的同时"搭名著大车",以谋求利润最

大化。仅以英国文艺复兴时期哲学家培根的《论人生》和法国心理学家古斯塔夫·勒庞的《乌合之众》为例,市场上至少有两三种甚至以上的版本,风格迥异,翻译水平也不可同日而语。

三、四类读者和两种阅读方式

读者和书籍,分别可以分为几大类?

读者是怎样读书的?英国诗人柯勒律治曾把读者分成四类。

1. <u>沙漏型</u>　古人为了计时,将两个玻璃球用一个狭窄的管道连接成一体,让沙子从上面的玻璃球穿过狭窄的管道流入底部的玻璃球,用沙子流完所需要的时间作为计时单位。有的读者就像计时的沙漏,读书就像沙子注进去又漏出来,一本书读完,一点痕迹也没有留下。

2. <u>海绵型</u>　海绵因为疏松多孔而具有极强的吸水性。有的读者像海绵,对他们来说,读书犹如吸收水分,他们毫无选择地吸收,挤一挤,大部分水又流了出来;虽然有一些水分被留在体内,但还是原来的水。

3. <u>布袋型</u>　制作豆浆时,要将大豆磨碎后装在布袋里,然后挤压。有的读者就像过滤豆浆的布袋,对他们来说,读书犹如把大豆磨碎后装入布袋,结果是豆浆流走了,留下来的只有豆渣。

4. <u>淘金型</u>　开采金矿时,在用水冲洗细小矿石的过程中,密度较小的矿物会被水冲走,留下的都是密度很大的金子。有的读者就像淘金者,对他们来说,阅读的过程犹如把矿渣置放在一边,留下的都是纯净的金子。

诗人关于读者的分类可能有些夸张,但却十分形象。不同的读者,即使同时阅读同一本书,收获的确也不相同。不同的书籍也应该用不同的方式阅读。这里,我们介绍两种常见的阅读方法。

<u>泛读</u>　有些书只供泛读,即浏览,读者只需了解它的主题思想和其中的梗概。即便如此,倘若读者读后脑海里依然一片空白,像沙漏一样什么也没有留下,像海绵那样不知道科学地取舍,甚至因错误地解读而像布袋一样只留下"豆渣",那么这样的阅读就是事与愿违、不可取

的。

精读 有些书需要精读,即细读。精读的过程不仅是采撷信息的过程,更是加工信息的过程。精读需要读者把书中的信息和自己的学习、生活实际结合起来,以加深对信息的理解。精读的过程,也是读者被书中的(部分)观念、知识潜移默化的过程。读者需要经常掩卷遐思,反躬自省:"刚才的阅读自己究竟收获了什么?认识并掌握了几个新的词组?学会了几种新的表达方法?是否开阔了视野并使自己的认知跃上了新的层面?"这样的问题不一定都有明确的答案,但这样做肯定能提高知识内化的效率。

曾国藩先生曾说"读书有四法",分别是:挖井法、炖肉法、登山法、摘果法。关于阅读的方法还有其他许多分类方式,每种类型里又有细分。其实这些都不重要,重要的是要用理智克制自己无谓的好奇心。如果这本书浏览几页,那本书翻一翻,浅尝辄止,很难有具体的收获。即使是泛读,了解梗概,也不值得提倡。最好的读书方法是按一定的方向由浅入深、循序渐进地阅读,在落实具体计划的过程中再作微调,贵在坚持。

四、三本书的阅读举例

不同的书应该对应不同的阅读方式

过去一些介绍读书方法的文章,经常建议读者在阅读的过程中摘录重要信息、制作读书卡片,阅读完一本书以后写读后感或其他类型的读书笔记。现在的读者一般情况下很难做到这些,但提高阅读效果却是读者不变的追求。下面,我们以三本书的阅读为例说明。

《心理学入门(修订版)》 由张凤凤、金建翻译,中央编译出版社出版,已经风靡欧洲30余年,23次再版。作为普通读者,泛读这本书比较合适。泛读注重阅读速度,不要求逐字逐句去深思,但同样不能放弃对作品整体的理解和重要内容的回味。读者阅读书的每一章以后,同样需要问自己:这一章的阅读使自己对心理学有了哪些新的认识?例如,心理学家约翰·加西亚是怎样做到让狼群闻到羊肉的气味就后退的？在1965年8月到1966年2月的这段时间里，有四架波音727飞机在着陆时坠毁，灾难总共夺去了264人的生命。在飞机设计师、机械师一筹莫展之际，心理学家康拉德·克拉夫特是怎样发现事故的元凶的？用心领悟，自然会获得问题的答案。这些答案也帮助了读者加深对心理学的理解。

《培根论人生》 由何新翻译，上海人民出版社出版，共四十三篇短文，至少有三分之二以上的文章都值得读者反复阅读、用心揣摩，以至熟能成诵。比如，其中的《论求知》，已经选入中学课本，需要读者一边阅读，一边联想。

"求知可以作为消遣，可以作为装潢，也可以增长才干。"自己阅读（求知）经常是出于什么目的呢？

"狡诈者轻鄙学问，愚鲁者羡慕学问，唯聪明者善于运用学问。"自己身边的一些熟人，他们对待学问是什么态度？反映了他们什么样的心理特征？这种阅读方式，不仅加深了读者对文章的理解，而且有利于读者在理解的过程中提高自己的认知水平。

《红岩》 有时候，读者还可以把自己的阅读和作者的创作结合起来，提升自己的思维能力。比如，阅读由罗广斌、杨益言创作，中国青年出版社出版的《红岩》，阅读完第一章以后自己就要想象第二章的故事梗概。第七章描写的主要内容是：许云峰得知甫志高要扩大沙坪书店的规模并准备办刊物，陈松林向许云峰介绍了新来的店员郑克昌。听完陈松林的介绍，许云峰便确认郑克昌是特务……读到这里，读者不要急于解除心中的悬念，要问自己：为什么许云峰确认郑克昌是特务卧底？接下来可能会发生哪些事？甫志高的命运会如何？读者通过阅读获得了这些问题的答案后，要比较其与自己当初的想象，再从小说中找出故事发展的必然性，最后试图总结，给自己启示。这样，读者的思维能力也随着阅读的深入而快速提高。

不同的人阅读同一本书，收获常常大相径庭，主要取决于读者带着什么样的态度、用什么样的方法去阅读;在阅读的过程中,用什么方式去撷取、加工信息;阅读结束后,怎样去分析、总结自己的阅读感悟。

林语堂说:"读书,可开茅塞,除鄙见,得新知,增学问,广识见,养性灵。"读书确实有许多难以想象的收益,被认为是通向成功的阶梯,但它们属于正确读书、善于读书的人。

拓展阅读十八　只为爱你如初

那年、那月、那天,
我们初见。
你手持一束兰花,
身着红色上衣,
轻声地唱着:
《幸福在哪里》。

一个无月的夜,
我们在林中走散,
听不见彼此的呼唤,
各奔东西。
没有了熟悉的歌声,
生命失去原色。

从此我生活的色彩,
五彩斑斓;
生命的时空,
阳光明媚;
告别了夏秋冬,
永远是春天。

哪年、哪月、哪天,
我们再见?
我愿用一生的岁月,
静静地守候。
独品百年孤独,
只为爱你如初。

(选自本书作者的诗集《走过四季》)

第三十四章　走对人生的每一个路口
——我和小姨不得不说的故事

"人生的道路虽然漫长,但要紧处常常只有几步。"在孩子求学的路上,科学地把控孩子求学过程中的每一个重要节点,就是走对人生的每一个路口。这样孩子就会少走很多弯路。人生可以走弯路,但弯路毕竟不是必经之路。让我们一起跟随作者轻松诙谐的叙述,领悟其中的道理。

一、石门两枝梅

两枝梅芬芳四溢。为什么牛生就偏偏选择"冷美人"?

第一年参加高考,牛生的高考总分比当年本科建档线少3分,没有被本科高校录取,他只好选择去家乡县城的一所高考补习学校复读。补习学校没有宿舍,牛生和同学在城郊租房。房东姓石,家有两个女儿,石冬梅和石红梅,姐妹相差一岁,人称石门"两枝梅"。

大女儿石冬梅,眉清目秀,穿着大方随和,朴素中折射出端庄,容貌中显露出超然的气度,神情举止无不显示她精干、执拗、自信、恬淡的个性,这也成为她形象中蕴含的内在魅力。一头短发,伴随青春的朝气,神采飞扬;犀利的目光,携带着霸气,给人留下难以忘怀的"冷美人"印象。

小女儿石红梅,窈窕纤秀,面部轮廓柔和、精巧简洁,一双眼睛亮而有神,如两颗成熟的黑葡萄,情感如明澈的小溪,让人感觉恬静而温馨,使人心旷神怡。披肩长发,随风飘洒,增添了无限的青春魅力,俨然是父母的掌上明珠,更是无数大男孩梦中的白雪公主和爱慕的对象。

复读的学习生活沉重而枯燥,但因"两枝梅"的出现,牛生在学习之余,不时在心海泛起涟漪,疲倦中洋溢着莫名的憧憬与甜蜜,爱慕之情也油然而生,这给牛生的学习增添了无穷的动力。

那年高考,牛生毫无悬念地金榜题名。接到大学录取通知书后,按家乡的习俗,牛生委托亲友上石门说媒,提亲的对象是石冬梅,几乎令所有人意外——包括"两枝梅"的父母。读者能否从心理学角度,分析牛生选择的必然性?

二、两朵玫瑰花

教师可以分成几类?分别适合什么样的学生?

时光荏苒,岁月如梭,转眼间,牛生大学毕业后回到了县城。牛生和冬梅结婚那年,红梅嫁给了一个包工头。次年,她们各自生了一个女儿,牛生的女儿叫小芬,红梅的女儿叫小红,人称两朵"玫瑰花"。7岁时,两姐妹就读于同一所小学的不同班级。

当年复读时,"两枝梅"都喊牛生"哥";现在,红梅是牛生的小姨子,虽然仍然喊牛生"哥",但已失去了往日的羞涩,语气明显有变化。大家心照不宣,没有人再提过去,双方都在暗中较劲,争取使自己家的那朵"玫瑰"绽放得更靓丽。

孩子在读小学阶段,和班主任处好关系是关键。如果孩子能得到班主任、授课老师更多的关注和恰当的鼓励,一定更有利于孩子的成长。罗森塔尔现象告诉我们,教师对学生的殷切期望,能戏剧性地收到预期的效果。于是,牛生总是不顾学校大会上校领导的三令五申,在教师节、中秋节、春节前买好购物卡,悄悄溜进班主任和授课老师的办公室,趁其他人不注意时,把卡塞进他们办公桌的抽屉里。他总想和老师多聊一会儿自己的孩子,聊着聊着,老师就不说话了,牛生常带着点遗憾离开。

小姨却用另一种方式处理和班主任、授课教师的关系。她常在班主任居住的小区和班主任不期而遇。"老师您好!我是学生小红的妈妈。我婆婆家住对面小区,我给她送点手工包的饺子,您带点回去尝尝。"第一次,小姨很随便地说。班主任谢绝了,但还是表示了感谢。后来,她经常和班主任或授课老师"邂逅",每次和班主任或老师打个照面,寒暄至多3分钟就告别。

随着小姨和班主任、授课老师不期而遇次数的增多,他们彼此渐渐熟悉了。从寒暄到交流,一段时间后,大家不是姐妹却以姐妹相称。春季,小姨常邀请她们去春游;秋季,小姨总牵头陪她们去采摘;有些假日,一大群人在她家里各自动手包饺子,临走时,每人带上一份自己的劳动成果。

这时,牛生才明白,不论是对于什么类型的老师,家长只能用老师接受、欢迎的方式去争取老师对自己的了解,从而给自己的孩子更多的关注。家长可以和老师勤交流,但每次交流的时间一定要短——因为关于自己的孩子,老师没有多少内容可说。和小学老师相处,最理想的状态是频繁的接触和有适度的距离,关键在于走进彼此的生活,而不在于送礼多少。

六年后,两朵"玫瑰"都升入初中。牛生到处打听学校关于这一届初一班主任和授课老师的安排,听说数学吴老师很优秀,正好带这一届初一。最终,他委托当年复读时隔壁班同学爱人的姐姐,请她老公公的战友出面,费了九牛二虎之力,让小芬分进吴老师所带的班级。小姨似乎没费心,便让小红进了也是数学老师任班主任的班级。但一段时间后,两者的差距就显露出来了。

吴老师的确很优秀,但他属于那种事无巨细、亲力亲为的班主任,上课也是如此。每个知识点、每道题,他都从头开始,一步一步慢慢讲解,不给学生留有任何自主思考的空间。而小芬属于思维活跃、反应敏捷的学生,数学成绩一直很优秀,吴老师的授课方式对小芬而言没有任何的挑战性,而且小芬也不适应他"满堂灌"的教学风格,对数学的兴趣因此慢慢减退。因为吴老师早已名扬校园内外,班级配备的语文老师自然弱些,而小芬恰恰语文成绩一向平平。这种选择带来的影响,牛生自己心知肚明,却有苦难言。

小红却完全不同。小学时,她就是学校各类活动的主角,能说会道,语文学科自然是她的强项。数学虽弱,但数学老师却是班主任。小红作为班干,她的工作经常得到班主任的肯定和表扬。不到一个月,班主任效应就开始显现,小红就喜欢上了数学课。兴趣是最好的老师,小红数学成绩的进步自不待言。

班主任的选择结果让牛生明白,所谓"好教师"一般有两种类型,按日本教育学家多湖辉先生的说法,可称作"高智能型"和"高创造型"。高智能型的教师,重点放在教和让学生记上;总是出示样板,让学生模仿,强调"传道受业解惑";讲课循循善诱,面面俱到。他们始终把学生看作被动的信息接收者,强调"听话照做"。在小学和初中,这类教师所教班级的学生相对容易获得高分,深受学习认真但思维反应稍慢学生的欢迎,常被家长认为是工作"认真负责"的楷模。

高创造型教师的特点是让学生发现,让学生提出自己的想法,"允许脱轨"。他们讲课提纲挈领,重点是启发学生思考,引领学生自己得出结论。他们强调知识的动态性。对小学和初中学生而言,从应试教育的角度来看,其效率似乎低一点。但他们给思想、给方法,在培养孩子思维方面有优势,适合思维活跃、反应敏捷、主动思考的学生。更多的老师可能是两者的结合,只是倾向不同而已。老师没有最好,只有最合适。

小学和初中,牛生和小姨对自己"玫瑰"的管理,牛生略微逊色。

三、战线看不见

高中时,怎样为未来的人生规划做准备?

高中不属于义务教育,不再像小学、初中那样根据划定的学区就近入学,而是根据中考成绩填报志愿,最终根据录取的结果报到入学。小芬中考数学没有取得牛生期望的优异成绩,语文成绩也不过中等,她没有被当地排名第一的省示范高中录取,只是上了一所市属重点高中。小红中考成绩相对弱些,被另外一所高中录取,姐妹俩人去了两所高中。

牛生接受初中分班的经验教训，高中分班时，他没有托人情，而是顺其自然，结果小芬被分到历史教师任班主任的班级。牛生是通过高考改变自己命运的，自小就坚信"学好数理化，走遍天下都不怕"，当然建议小芬不选择历史，高二时不得不换班。从高一开始，他每晚都陪女儿刷题，其中的艰辛不言而喻。那年高考，小芬超出一本控制线近百分，牛生给她填报了一所"双一流"理工科大学。他从网上获悉，中国的航空业将迎来大发展，和航空业配套的机场都属大型省属企业或央企，机场的工作环境也很"高大尚"，所以牛生给她选择了机场运营与管理专业。

小红高中选择了文科，英语老师任班主任。高一下学期，她拾起了原来文艺的强项，学起了播音主持与编导。高考时，她以艺术生报考，后来被一所普通高校的艺术学院录取。

两朵"玫瑰"上大学后，牛生长长舒了一口气，自认为别人都已经看到了小芬超过了小红。逢年过节，牛生和小姨在她娘家相遇，他总有一种莫名的优越感和兴奋，那种发自内心的骄傲常不自主溢于他的言表。牛生和小姨只是礼节性打招呼，关于两朵"玫瑰"的学习和未来，他们心照不宣，从来都不提。

四、未来犹可期

小学和初中有哪些重要的转折点？孩子在职业规划时，需要做好什么样的准备？

大三那年，牛生让小芬向学校申请，作为交换生到国外学习一年。这一年的学习费用，几乎花光了他家的全部积蓄，毕竟他是工薪阶层。小芬大学顺利毕业，紧接着到处投简历，找工作。好在小芬毕业的大学在国内颇有名望，她的大学学习成绩又十分优异，在顺利通过笔试、面试后，终于被一家知名机场录用。

到机场上班以后牛生才知道，实际工作情况和他想象的相距甚远。机场都在市郊，距离市中心很远，且都是24小时工作制、轮休，越是节假日越忙。最要命的是——用小芬自己的话说,刚毕业的大学生,工作就是"打杂",技术含量很低。工作一年后,小芬辞职了,回家复习考研。

小红进大学后就参加学校学生会的竞选,很快成为学生会副主席,大二下学期就光荣地成为一名预备党员,大三备战考研,大学毕业后考研成功,直接被一所高校艺术学院录取为硕士研究生。研究生毕业后,因为是党员,又有学生干部的履历,她参加了高校辅导员的招考。今天,她已是有高校事业编制的工作人员。上个月小红结婚了,有了自己温馨的小家庭,丈夫是名大学教师。小姨正在美滋滋地等着抱外孙。

此刻,小芬考研刚刚上岸,还是研究生一年级的学生,就业前景扑朔迷离。这时,牛生才蓦然觉醒:早在小红很小的时候,小姨就已给她的未来确定了大的发展方向。随着小红的成长,这个方向越发明确、清晰。考上大学的那一刻,她们就在为将来的工作做准备。而牛生还自认为聪明。

孩子的初等教育,不包括幼儿园,至少是12年,家长做不到全程陪读,但把控孩子在求学过程中的每个关键节点却是可以做到的,而且十分必要。所谓节点,不仅是指小学、初中或高中的入学,也包括其他一些敏感时期,如期中或模拟考试的前后;还包括一些重大或突发事件的处理,比如同学之间矛盾的处理。节点犹如人生的岔路口,处理好则少走很多弯路,但处理不当,轻则事与愿违,重则功败垂成。在小芬求学的路上,在重要节点的处理方面,牛生的智慧比不上小姨。

小姨的女儿小红结婚那天的晚宴上,牛生坐在小姨的对面,他悄悄端详小姨端庄的面容,发现在柔和灯光的映衬下,小姨分外靓丽,越发妩媚。二十多年的岁月流逝,小姨芳华依旧,还增添了许多成熟女性特有的魅力。他从来没有发现小姨如此之美。回顾自己的人生历程,回想两朵"玫瑰"的成长经历,牛生百感交集,思绪万千。他突然有些后悔,不是因为当年委托亲友说媒时没有选择小姨……

两朵"玫瑰"的求学经历已成过去,往事不可追,未来犹可期。未来,牛生和小姨还有哪些故事呢?

在漫漫的人生征程中,人可以走弯路,但弯路毕竟不是必经之路。孩子在成长的过程中,虽然不至于"一着不慎,满盘皆输",但把控好人生节点对孩子成长的影响却十分深远。也许,本文只是作者杜撰的一个故事。各位读者从两朵"玫瑰"成长的历程中,又获得什么样的启示呢?

拓展阅读十九　成人的三种生活态度

孩子,常在观察中模仿成人的言行。我们在引领孩子成长的过程中,是否思考过当今成人的生活态度?

1. 内求　婴儿自出生以来就拥有探索和成长的天性。有些人步入成年之后,依然保持强烈的进取欲望,苛求个人成长。这些人喜欢内求诸己,不(善)假外物;坚信唯有自身强大,才能体现个人的价值。他们生活可能清贫,但精神却很富有;有的人可能终生都壮志难酬,但却活得很有尊严。

2. 躺平　在这百花竞放、百舸争流的时代,一个人想有所成就谈何容易!在经历多次努力却始终平庸或遭遇挫折之后,有的人便选择把人生交给命运,如同大海上的漂流瓶。今日社会,处处可见与世无争、随俗浮沉的成年人。他们不思进取,只求明哲保身。终其一生,或清欲寡欢,或浑浑噩噩。

3. 外求　人总是不甘寂寞的,如果他不选择内求、躺平,自然就会选择外求。生活中,常见少数人宽以待己、严以律人,不追求个人的成长与发展,而是把希望甚至是命运寄托在别人身上。极少数人不想努力却又想分得一杯羹,溜须拍马,阿谀奉承,甚至跪舔。这样的人生,意义何在?

三种生活态度在不同的人身上有不同的表现,在同一个人的灵魂深处,不同时期也有暂时的差异。

第三十五章　杜绝成长过程中的"跑冒滴漏"
——学生"内耗"现象拾贝

在漫长的求学生涯中，部分学生常因自身的原因引发"内耗"；少数学生因一些事情处理不当，还严重影响学习甚至前途。本章所举的例子，在现实生活中都有不同形式的存在，只是笔者在归纳整理的过程中，进行了必要的创作加工。希望这些故事能引发读者深刻的思考和足够的重视。

一、身材高大的风险

小学生和初中生，判断事情性质的方法是什么？

戴明是个 13 岁的男孩，可能是遗传的原因，加上成长过程中营养充足又喜欢运动，刚上初一身高就达一米七五。一头浓密的黑发，脸部轮廓分明，体魄强健，看上去，他俨然像一位体校的高中生。然而，他却是一个文静还略显腼腆的男孩。他热爱学习、与人为善，人缘很好，刚进初一不久，就赢得了很多同学的信任，多数同学喜欢和他在一起，上次班会还被推选为班长。

一天午饭后，邻桌的鲁中同学含着泪水走进了教室。这位弱小的同班同学，中午在食堂买饭时，因隔壁班一名男生可能是不小心也可能是插队撞了他，他盛了饭菜的餐具盘跌落。也许是刚入校不久，对环境不够熟悉，胆小的鲁中没有向工作人员报告，工作人员也没在意。午餐时间结束了，他还饿着肚子。

"不行！刚进学校不能这样被欺负。"班级里爱挑事的同学开始带头发话了。

"我们去找他评评理。"有同学附和。

"走,到隔壁班去,我们都去。"有人在起哄。

戴明不想去,但又不好意思直接表示反对,他在犹豫。

"我们又不是过去打架,"有同学开始劝说了,"你跟在我们后面,听我们和他理论。"

"对,戴明不用说话,只需跟在我们后面,凑个人数。"

刚入校的新生,吵架开始后很难自控,虽然没有动手,事情还是闹大了,惊动了政教处。"必须严肃处理,抓一两个典型,惩前毖后。"这是分管政教工作书记的意见。不由分说,戴明就是典型中的一位,政教处要他在全班同学面前作检讨,并撤销他刚当选的班长职务。对于一名刚入学的初一新生来说,这样的处分带给学生本人的影响可想而知,戴明的学习成绩也每况愈下。

心理学告诉我们,"群体的行为不是受大脑而是受无意识动机的支配,它常取决于偶然发生的激发原因"。当他人在场时,人们会降低自己对结果的责任感,所以在人群中会有更多的攻击行为,这就是心理学中所说的"责任分散效应"。

因为身材高大,被同学拉去"凑人数"的事曾在一些学校以不同的形式出现。身材长得高难道有错吗?没有,答案是肯定的。但如果把握不当,就有可能带来风险。

戴明的同班同学方略虽然不及戴明有影响力,但也是一个身高一米七三的男孩,那天中午他也在教室。同学要他一起去时,他首先建议去报告班主任。

"我们已经是初中生了,只有小学生才喜欢打小报告。"有同学立刻否定,"我们自己的事,自己处理。"

方略想起了自小时候起,妈妈就一直告诫他的行为原则:凡是不敢告诉老师的事、不能对爸爸妈妈说的事,就坚决不要做。于是,他灵机一动,脱口说道:"我妈妈说今天中午过来,我下去看一眼她来了没有。"他趁机走开。

青少年学生,特别重情义,如果被要求去参与一些自己不愿做的事情,应该首先想想方略妈妈的叮嘱,不能让自己的优势变成负担,不要因为所谓的面子违背原则。平时在和同学交往的过程中,要主动表明自己的处事原则,让对方开不了口。如果对方不顾情面开口了,回绝他也是合情合理的事。

二、长得美丽的烦恼

高中生如何妥善处理来自异性的钟情?

对于年龄更大一点的学生来说,有时他们还有另外的烦恼,那就是感情的困惑。如何顺利度过青春期,男生的家长有压力,女生的父母更是为此焦虑。

柳艳确实长得很美,跨入高中以后,身材修长,婀娜纤秀,弯弯的细眉更映衬了面容的俊俏。一双明亮的眼睛犹如成熟的黑葡萄,秋水盈盈,不时嫣然一笑,露出两个浅浅的酒窝,张扬的个性中还时常流露少女特有的羞涩,更是魅力四射。

高二那一年,她收到了隔壁班级一名男同学的"那封信"。次日课间操结束后,她不假思索直接去了隔壁的教室,当着很多同学的面,把"那封信"甩在讲台上,并走到那位男生面前,把男生的几本书扔出教室,一边扔还一边奚落、嘲讽。

男孩无地自容,很快辍学了。男孩告别了学校,却没有舍弃自己心中的这份情愫,他总是三番五次地通过各种方式找柳艳,柳艳的成绩也因此一落千丈,高三上学期便回家了。后来听说他俩走到了一起,有了孩子但争吵不休,大约在孩子两岁时分道扬镳。具体细节,知之甚少。

女孩子天生丽质,在给自己带来自信的同时,也可能会带来意想不到的烦恼。在这方面,赵雅美就做得很好。

赵雅美也是一位长相动人的女孩。人们常用大眼小嘴等词来描述女孩子的美丽,其实,美并没有固定的模式。赵雅美面容的局部并不俊美,但构成的整体却分外动人。交往时,适时轻声莞尔一笑,乐而不语,给人留下无尽的想象。

早在她初中的时候,她妈妈就多次和她交流,很多叮嘱她早已铭记于心,大意是:女孩子必须珍惜自己拥有的美丽,纵然国色天香,可以值得自豪,但千万不能视之为资本。"青春饭"不稳定,也不长久。集美貌、品质和才华于一身的女性,最值得尊重。同时,她妈妈还和她分享了很多青春期容易发生的故事。

在高二上学期,赵雅美也收到了同班一位男生的"那封信",她很巧妙地处理了这件事。她选择在运动会的操场上,在大庭广众之下,在其他同学没有在意的时候,开诚布公地和对方交流。她首先感谢男生对自己的肯定,接着用委婉的方式表明了自己明确的态度。最后,赵雅美调侃地说,"作为中学生,未来的变数太多,但没有成绩一切都失去了根基。如果你愿意,我们可以开展学习比赛,说不定高中毕业后还有重逢的机会。但我们约定:在没有考上大学之前,可以默默地关注,绝不可以有任何超出同学关系的联系"。

一年后高考,俩人都取得了很好的成绩,一人录取于北京的一所高校,另一人上了南方的一所大学。关于他们后来的故事,我们不得而知,但也不重要了,因为他们已是成人,有能力独立处理自己的事。

"哪个少女不怀春,哪个少男不钟情?"青春期的少男少女,常是"情不知所起,一往而深",那种"剪不断、理还乱"的万千情愫,常让人有着无法忍受的煎熬。一件小事处理不当,都有可能成为人生的一个转折点。总有人把中学生的这段情感历程说成是"早恋"或"早恋迹象"而一棍子打死,其实,这是多数人在成长过程中必然的经历。赵雅美的聪明,不仅成全了自己,也成全了别人。

如何处理来自异性同学的钟情?可以用三个词概括。

1. 尊重　无论是女生还是男生,都必须做到既不要以此来炫耀,更不要奚落对方;尊重是最基本的品质,要珍惜同学之间的情谊。

2. 明确　尊重对方,但不要给对方留有幻想,也不给自己的青春留下遗憾;态度可以委婉,但观点必须明确。

3. 保密 可以向对方开诚布公地表明自己的坚决态度，但不要动辄和同学分享，报告老师，做出让自己日后后悔的事；不到严重影响学习的程度，不和家长商量对策。

三、老师相处的艺术

学生怎样理解老师可能给予自己的"不公正"？

如何和老师相处，对于高年级的学生来说也是一门学问。

一次考试，班主任历史老师给学生吴子秀的一道问答题计6分，而吴子秀发现另一名同学和她的答案几乎一模一样，却比自己多得了2分。她认为，"如果不是班主任偏心、对自己不公，就是班主任工作不负责任"。她觉得这不是班主任应有的行为，但她又不敢和班主任直接交流。正巧学期结束前，学校开展优秀班主任的评选工作，学校挑选部分学生，想听听他们对班主任工作的评价。吴子秀在被挑选的学生之列，她直接表明自己的态度，说"班主任工作不负责任"。

后来，吴子秀的班主任在"优秀班主任"的评选活动中没有入围，这也许和吴子秀的那次表态没有任何关系，且班主任对待工作和对吴子秀的态度一如既往，但吴子秀心里总是忐忑不安，上课时常神不守舍，课堂上回避班主任的目光，成绩也逐渐远离了优秀。

学生赵源也曾对班主任有过误解。同样的过失，班主任没有惩罚第一位学生却惩罚了他。就在他满腹怨言、心绪难平之际，他想起了父母自幼的叮嘱，慢慢就坦然接受了。父母早就告诉他：大有大难，小有小难，老师也有自己的苦衷；不要在背后说任何人的坏话，那样做没有任何意义；凡事不要依赖任何人，最终只有靠自己。所以，他对任何老师似乎都不即不离。因为这样的心胸格局，很多同学喜欢和他在一起，老师也很喜欢他，他学习成绩虽不卓越却始终优秀。

培根曾说，"不要期待和自己交往的每个人都是圣人"。但很多人在和别人交往时的心态却与之相反，学生更是期待老师十全十美。教师被称为辛勤的园丁、人类灵魂的工程师、阳光下最崇高的职业，但教师本身也是鲜活的生命个体,他们也有自己的快乐和烦恼、长处和不足。当他们的表现和学生期待的形象不吻合时,少数学生常求全责备。

金无足赤,人无完人。教师只是一份职业,也是凡夫俗子,也有自己的喜怒哀乐。多一分理解,必然多一分收获。

四、减缓内耗的学问

引发学生内耗的因素还有哪些呢?

下面因素也可能引发学生内耗,影响心境和学习。

<u>家长观念</u> 在成人的世界里,有没有超出利益的友谊,答案可能因人而异。现实生活中,因为友谊而成为一个团队的成员共同去谋利时,多数是不欢而散。相反,建立在共同利益链条上的友谊,可能利尽人散,却能在利益续存期间,无惧风雨,并肩作战。于是,有些家长过早地向孩子传输"实用至上"的精致利己主义思想、"明哲保身"的中庸之道,经常干预孩子和同学的正常交往,孩子为此十分苦恼。

把杯里的水无损耗倒入试管里,水的量没有发生变化,对于成人来说,这几乎是不需要思考的常识。但对5岁的孩子来讲,他看到水面上升便说"水增多了"。教育有一个基本的原则,就是不能跨越被教育者年龄所制约的认知层面。在不当的年龄,和孩子说不当的事情,当孩子接受不了又无力改变时,就会陷入无尽的纠结和痛苦中,甚至引发绝望。家长无法让孩子理解的问题,常是因为孩子没有到理解这个问题的年龄。

<u>同学关系</u> 世界五彩缤纷,并不是非黑即白。同学之间要以开放、豁达的心态相互学习。同学间的友谊,主要体现为学习与生活中的互相关心和帮助。但是,学生也要学会"拒绝"。

陈玉是个很随和的孩子,为人诚恳,乐于助人。和同学交往过程中,他总是面带淳厚的微笑听别人说。有少数同学不停地邀他做这做那时,他很烦却不知如何拒绝。后来,班主任告诉他,凡事都有原则,如果有同学提出超出原则的要求时,在第一时间就要表明立场,在给足同

学面子的同时,明确地表明自己的态度,敢于坚决但需委婉地说"不"。从此,同学关系不再成为他的负担,而成为他生活中一抹明媚的阳光。

<u>课外活动</u>　学生应该要有清晰的集体意识和强烈的集体荣誉感,积极参加集体组织的课外活动,这既有利于放松身心、陶冶情操,又有利于其他能力的培养和个体的全面发展。

白勇同学喜欢运动,他是学校的足球队员、篮球队员,也是学校的音乐队架子鼓手。几乎每个周末、假日,他不是在训练、比赛,就是在去训练、比赛的路上。但他没有从这些活动中收获愉悦的体验,反而常因一些比赛结果而耿耿于怀,学习成绩总是在及格边缘徘徊。直到后来,在班主任的建议下,白勇进行了取舍,自己的精神状态和学习面貌才有明显的改善。

<u>杜绝内耗</u>　一些企业在经营或生产过程中,并非市场竞争恶化,而是管理中存在"跑冒滴漏"的现象,才致使自身衰落甚至破产。青春期原本是多事之秋,影响学生学习和成长的因素有时不是来自学习或成长本身,而是来自意想不到的小事。"内耗"有时严重影响学生的心境,甚至是学习和成长,极少数学生可能因此改变了自己的人生轨迹。希望各位家长从本文中获得一些有益的启示,最大限度地帮助孩子杜绝学习和成长过程中的"跑冒滴漏"。

拓展阅读二十　"三要三不要"

北京邮电大学赵玉平老师在《百家讲坛》中曾说,"要理解别人的不理解,要原谅别人的不原谅,要接受别人的不接受"。

《培根论人生》一书中,笔者提炼出三句话:不要期待和我们交往的每个人都是圣人,不要奢望别人因为我们而杜绝私心,不要因为别人爱自身超过爱我们而心生怨恨。

第三十六章　漫漫航程的灯塔
——浅说家庭文化

在孩子的成长过程中,家庭文化的熏陶有着不可替代的作用,孩子的行为因家庭文化的引领而有了准则。什么是家庭文化?它是怎么产生的?建设和维护的最大困难在哪里?它和其他的外部环境是什么关系?阅读了本章,一切将了然于胸。

一、说家庭文化,明兴衰之理

家庭文化有哪些作用?如何建设优秀的家庭文化?

<u>定义</u>　人们常说家庭文化。什么是家庭文化呢?家庭文化就是家庭成员普遍认同且自觉遵守的一系列观念和行为方式的综合,是家庭成员的思想、价值观、态度和行为方式等主观因素的总称。简而言之,家庭文化就是家庭倡导什么、反对什么,是家庭成员之间形成的一种默契。它是父母双方"三观"(人生观、世界观、价值观)的集中呈现,是父母的人生哲学运用于生活实践及家风在传承过程中的具体表现。

<u>价值</u>　家庭文化有哪些作用?简单、直接的说教常使人抵触、厌烦,即使暂时被接受,但因对旧有的观念有了情感,它们很快会将人带回原点,使他又恢复过去的样子。在过去三四十年的研究中,心理学已经证明了文化是一种对人类具有重大影响的环境因素。只有环境的熏染、优秀文化的浸淫,才如涓涓细流经年累月在心中滋润、流淌,日积月累,量的积累必然引起质的飞跃。潜移默化的力量常有滴水穿石的功效。

家庭文化是对孩子成长影响最大的外部环境,自幼植根于孩子的内心,无时无地不在对孩子的言行施以影响。无论将来孩子是走向成

功,还是归于平庸,都和家庭文化的影响有着无法割舍的联系。优秀的家庭文化犹如漫漫航程中的灯塔,时刻引领孩子前行。

<u>缔造</u>　家长是家庭文化的缔造者,家庭的每位成员不仅是文化的见证人,更是文化的实施者。家庭文化的传播主要是文化缔造者以身作则,结合生活细节,向家庭其他成员渗透家庭倡导的行为准则。对于这个准则,父母双方必须在孩子面前保持高度的统一,且必须在相当长的时间内保持逻辑的一致性和稳定性。父母是孩子的第一任老师,好家长就是一所好学校。

土地不种庄稼就生杂草。如果一个家庭没有优秀的家庭文化,就必然滋生落后、消极的家庭文化。家庭的崛起或衰落,一般总是先从文化的兴盛或凋敝开始。这时,如果恰逢外部提供某种变化的契机,就会成为家庭起落的始点、质变的开始。

二、品酸甜苦辣,赏沿途风景

建设家庭文化的最大障碍是什么?怎样看待家庭矛盾对孩子成长的影响?

家庭文化的建设与维护,最困难之处是父母观念的不相容。在孩子成长过程中,父母观念的矛盾常使孩子陷于纠结和万劫不复的痛苦中。

绝大多数夫妻间的亲密程度和年龄的关系呈 U 字形。在孩子的成长期,他们正值中年,常处于这个 U 字形的底部。所以,年龄相近的中年人在一起聊到婚姻话题时,普遍认为当今社会的美满婚姻是难得一遇的。当夫妻之间有了不可调和的矛盾时,有人选择维持"死亡婚姻",有人选择"新的开始"。这些年来,我国公民的离婚率一直居高不下,有些地区还呈现逐年走高的趋势。在有些学校,一个班至少有 10 名以上的学生来自单亲家庭,这种现象已经是屡见不鲜。

电视上,我们经常看到很多年过花甲的老人,面对镜头,面对千万观众,在回顾自己的爱情时,都掩饰不住内心的激动,羞涩的甜蜜也不

漫漫航程需要灯塔。人生的旅途灯塔是什么？

由自主地溢于言表。今天,是什么原因导致这么多人背离爱情、家庭解体?简单归结起来,可能有以下几个方面的原因。

1. **缺乏深厚的根基** 坠入爱河的情侣,经常在虚幻中迷失自我。恋爱时,很少有人去思考自己究竟是一时的冲动,还是久蓄的爱慕;吸引自己的究竟是对方的品质、才华等内在因素,还是对方的容貌、家境等外部条件;特定时期的一些廉价行为如献殷勤,也会被放大好几倍,被美化成为美好的品质。其实,他们爱的常不是对方,而是理想中的恋人,对方已被美化为自己想象中的原型,因而获得了全部的感情投射。

2. **现实生活的残酷** 结婚后,现实生活中的柴米油盐,很快会把坠入爱河的人从"罗曼蒂克"中惊醒。对方原先的很多魅力,如学生时代的学习成绩优秀,随着时间的推移日渐不复存在。市场经济的波澜,社会节奏的高速,使很多夫妇无力经营婚姻。这时,任何一个外在的因素都可能成为婚姻解体的催化剂。

3. **认知发展的差异** 鲁迅在小说《伤逝》中说,"爱情必须时时更新、生长、创造"。结婚后,由于夫妻双方认知的不同步发展、彼此差距的日益拉大而无法调和,双方丧失了曾经拥有的共同生活层面,也助推了离婚率的攀升。

<u>争议不断</u> 离婚需要勇气。它究竟是社会进步的标志,还是现代人过于轻率?换种方式生活,幸福的概率有多大?关于这些话题,争议一直不断。在倡导男女平等、追求个性独立的今日社会,离婚现象已被越来越多的人接受。在追求个人生活自由、幸福和保持孩子原生家庭完整之间,少部分人无论怎样选择,都是他们的权利。

<u>一种观点</u> 有一种观点一度被广泛传播:来自单亲家庭的孩子,心灵是残缺的,心灵深处的伤痛很难愈合。从理论上来讲,夫妻离异确实会给孩子带来伤害。但假如夫妻生活在一起,不仅经常当着孩子的面吵架,甚至大打出手,这种战火纷飞的局面,带给孩子的伤害岂不是更大?单纯从这个角度来看,父母离异对孩子来说也未必完全是件坏事。夫妻离异带给孩子的最大影响,是他们离婚后对待孩子的态度和对待

孩子行为方式的变化,以及孩子能否适应新的生活。

<u>生命历程</u>　人的一生短暂而漫长,免不了尝酸甜苦辣,品人生百味。在人生的征程中,有些环境是自身能够改变的,要努力去转换;有些环境是人为改变不了的,只能努力去适应。人要努力学习,提高自己的认知水平,使自己有能力去分辨哪些环境能够改变,哪些环境只能适应。

<u>崇高价值</u>　生活的征途不可能总是平坦的。人生的失败,常不是因为外部环境的险恶,而是因为自身意志的丧失。有志者,事竟成。人生的结果是重要的,但更重要的是过程。生命最高贵的价值,体现在追求崇高目标的漫漫征途中。这些理念也应该成为家庭文化的一部分。

三、处五色同学,不迷失方向

不同阶段,同学之间的主要矛盾不同。如何对待处理?

同学间的相互影响是孩子成长过程中另一个重要的环境因素。幼儿园、小学、中学的各个阶段,同学之间的矛盾和解决矛盾的策略各不相同,时刻都体现着家庭文化的处事思想。

<u>幼儿阶段</u>　这个阶段,家长最关注的是孩子之间的"吵架",家长对孩子吵架的看法因遵从的文化不同而异。例如,注重逻辑性的法国人则是一声不吭地看着孩子吵架,同意双方动口不动手、通过争论解决问题,只有在孩子动手时才出面制止;而美国人,据说就像西部电影里所描写的那样,有时候,大人们不动声色地站在一边,看着孩子在一起扭打。

我国遵从集体主义文化,家长倡导同学间和睦相处。而在实际生活中,当同伴阻碍自己实现愿望时,尚不能控制自己欲望的孩子总是想通过争吵来解决问题,这使得孩子间的吵架成为很自然的事情,这也是他们接触社会、提高自身认识的一种途径。

吵架虽有积极的一面,但家长也不能掉以轻心。如果吵架发展至打架,孩子因为把控不住自己动作的力度且危险的意识很模糊,就有失手的风险。所以,家长要严厉告诉孩子:有事好商量,如果吵架,绝不允许动手,这是底线。

在短视频里,常有极少数家长对自己的孩子说,"只要对方打你,你就勇敢地打回去"。其实,有时孩子动手,只是为了求得某种暂时的平衡而已,并没有真的"伤人"之意。刚才还在吵架,转眼就"化干戈为玉帛",这种现象在孩子间十分常见。如果孩子牢记"打回去"的思想,"打架"的意识就比较强烈,有时可能把对方的某些行为错误地解读为"对方打我",在拿不准对方是否真的要动手打架时,经常也是自己先动手,而且"得理不饶人"。

一些孩子在幼儿园受到同伴欺凌或伤害以后,总有少数家长去对方家里,天真地认为对方会教育他的孩子,并向自己表示歉意。实际情况是,有其子(女)必有其父(母),其父母多数也蛮横霸道。所以,万一遇到这样的事,家长要先去班主任那里了解情况,投石问路,千万不要冲动,以免自己进一步受到伤害。从长远来看,社会是公平的,肯定会在恰当的时候,以恰当的方式给他们补上深刻的一课。

小学阶段 孩子上小学后,家长总是期待、鼓励孩子和比自己优秀的同学交往。中国有句俗语,"结交须胜己,似我不如无"。其实,内向、不自信的孩子同能说会道又很活泼的孩子在一起时,便会感到对方对自己是一种压力,从而会产生自卑感,产生心理上的防御。成绩一般的同学和成绩优秀的同学交往,可能使自己有一种劣等感。现实生活中,人们欣赏、接受别人的优秀,却很难忍受别人的优秀给自己带来的压力和尴尬。同学之间的交往,首先需要没有构成压力的环境和条件,然后选择相互认可、欣赏的同学,以增强彼此的自信。

在小学阶段,孩子尚没有出现人们常说的"叛逆"。家长需要及时帮孩子理清一种认识:到学校是学习的,和同学相处是为了更好地认识社会、更好地成长。"人上一百,形形色色",这是真切的社会现实。在任何时候,无论和什么同学交往,都要清楚自己当前的主要任务和目标,不能因为同学交往而迷失方向;更不能因为同学,去做一些违反原则的事情。

同时,务必告诫孩子,尽量远离消极、粗鲁、负能量爆棚的同学,谨慎与那些来自问题家庭的同学交往。父母中,只要有一人家暴、吸毒、酗酒、赌博、在社会上打架斗殴,这种基因必然遗传给孩子。这样家庭的孩子虽然是无辜的,有的学习成绩可能暂时还十分优秀,但只要有适宜的环境,他们身上携带的基因特征就能被唤醒,一旦被唤醒,结局常常难以预料,甚至会使自己的人生轨迹发生突然的逆转。家长要倡导同学间的相互学习与帮助,但不要高估自己的能量,更不要有改变别人的企图。那些高素质家庭的孩子,即使成绩暂时较弱,也是发展朋友的重要对象。这些同学之间的交往原则,一定要镂刻在孩子的脑海。

中学阶段　孩子进入初中阶段,必须要有几位关系亲密的同学。有一个好的学习同伴的重要性不亚于选择一所好的学校。但同学交往务必严格遵守"有限交往"的原则。关系亲密的同学之间交往,也要"不干预对方内政",即不打听他的秘密、不干预他的私事。多数人都有贪小利的顽疾,在物质方面不妨慷慨大方一些,这也是度量的体现。在同学关系中,如果发现自己的孩子能成为同伴的"头",在自豪的同时也该思考,是什么因素让他受到同学们的尊重? 这种因素有没有进一步发展的空间? 将来能否成为立业的根基? 需要注意什么?

学生都"真""纯""诚",走进学校,只是走向社会染缸的开始。如何培养孩子的独立精神、"里方外圆""和而不同""外化而内不化",这也是家庭文化的重要内容。

四、食五谷杂粮,更健康成长

变换班主任和授课老师有哪些利与弊?

在一些学校,班主任、授课老师变换已是常态。这是孩子成长过程中一种重要的环境改变。学期中途随意变换老师的现象应该制止,但每学年(期)按计划有序的变换应该提倡。这样做,既有利于学生的成长,又有利于老师业务能力的提升,但目前很难得到家长的理解和支持。

学生方面 青少年时期，正是人格发展形成时期，学生的模仿性和可塑性特强，老师的一言一行无不对学生今后的人生产生深远的影响。学生年龄越小，教师在其心目中的权威性越高。学生有意或无意模仿教师言行的现象，年级越低越普遍。

相对于小学生，初高中学生已有了对事物初步判断的能力。每位老师都有自己的教学特色和风格，不同特色和风格的教学会对学生产生不同的影响。学生只有接受更多老师的指导，才能得到更多的启发，获得更多的灵感和创意。"三人行，必有我师焉；择其善者而从之，其不善者而改之"，方有更大的发展。学生倘若常年只接受少数老师的教学，就容易形成思维定式，很难有宽广的胸怀和开阔的视野。鲁迅先生说得好，读书"必须如蜜蜂一样，采过许多花，这才能酿出蜜来，倘若叮在一处，所得就非常有限，枯燥了"。学生接受教育也类似。长期接受几位老师的教学，不利于孩子思维的发展和综合素质的全面提高。

老师方面 老师都是成人，成人的思维一旦定型就很难被改变。长时间和学生在一起，老师很难持续有新意。一段时间后，老师的教学特色和风采都得到了淋漓尽致的呈现。尽管老师不断学习补充新知识，但老师更新知识的速度，总是很难跟上思维活跃的学生对新事物的渴求速度，老师很快便有被掏空的感觉。一些学生听课不够认真，固然与其学习态度有关，但与少数老师教学时老生常谈、缺乏新意也是分不开的。

常言道，教学相长，教学的过程也是老师自我成长、相互学习的过程。学生们熟悉老师的思维方式并被慢慢同化以后，对老师的反向刺激作用越来越弱。每学年(期)变更一次教学对象，有利于老师业务水平的更快提升。

家长方面 绝大多数家长反对孩子每学年(期)变换一次老师，主要有两方面的原因。其一是多数家长对学校的信任是有限的，很脆弱，他们对学校关于孩子班级安排的任何变动都分外敏感。家长总担心学校会为了自身工作的方便,给孩子的教育带来不利的影响。其二是家长担心新老师了解孩子、孩子适应新老师又需要一个过程。孩子已经适应了原来的老师,换一位新老师,孩子又要花时间去适应,甚至不能适应。

其实,家长的这种顾虑多数时候是小题大做或来自臆断。多数成年人都喜欢安逸,有患得患失的心理,而青少年的适应能力和接受新事物的能力通常远强于父母的想象。

营养学研究表明,即使某种食物营养价值很高,长期食用也会造成营养失衡,而食五谷杂粮,则更利于健康成长。教育的目的是引领学生成才、成人。"有目的地适应环境、塑造环境和选择新环境的能力,统称为情境智力",这是美国心理学家斯滕伯格三元智力理论的重要研究内容。心理学倡导的核心是"适应",家庭文化也应该体现这种思想,努力培养孩子的适应能力,以吸收来自更多老师输出的能量。

五、以包容心态,做理性家长

作为家长,最优秀的特质是什么?

在这套书的自序里,我们将家长简单地分为三类:经验型、从众型和智慧型。其实,家长还可以有其他的分类方式。

<u>1.能干型</u>　生活中,时时替孩子包办的父母无处不在,除了学习本身,其他一切事务均不要孩子操心,尤以妈妈多见。因为母亲的能干,孩子失去了很多思考和实践的机会。这类妈妈教育出来的女儿,可能在初中时就出现严重的叛逆,而且有的可能没有处人、处事的能力,而立之年依然没有办法找到合适的伴侣。如果是男孩,多数会缺少阳刚之气。这类家长请反思自己。

<u>2.放任型</u>　与处处干预孩子的家长相反,有少数家长可能是自己玩心太重,可能是因为工作,也可能就是这种性格,他们几乎不关心孩子的学习,任其发展。如果家长不能给孩子树立正面的形象,那么这样家庭培育出来的孩子的学业前景就会不乐观。在孩子小的时候给予适

当引导,随着孩子年龄的递增慢慢放手,在关注中助力成长,不失为值得倡导的教育方式。

<u>3.严厉型</u>　确实有少数家长,在孩子小的时候就有明确的要求:每次必须考进班级前几名,否则就惩罚。这类从小就被严格要求的孩子,长大后多数考取理想的大学,虽然他们中多数人幸福感不足。这种做法有一定的风险,家长需要把握好"度"。高压不宜过大过久,否则孩子出事的比例更大。

不论是什么类型的家长,自身情绪的稳定,教育思想的明确,保持行为、思想逻辑的稳定性和连续性,对孩子而言都是至关重要的。给孩子信心与力量,以包容、开放的心态和孩子相伴成长,做理性父母,更有利于孩子的健康成长。

拓展阅读二十一　酝酿效应

当一个问题反复探索而不能被解决时,把问题暂时搁置一段时间,如几小时、几天或几个星期,然后再回过头来思考,可能很快就有了解决问题的思路,找到解决的办法。这种现象称为酝酿效应(incubation effect)。

因为在酝酿期间,解决问题的思考虽在意识中被中断,但其思维过程并没有完全被终止,仍在潜意识中断断续续地进行。

通过酝酿,沉睡的记忆被唤醒,和最近的记忆整合在一起,弱化了心理定势的影响,很容易激活比较遥远的思维线索,因而实现了信息、思维资源的重构,获得了新的灵感或顿悟,对问题有了新的看法和解决思路,使问题得以顺利解决。

第三十七章 人生腾飞的契机
——说说高考那些事

近几年来,全国每年参加高考的考生总数都超过1000万。1000万考生背后更是一个庞大的群体。高考被认为是世界上规模最大、工程最复杂的考试,它不是改变考生命运的唯一方式,但却是绝大多数考生实现自己人生腾飞的契机。让我们一起来说说有关高考和填报高考志愿的那些事。

一、考试类型简介

考试有哪些类型?各类型考试特色是什么?

考试的目的决定了考试的性质。人们根据考试的性质给考试分类。我们常见的考试类型有验收型考试和选拔型考试。青少年音乐考级,大学英语四、六级考试属于验收型考试。验收型考试的目的是检验参试者某方面的知识与水平,它不论参试者人数多少,只要参试者达到某个标准就能拿到相应的证书(有的证书有"合格""良""优"之分)。而选拔型考试却与之不同,它的特点和目的就是实施"淘汰"和"选拔"功能,总是相对高分者胜出,低分者被淘汰。

"初中学业水平考试和高中阶段学校招生考试",是"初中毕业、高中招生、中等职业学校招生""三卷合一"的考试。有的省份早在2005年就将"中考"定性为"非选拔考试","淡化区分度"。其实,不论怎么给中考定性,中考实际都是发挥选拔功能的一项考试。目前,中考还具备"普(通高中)职(业高中、学校)分流"的功能。

高考有普通高校招生考试、自学考试和成人高考三种形式。通常,人们所说的"高考",是指"普通高等学校招生全国统一考试",是由国家统一组织调度、国家或省级行政单位专门组织命题,统一时间(部分地区考试科目较多,结束时间较晚些)的考试,是选拔型考试。

二、高考历程回顾

高考历程的回顾给我们哪些启示?

由于众所周知的原因,高考制度曾经一度被中断,曾采用"自愿报名、群众推荐、领导批准、学校复审"的招生方式。

1977年10月12日,国务院批转教育部《关于一九七七年高等学校招生工作的意见》。同月21日,新华社、《人民日报》、中央人民广播电台等各大媒体都发布了恢复高考的消息。十年中,积压下来的570多万人都报名参加高考,当年录取的考生总数少于30万人。

关于当年高考的具体时间,没有统一的说法。有报道说,因刚刚拨乱反正,受时间、教材、考生等诸多因素的制约,考试做不到全国统一进行,而由各省、直辖市单独组织安排命题、考试和阅卷等一系列工作。1978年,全国中小学改为秋季入学(新学年的开始)。从1979年开始,高考时间确定为每年7月的7、8、9日三天(1983年为7月15日至17日),全国统一。2003年开始,6月7日为高考的第一天。

自从恢复高考以来,我国教育就没有停止探索、改革的步伐。高考怎么考、考什么,更是专家、学者、全国亿万人民关注、讨论的话题。1982年,我国从美国引进标准化考试,1985年在广东率先开始标准化考试实验。第二年,山东、广西、辽宁也实行标准化考试,实验科目也由数学、英语扩展到物理、化学。此后,参加实验的省市和考试科目都迅速增多。标准化考试派生了标准化答案,接着就用上了机器判卷。

而今,标准化考试已成为过去,关于它的是是非非已不再被普通学生及家长关注。高考试卷也已走向了多元化。2004年,北京、上海、天津、浙江等11个省市获准高考自主命题;与此同时,教育部考试中心为配合各地课程改革,还出了4份高考试卷,供其他省市使用,使得全国高考考场上共有15个版本的试卷。现在,高考试卷又趋向统一命题。

高考内容的改革也从没有停止过，最初是分文、理科，英语学科不考，后来英语成绩作为参考分，再后来是计入总分。曾经有段时间，高考考5科，每科150分；后来又分文、理科，考6门学科，出现了文综与理综。眼下，多地已经实施或正准备实施"7选3""3+3""3+1+2"的新高考模式。

高考试卷的多元化或趋于统一，并没有改变高考的性质和特点。在录取方面，以上海为龙头，各地都迈出了较大的改革步伐。2010年，北京大学推出了"中学校长实名推荐制"。同年初，一些名校实行联考，考试成绩作为将来录取降分的重要依据。现在，录取政策又有很多的调整、完善。高考总分依然是各高校录取的重要依据。

关于高考，有数不清的动人故事，也有说不尽的辛酸和惊喜。已经逝去的岁月，总是让人眷恋；人生的魅力，经常是与那些最难忘却的事情连在一起。

高考在继续，随着社会的发展也逐渐显露疲态和不足。关于高考改革的争鸣一直没有停止，其间也有很多尝试。我们在回顾高考的历程时，更要关注今天的高考改革。

三、试卷创作要素 **

高考试卷的创作遵循什么样的原则？

从理论上说，任何考试都不是完全有效或者可信的，所有的考试都是不完美的，并且存在误差。误差有随机误差（既影响考试的一致性，也影响考试的准确性）和系统误差（它是恒定的，不会影响考试的一致性，只影响考试的准确性）。但高考必须做到公平公正，在现有的考试理论指导下，必须做到万无一失，力求完美。

高考是选拔型考试，国家已经建立了考试中心。高考命题团队一般由高校教师和高中教师共同组成。出卷者想通过这场考试实现既定的目的，所以区分度、信度、效度、难度是衡量高考试卷质量的重要指标。

<u>区分度</u>　什么是区分度呢？区分度又称作鉴别力。举个极端的例

子：让你和优秀的举重运动员参加举重比赛，都举重 5 kg，你们都能得满分；都举重 500 kg，都不能得分。这就说明举 5 kg 或 500 kg 的实验是没有区分度的，即它没有办法把你和举重运动员的举重水平区分开来，尽管你们二人的实际举重水平悬殊。所以，要区分举重者的举重水平，就需要科学、合理地设置举重的重量级别。

高考的情况比举重要复杂得多，能否把考生成绩区分开来，是衡量高考试卷优劣的一个重要指标。具有良好区分度的高考试卷，实际水平高的考生应得高分，实际水平低的考生应得低分。目前，绝大多数省份高考每年只有一次（2000 年试行春季招生，简称春招，现已停止了）。高考试卷没有启用之前都处于绝密状态，没有方法采集数据进行计算，只能在试卷创作过程中预判，高考结束后再采集相应数据计算后总结。

<u>信度</u>　信度可以理解为可以信任的程度，是指考试结果的一致性、稳定性和可靠性。信度高的试卷，同一批受测者（学生），在不同时间内，重复测验，测量所得的结果——成绩是稳定的。信度系数愈高，表示该测验的结果愈一致。

<u>效度</u>　什么是效度呢？试卷想考什么（考试的目的）？实际考试的结果实现目的的程度如何？效度是针对考试结果、针对特定考试目的的一个指标，只有程度上的差异。效度又可分为内容效度、结构效度和校标效度。

举一个容易理解的例子，一场举重比（考试）赛，已经很精确区分出张三和李四的举重成绩，说明这场比赛（考试）的区分度很好；在不同的场合下测试，测试的结果都保持稳定性和一致性，这个成绩是真实可靠的，说明它的信度也很好。但实际上，我们是想知道张三和李四长跑水平的差异，那么这场比赛（考试）的效度其实是很低的，因为它没有实现目的。

<u>难度</u>　难度是用来衡量试卷难易程度的一个指标，通常用考试的得分率来表示。难度系数越大，题目得分率越高，难度就越小。难度会

影响考试分数的离散程度,从而影响考试的信度。考试过难或过易,考生得分集中在低分端或高分端,分数全距缩小,信度就会较低。

区分度、信度、效度和难度都有具体的计算方法,前三者计算方法非常复杂,这里都不做介绍。一般而言,中等难度的试卷,区分度最好;考试信度随区分度的提高而提高,且信度提高的速度比区分度快;信度高并不一定效度高,一个测验要想使效度高,则信度必须高。

四、高考阅卷流程

什么是高考试卷的阅卷流程?

<u>参考答案</u>　一份完整的高考试卷应该还包括试卷的参考答案。之所以称之为参考答案,是因为它只是出卷者预想的理想结果。非客观题很难囊括试卷中出现的各种答案,也无法囊括各种答案的各种情形。考生写出的答案和出题者给出的答案做不到完全相同,最终还需要重新制定评分细则。

高考结束后,试卷、答题卡被押送到阅卷中心,扫描机以很快的速度把答题卡扫描成高清图片。被扫描到电脑上的答题卡被分割成若干个小块,电脑中的改卷系统会在很短的时间内评完一张试卷的客观题部分,也就是铅笔涂卡部分。

<u>评分细则</u>　对于选择题,评分客观,没有误差。其他题型的题,假如考生做出的答案正确,出题者给出的答案中却没有,阅卷老师怎么评分?假如考生做出的答案部分正确又怎么评分?对于文科,主观试题评分难度就更大了。所以,高考试卷被集中以后,阅卷老师会按要求从各组试卷中抽出样本,进行试改。试改不计分,目的是统计样本中所有考生的非客观题的所有不同答案,再据此制定出详细的评分细则。选择题、填空题以外的简答题、证明题或论述题等所谓的大题,阅卷老师会按步骤给分,考生只要书写了相应的步骤,就能获得该步骤的分数,从而最大程度地体现试卷评分"公平、公正"的原则。

<u>网上阅卷</u>　而今,高考已是网上阅卷,网上阅卷是两位老师在不同

的电脑上各自独立地评阅试卷。两位评卷老师给同一份试卷同一题评分,当两者的评分相差不超出规定的标准时,电脑会自动取两个分数的平均值作为该试卷本题的得分;超出规定的标准时,则要发回重评。

作文的评分是将作文分类,再将某一类分组,最后给出每一类、每一组的分值范围。评阅作文的一般是两位老师,他们分别评阅后将作文归为某一类、某一组,再分别给出分值,如果两个分值的差小于5分(一般是5分),则取两者的平均值;若大于规定的数值,会进行三评,三评由阅卷组长组织判定。

高考试卷评阅时计正分。统计的试卷中的所有正分之和则是该试卷的总分。高考成绩公布后,考生可以在规定时间内申请查分,查看统计分数时有无遗漏或重复。查分的结果是告诉考生每一题得多少分,并非试卷评阅情况。

五、志愿填报参谋

填报高考志愿有哪些注意事项?

关于高考志愿的填报,是优先选择学校还是优先选择专业?这是最常见的问题。

高分考生 一般认为,高分考生应该优先选择学校。一流高校的学术氛围、师资力量和实验室条件都有明显的竞争优势,常给学生带来一生的影响。很多在学术方面有突出成就的专家,都是在大学奠定了坚实的基础。而且很多一流的高校,目前基本上都在实施"宽口径、厚基础"的"宽进严出"办学策略。他们按大方向设置专业招生,学生到校后,进行一年多的公共课程学习,待学生们对自己的学习也有了更多的了解后,到大二下学期才开始确定具体专业。

普通考生 高考成绩一般的同学,如果决意考研,请通过上网查询选择一所考研通过率相对较高的学校。年轻人容易受到环境的影响,浓厚的考研氛围有助于自己考研上岸。如果计划毕业后直接就业,应该选择一个自己感兴趣、有竞争力的专业,将来依此立身。确定专业时，要仔细查阅相关资料，详细了解该专业需要学习的课程和将来的就业方向，千万不能望文生义，疏忽了专业中有自己特别顾虑的课程。

<u>变更专业</u>　有部分考生希望先跨进校门，一学期后再转专业，这是一种考虑，但普通高校通常为转专业设置了较为严格的条件，最好先查清这所高校转专业的具体要求。多数高校规定，学期结束后，本专业综合测评前5%（少数学校可能是10%）的同学可以转专业。而不喜欢或者说不认可该专业的学生，很难在期末的综合测评中挤进前5%或10%。考生要充分认识到转专业的难度，只能做最坏的打算，向最好的方向努力。

<u>外部信息</u>　近年来，社会上出现了专业指导志愿填报的机构。其实它们更多的是提供过去的信息，这些信息有很大的参考价值。但考生更需关注这些高校当年有无重大信息的发布，如更名、合并，招生代码的合分，它们都会对该校当年的招生带来较大的影响。自媒体上的观点同样值得重视，但这些观点多数与主播的人生阅历和"三观"是分不开的。同时，家长要考虑到，有时候，少数网红为了吸引别人眼球，观点难免有些偏颇或极端，甚至有意夸大其词，目的就是为了引起别人争议。

有一种说法，高考的录取结果是"七分考，三分填"。请家长提醒考生慎重对待，以防美中不足，留有遗憾。高考志愿填报和高校录取的具体政策，各地可能不尽相同，本文很难具体解读，以防误导读者。关于高考的改革一直在继续，一切政策的解读均以文件、章程为准，本文仅供读者参考。

第三十八章 "天下同归而殊途"
——寻找成功的新航线

高考,常被称为千军万马过独木桥。这些年,情况虽有所好转,但本质并没有多少改变。为什么要挤独木桥?有哪些手段可以辅助实现过桥的目的?可以用"高压造高分"的手段吗?

那些"落第"的学生及家长,常在无可奈何中仰天长叹,却忽略了一个基本常识:东方不亮西方亮,天下同归而殊途。

一、家长愿望背后的苦衷

为什么千军万马挤"独木桥"?

对于大多数家长和学生而言,升学、就业是学生学习的主要目的。努力学习的目的就是为了进一所好的学校,将来考取一所心仪的大学,毕业后有份稳定、体面的工作。这与当下农村、城市不容乐观的就业形势和自主创业的环境有关。

农村 今天,留守在农村的几乎都是60岁以上的老人。那些自小就远离农村生活的中学生,如果高考不能被大学录取,即使他们愿意回到父辈们努力才离开的农村,回去也只能孤独地待业,就业或创业都是不切实际的幻想。

城市 曾经,城市有很多国有企业和集体、合资等企业经常招工。在收入差距不是很大的当时,有份相对稳定的工作,一切就渐渐安定下来了。而今,企业改制早已结束,集体、合资等企业早已难觅踪影。随着人工智能的高速发展,规模较大企业的用工人数在逐渐减少,就业竞争进一步加剧,对从业者文化层次、专业技能等各方面的要求也越来越高。公务员、事业单位,包括一些上规模的大中型央企、省属企业,招聘不仅均推行"逢进（人）必考"的原则，而且应聘条件都相当苛刻，几十人甚至几百人竞争一个岗位也是常有的事，普通的求职者只能望而却步。企业偶尔会降低要求招聘常规岗位，但又多采用灵活的用工方式，委托第三方实施劳务派遣，不仅收入低人一截，而且在职业晋升等方面可能也少有机会。

规模较小的民营企业，自身的命运常存在一定的不确定性。行业竞争与发展有较多的无序性。企业的性质决定了它们在相当长的一段时间内，需要把追逐经济效益放在首位。当市场等外部环境因素改变时，或者是职工本身因为年龄的递增而不能更好地创造价值时，员工都有被淘汰的风险。从业者多数缺少归属感。

<u>创业</u>　至于个人创业，今天成功的企业家中，确实有少数人是白手起家、草根创业的逆袭者，但那是改革开放之初、数十年前的事。今天，行业的竞争已上升至资本和平台层面的角逐，演变为资本大鳄之间的搏杀。如果既无雄厚的资金投入，又无丰富的人脉资源支持，纵有一腔热血、万丈豪情，选择个人创业也无异于以卵击石，创业成功简直是天方夜谭，除非是在某一领域有着超出千万常人的天赋、拥有行业颠覆性的专利。

这种情形下，家长们的选择是现实生活所迫，也是社会普遍存在的合理需求。只有改变环境，才能使家长改变选择。

二、"高压催化"背后的代价

挤"独木桥"如何使出浑身解数？代价知多少？

直面残酷的升学竞争，家长们无不使出浑身解数，但普通家庭的方法通常是有限的，无外乎以下三种。

<u>1.目标引领</u>　绝大多数家长在孩子很小的时候就给孩子确定了明确的努力目标，远期是考取××学校，近期是班级考试成绩排在多少名之前，或是考试不能低于多少分。这是导致学生学习取向改变的一个重要原因，其中的利弊前文已经阐明。

2. 恩威并施 为了促使孩子努力学习，部分家长实施"胡萝卜加大棒"的策略，恩威并施，尤其是在孩子小的时候，效果一般比较显著。但随着时间的推移、这种策略使用次数的增多，孩子慢慢熟悉了家长的套路，效果也就越来越弱了。

3. 全程高能 为了孩子的学习，有些家庭在学校附近租房，少数家长辞去工作专门陪读，专职从事后勤保障工作。在"双减"政策颁布之前，在"再穷不能穷教育，再苦不能苦孩子"的鼓噪声中，节假日甚至是平时放学后，学生们常奔波于学科类培训机构之间；有的家庭不惜血本聘请老师给孩子进行一对一辅导；一些地方的高中生甚至初中生，毕业前夕每个月的培训辅导费用超过家庭当月的全部收入已不再是个别现象。今天，可能依然有极少数辅导老师和家长无视相关规定。

对于多数学生而言，强化带来的眼前效果显而易见。部分学生的求学与合成氨工艺有很多可类比之处，似乎在正常环境下，常规的方式很难实现目的。这让人想起了工业上氨的合成。

氨的合成 氮肥是粮食生产中的重要肥料，氨是最重要的氮肥。但在正常条件下，焦炭、煤、天然气、重油、轻油等燃料和空气混合在一起是无法合成氨的。犹太人哈伯在1905年发明了高温、高压、催化剂条件下合成氨的工艺，并因此获得了1918年度诺贝尔化学奖。

然而，合成氨生产企业都是能源消耗的大户，还需要处理生产过程中产生的大量废气。而且事故统计表明，化工系统爆炸、中毒事故最集中的就是合成氨生产企业。菜市场上，人们也常见一些奇形怪状的瓜果，如西红柿，这主要是使用激素催熟的结果。今天，问题孩子和高分低能学生的增多，与学生成长环境的"高温高压"和"人为催化"有多大的关联？对此，目前尚没有准确的数据提供支持。但可以肯定的是，当这些手段被充分使用之后，如果孩子还没有达到家长期望的目标时，家长们便开始焦虑、恼怒、失落、叹息，以至陷入无尽的纠结和痛苦之中。

三、消除"剧场效应"在行动

如何治理挤"独木桥"过程中的乱象丛生？

<u>家长之痛</u>　孩子的学习成绩、升学压力，始终是悬在家长心头的一柄达摩克利斯之剑，严重影响他们的生活质量，甚至威胁他们的尊严。如果孩子成绩落后，在自己孩子的老师面前，家长几乎没有任何话语权。有时，家长不仅要承受自身的心灵煎熬，也少不了挨老师的冷眼。一些老师尽管年轻，年龄和学历也未必高于家长，但训斥家长却毫不留情。

今天的学生家长，他们多数是当年的独生子女，既要赡养自己的父母，又要承受工作的压力。他们非常清楚也十分心疼孩子的劳累，却又不得不给之施压，心中太多的苦楚和隐曲无处倾诉。"子女使他们的劳苦变甜，但也使他们的不幸更苦"。多数家长身心疲惫，苦不堪言。

<u>剧场效应</u>　家长的痛苦让人想起法国思想家卢梭提出的"剧场效应"。一个剧场，大家都在看戏，每个人都有座位，大家都能看到演员的演出。忽然，有一个观众(可能是为了看得更清楚)站起来看戏，周围的人劝他坐下，他置若罔闻。求助剧场管理员，管理员却不在岗位。于是，周围的人也被迫纷纷站了起来。最后，全场的观众都从坐着看戏变成了站着看戏。今天学生学习的竞争，与之有很多类似之处，"内卷"也因此越来越严重。这时候，一定有人问自己：必须要看这场戏吗？难道不上大学，生活就没有出路？

<u>及时雨</u>　国家层面已有清醒的意识。教育部出台了"五项管理"规定，中共中央办公厅、国务院办公厅颁发了"双减"政策，正是为了从源头扼制这类现象的加剧、蔓延乃至发生。2021年12月，国务院学位委员会办公室印发了《关于做好本科层次职业学校学士学位授权与授予工作意见》，明确了职业本科学士学位授权、授予等的政策依据及工作范围，明确提出职业本科和普通本科"在证书效用方面，两者价值等同，在就业、考研、考公等方面具有同样的效力"。职业教育的地位写进了文件，为缓解家长焦虑迈出了实质性的一步。职业教育的春天正在

向我们走来。

四、开辟人生新航线

开辟新航线也能到达目的地。

任何时候,都不缺乏先知先觉的人。当别人因为孩子的学习和升学而焦虑、抱怨、叹息的时候,他们敢为人先,踏踏实实地行动;在别人的等待和观望中,他们走出一条自己的路,开辟一片属于自己的新天地。

<u>觉醒的东林</u>　初中毕业后,在学籍管理还不是很严的当时,东林没有像有些人那样绞尽脑汁去高中借读,而是直接去职业学校学厨师。厨师学成后,他先在车站附近租了一个小门店,自己起早摸黑搞经营。那些年,农村外出打工的人特多,他的业务越做越大,很快实现了自己财富的滚雪球。早在10年前,他就已经有了自己的营业大楼,实现了财富自由。

<u>倔强的老刘</u>　老刘家的故事更特别。老刘拥有照相技术,自己开了一家照相馆。他有两个儿子,大亮和小亮,二人相差一岁,中考先后都被省示范高中录取。高一期中考试后,老刘让小亮退学。很多人迷惑不解,别人的孩子考不上高中,千方百计想去借读;你家孩子考上了省示范高中,为什么要他退学?老刘却有自己的理论:高中是非义务教育,可以退学。以小亮目前的成绩,将来至多考取二本,二本毕业后选择的职业比现在照相的职业好不了多少。既然如此,还不如让他趁早学习照相,未来前景不比读大学弱,现在还轻松。

<u>见仁见智</u>　后来,大亮考取了一所"211"大学,本科毕业后保送本校读研究生,硕士毕业后去了上海,目前依然单身。小亮跟着父亲学照相,现在本市经营一家影楼,聘了多名员工,早已是两个孩子的爸爸。大亮和小亮,究竟谁更成功,仁者见仁,智者见智,肯定没有一边倒的答案。

读高中,不仅是为了考大学;读大学,不仅是为了谋求一份理想的工作。如果狭隘地认为后者就是前者的目的,那么老刘的做法不失为一种现实的选择。如果后者不是前者的目的,前者还有其他目的,实现

这些目的的方式一定也不是唯一的,前者受挫时就要及时改弦易辙。

期望孩子在人生旅途中按部就班、拾级而上,这种朴素的想法无可厚非。然而,人生不如意事十之八九,不是每个学生在求学的路上都一路绿灯。升学考试没有被录取固然可怕,更可怕的是不能接受这个现实。上帝关闭一扇门,却常打开一扇窗。当孩子真的升学无望、不适合走"科研、考公……"之路时,想一想东林与小亮的故事,结合自己的实际情况,"走自己的路,让别人去说吧"。

<u>盲从者</u>　很多时候,人们追求的目标其实并不是自己真正需要或想要的,仅是为了迎合大众的审美习惯。孩子就读的学校、学历和职业,有时竟是家长相互攀比、对外炫耀的资本。很多人乍看起来显得很有个性,其实是活在别人的眼光里。但盲从者终究在新形势下觉醒,新局面迫使他们做出新的选择。

<u>新局面</u>　无论是商品市场还是人才市场,都有一只无形的手在左右市场的走向,那就是价值规律。在市场经济条件下,尚没有发现任何力量比它的作用更广泛、更有效、更持久、更深刻。今天,人才市场的供求关系已经发生或正在发生许多微妙而又深刻的变化。大学生就业艰难,甚至硕士生就业也不乐观的现象时有发生。有时,他们的实际收入并不高于职校毕业的熟练工人。人才市场供求的新局面正在悄然形成。

教育的未来,一定是力争创造岗位成才、另辟蹊径、各显神通、人人成功的大环境。

<u>新航线</u>　历史上,达·伽马第一次从大西洋沿岸绕非洲南岸航抵印度,开辟了一条东西交往的新航路。这不但促进了欧亚之间的航运和商业关系的发展,使欧洲贸易中心由地中海转移到大西洋沿岸,而且还拓展了人们的视野,加强了各个大陆之间的联系,促进了人类文明的传播与交融,将地球上曾经互不知晓的各个大陆联系起来,使世界连成一个整体,全球市场也由此开始形成,史称"开辟新航路"。

每位家长都应该直面现实,善于寻找孩子的强项,开辟属于自己的新航线。殊途同归,也不失为一种明智的选择。

第三十九章 幸福的路上不拥挤
——一个与生活密切关联的话题

今天,总有人喜欢诟病我们教育体系的弊端,却没有看到教育的发展,有些矛盾是社会发展过程中的必然。

在人的一生中,什么是一个人的核心竞争力?生活的本质是什么?幸福生活应该是人生最大的追求。让我们来聊聊这个与每个人生活密切关联的话题。

一、在阵痛中发展

关于今天的教育,我们应该怎样客观地看待它?

今天,教育的改革已经步入了深水区,各种矛盾也纷至沓来。透过这些矛盾的表象,我们看到了什么?

学生之痛,可以归结为一个字:累!家长之痛,可以归结为一个字:苦!教师之痛又是什么呢?

<u>老师之痛</u> 今天的老师,很多时候是身不由己、有诸多限制的,很多付出未必能得到应有的认可和珍惜。同时,老师还需要承担大量的非教学工作,有时甚至影响到自己的教学。而很多学校又不得不更关注学生的考试成绩,老师常因此被喊去谈话,甚至是被批评。有些奖金的分配也常以学生考试成绩作为依据,家长和社会更是以"成绩"取人。

家长对老师的感情是复杂的,多数也很微妙。一方面,在老师面前,多数家长即使颇有微词也敢怒不敢言;另一方面,家长的要求与期待常是"得陇望蜀",对老师求全责备。因为家校互动常停留在表面,实际上多数时候是信息的单向传输,家长和老师缺少实质性的交流与沟通,他们之间难免有误解甚至矛盾发生。曾有报道,极少数家长走向教

师的对立面,以寻求一种心理的微妙平衡,老师的人身安全因此受到威胁,且这样的悲剧曾不止一次地发生过。这种现象是否有点类似恋爱中的"因爱生恨"?

有些学校,老师紧缺又没有编制指标,只好外聘老师,实施人事代理。这些老师和"在编老师"一样工作,但因为身份不同,不仅同工不同酬,而且在作息时间和奖金福利等方面总是有意或无意受到歧视,更谈不上职业的发展了。学校每进来一位有编制指标的老师,"人事代理老师"就要出局一位。这种客观事实,让这群老师情何以堪?他们总是难以释怀,这成为这部分老师另一个心头之痛。

如果"人类灵魂的工程师"自身之痛不能消融,他们又能塑造什么样的"灵魂"呢?光鲜亮丽的背后,老师常有难言的心酸与无奈。而这一切,又岂是一个"隐"字就能概括?有时,老师既是矛盾的承受者,又是矛盾的制造者。

可喜的是,这些年来,很多地区老师的待遇有了持续的提升,师生关系、家校共建都融入了时代元素,有了很多新的变化。为了学生的进步和成长,老师和家长求同存异,都默默地做出了自己的贡献。

<u>教育之痛</u>　2019 年,《中国教育报》发布了北京师范大学对全国 26 个省、(区)市 2898 名教育局局长的专题调研结果。结果显示,很大一部分局长并非教育领域出身,很多人在就任教育局局长之前,从未有过教育领域相关的工作经历。基层教育行政领导人员,相当一部分由非教育领域出身的行政领导担任或转任。对基层教育行政领导人员的绩效考核,往往与其他行政部门领导人员考核雷同,重"行政"轻"教育"的现象比较普遍,不少地区基层教育行政领导人员的专业化水平与校长和老师的专业化水平处于一定的失衡状态。

熟悉行政业务,未必理解教育规律。外行做一把手领导内行,最常见的工作方式就是检查、评比、听汇报,名目繁多。各种会议不胜枚举,常使人应接不暇,足以让校长们身心疲惫。形式主义、与现实生活脱节的事也不少见。

这些年来,关于教育真谛的探讨和争鸣,从来就没有停止过;关于教育改革的呼唤和探索,一直在持续。为什么却有人认为是隔靴搔痒、扬汤止沸?究竟是积重难返下的众口难调,还是过度关注下的求全责备?

我国是拥有960多万平方千米土地、14亿人口的大国,经济资源的分布和发展极不均衡,影响、制约了教育的均衡发展,东西南北地区、沿海和内陆、城市和农村之间教育现状的差异都是不可回避的现实。在这样艰难的背景下,我国的教育事业获得了日新月异的发展,发生了翻天覆地的变化,为我国社会主义事业的建设培养了很多优秀人才,做出了巨大的贡献。

"痛",可能更多是来自小部分人的主观感受;发展,却是举世瞩目的客观事实。

二、发展中的必然

今天教育矛盾的症结在哪里?形成的原因有哪些?

每个时代都有自己的困惑与矛盾,都有历史的相似性,又有自身的特殊性。没有阵痛,就没有新生。我们应该辩证地看待当今教育矛盾的成因。透过"痛"的表象,来看矛盾的本质。

<u>发展的必然</u>　"国清才子贵,家富小儿娇。"新中国成立以来的安定团结、几十年来的改革开放,带来了人民生活水平的显著提高。"仓廪实而知礼节,衣食足而知荣辱。"解决了温饱以后,有着数千年"望子成龙、望女成凤"传统美德的中国家庭,对教育的重视程度自然与日俱增。

家长对教育的期待,随着自身物质生活水平的提高而提高。今天来自教育界的诸多困扰,多数是因为高速发展的社会和迅速富裕的广大人民群众对高质量教育的热切期待与相对滞后的教育资源之间的矛盾,它是社会从贫穷落后走向富裕先进必然要经历的一个过程,在相对漫长的特定历史时期将长期存在、不可规避、无法根除,只能缓解与

转移。今天，人们关于教育的诸多不悦、批评，是社会发展过程中必然存在的现象。

<u>观念的偏差</u>　不知从什么时候开始，人们在不知不觉中赋予了教育新的功能，认为教育是帮助学生甚至家庭实现阶层跨越的重要手段，部分家长总是期望自己的孩子通过接受教育获得超越同龄人的发展。

那些经济条件相对优越的家庭，为了保持并延续家庭的优势，常愿意付出更多，甚至一掷千金。那些经济条件相对落后的家庭，多数把自己的"落后"归因于"受教育过少"。他们不希望孩子将来重复自己的生活，自己未曾得到的都想在孩子身上实现。"补偿心理"在他们身上随时可见，有时甚至到了泛滥的程度。为孩子的教育，他们愿意节衣缩食，甚至孤注一掷。

当家长把期望全部寄托于孩子的教育时，家长和孩子的压力、关于教育的焦虑便油然而生。牺牲今天的幸福，希望孩子有幸福的明天。家长心目中的"幸福"，常带有鲜明的功利主义色彩，而现实常常存在很大的不确定性。当家长和学生的愿望不能实现时，他们常不去思考愿望本身，而是把个人的失落、怨气转移至今天的教育体制。今天有关教育的焦虑，很大一部分是因为家长对教育定位和对幸福理解的偏差。

<u>定位的差异</u>　今天，我国实施的是九年制义务教育，初中是小学阶段的延续，所以，过去的初一、初二、初三，今天又称作七年级、八年级、九年级，目的是让人们在观念上接受小学和初中是一个连续的整体。

义务教育具有免费性、平等性、强制性、公益性、普及性五个基本特征，它的主要目的可以概括为：促进基础教育发展，提升人民素质，促进社会和谐，培养公民的社会责任感和文明素养，保障公民的基本权利，培养公民的法律意识，消除社会不平等，加速经济的发展和建设。

高中不属于义务教育了，高中学习的目的也不仅仅是为了参加高考。高中首先是完成普通高中学业水平考试规定的课程内容，然后才是全力以赴迎战高考。但现实情况是，学生进入初中以后，甚至在小学,就被灌输"要考取一所好的高中,将来考取一所理想大学"的思想。而几乎所有的高中学校,从学生跨进教室的第一天开始,就按高考的要求组织教学。很多家长更是把"作战的指挥部"前移,从小学开始就给孩子灌输高考竞争的理念。这一切,势必加剧人们关于教育的焦虑。家长个体的愿望、要求和国家层面关于教育定位的差异,是教育矛盾的又一主要成因。

一个家庭如同一粒沙子,一粒沙子无法阻挡社会形成的潮流。多数家长是被动卷入"内卷",只有少数智慧型的家长,在认清今天教育矛盾的同时,更重视孩子综合素质的提升,综合素质才是一个人谋求幸福的最大竞争力。

三、核心竞争力

什么是一个人的核心竞争力?

在时代的发展潮流中,人们看到了未来的竞争趋势:努力提高个人的综合素质,就是提高个人的综合竞争力,它制约和影响一个人的发展。综合素质主要表现在三个方面:认知和眼界,心态和格局,最后才是专业能力。一个学生学习成绩的优劣,将来的事业能走多远,生活的幸福程度如何,在时代、环境相同的前提下,与自身的综合素质密不可分。

素质教育 国家在全国范围内大力推广素质教育。素质教育不仅仅是教学生唱歌、跳舞、打篮球等,素质释义为"平日的修养"。认知层面才是一个人综合素质最直接、最本质的表现,提升认知水平才是最本质、最有效的素质教育。据说,西方发达国家早已开设了这样的课程,美国的大语文课程里面就渗透了很多这方面的教学思想。素质教育与应试教育并行不悖,综合素质强的孩子,必然在考试中夺得高分,将来有更好的发展。本文仅以提高认知水平来进行举例说明。

青少年时期,是孩子提高认知、开阔眼界的黄金时期,家长要有计划、有目标地通过开阔眼界、改善心态、拓展格局、培养能力来帮助孩子提高认知,为他们将来走向社会并寻求更好的发展机遇奠定坚实的基础。青少年养成科学的思维习惯,初步掌握正确认识问题、解决问题的通则,必将终身受益。

<u>具体措施</u> 家长要结合实际生活,围绕某一特定主题或有关的社会热点问题交流,鼓励孩子畅所欲言,接受并聆听他们的声音。一个孩子,能在家长面前保持个人的独立性,坚定地维护自己的观点,这种做法本身就值得肯定。家长要多角度剖析孩子的观点,挖掘他们形成这些观点的深层次原因。只有这样,家长才能有的放矢地帮助孩子进步。在家长的引领下,通过交流、探讨甚至争论,可以提高孩子的认知,让他树立正确的"三观"。否则,他的错误观点会慢慢沉淀下来,形成顽瘴痼疾,并随着年龄的增长有了坚硬的包膜,沉睡在思想深处,成为隐疾。

<u>行为价值</u> 医学常识告诉我们,如果人体内有机体病变化脓,最科学的办法是引流消肿。如果阻遏脓血外流,把它压抑至体内,对人体将有致命的危险。那些深藏不露的错误观念,犹如积薪,一旦偶遇迸发的火星就会被点燃,露出它狰狞的面目,从而酿成悲剧。近年来,少数艺人专业水平卓越,却因突破人生底线而被封杀,甚至被法律惩罚。一些人的行为总是出人意料,仔细想想却在情理之中,原因多在此。今天,家长就要创造这个类似"引流消肿"的机会,把孩子的错误思想消灭于萌芽状态,使之得到根本性的解决。

<u>必然结果</u> 洛克菲勒曾说:"财富不是对勤奋的奖赏,而是对认知的补偿。"最近,网上流行很火的一段话:人的一生,都是在为自己的认知买单,他所赚的每一分钱,都是他对世界认知的变现;他所亏的每一分钱,都是因为他对这个世界认知的缺陷。一个人,永远赚不到超出自己认知范围之外的钱,除非靠运气;但靠运气赚到的钱最后往往又会因为认知亏掉,这是一种必然。社会最公平的地方在于:一旦一个人的认知和财富不匹配,社会就会有很多种方法收割他,直到相互匹配为止。未来不是人赚钱,而是钱找人,财富永远都是流向最匹配他的人,

就是那些高认知的人。有些人相信"命运"之说,其实,是一个人的认知主宰了他的命运。

四、幸福很简单

为什么说幸福其实很简单?

今天,关于教育的诸多之"痛",多数是来自个体主观的感受。绝大多数人的一生,其实都是在追求属于自己的幸福生活。孩子今天学习成绩优秀、将来考取一所理想的大学并有份轻松的工作,他就一定幸福吗?今日之社会,没有人因考不上大学而穷死、饿死;相反,为考大学而累死、困死,考上大学后走不出自己而跳楼的人却不在少数。很多家长错误地理解了生活的本来意义,甚至本末倒置。

我们先来说何为的故事,也许我们能从中收获有益的启示。

<u>何为的故事</u>　何为原是一家市属企业的司机,在单位效益每况愈下的情况下,他毅然"买断工龄",在出租车刚刚兴起的时候开起了出租车,又利用开出租车信息渠道广的优势,倒腾出租车的营运证、炒房。虽然他没有赚得盆满钵满,却换了房,买了车。而和他同时进单位的技术员吴超,虽是大学本科毕业,却因单位效益今非昔比、自己为人刻板又不知道寻找第二职业,在知识日新月异的今天,他如同自己所学的知识一样,在悄无声息中被时代淘汰,至今还住在单位的筒子楼里,生活患得患失,锱铢必较。这样的故事,在很多地方有不同的版本。它说明了什么道理?

<u>双胞胎儿子</u>　何为生了一对双胞胎儿子。大儿子何大双上学一路绿灯,博士研究生毕业后去高校任教,因科研任务紧、要评职称,整天就是忙,结婚虽已有两年,却依然不敢要孩子,平时过节也难得回家看望父母。何小双初中毕业后上了职高,学美容美发,现在有了自己的发廊,上班时间相对自由,年收入还是大双的两倍,结婚后生下一儿一女,大的已在小学读书,小的在上幼儿园。每逢节假日,一家四口陪伴在何为身边。何为常向老伴感慨:大双给自己带来的是声誉,但那是虚

的；小双却使自己感到幸福和快乐，实实在在看得见。

<u>幸福因素</u>　肯定有人说，何为的故事不具备普遍性，这是事实。但幸福与学历、受教育程度究竟有多大关联，目前尚无研究结果。心理学家布里克曼（Brickman）等曾对 22 名彩票大奖得主做过调查，他们中的大多数人说，在获得中奖通知后的短时间内，最初对这种"天赐的钱财"感到非常幸福，但他们的幸福并没有因此而持续，因为生活并没有因此而有质的改变。调查研究表明，痛苦多数时候与疾病、贫穷有关，但幸福与财富没有必然的关联。在物质基本需求得到保障以后，幸福主要取决于亲密牢固的亲情和友情，满怀希望的信仰和期待，乐观豁达的人格特质，全身心投入的工作和爱好。

<u>无视</u>　绝大多数家长，常无视现实，不愿意接受自己孩子的学习成绩比别人的孩子落后。在这里，我们无意否定锐意进取、竞争与对抗的积极意义，但凡事一定要把握好分寸，一旦越过这个"度"，可能就得不偿失，甚至事与愿违。正是这种过度的横向比较，常使孩子感受不到幸福，甚至引发悲剧。

<u>盲流</u>　很多人的生活犹如一股盲流，他们不知道为什么而活，常通过别人的眼睛来确认自己的幸福，却又在比较中丢失了自我。法国哲人孟德斯鸠早就说过："如果人们只是希望幸福，那是很容易的事情；但如果要想比别人更加幸福，那就非常困难；因为他们确信，别人比自己更幸福。"

<u>重演</u>　古希腊哲学家说过，"人不能两次踏进同一条河流"，但历史又总是在以不同的形式重演，呈现出惊人的一致性。在漫漫的人生征程中，人的一生都是在谋求生活的幸福，有人是为自己，有人是为大众。幸福与学历、财富有关联，但未必有必然的关系。在努力奉献社会、体现个人社会价值的同时，勇敢地追求属于自己的幸福，这才是生活的本色。

其实，拥有幸福的生活真的很简单。

拓展阅读二十二 好好说话

场景一

小明爸:喂!孩子他妈,小明头发很长,今天你带他理发了吗?

小明妈:你这么关心,你怎么不带他去呢?

小明爸:我和你说了,单位临时安排我这个周末出差。

小明妈:原来工作重要哦!我还以为你真爱儿子呢!假惺惺的。

场景二

小华:爸爸,这个周末我们什么时候去看爷爷?

爸爸:怎么就记得去爷爷家玩?

小华:妈妈不是说每周去看爷爷一次吗?

爸爸:你问妈妈去!

家庭是孩子的第一所学校,父母是孩子的第一任老师,家庭成员之间的相互交流是每个人应尽的义务。但以上两例的交流,除了让对方心情不爽外,还有什么效果?家庭成员之间的交流,要想欢快、轻松、幽默,至少遵循以下原则。

1. 坦诚 对方问什么,直接答什么,不绕弯子,不卖关子,如果不直接回答,请把握好分寸,千万不能反问对方,也不可以直接否定。

2. 负责 如果自己不清楚,要本着负责的态度说明缘由。

3. 珍视 把每次交流视为增进感情的契机,既体现个人的态度和修养,更是给他人作模范表率。

第四十章　寻找点石成金的神手指
——关于本书创作后的断想

2021年3月18日,教育部出台了"五项管理"规定;同年7月24日,中共中央办公厅和国务院办公厅颁发了"双减"政策,把切实减轻中小学生的负担推向了高潮。

然而,家长对孩子成才的期待、学生间学业的竞争却丝毫没有因此而减弱。如何提高学生的学习效率,《新质学习力——追寻优秀背后的底层逻辑》正是在这样的背景下应运而生。对于怎样看待这本书的阅读价值,本文给予了客观的类比。本书阅读结束,应该是读者别有洞天的创作开始。

一、时代的产儿

影响、制约学生学习成绩的因素有哪些?

对于绝大多数学生而言,学习成绩不够理想,并非都是他们的学习能力有问题,有时是因为他们没有养成良好的学习习惯,没有找到适合自己的学习策略。

学生的学习习惯中有无不科学的成分? 良好的学习习惯究竟包含哪些具体内容? 学生的学习方法是否科学? 什么才是科学的学习策略? 除了学习的习惯和策略之外,究竟还有哪些非智力因素影响、制约学生的学习成绩? 怎样才能将良好的习惯和科学的策略落到实处? 对此,家长们常常茫无所知。目睹孩子疲惫的拼搏身影,家长们痛心不已却又无可奈何。他们都明白"工欲善其事,必先利其器"的道理,却不知道如何将其应用于孩子的学习实际。

早在20世纪八十年代末,美国得克萨斯大学教育心理学系的温斯坦等人在广泛研究学生学习状况的基础上编制了《学习策略量表》:一种测量学生如何使用学习策略与方法的评定工具,既有诊断性,又有处方性。中国的学生和家长都知道学习习惯和学习策略的重要性,但几乎都停留在理论层面和口头上说说而已,绝大多数学生都得不到这方面具体的、清晰的、系统的指导。在小学,向学生传授学习方法的老师约为3%(陈琦、刘儒德的《当代教育心理学》中的数据),老师所传授方法的科学性还另当别论。

充分考虑到我国当前(幼儿、小学和中学)教育的特殊性,充分结合学生当前的实际学习情况,着力为家长提供切实可行的实操策略,为教育工作者提供探讨的课题,《新质学习力——追寻优秀背后的底层逻辑》正是在这样的背景下应运而生,并期待它能抛砖引玉。

二、证券分析师的困惑

提高学习成绩的策略能否立竿见影?

创作,我们是认真的。从谋篇布局到每个字词的运用,我们都一丝不苟。绝大多数读者读完这本书,一定都有不同程度的感悟和受益。但是否一定有满意、理想的效果,学生的学习成绩是否一定有明显的提高,这不能一概而论,我们应该辩证地看待这些问题。这让笔者想起一位证券分析师孟非先生经历的故事。

孟非博士毕业于国内一所顶尖大学,从事证券行业工作十余年,十分敬业。在一次证券公司举办的论坛上,孟先生正侃侃而谈,向参会者介绍刚公布的经济运行数据。突然,一位举止典雅、衣着华贵、略显富态的中年女子站了起来,她走到孟非面前,开口说道:"我们不想听你分析经济形势,我们只需要你给我们推荐一只股票。你说什么时候买,我们就什么时候买;你说什么时候卖,我们就什么时候卖。我们缴纳费用,听话照做,你必须保证我们的年收益率。"

据说,这位女性曾多次参加类似炒股俱乐部那样的松散组织,但缴费后按对方指令操作,股票几乎都是血本无归。这次她看到证券公司的论坛海报,专程过来寻求这样的合作。

孟非听后一脸茫然,只好礼貌性地笑笑。作为证券分析师,他们通常能做的,就是分析过去的经济数据和未来的经济趋势,阐述行业的历史背景和未来走向。他们给予投资者的是在一定周期内,股票涨跌的逻辑。他们最困惑的就是有人在公开场合下要求他们推荐股票。被称为股神的巴菲特先生,他遵循的也只是"价值投资"的理念,他投资也有亏损的时候,尤其是在一定的经济周期内。其实,再好的投资逻辑,再优质的股票,也需要结合当下的市场行情决定买卖。

一位记者曾问刑警:为什么有些女孩总是那么容易被骗?这名从事多年刑侦工作的刑警回答说:"因为这些女孩的要求,现实社会中没有办法实现;只有骗子编织的谎言,才能满足她们的愿望。"

孟非先生给那位女子的回答自不待言。如果有家长或学生问我:有什么办法可以立刻提高学生的学习成绩,立竿见影,屡试不爽?我们只能告诉他证券分析师的困惑和一些女孩被骗的故事。

三、一则故事的启示

为什么说运用学习策略要因时、因人而异?

这本书的价值毋庸赘言,但它只是深入浅出地阐述一些不为人知或被人忽略的道理,语重心长地传授一些提高学习效率的策略。如何理解这些道理并运用这些策略,本身也是一门学问,也是见仁见智。笔者想起小时候听过的一个故事。

话说张、李两位秀才一起去京城赶考。一天傍晚,他们路过一个小镇,见到镇上有家店铺测字算命。一位老者身材修长,面容清秀,身着长衫,脚登木屐,正坐堂中。二人上前想问下各自的前程,岂料测字先生却说"天色已晚,请明天再来"。

二位秀才赶考心急,岂能等到明天?张秀才说:"先生,既然你已经打烊,我们也就不想给你增添太多的麻烦。我手上拎了一串铜钱,请以'串'字为的,测一下我这次科考的结果。"

测字先生略作沉思,笑着答道:"这次科考,你一定高中(zhòng)。"

张秀才以为先生在敷衍自己,有点不高兴地说:"先生如此信口开河,就不担心我不给你酬劳?"

测字先生看了张书生一眼,眨了眨眼睛,不紧不慢地说:"串字是两个口字,中间加一竖,实际就是上下两个'中'字。这次科考,你不止一个中,是两个中,岂不是高中(zhòng)吗?"

张秀才听了觉得言之有理,满心欢喜,付了一串铜板。

李秀才见状忙走上前说:"测字先生,我也以'串'字为的测一下我的前程。"

测字先生听了,沉思片刻后大惊,痛苦地说:"不好,先生,你要生病了。"

李秀才一脸困惑,"同是以'串'字为的测字,为什么张秀才是高中(zhòng),我却要生病呢?"

"前面那位先生,无意中说了一个'串'字,这个'串'字包含两个'中'字,所以'高中(zhòng)';你也说了一个'串'字,但是有心说的,'串'字下面加个'心'字,岂不是患病的'患'吗?"

李秀才听后惊愕不已。两位秀才后来的命运如何,我们不得而知。这只是一则故事,它告诉我们:同一个字,因背景不同,测字的结果有天壤之别。它揭示了一个道理,有生命力的理论都是"活"的,需要在动态中理解,给我们的启发令人深思、让人回味。领悟道理,运用学习策略,岂不更要因时、因人而异?

四、寻找神手指

运用学习策略怎样做才有实质性的收获?

常言道:授人以鱼不如授人以渔。给孩子留下金山银山,不如帮他练就一个点石成金的神手指。鉴于这样的思想,我们的创作只是旨在向更多的读者分享我们思考、探索和实践的过程,和我们一起在探索中思考、收获、成长,也呼唤更多的读者和我们一起用探索的脚步去开拓人生之路,共同领略探索的神奇和美妙。

为切合学生和家长的实际需求并满足他们的兴趣，我们力图在平实的语言里，渗透最新的心理学研究成果，介绍学习生活中真实的案例，并将其和学生的实际学习联系起来，力争上升到理论高度。请读者不仅要注重创作者在实践基础上得出的结论，更要注重创作者的思考过程和思考的逻辑，把这些思考和逻辑运用到学习的实践中。

学习究竟是怎么回事，成长到底是怎么发生的，理论上仍然有不少争议，但有一点是肯定的，学习者必须不断地思考和实践。家长或学生认真读完这套书后，只是行动有了方向，行动的效果往往还取决于自己是否能够坚持，是否能够深刻地领悟书中的思想并持续地深化和完善。学生在家长或老师的指导下，或自己对照这套书中的理论和案例优化自己的学习习惯和策略时，只有不断地行动、反思、总结、完善，踏踏实实地走好每一步，才能取得进步。如果家长只是想通过阅读这套书而没有一丝不苟的有力行动，就期待学生的学习成绩有稳步的提升和实质性的改变，这是不现实的。

生活中的少数人，他们患病后到多家医院就诊，问询多名专家，拿到处方后就是不缴费取药。再高明的医生、再精湛的医术，也很难使这样的患者恢复健康。病人去医院就诊，必须遵照医嘱，按疗程治疗，只有这样才有可能收到理想的效果。如果病情复杂，可能还需要在治疗中调整方案。读书、学习策略的实施，道理岂不也是如此？

"闻道有先后，术业有专攻。"我们给思想、给方法，我们抛砖引玉，但更科学、更合适的学习策略一定是读者结合自身的实际学习情况，在自己身上产生的。

我们期待更多的读者受这套书的启发，练就点石成金的本领。让我们一起寻找这个点石成金的神手指。

拓展阅读二十三　把控人生的重要节点一览表

时段	重 要 节 点 内 容
入园之前	1. 千方百计营造丰富的语言环境,激发孩子表达的欲望,开发孩子的语言潜能;给孩子更多的合适刺激,助力他智力的发展。 2. 创造更多的机会,让孩子拥有更多的成功体验,体现自身的价值,从而养成自信的特质,并把这种特质迁移到生活的各个方面。 3. 帮助孩子养成客观、科学的归因模式,实质就是帮助孩子自幼就明白提升自己认知的途径,渗透基本的学习策略
幼儿园	1. 叮嘱孩子注意和同伴的相处方式,处理好各方面的关系。 2. 关注孩子生活、入园等各方面的习惯养成,培养孩子独立思考、凡事计划等各种优良的习惯
小学初中	1. 教导孩子适应老师和学校的生活,牢记和同学相处的原则,知道和各类同学相处的方法。 2. 进一步完善各方面的习惯,尤其是培养孩子阅读的习惯,思维、行动敏捷的习惯,自主安排时间、自主学习的习惯。 3. 努力培养孩子思维的灵活性、深刻性、创造性和热爱运动的习惯,让孩子熟悉常规的思维方式、解决问题的一般思想,锻炼孩子的意志力
高中	全面提升思维品质,理性选科,克服学习过程中的主观随意性
注意事项	1. 给幼儿期的孩子更多的呵护;用更多的时间陪伴初中之前孩子的成长;初、高中阶段,家长更多的是帮助和参谋。 2. 关注入学时的分班、每学期老师的变动、孩子和同学的关系、重大考试等重要节点孩子的心态波动;自己和老师、同学家长的相处。 3. 树立远大理想,坚定人生目标,保持辩证心态,掌握科学方法

第六篇　他山之石

常言道,"他山之石,可以攻玉"。每个人的成功,都有自身的特殊性,离不开个人的内因和成长的环境。他们成功的经验可能很难被复制、模仿,但成功的故事都有共性,成功的经验可以被学习、借鉴。

在第六篇里,让我们一起聆听学生、学生家长、教研员、校长、局长的声音,分享他们关于学习和成长的心得。社会身份和角色的不同,决定了他们从不同的角度看待同一问题时观点也不尽相同,他们的观点一定更值得借鉴。

数学究竟怎么学呢？高考中,数学仅以一分之差便获满分的学生也说,"自己"在学习数学的路上,磕磕绊绊地寻找、尝试……"。高考状元也曾"迷茫和不安",也有困惑的时候,但他们最终都超越障碍,迎来了灿烂的明天。一位普通母亲,她的教子历程也是和孩子一起成长的过程,在又一次佐证了最好的教育莫过于以身作则的同时,也再一次佐证了教育的原理。

怎样才能学好语文,语文教研员从课程标准的变迁说起,从教与学的角度提出了学习的建议。校长、局长关于学生学习、成长和教育的观点更有前瞻性,更值得读者在阅读中思考、在实践中运用。

一位母亲,和自己女儿的两次通信,时间间隔22年,跨越了世纪的交替。是什么原因让母女的思想易位？掩卷沉思,让人怅然。

一名资深的教育工作者,她作为一名普通的读者,在认认真真阅读本书多遍以后,写下了自己的读后感,压台与读者见面,有助于广大读者加深对本书的理解。她的文章同样不容错过。

所有这些,请读者自己在阅读中慢慢品味吧！

第四十一章 我的数学学习之路:U 字形
——简述我的高中数学学习

/ 程 欣

编者按:期待高考取得理想的成绩,数学必须得高分。马鞍山市第二中学2021届高三毕业生程欣同学,当年高考数学成绩和满分仅一分之差:149分。她的这篇文章,简要介绍了她的高中数学学习历程和策略。期待她的分享能给读者数学的学习带来信心和帮助。

一、猝不及防遇挫折

女生学数学,成绩能够拔尖吗?

初中数学的学习,我如鱼得水,几乎没有经历挫折与打击。在没有进入高中学习之前,我常听人说"高中数学难,女生学起来更难"。但对别人的议论,我满不在乎、不以为然。也许是初生牛犊不怕虎、无知者无畏,在中考结束后的那个暑假,在我的不少同学开始借高中数学课本提前预习的时候,我也憧憬自己高中的学习生活,竟天真地遐想自己的数学成绩一路凯歌,赢得老师的关注和同学的羡慕。

然而,残酷的事实很快就惊醒了我的美梦,如同一盆冷水,从头一泻而下,让我全身凉透,寒中发栗。《数学》(必修)第一册的第一章的集合,我还能勉强应付;第二章的函数,我就学得晕头转向,实际的学习成绩与自己当初想象的结果大相径庭。提前预习,上课还是听不懂;感觉听懂了,动笔做作业时可能还是错;认真听课,作业还是不会做。我似乎钻进了"听不懂、做不对、学不会"的怪圈。

二、痛定思痛挖根源

初中和高中,数学学习有什么相同与不同?

那段时间,我非常困惑和迷茫,心中有"欲与天公试比高"的豪情,但残酷的现实却使我不敢抬头正视前方。我痛定思痛,认为自己数学的学习存在三个方面的问题。

<u>1.心态</u>　自己虽然是高中生,但仍然沿用初中时的心态在学习。初中时,凭借自己聪明的脑袋,我并没有全力以赴,数学成绩却总是在班上名列前茅。进入高中后,表面上,我心态有很大的改变,实质还是没有放低姿态,学习不扎实,依然有自大、藐视的心理。

<u>2.思维</u>　自己虽然在学习高中的内容,但依然沿用初中的学习方法和思维。初中数学内容基本上都是具体的,除无理数等少数概念外,内容都是有限的,而高中数学内容却常是抽象的、无限的。用初中学数学的方法和思维学习高中数学,吃力且进展缓慢。

<u>3.行动</u>　高中数学的学习,对思维的深刻性有了更高的要求,思维的过程远比初中数学学习时复杂。有时,几道数学题就占用了我晚上一半以上的时间。我行动的速度跟不上来,感觉课下有很多事情要做,时间就是不够用。

三、脚踏实地寻对策

高中数学学习时,应该怎样听课和做作业?

清楚了自己的问题,我就要求自己针对问题认真地思考改进的方案,并一丝不苟地落实对策。

听课　以前听课时,我总是把老师的思路放一边,用自己的思维方式去理解,效率很低。现在听课时,我以一颗虔诚的心,努力跟着老师的思路走,沿着老师的思维方式去理解、领悟,再用自己的思考去质疑、领会。这样做,我不仅加深了对课堂学习内容的理解,也比较容易把理解的内容吸收到自己的知识体系里,自然也就习惯了高中学习要求的思维方式。这时我才真正体会到，认真听一节课，收获超过自己课下苦钻两小时。

<u>作业</u>　以前做作业，自己常常是"看"，认为会做了就直接放过去；而在实际的解题过程中，自己有明确的解题思路，但常在一些解题的具体细节上卡住了。如同我们在旅游途中，看到了风景区，因为中间隔了一条河而找不到桥，只能望之兴叹。现在做作业，我不放过任何一个可疑之处，只要不是确有把握一眼就能看透的题，我都从头至尾认真做一遍，并严格核对答案，定期回顾、复习，坚决克服眼高手低的毛病。平时，我还有意识地训练自己的思维速度和解题速度。

我踏踏实实实施对策，一段时间以后，我的数学成绩开始缓慢爬坡。结合我的初中数学成绩，我的整个中学数学成绩形如一个"U"字。

四、乘风破浪上台阶

高考数学149分，这位女生是怎么做到的？

高三是高中学习的冲刺阶段，我的学习可用两个短语来概括：目标引领行动，方法指导学习。

今天，社会上有少数人满足并习惯于肤浅的感官愉悦，疏远了深刻的独立思考和艰苦的理性探索，追求理想并为之献身自然变得越来越遥远和陌生。而我自小就是一个有理想的学生，希望自己能成为有益于社会的人。正是理想的召唤和成功目标的引领，才使我对学习生活中的风风雨雨无所畏惧，勇敢地往前冲。

高考数学要考高分，在小题一分不失的前提下，必须攻克所谓的"大题"和"难题"。每一类型的"大题"和"难题"，有哪些解题思想和方法呢？上课我认真听老师讲解，课下我结合笔记、资料，总结解题方法和解题思想。每遇一道所谓的"大题"和"难题"，我都用对应的方法去做，在检测这种思想的过程中，使自己的方法更加熟练；有时，我想到一种数学思想和方法，再找对应的题目去检验。

高三年级的数学学习中，我方向明确、思路清晰，基本上都是在运用数学的思想、方法指导自己做题,从不盲目刷题。这种有方向、有目的的双向检验,极大地提高了我的数学解题能力,提高了我的学习效率。

2021年,我参加高考,数学有幸获得149分。我所取得的每一分成绩,都与老师的悉心指导、同学的热心帮助分不开。我更应该感谢我的母校,是二中帮助了我成长。

高中三年,时光如白驹过隙。在学习数学的路上,我磕磕绊绊地寻找、尝试,终于有所领悟和突破。今天,我和你们分享个人学习数学的经历和感悟,只愿你们从中获得启发和帮助,期待学弟学妹们心怀勇攀数学高峰的雄心壮志,不畏艰难险阻,顽强拼搏。我作为一名在校大学生,更加严格要求自己,争取将来更好地服务于我们伟大的祖国。让我们一起为中华民族的伟大复兴而努力学习!

(本文由安徽省马鞍山市第二中学岳付稳老师供稿。经同意后,编者进行了适度修订)

拓展阅读二十四 究竟是谁的错?

课外活动,体育老师王新喊来了班级的体育部长吴晓球。

体育老师:"吴晓球,你去学校门口的文具店,买2个排球回来。如果看到了篮球,就买一个。记住开发票。"

吴晓球:"好的,老师。"

吴晓球接过班主任递过来的钱,飞快地走了。约20分钟后,他买回了一个排球。

体育老师:"你怎么就买一个排球呢?"

吴晓球:"我看到篮球了呀!"

两人都感觉哪里可能错了,但都说不出来。究竟是谁错了呢?

第四十二章　我在复旦等你！
——简介我的高中学习生活

/ 祝　辉

编者按： 祝辉，2021年马鞍山市高考文科状元，也就是家长们常说的"别人家的孩子"。但他却说"自己的成长之路平淡无奇"。他山之石，可以攻玉。读者朋友能否从他三年高中学习生活的简介中获得有益的启示呢？

寒假后刚返回大学校园，就收到高中班主任的约稿，要我写篇文章介绍自己的高中学习生活。顿时我思绪万千，感觉心头有千言万语；可当我提起笔，又认为个人的学习生活波澜不惊。如果说有什么特殊之处，可以归纳为以下四个部分。

一、独立思考，自主抉择

作为学生，重要的学习品质有哪些？

1998年，马鞍山二中成为安徽省第一所省示范性普通高级中学，后来又相继成为北京大学"中学校长实名推荐制"推荐资质学校、清华大学"新百年领军计划"推荐资质学校、复旦大学"望道计划"推荐资质学校。学校经省教育厅核准设置的理科实验班更受广大初中优秀毕业生和家长的追捧，曾经的我就是追捧人群中的一员。初中毕业的那年暑假，我没有放松对自己的要求，更加努力，成功入围马鞍山二中理科实验班的入学初试，就在父母和老师为我高兴的时候，在同学们羡慕的眼光中，我毅然决定主动放弃了理科实验班的复试。

同学们疑惑，也有老师劝说，而我的爸爸妈妈只是简单地提醒一句"慎重考虑，不要留有遗憾"。自我很小开始，父母就告诫我"学习是自己的事情"，并努力鼓励我凡事独立思考，自主抉择，只有在我真正需

"取乎其上,得乎其中;取乎其中,得乎其下;取乎其下,则无所得矣。"

你的目标在哪里?

要的时候,他们才提出建议,帮我一起分析,最终还是我自己决定。我非常清楚自己的兴趣和内心的真正渴求,清楚理科实验班的学生一般是通过竞赛获奖、走名牌大学自主招生之路,而竞赛不是我的强项。今天回想起来,我依然认为当时的决定是明智之举。

我的学习从来都是我自己做主,包括后来高考志愿的填报,这种决定未来职业方向的大事,父母同样是尊重我个人的选择。独立思考,自主抉择,走自己的学习之路,高中生本应如此。

二、脚踏实地,张弛有度

高中生,怎样才能做到"快乐学习"?

读小学和初中时,我的学习基本上都属于"小考小玩、大考大玩"类型。进入高中以后,随着年龄的增长,人成熟了很多,但似乎也没有部分同学那么"拼"。跨入高三,学习气氛陡然变得紧张起来,很多同学都给自己确定了高考目标,比如:誓死考取××大学,非××大学不读……

人生必须要有目标,有目标的同学就会藐视眼前道路的崎岖与坎坷。我也是一个有远大理想的学生,但当时只是朦胧的憧憬,十分模糊。我冷静地思考,认为口号能使人振奋,但很难给予长久的动力和有力的效果。我是班级为数不多的、没有给自己设定高考目标学校的学生,但我要求每一天都必须做最好的自己,比如这次考试某个知识点失分了,便要求自己下次争取在这方面有进步,不能在同一个地方栽两次跟头。

我从不认为高中生应该是"两耳不闻窗外事",而认为学习生活应该有张有弛。高中三年,我参加过两次研学之旅,曾在自习课排英语剧,美术课上临摹字帖和国画,时不时还去拥挤的学术报告厅看一次表演,节假日去体育馆聆听心潮澎湃的合唱;炎炎盛夏,我常去校园诺贝尔桥上观赏河面的清荷和白鸭??我很少有写不完的试卷和作业,但我也从没有放弃学习时的全身心投入和对自己学习的持续思考。

我的父母肯定也悄悄关注我的学习,但从来没有干预过。我认为,张弛有度,在活泼的氛围中日拱一卒,才是高中生学习应有的样子。

三、直面无常,成竹在胸

怎样看待高三联考时,成绩排名的变化?

高中属于非义务教育,高三学习,绕不过的话题是各类联考、模拟考试后的排名,即使学校不公布考试的名次,同学们也会独自在心里默默估算。动荡的名次变化,起落无常;各学科不稳定的考试发挥,此消彼长;老师发放大练习越发频繁,各种补充资料让人目不暇接;我也开始迷茫和不安,我应该怎样安排自己的复习呢?

我又一次冷静地思考,最后决定跟着老师的复习节奏,结合自身的实际情况,执行既定的复习计划,不计较短期联考、模拟考试的成绩和名次变化,不能被考试牵着鼻子走,但需要持续对照自己的计划反思复习效果,实现"以变制变,以变御变"的有机统一。倘若随意改变复习计划,学习便如一股盲流,没有了方向;倘若僵硬地坚持初衷,学习又显得过于呆滞。这样决定后,我的心情平静了许多,学习也更能投入。临近高考的最后一次模拟考试,我的成绩和排名又回到了我原先的水平。这个过程虽有些漫长、难熬,但最终的结果还是没有让我失望。

高三的学习,本来就应该保持乐观自信的心态,在每个阶段做好对应阶段的事,不能因一、两次考试的成绩或排名乱了自己的阵脚。踏踏实实地走好当下的路,无需过度焦虑——过度焦虑也解决不了任何问题,反而降低了应有的学习效率。

四、决战高考,稳中求胜

这位考生是怎么夺得当年高考文科状元的?

我决战高考,总结后就一个字"稳"。首先是心态稳,坚定执行自己的复习计划,不为短期的考试成绩和排名而中途易辙——对计划进行微调那是情理之中的事。其次是行为稳,表现在作息时间方面,我从不因为考试临近而挑灯夜战,也不因考试结束而放松对自己的要求。我主张学习贵在平时努力，贵在持之以恒。在学习资料的使用方面，我吃透老师整理的典型练习后，以一本资料为主。高考前夕，书店里的××必刷卷、××考卷和××试题调研几乎是每周更新一次，我也常买，但仅仅是选择其中的一套练习一下，帮助自己保持手感，绝不会主次不分，在精力分配方面错位。

我高考取得的成绩，首先归功于我的父母。在我很小的时候，他们就帮我养成了自主学习的习惯，我的高考成绩更应该看作是他们教育方法结出的硕果。同时归功于母校马鞍山二中良好的学习氛围和老师的教学有方，有幸全市夺冠也含有一些偶然的因素，平时考试全市前五、甚至前十名的同学，实际成绩其实都难分伯仲，都有在全市高考中夺冠的希望。最后才是因为我的努力和学习策略。

写到这里，我仿佛又回到了高中的求学岁月，教室里饭菜的香气还未完全散去，黑板上的数学公式和英语单词混在一起，窗外三三两两的同学倚着栏杆，仰望着天边的余晖??

欢迎学弟学妹们报考复旦大学，我在复旦的经济管理学院实验班等你。那时我们再话中学的拼搏时光，携手为祖国的伟大建设奉献自己的青春岁月。

（本文由安徽省马鞍山市第二中学岳付稳老师供稿。经同意后，编者进行了适度修订）

拓展阅读二十五　SQ3R阅读法

SQ3R阅读法：这种方法是教育心理学家弗朗西斯罗宾逊首次提出，其名称由五个词的第一个字母组成，分别是Survey（浏览）、Question（提问）、Read（阅读）、Recite（复述）和Review（复习）。这种方法主要用于精读课文，但也广泛适用于各类学习。它的要点包括：浏览阶段，提问阶段，复述阶段，复习阶段。

第四十三章 于细微之处见精神
——一位普通母亲和她儿子成长的故事

/ 褚玉娟口述 王 芸 丁 芬 整理

编者按：她是一位普通的母亲，但却时刻在用自己朴实的言行影响着孩子，并和儿子一起走向优秀。如果说这位母亲的经历有些特殊，但她的教子方法和方法所体现的思想却再普通不过了。让我们在追寻孩子成长的足迹中，一起来领略平凡中的伟大。

一、成长的基石

普通母亲如何发挥自身的教子优势？

我是一位普普通通的母亲，老家在安徽淮北的一个偏僻山村，结婚后随丈夫一起来到芜湖。丈夫是物流系统的一名普通员工，老家也在外地的农村。结婚后，我们在市郊租了房子，儿子阳阳的出生给我们带来了巨大的欢乐，也给我们带来更大的生活压力。

儿子一岁时，丈夫除了自己的本职工作以外，还兼了两份工作。其中一份是一家宾馆的水电维修，只要宾馆的水电出现故障，他总是利用上班时间灵活的优势立刻赶过去；另一份是小区的夜班值班，一般都是晚上8点开始上班，巡更至夜里11点左右，然后在值班室休息至次日早晨6点。陪伴、教育孩子的事情，全部落在我身上。

在这个千百万家长"望子成龙、望女成凤"的年代，我当然期望自己的儿子将来考取一所好的大学、有份好的工作，但我又怎么敢这样想呢？我们不仅物资匮乏、条件艰苦，而且胸无点墨，很难指导孩子的具体学习，我们唯一拥有的是乐观向上、热爱生活的态度和艰苦奋斗、勤俭持家的品质。如何陪伴孩子成长，一起走向优秀，我没有任何经验，不知道从哪里入手,只是时常在脑海里琢磨。

那时,市郊农村的房子还没有拆迁,郊区还没有和市区连成一体。我住处的不远处,有家小卖部,时常有几位爷爷奶奶坐在那里聊天。一天做饭时,我突然发现家里没有食用盐了,便要阳阳去买袋盐回来。也许是觉得能为妈妈做事而体现了自身的价值,阳阳买回盐后非常开心。我眼前突然一亮,既然阳阳热爱劳动,何尝不让他多干些活?如果将来考取大学,有份稳定的工作,勤劳的人更受欢迎;万一考不上大学,学门手艺,勤劳的人也不愁没有饭吃。从此,只要是阳阳能做的家务,都是他包了。他也成了小卖部的常客。

小卖部的门前,经常有很多爷爷奶奶坐在那里闲聊,这群老人渐渐也非常喜欢他。大家逗他玩,要他猜谜语,有时候给他讲故事。我们是外地人,这里没有亲戚,朋友也很少,阳阳原来见人有点胆怯,因为和这群爷爷奶奶在一起,他渐渐开朗起来,性格也变得阳光。

今天,市郊农村的房子已经拆迁,那里已经盖起了高楼,小卖部早就不见了,但却永远留在我的脑海里。它开阔了孩子的眼界,助力了阳阳的成长。

编者评论: 阳阳小时候的经历,表面上看起来与学习无关,其实却改善了他的认知结构,有助于他学习能力的形成。特别是大量的成功体验,给他带来了自信的特质,有助于他克服成长过程中的种种障碍,让他一辈子得益。广泛接触社会和丰富的人生阅历,是孩子成长的基石。整天把孩子关在家里,孩子学习未必能取得很好的成绩,成长需要环境和空间。

二、成功的分享

什么是分享孩子成长快乐的科学方式?

孩子上初中的时候,我们住进了阳阳爸爸单位的筒子楼,也是我们全家的户口所在地。

进入初中以后,学习气氛陡然变得紧张,阳阳的作业也多了起来。

最让我焦虑的还是他的学习,语文和数学还说得过去,英语却远远落后于班上的其他同学。

原来,那时国家还没有实施"双减"政策,市里的孩子很小就参加各种培训班的学习,剑桥少儿英语、新概念英语青少版……各类少儿英语培训机构遍地林立,有的学生还同时报两个甚至三个班。阳阳只掌握了小学英语课本上的知识,在市郊小学的班级看不到差距,但初中在市里读书,和同学一比相形见绌。英语字母都认不全的我,一筹莫展,不知道如何是好,只是干着急。

大约是初一下学期开学后不久,一天傍晚,我正在做晚饭,阳阳放学回来了,他非常开心地和我说:"妈妈,这次英语考试及格了。"因为学校的英语考试,试卷中总有很多课外知识,初中入学以后,阳阳的英语考试成绩总是不及格,这次考试及格了,我也喜不胜收。

"真的?"我急忙放下手中的活,一下抱住儿子,"快告诉妈妈,你是怎么做到的?"

"我们英语考试,总考很多课外的内容,而我只掌握了课本,所以每次都考得不好。"因为激动,阳阳说话显得有些语无伦次,"和初中英语配套的课外阅读书籍,我读起来很吃力,看不到效果;后来,我就阅读和小学课本配套的课外书籍,认识了很多以前没有学的英语单词,也掌握了它们的用法。"阳阳接着说,"现在,我可以阅读和我们课本同步的课外阅读材料了。这次考试考的课外内容,我答对了很多。"

"妈妈早就知道你英语会学好的!"

"真的?"阳阳睁大了眼睛,有些不敢相信。

"当然是真的!"我坚定地说,"我的阳阳小学一直是班长,什么时候落后过?英语落后肯定是暂时的。"

"那我写作业去了。"阳阳在激动中离开了我的怀抱。我眼里闪着泪花,也看到了他眼里激动的泪水。

这次考试成了阳阳英语学习的转折点,从此以后,阳阳的英语成绩一直稳步上升。

编者评论：有些家长喜欢空洞地鼓励孩子，久而久之，连家长自己也知道这种鼓励是苍白无力的敷衍。而另外一些家长却与之相反，当孩子取得进步以后，他们没有一句赞美，唯恐自己的赞美让孩子骄狂，从此忘乎所以。有时，他们还会问孩子：最高分多少？一次进步值得骄傲吗？这让孩子兴致全无。更有甚者，怀疑孩子成绩的真实性，让孩子由喜转悲。而这位母亲知道如何与孩子分享进步的喜悦，让孩子快乐的情绪充分释放。这种做法值得肯定。

三、心智的迁移

陪伴孩子成长，父母怎样才能成为有心人？

初二以后，阳阳的各科学习成绩已经很稳定了，又回到了班长的位置，学习方面非常顺利。但一种淡淡的忧虑却笼罩在我的心头，挥之不去。

听很多人说，一些孩子学习很优秀，考上大学以后就如卫星遨游在茫茫太空里，只有在需要钱的时候才发回微弱的求救信号。毕业后，有的走上了工作岗位却还"啃老"；有的出国了，犹如卫星在太空中永远消失。在我的观念里，虽不是"养儿防老，积谷防饥"，但必须懂得"珍惜"和"感恩"，要有"担当"和"社会责任感"。否则，教子就是失败的。而我一时却想不出好的办法，楼下也没有小卖部了。

一天，筒子楼的一位邻居搬家，我看到邻居丢下的一个金鱼缸，突然有了主意。我从菜市场买回三条金鱼，晚上对阳阳说："这三条金鱼的喂养就交给你了。"我想以此来培养他的爱心和责任感。阳阳也确实没有辜负我的期望，他查阅资料，了解金鱼的生活习性，定期给金鱼喂食、换水。有时读书累了，中途休息时，他总站在鱼缸旁观赏金鱼的游动。从对金鱼的照顾中，他意识到自己的责任，更富有爱心了，自己似乎也变得更成熟起来。

中考，阳阳毫无悬念地考取了我们芜湖市最好的高中，依然是班长。

编者评论:这位普通母亲的所作所为,我们大多数家长都能做到。但有多少家长愿意接受这样的思想、采取这样的行动?但愿更多的家长从这篇文章里获得启发,拥有更好的教子之道。

四、全新的起点

为什么说好学的人到处都有学习的课堂?

进入高中以后,阳阳学习劲头十足,他决心在英语学科有所突破。他买来两本英语语法书,一头扎进去。但一段时间后,我发现他时常眉头紧锁,应该是英语学习没有取得期望的效果。

寒假,我们回老家过春节。听说村里有位英语专业的公费师范生陈佳才也回来过春节,趁拜年之际,阳阳向他请教。

"《新编英语语法教程》确实是一套好书。作者章振邦教授在英语界享有盛誉。"听完阳阳的介绍后,陈佳才说,"但这套语法书不适合中学生使用,中学生使用这套书吃力且难见效果。比如,我们遇到一个不认识的汉字,使用《新华字典》查找它的读音和常见用法就可以了,没有必要查阅《辞海》,了解这个字更多的意思和用法。"

陈佳才的一席话让阳阳恍然大悟,这本书确实太详细、太专业了,一些提法还和中学课本的提法不一致。回到家里,阳阳和我分享他的收获,兴奋之情溢于言表。

"这件事说明了什么呢?"待阳阳平静之后,我问。

"说明了什么?"阳阳不明白我的意思,他陷入了沉思。

"这件事暴露了你学习中存在什么问题?"我进一步提醒。阳阳听我这么一问,若有所思后恍然大悟,深沉地说:"是的,我学习还是浮躁了,太急于求成。"

"你能认识到这一点已经很了不起了!"我接着说,"凡事要想取得更好的成绩,做事必须踏实、再踏实。学习也是一样。"

阳阳不自觉点了点头。从此,他学习更加刻苦,也更加踏实、认真。三年后,阳阳考取了吉林大学,在大学也是校学生会的一名干部,并光荣地加入了中国共产党。大学毕业后参加省选调生考试,笔试和面试都夺取了全省前三的好成绩。如今,他已是省会城市省属机关的一名公职人员。

回顾阳阳的成长历程,我常常百感交集,从中明白了很多道理,自己也获得了进步和成长。

编者评论:幸运可能含有偶然的成分,但与努力却有必然的关系。对于爱学的学生来说,处处都是学习的课堂,人人都是自己的老师。阳阳出生于普通的家庭,成长在"内卷"的时代,幸运的是他有位普通却智慧的妈妈。因为历史的原因,他的妈妈可能只是初中毕业,但却平凡中见伟大,细微处见精神。从阳阳的成长历程中,家长们收获了哪些启示呢?

(本篇文章由王芸和丁芬根据褚玉娟的口述整理而成)

拓展阅读二十六　《开讲啦》听后的联想

中国科学院首席科学家张双南在中央电视台综合频道《开讲啦》栏目中说:中国古代的文化和技术都比西方先进很多,但科学不是在中国产生的。(因为)我们没有刨根问底地追问这些技术背后的道理是什么。如果我们追问了这些技术背后的道理,把它搞清楚,中国的科学技术水平早就领先了。

联想到部分学生在学习中用大量时间来刷题,他们深究这些题的解答方法特别是方法背后的逻辑了吗?如果把它们搞清楚,学习成绩和能力都将跃上一个新的台阶。

第四十四章　百川归大海

——新课程背景下修习语文的路径和方法

/ 俞仁凤

编者按：我们经历了"双基"时代、"三维目标"时代，正在进入核心素养时代。在立德树人的大旗下，我们如何修习语文，如何找到发展语文核心素养的路径和方法？

作者是正高职称的语文教研员，在语文的教研方面造诣很深。从这篇文章里，我们知道了语文教学要求和形式的变迁，也就明白了语文应该怎么学。他的建议开阔了读者的视野，值得借鉴。本章阅读难度较大，建议读者观看课程解读视频。

背景一：从"双基"到"核心素养"

这些年，语文学习的课程标准发生了哪些变化？

在所有的学科里，语文的外延和内涵是最丰富的。

在大纲时代，我们强调"双基"，即语文基础知识、语文基本能力。

2003年，《普通高中语文课程标准（实验）》颁行。几年后，《义务教育阶段语文课程标准（2011版）》颁行。语文学习强调"三维目标"：知识和能力、过程和方法、情感态度和价值观。

2018年，《普通高中语文课程标准（2017版）》颁行，2020年首次进行了修订；2022年，《义务教育语文课程标准（2022）》颁行。语文教育全面进入核心素养阶段。义务教育中语文的核心素养表述为：文化自信、语言运用、思维能力、审美创造；普通高中语文核心素养表述为：语言建构与运用、思维发展与提升、审美鉴赏与创造、文化传承与理解。

语文核心素养的关键词有四个：语言、思维、审美、文化。举凡生活，都是语文,"大语文"无所不包,大语文就是学科中的海洋。

背景二:从任务群到教材

《普通高中语文课程标准(2017版2020修订)》告诉我们:语文课程内容主要以学习任务群来组织与呈现。

义务教育语文课程按照内容整合程度不断提升,分三个层面设置学习任务群。第一层设"语言文字积累与梳理"1个基础型学习任务群;第二层设"实用性阅读与交流""文学阅读与创意表达""思辨性阅读与表达"3个发展型学习任务群;第三层设"整本书阅读""跨学科学习"2个拓展型学习任务群。

普通高中语文课程由必修、选择性必修、选修三类课程构成,共18个任务群。

必修课程7个:"整本书阅读与研讨""当代文化参与""跨媒介阅读与交流""语言积累、梳理与探究""文学阅读与写作""思辨性阅读与表达""实用性阅读与交流"。

选择性必修课程9个:"整本书阅读与研讨""当代文化参与""跨媒介阅读与交流""语言积累、梳理与探究""中华传统文化经典研习""中国革命传统作品研习""中国现当代作家作品研习""外国作家作品研习""科学与文化论著研习"。

选修课程9个:"整本书阅读与研讨""当代文化参与""跨媒介阅读与交流""汉字汉语专题研讨""中华传统文化专题研讨""中国革命传统作品专题研讨""中国现当代作家作品专题研讨""跨文化专题研讨""学术论著专题研讨"。

一个或几个教学单元,共同构成一个学习任务群。任务群组合,构成了一册册的教材。

方法和路径一:从单文本阅读走向微专题阅读

依照新标准,如何调整学习语文的策略?

以前,学习语文大体是这样的:

阅读教学,一篇一篇地学习,都是以独立的单文本为学习内容。也有单元,那都是以"文体"来划分的,如"说明文""议论文""记叙文""戏剧""小说""散文"等等。修习这样的单元,也是从一篇一篇独立的文本开始的。单文本阅读,几乎就是全部。每个文本的修习,都是从字词句开始,到结构到内容再到写作特色,千篇一律。学生学习语文,大抵就是这样一篇一篇地过。

但这样修习的弊端,也是十分明显的:不断重复,效率太低。

时下获取信息,也不是这样零碎的,通常是一拉就是一串。譬如,我们想知道量子纠缠是怎回事,我们会找来一组文章进行阅读,提取有价值的信息,而不是在单个文本里死抠。

在学习任务群框架中,可以选择教材内外核心的语言知识、关键的语文能力、典型的文学现象、重要的文化话题等要素,提炼成小而精的教学点——微专题,如诗歌的意象和情感、小说的形象与情感、古典诗歌的体式特征、古诗中的音乐描写、宋词的豪放与婉约、古诗词典故运用等等。通过微专题的修习,培育语言能力、思维品质、审美趣味、文化理解等核心素养。

微专题可以根据自己修习的实际需要来确定,可多可少,不强求一律。单文本阅读,依然可以是主潮。倘要深读文本,微专题修习是极为有效的补充。

方法和路径二:大单元

我们现在所谈的"大单元",不同于以前所谈的"单元"概念。

(一)"单元"的前世今生

语文教材中"单元"的变迁,大体如下。

(1)没有"教学大纲"之前,"单元"并不凸显。在20世纪七八十年代,语文教材是没有"单元"的,就是一课一课往下排。

(2)有了"教学大纲"之后,相应配套的人民教育出版社出版的语文教材就有了"单元"。这些单元主要按文体编排,如说明文、议论文、记叙文、小说之类。

(3)2003 年,《普通高中语文课程标准(实验)》出台后,"单元"内容"百花齐放"。这时期,教材松绑了,如鲁教、苏教、沪教等,都出版了语文教材,人民教育出版社也只是其中一家了。于是,"单元"也丰富多彩起来,有人文主题单元、按文体编写的阅读单元、写作单元、名著导读单元等等。

(4)2018 年,《普通高中语文课程标准(2017 版)》正式颁行。2019年,我们称为"统编版"的新教材开始使用。单是目录中出现的单元,大约就有三类:文本组合而成的阅读单元、学习活动单元、整本书阅读单元。这个时期的"单元",成了"单元"的集大成者。

(二)"大单元"的特色

统编新教材中的单元,是单元的集大成者。它有以下特色:

(1)单元与课程关联

以高中语文为例,高中语文要修习 18 个学习任务群,这 18 个学习任务群分解给了三类课程:必修、选择性必修课程、选修课程。其中,必修课程承担了 7 个任务群,安排在高一修习,必修教材中安排了 16 个单元。由此可见,"单元"是"课程"的一部分。

(2)单元学习,不仅是接受知识、培养能力,更多是发展语文素养。

构成新教材单元的元素有很多,如任务群、人文主题、语文素养、学习文本、写作等,具体呈现为单元导语、文本(课文、注释、插图)、学习提示、知识短文(含链接资料)、单元学习任务。

这样的单元,涉及语文的方方面面,人文主题指向立德树人,任务群是要落实核心素养。修习中,也有知识,也有能力,单元功能是多重的。

(3)单元教学需要大情境、大任务

教学情境,指的是学习的场景、氛围。大单元,需要大情境,需要能够统领整个单元学习的场景、氛围。

大单元，就是要把学习的内容安排在典型的学习场景之中，将真实的问题摆在修习者面前，替代以往那种"纸上谈兵"的方式，使修习者学会提出问题、分析文体、解决问题，学会学习。

大任务是引导、统领整个单元学习活动的任务，它贯穿单元教学始终。以大任务统领学习，为落实"大任务"，又可以将"大任务"分解成若干子任务。

无论情境还是任务，都要求统领整个单元，故曰"大"。这个"大"，有别于以往的单元学习要求。

(三)大单元修习，需要整体设计

(1)整体设计单元教学目标和内容

单元教学目标和教学内容的设计，要关联到课标中的任务群，要关照到整个教学单元，同时还要照顾到每个单篇文本。

(2)整体设计大情境和大任务

设计能够统领整个单元学习的大情境、大任务，目的是要让学生在真实情境中去学习，使学生在学习中的主体地位得到真正落实。

(3)整体考虑单元的教学资源、教学方法

教学资源不仅仅是文字材料，还包含音频、视频资源，地域文化资源、能借用的学校及社会人才资源(如借用学校名师、校外专家)等等。实践中，老师自己创作的微课，是很好的教学资源。对于学习方法，总的方针是自主、合作、探究，具体到某个单元，也有一些具体的方法：展览、演讲、征文、诵读等等。

(4)整体设计学习过程

可以分课段、分专题进行设计。总体来看，我们在设计中坚持这样的原则：任务驱动、活动跟进。在总的任务下，每个课时都有自己的"分任务"。各自的"分任务"，要由具体的"活动"来完成，为此，可设计若干活动。

(5)整体设计学习评价

我们认为，评价是多元的，评价方式是多样的。在实践过程中，根据单元教学内容,我们开发了自评表、互评表、自查表、巩固练习、单元测试等多种评价工具,我们反对仅用一张试卷来进行评价的方式。

(6)要有反思与改进

对整个大单元修习进行反思,总结得失,存优去劣,修改设计,可以为下个单元的修习设计提供经验。

方法和路径三:从群文到整本书阅读

无论是微专题修习,还是大单元修习,都是超越单文本阅读的。从某种意义上说,他们都是以"群文阅读"为基础阅读的,都是一种由此及彼、读深读透的读书策略。

在中、高考中,类似的群文阅读(或曰"专题阅读")也已经屡见不鲜。它围绕一个"主题(话题)",选择一组文章,让考生进行比较阅读,或筛选信息,或鉴赏写法,或发现异同。那种对实用类文本阅读的考查,基本就是这种模式。

群文阅读,更适合信息爆炸的现代人,他们需要快节奏地发现问题、处理信息。语文修习,也要紧跟时代节奏。

在大纲时代,读整本书一直停留在纸上。在"三维目标"时代,教材中出现了"名著导读",倡导读整本书。在"核心素养"的今天,整本书阅读作为"任务群"写进了"语文课程标准",整本书阅读与研讨正式进入教材。但名著导读和编入教材单元的整本书阅读,还是有区别的。

初中语文,编写在教材中"名著导读"的有 12 本,分别是《朝花夕拾》《西游记》《骆驼祥子》《海底两万里》《红星照耀中国》《昆虫记》《傅雷家书》《钢铁是怎样炼成的》《艾青诗选》《水浒传》《儒林外史》《简·爱》。高中语文,《乡土中国》和《红楼梦》都编入了必修教材,都各自成为教材中的一个单元。

整本书阅读,已经很热很热了。我认为,整本书阅读很有必要,但我反对过度强调"整本书阅读"。以高中阶段为例,整本书阅读不妨按照"课程标准"来。

(1)必修阶段,必读《乡土中国》《红楼梦》。要通读,要完完整整地读一遍。

(2)读到何种程度要结合教材给的"任务"来。学生要根据实际,合理规划阅读"任务",切忌盲目。不能一味地求深、求精,不能一味地强调个性阅读。

(3)《普通高中语文课程标准(2017版2020修订)》中说:必修阶段各类文本的阅读量不低于150万字。这并不意味着多多益善,没有止境。对大多数同学而言,必修阶段读完《红楼梦》《乡土中国》,再加上其他阅读,总的阅读量当在150万字以上了。因而,在必修阶段没必要再进行整本书阅读了。个别学有余力的学生,可另当别论。

方法和路径四:动口与动手

语文是实践性很强的一门课程。学习语文,是为了使用语文。学、思、行,三者要合一。

学习语文,不仅仅需要学进去,需要输入,需要听、读;更需要输出,需要说、写。这就需要学生在学习过程中,既要动口,又要动手。

动口,就是说话。会说话,是一种语文能力。举凡辩论、解疑答疑、人际交往,都需要说话。学语文,真的不能"慎于言",要敢说。从做人的角度讲,"讷于言"没什么错;但从学语文的角度讲,"讷于言"不是什么好事情。

动手,就是把自己的心思写出来。作文,是"练"出来的,不动笔是写不出好作文的。写作,可以整篇文章一气呵成,也可以"片段"练习,如写个通知、编个短信、写个短消息、写个简短的书评……,不用端架子,勤动笔就好。

动口与动手,是学好语文的两把刷子!

语文,已经进入核心素养时代。发展核心素养,需要继承学语文的优秀传统,同时,也要顺应时代大潮,找到新的路径和方法。

"苟日新,日日新,又日新。"修习语文,就该如此吧!

第四十五章　学生成长过程中的"加减乘除"
——一位校长的工作随想

/ 张武根

编者按: 张武根先生扎根基础教育三十一年,目前是马鞍山市九年一贯制星光学校的校长。他提出的"加减乘除"教育理念也许目前还得不到绝大多数家长的理解和支持,但这种教育理念不仅有坚实的理论支撑和睿智的前瞻性,而且更利于学生的健康成长,包括且不限于文化课的学习、学业的竞争。

家长认真阅读本章后,便能慢慢领会其中的道理。入选本书时,编者对原文进行了较大的修订。

一、曾像家长一样困惑

中小学校长,他们的困惑是什么?

今天,中小学生家长普遍感觉焦虑和恐慌。造成这种现状的原因既有现实中中考、高考和就业的压力,也有利益相关者的推波助澜。这些利益相关者在家长中有意或无意制造焦虑,使家长张皇无措、病急乱投医,进而使他们获得自己想要的利益。

家长的点滴焦虑和恐慌汇聚成社会的滚滚洪流,不仅裹挟着其他盲从的家长,使他们身不由己地随波逐流,而且还裹挟和吞噬着部分普通教师及少数基层学校干部,甚至影响极少数教育行政部门的管理者和教育政策的制订者。他们中的一些人也像家长一样困惑。

2020年7月,我受上级主管部门的委任,担任一所新建的学校——星光学校的校长,这是目前全市唯一一所市教育局直属的九年一贯制非完全中学,管理部门的重视和市民的瞩目程度可见一斑。在学校正式招生前的办学定位和学校特色目标规划建设中,我明确主张把这所学校办成一所有鲜明特色的学校,即除了学科特色显著之外,还具有课堂教学质量高、学生作业负担轻、学生体能强和近视率低等特色的学校,主张不走以题海战术来换取学生高分、用牺牲学生健康换取升学率的办学老路子。

然而,这种办学理念很快就面临严峻的挑战。近年来,高中生千军万马挤高考独木桥的现象虽有明显的好转,但没有得到根本性的扼制,在不同地区,"内卷"现象依然十分严重。开学第一个学期,学校就经常受到家长的质疑:学校布置的作业怎么比其他学校同年级学生的作业少很多?这样下去,孩子的基础是否能够被筑牢?读高中后,我们孩子的学习竞争力是否可以和来自其他学校的学生抗衡?

面对关系到学校未来发展的大局,学校的领导班子、中层干部和普通教师也有议论。虽然高中招生政策是将高中招生指标分配到各所学校,但如果中考成绩得不到家长和社会的认可,就会影响学校的招生和今后的发展。有人开始动摇,我们是顶住压力坚持既定的办学方向?还是随波逐流走常态化办学之路?我在沉思后,坚持学生成长中"加减乘除"的办学理念。

二、加法还是减法

缺什么补什么,是对还是错?

什么是学生成长过程中的"加减乘除"?就是让家长和学生知道该做什么,不该做什么,哪些是重点,哪些要简略。

<u>校访</u> 一个星期五的下午,我正在接待一位学生家长的来访。交谈中,家长的手机突然响了。从这位家长接听电话的话语中,我得知家长是在和别人交流关于孩子补课的事。通话结束后,家长和我说,她的闺蜜联系到了某位已经退休的名师,她请闺蜜把自己的孩子也加进去,而这位老师的辅导班已经不是她孩子同时期、同学科的第一个辅导班了。我问她为什么让孩子同一学科同时参加这么多班时,家长沉思了

一会,略显无奈地解释说:如果孩子不参加这个名师班,别的同学上的课,我的孩子就会缺失;别的同学学到的知识,我的孩子就没学到,将来考试就会落后。在多数家长的心目中,孩子读书就是为了考试和升学。

<u>清醒</u>　后来,在我耐心的开导下,家长终于决定放弃辅导班。事实上,又有多少学生和家长知道孩子究竟需要什么呢?这让我想起了这样的一个实验,类似的场景在电影中也不鲜见。一个人右手握着电话听筒,正在打电话,有人递给他一杯咖啡,他左手接过咖啡,说声"谢谢",接着打电话;另有人牵着一条狗,把牵狗的绳子递过去,他左手放下咖啡,接过牵绳后继续打电话。等电话打完或接近尾声时,他才突然惊愕地发现自己面前有杯咖啡,还有条狗绳在自己手里,而这些都不是他所需要的。多少人有清醒的头脑并知道自己究竟需要什么呢?

<u>心智</u>　心理学中有一个名词叫心智带宽,说的就是心智的容量,它是我们处理问题时所运用到的脑力资源,它支撑着人的认知力、行动力和自控力。无意识时,心智容量是降低的,或者说就没有心智容量。

怎样才能拓展心智容量呢?其中重要的两点是:保持目标觉知,知道自己究竟需要什么,这样才能排除杂念,把精力放在最重要的事情上;保持欲望觉知,我们想要的可能很多,但过多的欲望反而阻止行动,最终我们什么都得不到。在孩子的成长过程中,家长是否处于心智容量很低的状态并接受甚至追求了很多自己不需要的东西?如同打电话者接下一杯咖啡和牵着狗的绳子。

<u>溯源</u>　在原始社会,人们的生存条件极其恶劣。食物被当场食用之后,剩余部分就被立刻囤积起来,人类因此有获取物品也就是做加法的本能。于是,便形成了分析心理学中荣格所说的"集体潜意识"(又译作"集体无意识")。它是指人类在整个进化过程中的沉积物、镂刻在人脑中的祖先经验,通过遗传而延续,为人类所普遍拥有,像绚丽的瑰宝埋藏在精神的底层,但个体在一生中却几乎没有意识到。人类"加法"的本能似乎就是如此。

<u>加法</u>　在人类历史上,"加法"还催生了文明的发展,比如罗马斗兽

场、中国的万里长城、埃及的金字塔……这些东西在原有事物的基础上增加了高度、长度、体积，便给我们带来了文明的基调，这也就导致了人喜欢"加"而忽略了"减"，并且这种本能愈发强烈。

减法　然而，"加法"未必都是积极有效的策略。《自然》杂志刊登的美国弗吉尼亚大学副教授莱迪·克洛茨的一项研究成果表明：当人们想要改变现状时，更倾向于做加法而不是做减法。可是一味做加法只能使人越来越累，使解决问题的方案越来越冗杂，使人的自我感觉越来越压抑、越来越不快乐，使人的生活和工作因此变得越来越复杂、矛盾变得越来越多。所以，解决问题时，"减法"比"加法"更有效。

减缓家长的焦虑、帮助孩子更好地健康成长，不应该是增加孩子的学习压力和课业负担——做加法，而应是运用减法思维做"减法"——全面贯彻实施教育部出台的"五项管理"规定和中共中央办公厅和国务院办公厅颁发的"双减"政策。

三、割补原理的运用

什么是歪打正着？学习中有这样的例子吗？

小学数学中，在求解一些不规则图形的面积时，我们常利用割补原理，即把不规则的图形补成规则的图形，从而求出面积。"减法"思维的本质与之有很多类同之处，它不是完全忽略或者删除被减去的部分，而是把它换个位置，发挥另一种优势，以减法的方式，让原有的存在发挥更大的价值。

生活中甜甜圈的制作可以很好地说明这个道理。

风靡全球的甜甜圈最早起源于中东地区，后来流传到欧美，成为一种快餐形式的存在，常被当作早餐，受到普遍欢迎和好评。甜甜圈是一种甜点，由面粉、糖、发酵粉等混成面团，待面粉发酵后，制成圆圈状，经油炸而成。它最常见的两种形状是中空的环状或面团中间有包奶油、蛋浆等甜馅料的封闭状。

其实，甜甜圈之前是实心的面饼。为了追求更好的烘焙效果，烘焙师起初在面包里加入蛋黄,以达到柔和绵密的口感,但发现中心和四周很难同时达到相同熟度而导致半熟。一次偶然的机会,有个小孩把中间的那部分单独拿出来,烘焙师再拿去烘焙,发现它受热均匀,味道更丰富了,竟然很惊喜地得到了理想中的口感、酥脆的表皮、软糯的内心,也不会煎炸过度。就这样,被抠掉中间部分的"甜甜圈"在世界范围内受到欢迎,而被挖出来的面也没有浪费,做成很好吃的甜甜球。

星光学校在实施办学目标的过程中,课余时间开展丰富多彩的活动,拓展了学生的思维,也有助于学生学习效率的全面提升。文化课的学习和课外活动形成了有效的互补,如同甜甜圈与甜甜球,相得益彰。

四、成长中的"加减乘除"

有些知识,学生毕业后几乎用不上。为什么还要学?

一位初二学生的妈妈曾在来访时和我说,她的女儿学习平面几何证明题时非常吃力。这位妈妈不解地问:"今天,这些几何证明在实际生活中几乎无任何用武之地,为什么要学呢?"

<u>目的</u>　中小学生的学习,一方面是学习基础知识,更重要的是训练思维、培养学习能力。联合国教科文组织曾做过一项研究,结论是:信息通信技术给人类知识带来了前所未有的更新速度。在18世纪时,知识更新周期为80~90年;20世纪六七十年代,一般学科的知识更新周期为5~10年;进入新世纪,许多学科的知识更新周期已缩短至2~3年。有些学科,大学一年级学生刚学完,毕业时却已过时。但学生通过学习获得的学习能力不会过时,有了能力就能实现能力的迁移。

<u>迁移</u>　能力迁移的本质,就是自己在一个领域具备一定的能力以后,在探索新的领域时,可以把自己以前形成的能力运用到新的领域。例如,小强因为经常打篮球,增强了自己的弹跳力和爆发力,使自己的身手变得更加敏捷。当遇到一个水沟时,多数人跳不过去,而他却轻而易举地跳过去了;在外遇到歹徒时,他的爆发力和身手敏捷性比不打篮球的人更佳,则更有可能将歹徒制服。这就是他将打篮球培养的弹

跳力、爆发力、身手敏捷的能力迁移至跳水沟及和歹徒的搏斗中。学生今天在文化课的学习中形成的能力，也会在不知不觉中迁移至他将来的学习、生活和工作中，这也是"加减乘除"教育理念的根基。

加 文化课学习的目的之一是掌握基础知识，另外一个重要的目的是训练学生的思维，培养学生的学习能力，让其实现能力的迁移。实现另外一个目的有很多种方式，学校应该适量选用学生喜闻乐见的方式，比如智力游戏、竞技活动。学校应该加大这种非文化课学习的课程开发，让更多的学生有更多的时间参与这类活动，实现学习的另外一个目的。

减 由于长时间的课堂学习和过重的作业负担，部分学生已在无意中出现对文化课知识刺激的倦怠，甚至在大脑皮层形成下意识的抵触与厌恶，由此导致他们学习效率低下，甚至萌发厌学情绪。所以，学校要千方百计减少文化课的课时量，减轻学生的学习负担。国家的"双减"政策，正是在这种背景下应运而生。

乘 大幅度增加学生的课外活动时间、开展各类丰富多彩的活动以后，学生用于学习文化课的时间虽然减少了，但学习兴趣、学习效率和学习效果都会成倍地提高，这就是"乘"。

除 当学生取得了"乘"的效果以后，他的学习压力和焦虑就会直线下降，只是原来的几分之一，实现了"除"的效果。

部分智慧型的家长已经觉醒，在孩子掌握课本知识的前提下，他们并不要求孩子整天扑在书本里，而是通过各种其他课外活动提升孩子的认知，训练孩子的思维，培养孩子的能力。这类孩子，不仅将来发展后劲足，而且当下学习也不是很累。

教育的本质属性是有目的地培养人的社会活动，使个体具备一定的能力去发现成功，追求自己的幸福。"加减乘除"的教育理念是实现这种本质属性的有效方式。

第四十六章　爱有智慧　伴同成长
——谈初中生的两大特点及教育对策

/ 万亚平

编者按：万亚平先生曾担任马鞍山市两届教育局局长和局党委书记。在任期间，在前任领导班子卓越工作的基础上，他带领团队锐意改革，精准施政，使马鞍山的教育工作不断跃上新的台阶。本文是谢玲同志在征得本人同意的前提下，根据他的一次讲话内容缩写而成的。本章主要是和家长们谈一谈现阶段初中生的心理特点和亲子关系特点，以及教育对策。

一、初中生的心理特点及教育对策

初中阶段是孩子身心急剧变化的关键时期，他们由依附服从变成独立反叛，由温顺平和变成倔强好胜，由依赖父母变成寻找同伴，由幼稚变成渴望成长。孩子进入初中后就开始寻找、扮演各自心仪的性别角色和社会角色。部分孩子会在与同伴的交流中发现朋友、知音，从而形成独特的群体，对抗老师，排斥父母。

(一)初中生心理特点

<u>1.独立性与依赖性的统一</u>　初一学生身体生长发育显著，体力增强，精力旺盛，具有了一定的知识经验和独立生活能力，独立性和自尊心增强，认为自己已经长大成人，希望独立自主、摆脱成人对他们的束缚。但他们生理和心理尚未完全成熟，坚持性、独立性还不够，缺乏克服困难的勇气和毅力，在生活、学习上对家庭和学校仍具有一定的依赖心理。

<u>2.逆反心理与自卑心理</u>　逆反心理和自卑心理比较普遍存在于初

中学生中,也比较突出,这也是导致学生很多不良行为的重要原因。

具有逆反心理的学生,对无视他们自我意识存在的外界因素,经常想方设法予以对抗和反对。他们的主要表现为:对老师和家长的教导、劝说和约束不肯听从,任性;对明知合理的教育措施和行为规范,不分是非地一概反对,经常强词夺理或从中作梗,高唱反调,有时故意表现出令人不满的淘气和捣乱。如果教育者采取惩罚手段,他们的情绪更为对立。再如,在课堂上对老师的教学内容不满意,故意表现为不爱听讲,做小动作,提一些怪题刁难老师;有时说一些俏皮话,引起哄堂大笑,扰乱课堂秩序,引以为乐。但对有兴趣的课程和内容或者是心目中尊敬的老师讲课时,他们还是能专心听讲的。这些学生智力不低,思维活跃,但不满现状。

产生自卑心理的学生则表现出:情绪低落,不苟言笑,慢慢地与同学疏远、对立起来;多疑,总认为老师、同学都看不起他,心境处于一种紧张的提防状态,往往使自己陷入悲观失望、孤独的境地。这种现象在学习成绩处于中等的学生中较为突出。他们时常自己看不起自己。客观上,有的学生因自身长相、家境贫寒、体质弱、成绩差等而自卑,主观上是严重缺乏自信心。

3.闭锁性与开放性的统一　初一学生的内心往往是封闭的,心理活动丰富,但表露于外的东西却少,其对外界的不信任和不满意,又增加了这种闭锁性的程度。他们往往感到非常孤独和寂寞,希望能有人来关心和理解他们。他们不断地寻找朋友,一旦找到,就会推心置腹,毫不保留。因此,中学生在闭锁的同时,又表现出很明显的开放性。

4.成熟性与幼稚性的统一　初一学生的身体形态开始发生显著变化,身体机能逐步健全,心理也相应地产生变化,自我意识开始快速发展,抽象思维开始占优势,逐渐出现成熟化的表现。但他们刚跨入少年期,理性思维的发展还有限。在身体发育、知识经验、心理品质方面,他们依然保留着小学生的许多特点。有些学生看问题处在直观和感性阶段,缺乏思考,表达缺乏思想性。

5. 思维的批判性与创造性 随着思维能力的发展,中学生对人对事往往有了自己的看法和观点,不再一味受到成人和权威的影响,开始独立地、批判性地、创造性地进行思考。然而,他们的批判性还不够成熟,容易产生片面性和表面性,有时看问题还会比较偏执。

(二)教育对策

初中生处在一个激烈、动荡不安的时期,他们心理发展不平衡。如何对这个年龄阶段的学生进行教育?怎样帮助学生顺利地度过危机年龄,使他们尽快适应中学生活?

1. 科学把握孩子身心特点 初中是学生心理加速发展的时期,他们的身高体重迅猛增长,青春心理开始萌动,独立自我意识明显增强。他们自以为已经长大成人,要求和成人平等交流,特别希望得到成人的尊重和理解,但自身的自控能力、情感和意志行为又相对脆弱,容易冲动,他们的自身充满了矛盾。无论是家长还是教师,既不能把他们看作年幼无知的小孩,也不能把他们看作日益长大的少年,要根据具体问题具体对待,在给予孩子充分自主权的情况下,适当地给予其帮助和指导。

2. 保持真诚平等沟通 沟通是教育的基础。进入初中以后,学生最不适应的是学习,尤其是学习能力较弱的学生。而初中对学生的学习能力要求较高,学生必须学会自学,学习能力的强弱对学习成绩影响较大。家长往往在遇到问题时控制不住自己的情绪,说教、批评、训斥、埋怨得多。有的家长看到孩子犯了一点错误,就大发雷霆,甚至对孩子进行人格上的侮辱。孩子们是敢怒而不敢言,他们往往会消极对待,要么自己走开、干脆不听,或者假装没听见,背后发泄不满,有的孩子甚至与家长直接发生冲突。

这种教育方式不仅无效,反而会严重地伤害学生,导致学生一系列的心理和行为问题,给今后的教育带来更大的困难。因此,家长一定要学会尊重和理解学生,做他们的良师益友,认真倾听他们的心声,用平等的地位和心态与他们进行交流,并根据每一个学生的具体特点,采取行之有效的措施,使学生充分认识到自身的能力和价值,增强信心,从而提高学习效率。当双方都相互理解和接受时,孩子也乐于与家长沟通,教育的目的也很容易达到。

二、亲子关系特点及教育对策

亲子关系是每个人来到世间的第一个人际关系,它对每个人的身心健康都是十分重要的。这一阶段是孩子一生当中走向成功的最重要的关键时期,这一时期对孩子性格的形成、品质的培养、意志的磨炼、与人交往模式的建立,都起到决定性的作用。

(一)家庭教育中存在的误区

丹尼尔说过:"家长应该承担首席教育官的职责,而不仅仅是经济上的供养。小孩都是听着大人说话、学着大人的样子长大的。孩子是你们一生最宝贵的产业,远胜过手里的金银财宝。真正的教育,需要回归到人格本质上。只有人格才能影响人格,只有人格才能形成人格。"父亲的大格局(发展方向、生活态度、对逆境的豁达)和母亲的好情绪(家庭的温度、和睦、幸福感),是家庭最好的风水。

2016年,中国教育科学研究院曾对北京、黑龙江、广东和山东等六省一市的2万名家长和2万名初中生进行了大规模的实证调查。调查数据描绘了当下初中生家庭教育的整体现状和大致轮廓,呈现出初中生家庭教育的十大误区。

1. 青春期充满可怕的"暴风雨"? 一直以来,公众对青春期存在着不同程度的误解和过度焦虑,甚至给青春期贴上叛逆、令人头疼等负面标签。这种先入为主的刻板印象和不良暗示,极易使家长曲解子女的成长性变化,从而采取"危机管理"教育方式,反而会强化初中生的叛逆行为,导致亲子冲突升级。

2. 家长仍然是孩子唯一的"重要他人"? 正式步入社会之前,青少年"发展最迅猛的社会性需要是受人尊重的需要、友谊的需要和交往的需要",他们开始疏远成人而对同伴倾注越来越多的感情,同时萌生了与异性交往的强烈欲望,男女生之间的接触显著增加。这种在同伴群体中培养起来的互动能力,为今后他们进入社会形成正常的人际关系提供了心理准备。

3. 孩子不开心时希望家长赶快"救火"? 调查发现,超八成的家长和学生均认为亲子间不同程度地存在冲突,初三时冲突达到最高水平;冲突主要集中在学习、交友、花钱、隐私、偶像崇拜等"个人选择"方面;其中,女生更易与父母发生正面冲突,母亲更易和子女发生冲突;50.39%的初中生认为,"和父母沟通中最大的困难"是父母不能理解自己。

4. 异性交往就会导致"早恋"吗? 异性交往是青春期孩子的正常心理需求,48.32%的初中生表示"很愿意"结交异性朋友,而46.34%的家长担心子女"学业受影响",还有40.37%的家长担心子女"染上不良习气",担心子女"身体受伤害"和"情感受伤害"的分别仅占6.76%和6.52%。可见,家长更关注和担忧孩子学业受影响等现实因素,对孩子身心健康的关注远远不够,更没有看到异性交往对孩子练习亲密相处和建立积极、健康的爱情观、婚姻观的重要价值。

5. 家长知悉子女的学业和情感的"需求"? 研究发现,家长受教育程度越高,越注重培养子女的学习能力、学习态度和学习习惯,他们的子女在学习上自主性更强,学习动机也更偏重内部因素,感受到的学习压力相对越小。小学生需要"保姆式"学习指导,而初中生自主学习的意愿更强烈,较抵触家长的过度关注与关心。调查发现,家长未能发现孩子在学业和情感上的真正需求,做得最多的恰恰与孩子的期望相反,导致亲子双方的供求偏差,势必引发亲子冲突。

6. 家长权威取决于"为孩子做了多少"? 子女对家长的评价能反映家长在子女心目中的形象与权威水平。调查发现,初中生对父母的评价总体上趋于一般。进一步让子女对家长的工作状态、家庭责任、为人处世、脾气秉性和生活情趣等五个方面进行评价发现,家长在上述五个方面做得越好,学生对其总体评价越高,这说明,子女对父母权威的认可主要取决于"家长自己做得有多好"而非"为孩子做了多少"。同时,"意见不一致常争执""不顺心时爱唠叨""无心犯错也常被责备"等家庭负面事件呈增加趋势,直接影响家庭氛围和子女成长。

7. 父亲在家庭中没什么教育优势? 父亲是孩子形成独立、自信、果敢、坚强、富有进取精神等个性品质的重要源泉。父亲和母亲的家庭教育方式有明显差异。尤其在教育青春期子女时,父亲更关注子女的发展性成长,较少干涉子女的同伴交往,更坦然地接受子女变化。青春期的孩子需要更为民主、平等的亲子交流模式,需要父母有更大的包容度和更开放的心态,需要父母给予更多精神层面的引领和支持,这些恰好是父亲的优势。父亲教育的缺位和父亲教育资源的浪费,值得警醒。

8. 多报辅导班就能带来好成绩? 调查发现,在追求更高、更好的教育方面,低收入家庭与高收入家庭具有同样强烈的愿望,低收入家庭并不会因为家庭收入不高就减少家庭教育的投入。调查数据显示,72.08%的初中生报了兴趣班。兴趣班除了花费金钱,还占用了青春期阶段本来就非常宝贵的亲子沟通时间,加上家长投入太多时间、精力而产生的"高投入—高期望",使家长容易引发挫败感,更加易怒,更加容易采取严厉的教育方式。但事实上,在家庭教育支出压力大的家庭中,子女学业成就优秀的比例反而较低。也就是说,投入过度带来经济压力,未必能带来子女优异的学业成绩,反而有可能危及亲子关系。

9. 孩子大了没必要进行性教育? 本次调查中,91.38%的家长为60后和70后,性教育方面大多是"无师自通",缺乏科学、健康的理念,缺乏相关的知识和教育方法,因此对子女与异性交往充满紧张和担忧,导致相当一部分学生在身体变化时感到不安和恐惧,影响性生理和性心理的健康发展,甚至导致心理困惑和心理障碍。

10. 学习成绩与亲子沟通质量无关? 良好的亲子沟通应涵盖事务型沟通、消遣型沟通和情感型沟通等三种类型。深入的情感沟通能加深亲子间的相互了解,化解中年家长的心理危机,缓解初中生的青春期焦虑。但调查发现,初中生家长与子女沟通呈现出单一、泛化的状态,话题多集中在学习等事务型沟通上,沟通方式多为家长问、子女答。可见,亲子沟通质量的高低是家庭关系和谐与否的标志,亲子沟通不畅或许是产生"差生"的重要因素。

以上十大误区勾勒出初中生家庭教育"两轻两重"的特点,即重子女教育投资,轻家庭文化建设;重子女学业监督,轻子女心理支持。智慧的家长应该将更多的时间、精力和金钱投入亲子关系和家庭氛围的建设中,多关注对子女的心理支持和情感呵护,只有这样才能给孩子的健康成长提供正面的能量。

(二)教育对策

1.<u>理解尊重孩子,少点打压式教育</u>　每一个孩子在这个世界上都是独一无二的。真正成功的教育是让每一个孩子成为他自己,让他有独立的人格,有个性,有自己的兴趣、特长、爱好。可是有许多家长对孩子的期望往往是孩子很难达到的,是自己今生不能实现的理想,想要让孩子去实现。如果我们做家长的想不透这一点,很容易对孩子苛求多、失望多,也很容易造成孩子的逆反心理。

在初中阶段,父母的角色应该转变成孩子的顾问、合作者和朋友。我们的孩子渴望平等,这是这个年龄段孩子的心理需求,所以家长最好以大朋友的身份来对待孩子,而不是以长辈的身份来压制孩子,或以棍棒的方式教训孩子。家长要学会把强行的要求和规定变成讨论式和商量式的话题,给孩子多一点理解、多一点尊重。

2.<u>鼓励赞许孩子,少点比较式教育</u>　父母常常把赞扬和爱埋在心底。其实在教育过程中,孩子都渴望得到表扬和肯定,希望得到赞许和好评。当孩子失去自信心的时候,父母的一个微笑、一声赞许、一句鼓励的话,往往会使孩子重新振作起来。我们培养一个人,就是培养他的自信;我们摧毁一个人,也就是摧毁他的自信。

3.<u>启迪陪伴孩子,少点限制式教育</u>　近朱者赤,近墨者黑,身教重于言教。优秀的家长都注意用自身的模范行为教育和影响孩子,身教是父母的天职。家长的言谈举止、思想作风、行为习惯以及为人处世等等,无时无刻不在影响着孩子。我们无法设想,一个生活在恶劣环境下的孩子能出淤泥而不染。父母要对子女一生负责,必须正视自己的言行。要求子女做到的,家长必须先做到,这样才能在子女心目中树立威信、得到尊重,起到榜样作用。

孩子就是孩子,在成长过程中,他会有困惑,会有迷茫,此时,正需要成人的指导。而父母要做的是永远站在孩子旁边,与他保持良好的沟通。要想让孩子感受到父母的爱,永远不要站在孩子的对立面,而要尊重他、陪伴他一起成长!在家庭中,父母对孩子的教育底线是控制,中线是激励,上线是信任。

父母对于孩子的影响如影随形,家庭对孩子的影响刻骨铭心,学校对孩子的影响似阳光雨露。其实,常态化的教育在人类几千年的发展尤其是班级授课制建立以来,路标是明了的,只是因为诸多非教育因素的牵动,而在非常态路上行走。现在正是教育回归常态,家庭、父母和学校负起各自责任的时候。相信各位家长都是优秀的家长,孩子们都有成功的未来。

拓展阅读二十七　　主观幸福感

乐观的人,总戴着玫瑰色的眼镜看世界,他们自得其乐,维护甚至拔高自己对生活的满意度和积极的人生态度。

悲观的人,一切景物在他眼里都是灰暗的。对他们而言,这个世界总有太多的不尽人意。无论生活中出现何等靓丽的风景,他都很难发现人生的五彩缤纷。

幸福和奇迹从来都不是偶遇的,而是自己不懈努力创造的。培根说:"每个人都是自身幸运的设计师。"

第四十七章　一场跨越世纪交替的对话
——一对母女的两次通信

/ 曹先英

编者按： 每年秋季开学后，成功学校的高一新生都要到市郊军训基地进行为期一个月的全封闭军训。军训期间，班主任要求每名学生至少和家里通信一次。本文是原成功学校学生汝云的母亲曹先英和女儿汝云的两次通信。

第一次通信发生在1999年的9月。22年以后（不到23年），2022年1月，她们母女有了第二次书面通信。

一、惓惓之情洒笔端（一）——母亲给汝云的一封信

亲爱的云儿：

你在军训基地还好吗？生活是否习惯？晚上休息如何？

你在家时，我和你爸并没有觉得什么，且时常因你的学习而唠叨，但随着你去军训离别天数的增多，我们总感觉身边少了点什么，总有一种莫名的期待。

记得军训前的家长会上，班主任说，军训期间，作为一项任务，每位学生至少和家里通信一次。每个周末，家长都可以去学校传达室查看有无自己孩子的来信，也可以把自己的信交至传达室。学校将在每个星期日的下午，把家长给孩子的信集中登记后，再统一送到基地，交给教官，转交给收信的学生。于是，我决定先写一封信。

22年前，国家恢复了高考制度。从收音机里知道这个消息后，我们一群年轻人喜出望外，奔走相告。

你知道，妈妈出生于农村，外公外婆都是目不识丁的农民。我参加

高考时,既没有老师指导,也没有辅导资料,教材还是别人的,只能轮流使用。我作为恢复高考制度后的第一届考生参加高考,被省属医学院专科录取,实属不易,实现了户口的"农转非",也是"鲤鱼跳龙门"。

大专毕业后,当时我们属于干部身份,国家负责分配工作,我被分配至市人民医院。后来,虽然因为评职称的需要又读了电大,获得了本科文凭,但依然是护士岗位,转眼快20年了。这些年来,你也耳闻目睹了我工作的艰辛。如果22年前的高考我多考10分,很可能就被医学院的本科录取,分配至医院工作,今天即使不是副院长、科室主任,至少也是主任或副主任医师,怎么可能还是一名副护士长呢?

今天的情况与22年前不可同日而语。国家早已取消了高校毕业生的工作分配制度,实行用人单位和毕业生之间的双向选择制度。以我们医院为例,用人单位对毕业生的学历要求越来越高。前几年,医院还接受正规医学院毕业的临床专业本科生,现在基本上升级为硕士研究生了;再过几年,说不定需要应聘者有博士学位。

越来越多的家长已经意识到孩子教育的重要性,并且愿意为此付出高昂的代价。我和你爸老家都在农村,家底比较薄,但为你学习也毫不吝啬。前几年适逢房改,在经济如此紧张的情况下,为你课外辅导班的付出也从不迟疑,即使是中考前一对一辅导的大额学费,我们也在所不惜。今天还提前给你透露一个秘密,我和你爸早已商议过,待你考上大学后,毕业时如果选择出国深造,假如我们资金不够,就算卖房子、回去住窝棚,也要凑足你去国外学习的全部费用。

今年秋季,你读高中了,我们开心,为你人生迈入新的季节而兴奋;同时更焦虑,你距离高考的时间更近了,仅剩下1023天(2002年的高考时间全国统一为7月7日—9日,从2003年开始,高考时间全国统一调整为6月7日—9日。编者注),而你对高考似乎还没有清醒的认识。我们总感觉你今天的学习还缺少高中生应有的主动和紧张,还像是一个没有长大的初中生。你看吴阿姨家的小丽,和你同龄,可能还没有你聪明,但却十分懂事,学习非常刻苦。今年中考成绩我不说你也知道,她不仅考取了省示范高中,还进了学校的实验班,成为她父母的骄傲。只要提到小丽,她爸爸妈妈的脸上都不自觉洋溢着幸福的微笑。

我的云儿也很懂事,学习很努力,今年考取省示范高中。但如果学习更努力一点,一定能取得更好的成绩。我相信我的女儿比小丽学习更有潜力,学习一定会超过她,我们都有这样的自信,我们在期待。

其实,你已经长大了,爸爸妈妈说的你都懂,只是有时你毅力不够。爸爸妈妈理解你、支持你,愿意和你一起为美好的梦想共同努力。

爱你的妈妈
1999 年 9 月 19 日

二、直言不讳吐心声(一)——汝云给母亲的回信

亲爱的老妈:

你的来信我已经收到了。信太长,如果不看,对不住你双鬓稀落的白发,也对不住你为写信而死去的脑细胞;如果看吧,那些陈芝麻烂谷子,不知道你说过多少遍了,我早能背诵了。

我在这里很好。一间寝室住 6 人,同学们在一起很开心。寝室晚上 10:30 熄灯,熄灯后女教官经常在走廊上巡视,如听到寝室里有人讲话,抓到后是要罚操的。教官还说夜里可能有"紧急集合",弄得我们很紧张,晚上休息有点心神不宁。衣服开始不会洗,现在会洗了,只是觉得洗衣服有点烦。食堂饭菜没有家里的好吃。

初中时我就说过,课外辅导对我来讲效果不大,你总是说很多同学都报了辅导班,我不参加辅导班你不放心。现在,又为那些花出去的银子心痛,真让我无语。

中考前你和我说,考取省示范高中给我买一部迷你型随身听(那时尚无智能手机。编者注);军训前又和我说,高一期末考试如果总分进入年级前 10 名就给我买。我亲爱的老妈,你是我最亲、最信任的人,以后让我怎么相信你呢?你为什么要把自己的承诺和我的学习成绩捆绑

在一起?

我早就说过,我长大了,会安排自己的学习。你和爸爸应该有自己的生活,不要总是"一切都是为了你",每个人都应该为自己活着,首先是爱自己,然后才是也才能是爱别人。

最后悄悄告诉你,我们教官真的好帅哦!同学们都想和他合影。考上大学后我也想去参军。

你们的云儿
1999 年 9 月 22 日

编者按:22 年后,汝云早已经结婚成家,她的女儿朵儿(小名)已经读初一了。这是 2022 年春节前夕,汝云和她母亲的一次通信。透过文字,她们仿佛又回到了 22 年前。当女儿成为妈妈后,又会怎么想呢?

三、惓惓之情洒笔端(二)——汝云给母亲的来信

亲爱的妈妈:

您和爸爸还好吧!本想春节前打电话或微信语音和您好好聊聊,担心您在打麻将,交流不方便,又唯恐语音表述不清,让您误解我的意思。想到您以前有阅读、写作的习惯,我便写了这封信,详细而又系统地说说自己的想法。

您的外孙女朵儿今年秋季已经读初一了,我们找关系加摇号,使她进了这里最好的一所民办初中。学校地处老旧小区,距离我们的新房很远,交通很不方便。为了节省朵儿上学和放学的路途时间,我们在学校附近租了一套房子,又小又旧,生活很不便捷,无法接您和爸爸过来过春节。

每天,我很早就起床,为朵儿准备早饭。早饭后,我送她到学校门口,接着去买菜。中午做饭、晚上做饭,时间都很紧,每天都像打仗一样。

原计划春节回家和你们一起过年，岂料初中学习竞争比小学激烈多了。学校以入学考试名次作为标准，期中、期末等大型考试，都是按学生上次考试的名次安排考场，1~30名学生在第一考场，31~60名学生在第二考场，依次类推，动态管理。虽然朵儿这次仍然留在第一考场，但她的成绩和第二考场同学的平均分相差很小，我整日如履薄冰，又如坐针毡，唯恐朵儿一不留神滑进第二考场。我认真分析朵儿这次期末考试的各科成绩，发现她的数学学科竞争力不是很强，仍有上升空间。所以，这个寒假特别重要。现在实施"双减"政策，找不到辅导班，只有我自己带着她学。网上说，只要学不死，就往死里学。再过2000来天，她就要参加高考了。

我时常想着您和爸爸。去年爸爸生病，动了手术，你们都不告诉我。虽然您是医院老人，上上下下都很熟悉，爸爸做的也只是一个普通的常规微创手术，但也应该和我说。后来，我还是从医院的同学那里知道的。我打电话给您，您还想隐瞒，这让我情何以堪？

另外，您劝爸爸把烟戒了，抽烟有什么好处呢？您自己打麻将也要注意休息，打麻将的时间一次不要超过2小时，长时间静坐对身体健康不利。退休了，身体健康最重要。生活不要太节俭了，要注意营养均衡。请爸爸妈妈听女儿一句劝。

亲爱的妈妈，小时候，您常对我说，女儿是妈妈的"小棉袄"，可在寒冷的冬季，在你们需要的时候，我却没有温暖你们。前年买房，您又给了我一笔资助，我真的不知道说什么才好。等我的"小棉袄"朵儿长大了，大学毕业后我们把她送到国外去读研，那时我一定加倍申之以孝悌之义，报答您和爸爸的养育之恩。

请妈妈和爸爸保重身体，提前祝你们春节快乐！

爱你们的"小棉袄"云儿
2022年1月19日

四、直言不讳吐心声(二)——母亲给汝云的回信

云儿:

　　来信收悉。见字如晤,展信舒颜。

　　常言道,知女莫如母。妈妈一直都理解你,不存在误解。我和你爸身体都很好,无须牵挂。人上了年纪,小灾小病也属常态,用不着大惊小怪的。

　　你爸抽了一辈子烟,年轻时,为他抽烟我们经常吵架,他依然我行我素;今天他已经老了,要他戒烟,我认为是不可能的。

　　我和老姐妹们打场麻将,纯属娱乐,时间不是我一个人能决定的。有时"三缺一",别人喊我,我能不去吗？有时别人输了,虽已"战斗"了很久,但输家还想继续,我能说"停"吗？打麻将属于四个人的集体活动,有时身不由己,但我会注意身体的,你不必为我分心。

　　你已经有自己的家了,不需要总是牵挂我们;你应该有自己的生活,也不能凡事总是"朵儿、朵儿"的。

　　好了。有事再联系。亲亲你的"小棉袄"。

妈妈

2022 年 1 月 29 日

编后语: 四封家书,间隔 22 年,跨越世纪的交替。曾经个性鲜明的女儿,当有了自己的女儿后却像极了当年自己的妈妈,而妈妈反而像当年的女儿。

　　细细品味,掩卷沉思,不免让人感慨万千。的确,孩子不仅是父母事业的继承人,还是他们事业的一部分。在生命的轮回中,父母应该拥有什么样的属于自己的生活？对孩子的未来有什么样的期待？每位家长都在用行动书写自己的答卷。

第四十八章　慈航济众　金针度人
——我读《新质学习力》

/ 陶泽云

编者按： 陶泽云女士从马鞍山四村小学教育集团的高级教师，到教导处主任、教学副校长、集团书记兼工会主席，直至现在退居二线后任教育督学，深耕教学三十多年，从没有离开教学岗位，一直保持勤于思考、热爱阅读的习惯，笔耕不辍，多篇论文在各级刊物上发表、获奖。

她的这篇读后感，既有积极的肯定，也有中肯的建议，提出了很多有价值的话题。读后认真思考，定有收获。

一、颠覆认知的阅读

一位资深的教育工作者，读完这本书后有什么感想？

我是一名有三十多年教龄的教育工作者，此前从未关注过有关学习策略的文章。我一直固执地认为，所有这类书籍都只能解决学习上那些细枝末节的问题。要从根本上提高成绩，还得从价值观和方法论上寻求突破。但读完《新质学习力》，我的心情一时五味杂陈，心理受到强烈的冲击，文章的很多观点颠覆了我的一些固有认知。一方面，它能够很大程度上校正我的观点；另一方面，它又能帮助我把凌虚蹈空的见解落到实处，也迫使我对"双减"政策进行深刻的反思。

我从内心高度赞同国家对中小学教育实行的"双减"政策，无论是为了国家民族长远利益而回归教育本质、摆脱资本对教育的渗透，还是为了孩子身心健康、减轻家长焦虑、化解教育"内卷"，"双减"政策都恰逢其时。从宣传来看，政策执行的效果也很明。但在现实国情下，如果不做埋头沙堆的鸵鸟，就应该承认大规模由明转暗的补习治理起来更加困难。"双减"只是有效减轻义务教育阶段学生过重的作业负担和校外培训负担,只有提高学习效率和效果才能从源头解决问题,学习策略这时就显得尤为重要了,而《新质学习力》正是一本关于学生学习策略的实战型、应用型书籍。

二、本书的四大特色

本书的四大特色在文中具体是怎么体现的?

本书除序言外共48章,涉及婴幼儿至高中阶段身心发展、所有学科门类、学习考试的各个方面,但它绝不是东拼西凑的一锅煮、大杂烩,而是条分缕析、重点突出而又要言不烦、对症下药的学习指南。概略而言,该书有以下四个特点。

(一)当代心理学的集成运用

20世纪末,有人预言,21世纪是心理学和生物学的世纪。的确,新世纪的20多年印证了这一预言,无论心理学还是生物学都进一步加深对"人"自身的思考。本书堪称理论联系实际的范本,提炼运用大量心理学研究成果,特别是许多新近成果,辅之以鲜活事例,浅显而通透地论证或说明学习生活中的某种现象或原理。

从孔夫子开始,中国传统教育虽也一直强调实践教育和养成教育,但因长期缺乏心理实验的指导而略显遗憾。本书密切关注心理学、教育学理论发展,快速将之化用于教学实践,因此形成了理论与实践两位一体或者一体两面的教学教育法。

我也曾一度沉迷于心理学,当时主要是希望为自己未来的艺术创作提供一双隐形的翅膀。30年后的今天与心理学再次相遇,这不是巧合,恰恰彰显心理学的魅力。

本书所引用的一些心理学成果,一头联系学校、老师,一头联系家长、学生,兼有形而上的思维和形而下的实践,如果老师和家长能够早一点理解、运用这些理论,会避免走许多弯路。这些理论在孩子成长的某些关键节点,说不定还能起到"挽狂澜于既倒"的决定性作用。我真心希望今天的学生及家长们都关注并实践心理学在学习中的实际应用。

(二)教学事例的提纯剖析

本书从头至尾充满干货。这些干货不是孤零零的例子,而是对大量相互联系、相互牵连的事例的提纯运用。读者通读全书当然更好,就是随意翻到一页读到某个例子,同样会激起联想和想象,就像童话中的兔子拔萝卜,一开始你可能完全想象不到会拔出那么硕大的萝卜。更重要的是,你会发现许多知识盘根错节,就像满山的竹林其实就是深埋地下的一节竹根纵横攀缘发展而来。

创作者的自信源于其多年经验的积累和打通了学科之间的壁垒,更在于其对40年来各类教材、考试演变过程和演变规律的把握。这让我想起钱钟书在《围城》里把古代文学课程讲义比喻为"炼成丹了"的情节。不过,小说里的"炼成丹了"是讽刺,我在这里的确感受到本书所举事例具有"丹"的妙用。

我再举一个例子。我当年高考因数学跛腿名落孙山,秋季复读主攻数学。我记得非常清楚,复读时,各科每月测试一次。那时,数学试卷满分120分,我首次数学测验36分,二次测验48分,第三次72分,第四次90分,这以后,我的数学一直稳定在90到100分之间。那么,我的数学成绩是怎么快速提高的呢?这归功于老师的教学方法。我记得复读时,几何、代数、函数中的数形结合由3位数学老师分别授课,他们共同的特点是每节课只讲2~3道例题,每道例题只解决一个关键问题。老师讲解很细致,要求学生听懂后当天自己独自再做一遍,第二天再巩固一遍,少数例题再做两三次,以期彻底解决某一个问题。我的数学补习方法与本书所述有诸多相符或暗合之处。

(三)社会性与专业性的融通互渗

部分家长可能狭隘地认为,学习就是为了提高分数,道德品质、人生修养、社会责任等均可置之脑后。我视本书为破圈之作,它打破了多数人关于读书宿命般的固化印象,向家长和学生心灵深处送来了春风般源源不断的生命气息。顾名思义,教育就是教书育人,教书是手段,育人是根本。本书处处以育人这个根本来指导教学,把学习置于学生整个人生的美好幸福和社会环境之中来观照,忠实践行了党和国家的教育方针,是教育方针、教育理念在课堂上的形象、生动、细腻入微的展现。

回到家庭和学生个体。书中对"粗心""学生需要多鼓励""好学生善于提问""因紧张导致题目平时会做而考试时未能做出"等许多似是而非的普遍现象,做出了富有学理深度且极具专业性和实践性的辨析。作者专业性的辨析,抓住了很多问题的关键与实质,单刀直入,剔肉见骨,吹沙得金,澄清了社会上积非成是的模糊认识、错误认识。可以毫不夸张地说,这些分析一语点醒梦中人,具有拨云见日、凿破鸿蒙之功效。

我相信,存在类似学习问题的学生家长,如果看到上面的有关辨析,当会惊出一身冷汗,随之生出感恩之念。至于对绝大多数学生行之有效的学习方法,书中更是随处可见。比如,做题的认真与速度谁排首位、背诵英语单词的得失与语感的培养、拖延症的本质等,书中既另辟蹊径地提出反思意见促人警醒,又旗帜鲜明地亮明观点让人透彻醒豁。又比如,语文病句的归类、数学公式的推导等,书中提出被许多学生习焉不察而又切实管用、生动有趣的方法,令人耳目一新。

本书在提出一般学习方法的同时,还极为注意学生的个性特点和基础水平,有针对性地提出若干扎根于海量实践的学习建议,令人受益匪浅。作者以慈航济众的仁爱之心,公开金针度人的独家秘籍,是这个时代当之无愧的实战型教育家。

(四)实力提升与策略自觉的双向协同

本书主要凭提高学习能力的"硬通货"说话,但也相当重视学习策略的自觉养成。上述种种,都是学习实力提升的具体方面,打个不恰当的比方,属于"战略上藐视敌人"。而像本书总结的"三轮做题法",总分取胜论,关于考试时的验算、草稿纸和卷面问题等等,属于养兵千日用兵一时,是实战状态下的"战术上重视敌人"。

实际上,每种学习策略背后都有强大的理论支撑,逻辑严密,步骤清晰,论证鞭辟入里,绝非投机取巧的不劳而获。作者想帮助学生达成的目标是杜绝遗憾,淋漓尽致地展现实力水平。至于中高考等大考前的各种细节准备,甚至从拿到试卷到动笔答题的四五分钟时间该怎样充分有效利用,乃至如何填报志愿,书中都有极实用的交代。没有丰富的实操经验,断难提出如此可贵的因应手段。

此外,该书语言简洁晓畅,化理论之高深为实用之平易,阅读起来轻松畅快,许多地方还颇具弹性,叙述语言接近国内长期第一畅销读物《读者》的风格。作者把几十年的光阴浓缩在一个个鲜活的实例中,极易让人联想到台湾著名作家林清玄散文略具禅意的淡然与深刻。

三、三条个人建议

金无足赤,书无完书。该书也有一些值得再加斟酌之处。

第一,便是书中的一些例子过于陈旧,如"挑稻捆""插秧"……书稿完成后,作者向数十位专家学者诚恳征求意见,可见作者对此尚于心未安。我读过一遍之后,也有同样感受,但也一时没有找到合适的例子替换。不过,对于绝大多数读者来说,这个问题应该是可以忽略不计的。

第二,有些话题的叙述,理论似乎过多。如果全书采用统一的表达方式,如先说一个故事或事例,再用理论剖析其本质,接着给出解决问题的方法,最后再举成功的例子,这样的表达方式可能更方便普通读者的阅读。

第三,现在,有些读者因时间紧等原因,阅读的目的性强,读书就是为了寻找困扰自己的问题答案。再版时,最好增加一些问题的索引,便于这部分读者直接查询(修订时已完善。编者注)。

我曾以为,只有教育工作者才真心关心教育的未来,但从《新质学习力》一书中,我们看到了创作者的担当和社会责任感。也许,在社会的每一个角落,都有既奉献社会又寻求个人发展的社会个体,正是他们,助推社会向前发展。

此刻,我想起了素有"孤篇盖全唐"之誉的张若虚的作品《春江花月夜》,闻一多先生称之为"宫体诗的自赎"。《追寻优秀背后的底层逻辑》与这些有多少可类比之处?联系它创作的时代背景,每位读者一定有自己的答案。我祝愿并坚信更多的读者能从书中收获自己需要的东西,开启新的学习之旅。

写毕于 2023 年正月初七之夜

拓展阅读二十八　严慈人的情怀

我爱看白云追逐
更爱听百鸟欢吟
繁星闪烁
犹如我不息的热情
星系浩渺
如同我永远的追求

学习和工作
我最大的骄傲和快乐
创造与超越
我人生最美的享受
我不在意
明天是暴雨还是晴天
只专注今天的耕耘
看云卷云舒
听花开花落

如果人生是漫长的旅途
共创辉煌如一路同游
有时是一马平川的坦途
——我们一路欢歌
有时是泥泞的乡间田埂
——却有稻花飘香
令人心旷神怡
纵然是崎岖的山间小径
——也令人意气风发
终究柳暗花明,曲径通幽

清晨,初阳朗照
那是在谱写我们的勤劳和勇敢
傍晚,清风徐来
那是在讴歌我们的智慧和收获
天边飘来一朵彩云
那是严慈业绩的喜报
向世人展示
严慈人的情怀

湾区（广东）教育研究院校长培训用书

新质学习力
——寻找优秀背后的底层逻辑

落地篇

姚 澂 主编

东南大学出版社
SOUTHEAST UNIVERSITY PRESS
南 京

内容提要

本书分上册、下册和落地篇。主要是系统剖析学习与成长背后的底层逻辑，介绍科学的学习方法。

如何陪伴、引领孩子的学习与成长？多数家长依靠个人对教育的理解和个人经验，但这样做存在很大的局限性；也有部分家长喜欢按照流行的方式对孩子进行教育，却忽略了其中的差异性，结果发现那些优秀的学生常常都是"别人家的孩子"，自己孩子的学习总是不尽如人意。

学习力究竟是怎么发生的？当今大多数学生的学习现状是怎样的？如何才能提高学习效率？这套书的作者力求以心理学和教育学为依据，用平和的心态、尊重事实的原则，帮助家长和学生解决实际问题，介绍婴幼儿、小学、中学教育的前沿理论、实战案例和提高学生学习效率的策略，以及与他们学习生活、成长过程密切相关的教育内容。

图书在版编目（CIP）数据

新质学习力：寻找优秀背后的底层逻辑 / 姚澂主编.
南京：东南大学出版社，2024.8. — ISBN 978-7-5766-1522-7

Ⅰ.G442

中国国家版本馆 CIP 数据核字 2024781DR4 号

责任编辑：周荣虎　　**责任校对**：子雪莲　　**封面设计**：毕　真　　**责任印制**：周荣虎

新质学习力：寻找优秀背后的底层逻辑　Xinzhi Xuexili：Xunzhao Youxiu Beihou De Diceng Luoji

主　　编	姚　澂
出版发行	东南大学出版社
社　　址	南京四牌楼 2 号（邮编：210096　电话：025-83793330）
出 版 人	白云飞
经　　销	全国各地新华书店
印　　刷	南京迅驰彩色印刷有限公司
开　　本	718mm × 1000mm　1/16
印　　张	27.75
字　　数	450 千字
版　　次	2024 年 8 月第 1 版
印　　次	2024 年 8 月第 1 次印刷
书　　号	ISBN 978-7-5766-1522-7
定　　价	166.00 元（全 3 册）

* 本社图书若有印装质量问题，请直接与营销部调换。电话（传真）：025-83791830

目　录

第七篇　落　地

附件一　衷心感谢名单 / 3

附件二　部分校长、教导主任、特级教师、家长……阅读后感言 / 5

附件三　第一至第三篇主要问题索引 / 11

附件四　第四至第六篇主要问题索引 / 17

附件五　有关心理学知识在本书中的索引 / 22

附件六　各种认知风格比较一览表 / 24

附件七　部分学习策略落地方案举例 / 27
　　　　　（结合视频课程落实,效果更佳）
　　　培养孩子自信的特质 / 27
　　　提高记忆力与思维能力的训练举例 / 28
　　　提高记忆力训练落地记录 / 29
　　　关于思考习惯的养成 / 30
　　　一日大致学习流程落地建议 / 31
　　　关于行为习惯的养成 / 32
　　　关于自主学习习惯的养成 / 33

部分习惯养成训练落地记录 / 34
　　关于学习策略的落地 / 35
　　寻找属于自己的那把钥匙 / 36
　　"99+1"做题理论的实践记录 / 37
　　"三轮做题法"平时训练（以数学为例说明）/ 38
　　关于其他落地事项的补充 / 39

附件八　目标引领行动　行动铸就成功 / 40

附件九　智慧点亮人生　携手相伴成长 / 41

附件十　征求宝贵意见 / 43

附件十一　本书有声解读与线下有偿服务 / 45

附件十二　学习门诊，引领卓越 / 46

跋 / 52

第七篇 落 地

培根曾说:"读书可以作为消遣,可以作为装饰,也可以增长才干。"

如果问创作者著书的目的,不同的作者肯定有不同的答案。有人为评职称而著书,有人为理论研究而著书,也有人因无法遏制创作的冲动而著书,创作本身就是目的。

我们创作这套书的目的非常明确:献给迷茫、困惑、求索中的家长;为0~18岁婴幼儿、中小学生提供健康成长和高效学习的策略。家长阅读这套书的目的,是为了更好地和孩子相伴成长,更好地获得帮助孩子提高学习效率的策略。学生阅读这套书,是为了持续改善自己的学习策略,提高学习效率。教师阅读这套书,是为了更好地了解学生、了解教学,提高教学质量。

为了更好地实现这些目的,创作团队创作了本书的第七篇。它的主要作用是:

<u>便于寻求策略</u> 为了给读者提高阅读效率创造条件,创作团队从第一篇至第三篇中提炼出99组问题,从第四篇至第六篇中提炼出81组问题,并标明问题在书中的位置。这些问题具有普遍的代表性。当家长发现自己孩子身上存在这些问题时,为了节省时间,可以直接按问题的索引,顺藤摸瓜,有选择地阅读,结合自己的理解,收获想要的答案,找到解决问题的策略。

这里需要注意的是,书中对问题、解决策略的阐述可能做不到让每位读者满意,有些问题本书可能没有囊括,但读者可以结合本书的

思想，对它们进行深度的挖掘和广阔的拓展，并把这种思想和方法迁移至新问题的解决之中，真正实现解决问题"九九归一"的理想结果。

便于顺水求源 前文我们已经多次阐述，本书解决问题的所有策略均立足于心理学的最新研究成果。为了便于读者系统查阅这些心理学知识，我们将本书涉及的主要心理学知识制作成附件五。创作者的这种归纳，只是为了读者查阅方便，可能存在很多有待完善之处，本身也是一种探索。

便于解决问题 针对多数家长最关切的问题，本书不仅给出了解决的策略，还为其中的主要策略提供了落地方案，供有需要的家长针对性地选用，以便于问题的真正解决。家长在选用相应方案的过程中，不能浅尝辄止，一定要深挖孩子表象的本质，把原则性和灵活性有机地结合起来，穷原竟委，持续复盘和反思，直至学生的状况有质的改变。

持续完善服务 本书的创作目的，不仅是为了收获经济效益，更是为了持续的价值输出，为读者提供持续的服务，和读者相伴成长。鉴于这样的思想，本篇的最后部分有本丛书的简介，并公布了公司创作团队的QQ邮箱，欢迎读者给我们留下宝贵的意见，也欢迎读者和我们共创辉煌。

本套书的姐妹篇《问诊学习力——走向优秀的999问题答案》和《解读学习力——探寻优秀的快速通道》已经完成了第二次修订，敬请关注。

附件一　衷心感谢

　　感谢下列教育工作者和学生家长给予的支持和鼓励！感谢他们为本书的创作和初稿的修订做了大量的工作！

丁问司	（华南理工大学教授）
王　军	（安徽工业大学教授）
王志琳	（南京医科大学副教授）
卢大亮	（马鞍山市第二中学教导处副主任）
卢宗胜	（合肥庐江中学原学生家长）
刘爱和	（马鞍山市第二十二中高级教师）
汤胜道	（安徽工业大学副教授）
孙立湘	（广州博雅小学原特聘名誉校长、教授）
孙　滨	（马鞍山市第二中学博望分校校长）
纪道兵	（马鞍山市第十一中学副校长）
李　姗	（马鞍山民办建中学校董事长、校长、书记）
李光霞	（马鞍山市红星中学原学生家长）
李艳阳	（合肥商贸科技学校高级讲师）
李　杨	（马鞍山市师苑小学学生家长）
杨卫红	（马鞍山市第二中学博望分校副校长）
吴文智	（国内资深翻译家）
汪延茂	（马鞍山市第二中学原校长，享受国务院政府特殊津贴专家）
沈　强	（马鞍山市第二中学博望分校学生家长）
沈申福	（马鞍山市第七中学教育集团校长、书记）
张华玲	（湖南软件职业技术大学党委书记）
张克山	（合肥市庐江第三中学高级教师）
张克言	（合肥市庐江中学高级教师）
张武根	（马鞍山市星光学校校长）

陈建国	（南京脑科医院原心理科副主任医师）
邵礼华	（马鞍山市第八中学教育集团校长）
邰德水	（安徽工业大学附属中学原校长）
赵伟明	（南京外国语学校原学生家长）
赵　杰	（马鞍山市红星中学高级教师）
周丽萍	（原某知名教培机构分校校长）
岳付稳	（马鞍山市第二中学高级教师）
郑世海	（马鞍山市第八中学教育集团书记）
郑海生	（马鞍山市师苑小学学生家长）
金著斌	（合肥市第四十五中学高级教师）
胡　波	（马鞍山市第二中学实验班学生家长）
胡学平	（马鞍山市第二十二中学校长、书记）
钟　元	（南京师范大学教授、博师生导师）
钟　蕾	（池州市实验小学学生家长）
俞仁凤	（马鞍山市原语文教研员）
施和生	（浙江某民办学校合伙创办人）
姚大军	（滁州中学高级教师）
秦梅萍	（马鞍山市红星中学原学生家长）
徐自胜	（合肥市庐江中学原学生家长）
夏必武	（合肥市庐江第三中学高级教师）
殷　俊	（马鞍山市第八中学副校长、正高级特级教师）
高　力	（六安市毛坦厂中学原创始人）
高宜旭	（马鞍山市中加双语学校高中部校长）
郭宏兵	（马鞍山市实验中学教导处主任）
陶泽云	（马鞍山市雨山区教育督导）
黄惠英	（安徽工业大学附属中学原教导主任）
曹文静	（马鞍山市雨山实验学校副校长）
喻长志	（马鞍山师范高等专科学校党委书记）
程　刚	（马鞍山市第一中学校长）
潘晓嫣	（安徽工业大学附属中学高中教师）
薛　艳	（南京师范大学教授）

附件二　部分校长、教导主任、特级教师、家长……阅读后感言

"如何提高学生的学习效率,让他们始终保持旺盛的求知欲望?学习有哪些常用的方法?怎样培养青少年的创造性思维?关于孩子的学习与成长,这套书都有深入浅出的解读。书中的很多观点,如和风拂面,在似曾相识中让人豁然贯通。"

(殷俊:全国中小学英语教师教学名师、全国"十佳"初中外语教师、江淮好学科名师和省优秀教师,马鞍山市第八中学教育集团副校长,中学英语正高级教师、省特级教师、教育硕士……)

"这本书用心理学研究成果揭示了学生学习行为蕴含的秘密,用科学论证纠正了许多习以为常的教育陈念,为中小学生的健康成长和高效学习提供了令人耳目一新的策略,堪称科普创作中的佳作、精品。"

(薛艳:发展与教育心理学博士,南京师范大学心理学院教授、研究生导师、GCDF 全球职业规划师、BCC 生涯教练,曾主持教育部、省社科、省高校哲社等课题……)

"这是一本指导婴幼儿和学生成长、学习的佳作,在分析、解决问题和阐明学习方法背后的逻辑的过程中,在字里行间渗透了很多学科思想,用心玩味,师逸功倍。"

(丁问司:华南理工大学教授、中国力学学会流体控制工程专业委员会副主任委员、广东省液压传动与气动学会理事长……)

"本书的最大亮点,就是用通俗易懂的语言表达艰涩深奥的心理学

理论,并结合当今教育的现状,用心理学、教育学理论指导婴幼儿、学生的学习和成长。本书深入浅出,计出万全,理论联系实际,值得家长学习和借鉴。"

(肖琼:北京大学医学心理系硕士,国家二级心理咨询师,高级注册催眠治疗师,安徽省马鞍山市人大常委会委员,马鞍山市妇联、市委政法委、市总工会心理顾问,马鞍山市心理咨询师协会会长,从事心理工作20余年)

"教育的根本任务在于立德树人,帮助学生发现成功,创造美好的生活。本书是广大学生和家长的良师益友,具有很强的实用性和可操作性,也可以作为中小学教师的工作指导用书,帮助他们更好地提升自身的专业技能。细心研读,一定受益匪浅。"

(胡学平:中学数学特级教师,"苏步青数学教育奖"获得者,安徽省学术和技术带头人,省政府特殊津贴专家,马鞍山市学科带头人,安徽省示范高中马鞍山市第二十二中学校长、书记……)

"学习有没有方法?有哪些科学的方法?很多人一直在苦苦探求,似乎是只能意会却不能言传。这套书在大量实例的基础上,结合心理学、认知科学的最新研究成果,揭示了科学学习方法的底层逻辑,提供了一系列重要学习策略的落地方案,值得家长和同学们去尝试、学习、实践。"

(郭宏兵:安徽省优课评选专家,首届中小学教师资格考试面试官,中小学教材及课题评审专家组成员,曾指导青年教师获全国中学物理教学改革创新大赛一等奖,马鞍山市实验中学教导主任,首届名师工作室主持人,市学科带头人……)

"越来越多的家长认识到心理健康于孩子成长之价值。以心理学、教育学原理引领孩子成长和学习,可谓相得益彰,达事半功倍之效。"

（王志琳：中国心理学注册系统注册心理师，南京医科大学副教授，心理健康教育与研究中心主任……）

"未来有着太多的不确定性，但教育的本质始终是育人。育人，不仅是培养学生在考试中取得高分，更应该是提升学生的认知水平和发展自身的能力。凡事只有清楚底层逻辑和思考的原点，才能看清它的本质。这就是我推荐这套书的理由。"

（沈申福：全国教育系统先进集体安徽省马鞍山市第七中学教育集团党总支书记、校长）

"今天的果，都是昨日的因；当太阳升起的时候，一切过往，都有迹可循。《追寻优秀背后的底层逻辑》追寻教育本源，带你进入你不曾见过的教育新天地，让你耳目一新，脑洞大开。"

（俞仁凤：安徽省特级教师、正高级教师，原马鞍山市高中语文教研员）

"学生学习，忌讳懒惰，尤其是用战术上的勤奋掩盖战略上的懒惰——没有学习策略。本书用通俗生动的案例说明，来降低教育原理的理解门槛；以阶梯序列化的方法推介，来满足不同学生的学习策略需求。这是一套有诚意、有厚度、有温度、适合绝大多数家长和学生阅读的好书。"

（潘晓嫣：安徽工业大学附属中学高中语文教师，安徽省优秀教师，市第七届高中语文学科带头人，曾获长三角地区班主任基本功大赛一等奖、安徽省高中语文优质课一等奖……）

"很多人都说我是'一位幸福的妈妈，孩子不用操心就勤奋好学，并拥有显著的成效、卓越的学习成绩'。其实，我所取得的一切成绩都源于我的教育理念和教子策略。我的理念和策略与这套书的很多思想心有灵犀,不谋而合。如果你认真读完这套书,你一定也能取得令人羡慕的收获。"

(李光霞:红星中学原实验班学生家长,她家孩子从中国海洋大学毕业后专职从事创作,现已是上海作家协会会员。)

"当今,中国正处于中华民族伟大复兴的时代,必将涌现一批伟大创新人物。《追寻优秀背后的底层逻辑》,为广大家长和教育工作者如何更科学地引领学生的学习与成长指明了方向。智慧点亮人生,少年智则中国智!"

(卢荣德:中国科学技术大学副教授,硕士生导师。发表论文 OPTICS、PRA、APL、JAP 等 50 余篇,教学研究论文 50 余篇,荣获安徽省教学成果特等奖 2 项,荣获国家级专利 9 项,多次主持国家自然基金、安徽省自然基金、省部级攻关项目、中国科学技术大学青年基金项目,参加《力学》《电磁学》《大学物理实验》等国家级精品课程建设 3 项,参加大学物理实验国家级示范中心、国家级教学团队建设 3 项)

"这本书深刻剖析了学生常见的学习问题的成因,更是从实践的角度为中小学生的学习和成长提供了可行的策略,也从教育心理学理论层面作了一定的探索。相信读者读后一定深受启发,受益良多。"

(高宜旭:马鞍山市中加双语学校高中部校长……)

"本书在教育学、心理学理论的指导下,结合许多生动鲜活的实例,指明了攀登书山之巅的路径,犹如横渡茫茫学海之舟,帮助孩子驶向成功的彼岸。我和孩子都受益匪浅,收获良多。"

(赵伟明:南京外国语学校原学生家长,孩子现就读于美国 Swarthmore College)

"多少年来,关于孩子学习与成长的故事一直萦绕心头,挥之不去。

在读此书的时候,我常常不自觉联想到自己,并停下来思考。思考后的感悟,犹如拨开云雾见青天,黑暗航行见灯塔。所以我说,如果家长只读一本书,应该就读《追寻优秀背后的底层逻辑》。"

(秦梅萍:红星中学原学生家长,孩子已经成功创业多年)

"天下父母的心都是相通的,但教育孩子的方法却常千差万别。这套书,洋溢着仁心和博爱,充满智慧与策略,是天下父母引领孩子身心健康成长的得力助手。用心领悟,仰取俯拾。"

(张克言:从教四十年,执教多届实验班,有数十名学生考入清华大学、北京大学、中国科学技术大学、上海交通大学等名校,有近百篇论文及文学作品发表或获奖;合肥市优秀教师,安徽省庐江中学语文高级教师……)

"曾经因为工作的原因,我和很多学生有过近距离的接触。这些学生多数都有一个共同的特征:勤奋好学但成绩总不尽人意,很难突破瓶颈。读完这套书后我才恍然大悟,找到了解决问题的策略和优秀背后的底层逻辑。所以,我要把这套书推荐给更多需要它的人。"

(周丽萍:曾任某教辅机构分校校长,帮助很多学生圆了"985""211"等名校梦)

"在从事教学管理工作的三十多年时间里,我发现制约小学、初中、高中学生成绩的因素各不相同,但都有一个共同的因素,那就是学习策略。市面上也有不少这样的书籍,但对学习策略的内容却言之不详。策略不具体、不系统,很难落地。这套书最大的亮点就是不仅理论性强,而且容易落地。"

(黄惠英:安徽工业大学附属中学原教导主任)

"智慧的人智慧地看待世界,用智慧改变世界。在他的眼里,教育是一门充满智慧的艺术;在他的心里,每一位受教育者的潜能都是无限的。这里有很多前卫专业的智慧理念,这里有很多精妙绝伦的智慧方法,这里有很多实践可行的智慧案例,你需要用心去体会,用心去感受!当太阳在晨雾中冉冉升起的时候,你会突然发现,原来智慧点亮了你的人生!"

(杨卫红:马鞍山市第二中学博望分校副校长、市第四届教坛新星、市骨干教师、市德育先进工作者和优秀教师……)

"我是一个热爱读书的人,在孩子大学毕业多年后的今天,阅读这套书的初稿时依然百感交集。我获得了教育我孙子的良策。期待这套书早日和读者见面,让更多人受益。"

(杨建华:广西艺术学院原学生家长)

"幼儿入园后的表现常各不相同,我经常琢磨其中的原因,却只知其然而不知其所以然。我在教育孩子时,也常听到各种相悖的声音,使我无所适从。读完这套书后,上述的一切我都已了然于胸。"

(李彩云:马鞍山市某知名民办幼儿园业务园长)

"我的女儿今年读高三,学习很用功,成绩却始终不尽人意。在我极其迷茫、困惑的时候,朋友给了我这套书的初稿。我一口气读完,犹如拨云见日。我开始用书中介绍的方法指导孩子的学习,一段时间后,女儿的成绩渐渐有了起色。在女儿收到大学录取通知书的时候,听说这套书即将出版,相信更多的家长和我一样,能从中获得非常多的启发。"

(卢聪:红星中学原高三学生家长)

附件三　第一至第三篇主要问题索引

序号	问题主要内容	位置
1	什么是学生学习三个最基本也是最重要的要求？学习方法与学习成绩是什么关系？	第一章
2	基础偏弱、中等的学生,最好的学习方法分别是什么？为什么领悟逻辑法有那么好的效果？	第一章
3	实现成绩质的飞跃应该选择什么学习方法？它应有的前提是什么？	第一章
4	原来会做的题,题目变形后或稍微变形后,为什么有些学生就不会做或做错了？怎么改善？	第一章
5	坐在同一个教室听课，成绩差距为什么那么大？学生上课听不懂,有哪些方面的原因？	第二章
6	什么是学习的基本能力？它包括哪些内容？	第二章
7	学习意愿弱、学习能力强,怎样引领、管理这类学生的学习？	第二章
8	学习热情高、反应快,但不扎实,这样的学生应该选择什么样的学习方法？	第二章
9	学习很努力,效率却很低,成绩总是上不去,这类学生首先应该怎么办？	第二章
10	为什么成绩相同的学生,学习方法可能却不同？	第二章
11	小学生学数学,最好的方法是什么？	第三章
12	初中生学数学,什么是学习中的通法通则？	第三章
13	高中生学数学,怎样才能做到目无全牛？	第三章

续 表

序号	问题主要内容	位置
14	怎样突破中等学生数学学习中成绩的瓶颈？	第三章
15	什么是目前英语学习的现状？	第四章
16	英语学习主要取决于哪两个因素？	第四章
17	英语学习如何突破背单词的瓶颈？	第四章
18	如何突破英语学习年龄的局限？	第四章
19	怎样积累语文学习中的基础知识？	第五章
20	阅读理解难点在哪里？	第五章
21	写好作文的思想是什么？	第五章
22	怎样才能力争语文学科考试得高分？	第五章
23	做题的两个目的是什么？	第六章
24	订正过的题目，考试时为什么可能还做错？	第六章
25	为什么学生"听懂了≠会做，会做≠做得对"？	第六章
26	怎样才能提高做题的效果？具体措施有哪些？	第六章
27	什么是冲刺复习阶段的银行放贷思维？	第七章
28	什么是复习过程中的"分类、聚焦和围歼"？	第七章
29	怎样才能实现考试的目标分？	第七章
30	怎样充分利用开考前的5分钟？	第八章
31	高考时，怎样才能使考生的能力得到淋漓尽致的发挥？	第八章
32	作为学生，如何养成爱思考、会思考的良好学习习惯？	第九章
33	怎样才能去做效率最高的事情？	第九章

续　表

序号	问题主要内容	位置
34	怎样从娃娃开始抓养成思考的习惯？意义在哪里？	第九章
35	《天体运行论》《物种起源》两部巨著揭示了什么真理？	第九章
36	学生的"问"有几层意思？如何把"问"的效果发挥到极致？	第十章
37	课堂上，什么是"会听课"？如何处理"听"与"记"的矛盾？	第十章
38	做作业时,学生如何处理"看"与"做"？快与慢？	第十章
39	学习中,如何把握"信"与"疑"的"度"？	第十章
40	怎样处理学习中的预习与复习？二者都必不可少吗？	第十一章
41	为什么有的学生不爱听课？自学有哪些注意点？	第十一章
42	课本和资料各有什么特色？如何发挥效果最大化？	第十一章
43	学习中薄弱学科怎么办？解决的思想是什么？	第十二章
44	对待友谊与竞争，家长与孩子的态度有什么不同？	第十二章
45	作业与试卷,如何实现目的最优化？	第十二章
46	"严师出高徒",这句话有哪些利与弊？	第十二章
47	家长和孩子,哪方具有较高的自觉性？	第十三章
48	孩子学习不主动,根源究竟在哪里？	第十三章
49	是什么因素扼杀了孩子学习的主动性？	第十三章
50	为什么说奖励或鼓励是柄双刃剑？	第十三章

续 表

序号	问题主要内容	位置
51	为什么总有高三毕业生"恩将仇报"？	第十四章
52	怎样才能维护孩子的学习兴趣？	第十四章
53	什么原因使孩子的学习兴趣逐渐衰减？	第十四章
54	激发学生学习兴趣的探索给家长哪些启示？	第十四章
55	什么才是孩子努力攀登的永恒动力源？	第十四章
56	为什么平时会做的题，考试时可能却做错？	第十五章
57	学习中的粗心，在心理上能找到哪些原因？	第十五章
58	如何改善粗心的习惯？有哪些具体的策略？	第十五章
59	为什么学生喜欢犯同样的错误？怎样改善它？	第十五章
60	什么是思维的惯性和认知的倾向性？	第十五章
61	很多家长不知道的学校课堂真相，为什么管理不改变？	第十六章
62	为什么孩子学习那么累？有哪些减轻的办法？	第十六章
63	什么是学习中的得不偿失、饮鸩止渴？	第十六章
64	怎样才能使学生挣断低效学习的恶性循环链？	第十六章
65	记忆可以分为哪三大类？信息在各类型记忆中是如何转化的？	第十七章
66	复述分为哪两类？整合性复述可用哪三个词概括？	第十七章
67	什么是虚假记忆和记忆扭曲？遗忘的主要原因是什么？	第十七章
68	为什么同样的发现结果却迥然不同？两位科学家分别用了什么思维方式？	第十八章

续 表

序号	问题主要内容	位置
69	什么是发散思维与逆向思维？为何说司马光砸缸同时包含了这两种思维？	第十八章
70	如何、从哪三个方面培养孩子的创造性思维？	第十八章
71	什么是远距离联想？如何培养孩子这方面的能力？	第十八章
72	婴幼儿时期，家长应该营造什么样的成长环境氛围？	第十九章
73	什么是情商？怎样从小培养孩子的情商和悟性？	第十九章
74	情商和悟性，与孩子将来学习中的理解能力有什么关系？	第十九章
75	幼儿教育怎样实现学生时代学习策略思想的渗透？	第十九章
76	怎样培养孩子的选择性注意能力、表达能力和总结能力？	第十九章
77	什么是婴幼儿最强烈的基本需求？它们若没有被满足将会产生什么样的后果？	第二十章
78	安全需求没有得到充分满足对孩子将来有什么样的影响？	第二十章
79	为什么越来越多的学生表现出缺乏斗志、不愿主动去尝试、挑战？	第二十章
80	父母的教养方式怎样影响孩子的归因模式和将来的学习动机？	第二十章
81	什么原因导致了少数人选择"躺平"？如何摆脱"躺平"的阴影？	第二十章
82	拒绝"躺平"、成为勇敢者需要哪两个必要条件？	第二十章
83	孩子自信的特质是怎么形成的？如何实施迁移？	第二十章

续 表

序号	问题主要内容	位置
84	聪明、智力、智商是怎么考量的?它们与成功分别有什么样的关系?	第二十一章
85	中考和高考,偏重于什么类型的智力考查?	第二十一章
86	在人的发展过程中,遗传和环境如何发挥作用?	第二十一章
87	在家庭教育中,什么是影响孩子成长的关键因素?基因怎样参与环境的选择?	第二十一章
88	普通家庭的孩子,如何才能更容易获得成功?	第二十一章
89	家长在批评孩子的某种言行时,是否想过这些言行产生的深层次原因?	第二十二章
90	性格中的哪些特性是由人的生理基础决定的?	第二十二章
91	性格中的冲动或沉思,有什么利弊?能否被有效地改善?	第二十二章
92	同样的情境和事实,为什么有些人的感受却相反?	第二十三章
93	情绪和特定刺激之间是怎么建立联系的?怎样发挥作用?	第二十三章
94	消极思维的人常有哪四个典型错误?怎么去矫正?	第二十三章
95	怎样理解和看待青少年的心理健康问题?	第二十四章
96	青少年的心理障碍主要有哪三大类型?	第二十四章
97	各种心理障碍分别有哪些主要表现?	第二十四章
98	心理障碍是怎么形成的?有哪些判别的标准?	第二十四章
99	诊治心理障碍的障碍是什么?有哪些注意和防范措施?	第二十四章

附件四　第四至第六篇主要问题索引

序号	问题主要内容	位置
1	处于青春期的孩子,为什么经常对父母的话很反感?如何处理好与青春期孩子的关系?	第二十五章
2	青春期逆反的原因涉及哪些心理学方面知识?	第二十五章
3	家长应该用什么样的方式和青春期的孩子相处?	第二十五章
4	同学之间,如何实施"有限交往"的原则?	第二十六章
5	孩子的想法经常和家长不一样,应该怎样处理?	第二十六章
6	孩子"不听话"的背后隐藏着什么样的道理?	第二十六章
7	家长应该给孩子什么样的"指南针"?	第二十六章
8	为什么不能给孩子"导航仪"?	第二十六章
9	家长和孩子,是否真的做到了相互理解?	第二十七章
10	相互尊重应该怎样落实到语言和行动中?	第二十七章
11	家长在和孩子相处过程中,必须牢记什么原则?	第二十七章
12	家长和孩子共情时,有什么注意点?	第二十七章
13	什么情况下可以惩罚孩子?惩罚时注意什么?	第二十八章
14	什么情况下孩子犯错了也不实施惩罚?惩罚前家长需充分考虑什么因素?	第二十八章
15	惩罚孩子时,遵循什么样的配合原则?	第二十八章
16	怎样使惩罚的效果更完美?	第二十八章

续 表

序号	问题主要内容	位置
17	什么是惩罚中的"不战而屈人之兵"?	第二十八章
18	起跑线在哪里?赢在起跑线能赢在过程、终点吗?	第二十九章
19	学习中的障碍可以绕过吗?	第二十九章
20	学习内容是一环紧扣一环吗?能否跳跃式向前?	第二十九章
21	人生的征途中,如何强化自己的优势?	第二十九章
22	什么是制约学生学习成绩的第一要素?	第三十章
23	为什么懂事、明理可能影响孩子的创造力?	第三十章
24	学生行为拖延的原因有哪些?如何分别解决它?	第三十章
25	催促磨蹭的孩子时,为什么经常出现相反的效果?	第三十章
26	学生沉迷网络游戏的原因有哪些?有哪些危害?	第三十一章
27	如何对症下药、解除学生对网络游戏的沉迷?	第三十一章
28	学习资料分为哪几类?分别适合什么样的学生使用?	第三十二章
29	学生在平时的学习过程中,怎样对待所谓的难题?	第三十二章
30	确定学习目标应该依据什么样的科学理论?	第三十二章
31	英语成绩弱的高三毕业生如何逆袭?	第三十二章
32	怎样使孩子养成爱读书的习惯?通常有哪几种方法?	第三十三章
33	选择一本好书有哪几种途径?	第三十三章
34	读者和书籍分别可以分为几大类?	第三十三章

续 表

序号	问题主要内容	位置
35	读书通常有哪些好方法？	第三十三章
36	小学和初中，学生有哪些重要的转折点？	第三十四章
37	老师可以分成哪两大类？分别适合教什么样的学生？	第三十四章
38	高中时，怎样规划人生的未来？	第三十四章
39	小学生和初中生，判断事情性质的标准是什么？	第三十五章
40	高中生如何处理来自异性的钟情？	第三十五章
41	学生怎样理解老师可能给自己的"不公正"？	第三十五章
42	家庭文化有哪些作用？如何建设优秀的家庭文化？	第三十六章
43	怎样看待家庭矛盾对孩子成长的影响？	第三十六章
44	如何处理不同阶段同学之间的矛盾？	第三十六章
45	变换班主任和授课老师给学生带来哪些利与弊？	第三十六章
46	考试有哪些类型？各类型的特色是什么？	第三十七章
47	高考历程的回顾给我们哪些启示？	第三十七章
48	高考试卷的创作遵循什么样的原则？	第三十七章
49	什么是高考试卷阅卷的流程？填报志愿注意什么？	第三十七章
50	如何使出浑身解数勇挤高考"独木桥"？	第三十八章
51	新航线带来哪些新风景？	第三十八章
52	当今教育矛盾的症结在哪里？	第三十九章
53	什么是一个人的核心竞争力？	第三十九章
54	为什么说幸福其实很简单？	第三十九章

续表

序号	问题主要内容	位置
55	影响、制约学生学习成绩的因素有哪些?	第四十章
56	提高学习成绩的策略能否立竿见影?	第四十章
57	为什么说运用学习策略要因时、因人而异?	第四十章
58	运用学习策略怎样做才有实质性的收获?	第四十章
59	初中和高中,数学学习有什么相同与不同?	第四十一章
60	女生学数学,成绩能够拔尖吗?	第四十一章
61	学习高中数学时,怎样听课与做作业?	第四十一章
62	作为学生,重要的学习品质有哪些?	第四十一章
63	高考数学149分,这位女生是怎么夺得的?	第四十一章
64	高中生怎样才能做到"快乐学习"?	第四十二章
65	怎样看待高三联考时成绩排名的变化?	第四十二章
66	这位考生是怎么夺得当年高考文科状元的?	第四十二章
67	普通的母亲如何发挥自身的教子优势?	第四十三章
68	什么是分享孩子成长的科学方式?	第四十三章
69	陪伴孩子成长,父母怎样才能成为有心人?	第四十三章
70	为什么说到处都有学习的课堂?	第四十三章
71	这些年,语文学习的课程标准发生了哪些变化?	第四十四章
72	依照新标准如何调整学习语文的策略?	第四十四章
73	中小学校长,他们的困惑是什么?	第四十五章
74	缺什么补什么,是对还是错?	第四十五章

续　表

序号	问题主要内容	位置
75	什么是歪打正着？学习中有这样的例子吗？	第四十五章
76	有些知识，学生毕业后几乎用不上，为什么在学校还要学？	第四十五章
77	学生进入初中后，身心发生哪些方面的变化？有哪些科学的教育对策？	第四十六章
78	母亲和女儿，为什么想法大不同？	第四十七章
79	当女儿成为妈妈后，她又会怎么想？	第四十七章
80	一位资深教育工作者读完这本书后有什么感想？	第四十八章
81	本书有哪四大特色？书中是怎么具体呈现的？	第四十八章

根据教育部对外公布的数据，截至2022年底，我国幼儿园小朋友是4627.55万人，小学生在校学生数1.07亿人，初中生在校学生数5120.60万人，高中生在校学生数2713.87万人。每个孩子的学习都有自身的特色，但我们可以把这些特色归纳为几大类，再分别从中提炼出具体问题的解决思想和策略。

从第一至第三篇、第四至第六篇中，我们分别提炼出具有代表性的99组和81组问题，期待它们能成为引玉之砖，激发我们共同对这些问题进行深入的探索。同时请思考：

1.问题是怎么提出来的？它的本质是什么？

2.解决问题的策略有哪些？底层逻辑是什么？

3.自己遇到的问题与上述问题有什么相同之处和不同之处？解决这类问题的底层逻辑是什么？

只要坚持不懈去探索，一丝不苟、有条不紊地行动，在行动中反思、复盘、完善，就一定能有所收获。

附件五　有关心理学知识在本书中的索引

序号	相关内容	本书中的章节
1	外界环境刺激儿童脑细胞发育	更丰富的刺激体验
2	选择性注意	更及时的策略渗透
3	关于归因的解读	更客观的归因模式
4	习得性无助	"躺平"者的内外因素
5	登门槛效应	勇敢者的必要条件
6	哈利·哈洛恒河幼猴抚养实验	一个实验的结论拓展
7	孩子没有自信的原因	一种现象的原因发掘
8	智商、液态智力与晶态智力	种子萌发与水分阳光
9	遗传与环境	遗传因素与环境
10	认知风格	假如孩子是"色盲"
11	记忆	揭开记忆神秘的面纱
12	创造性思维的培养	创造性思维的培养
13	悲观而明智效应	抑郁思维的利弊
14	条件反射构成行为和情感反应	负性认知的形成过程
15	自我实现预言,矫正认知	修复认知缺陷的策略
16	心理障碍	风雨之后见彩虹
17	塞加尼克效应,闭合律	学与问
18	近因律,首因律	听与记

续　表

序号	相关内容	本书中的章节
19	多元智力理论	强势学科与弱势学科
20	耶克斯—多德森定律	严与慈
21	信息处理理论	问题的本质
22	德西效应	一则心理学效应
23	"自然后果",自我决定的需要	兴趣续存的根基
24	学习的最佳期限	语言环境与"最佳期限"
25	内隐记忆,双重加工,刻板印象	逆反心理的追本溯源
26	确认偏差	熟视无睹的刻板印象
27	最近发展区	摘苹果与"最近发展区"
28	群体行为,责任分散效应	身材高大的风险
29	埃里克森的八个阶段理论	奇奇错哪了
30	罗森塔尔现象	两朵玫瑰花
31	生物学取向,焦虑的防御机制	强化自己的优势
32	格赛尔实验	起跑线与终点
33	剧场效应	开辟新航线
34	心智带宽,集体无意识	加减法给予的启示

附件六 各种认知风格比较一览表

一场独立型认知风格与一场依存型认知风格比较		
内容比较	场独立型认知风格	场依存型认知风格
标准与对环境的依赖	以自身内在的参照标准即独立的标准觉察判断事物,受外界刺激改变的影响较小,对实际的空间方位判断准确率高,比较容易从视野中离析出知觉单元	多依赖于外在的参照知觉事物,难以摆脱环境因素的影响,很容易受到外界的干扰,当刺激情境改变后,很难再有正确的空间方位知觉,很难从视野中离析出知觉单元
学习自觉性与环境影响	在学习方面,不易受外部环境的影响,能独立自觉地学习,学习由内在动机支配。普遍喜欢抽象的概念和理论,倾向于抽象和分析	态度和自我知觉容易受到外界的影响和干扰,自觉性、独立性差,容易受暗示。学习由外在动机支配,缺少主动性。当受到批评或打击时,学习成绩容易下降
学科学习与思维深刻性	自然科学成绩相对较好,也有利于外语的教与学。随着年龄的增长,在思维独创性、灵活性、敏捷性方面,能力普遍高于场依存型学生	自然科学成绩相对较弱,社会科学成绩相对较好,比较容易注意并记忆言语信息中的社会内容。思维的深刻性,随着年龄的递增而日长
交际与阅读	不善于社交,自信、自尊心强,社会科学成绩相对弱。在阅读时,对文中的具体细节理解记忆较深,不易把握文章中心思想	善于察言观色,长于功能交际。阅读文章时,他们对文章的框架、核心思想把握得很好,整体知觉是他们的强项
教学偏好与职业选择	在教学偏好上,偏好结构不严密的教学。选择职业时,他们的职业兴趣更专业化,与职业目标比较一致,更可能选择数学、工程学、建筑学等自然学科	在教学偏好上,他们偏好结构严密的教学。在职业选择时常犹豫不决,倾向于选择人文学科,如社会学、语言学、教育学、写作等

续 表

冲动型认知风格与沉思型认知风格		
内容比较	冲动型认知风格	沉思型认知风格
参照标准	从一组差别极小的图片中,找出与样板图片一模一样的图片;或者是在每组图片中,找出一个与众不同的图片。速度快,但准确率低	从一组差别极小的图片中,找出与样版图片一模一样的图片;或者是在每组图片中,找出一个与众不同的图片。准确率高,但速度慢
遇到问题	遇到问题时,倾向于根据几条甚至一条线索形成直觉,常以很快的速度形成自己的看法,迅速做出反应,匆忙做出选择。比如,在老师提出一个问题时,他总想快速作答,可能他会不假思索就将自己的答案脱口而出。答案可能缺乏周全考虑、不合逻辑,因而错误较多	遇到问题时不急于作答,总是谨小慎微,深入浅出地分析,一丝不苟地计算,耗费心机地思考,评估各种可替代的答案,对想出的各种答案权衡后再进行取舍,力争从中选择一个满足多种条件的、有把握的最佳答案,因而准确度比较高。通常,他们做出的选择比较精确,但速度较慢
为人与遇事	比较感性,为人多数比较热情、友善、直率、适应力强、灵活机智、反应快。喜怒形于色,情绪波动大。当他遇到事情的时候,情绪容易激动,也会比较轻率,爱冲动行事。有时做事耐心不足,精确性较差	比较理性,其独立思考能力和专注力、洞察能力都很强,比较有思想、有原则、有毅力、有目标。遇到事情的时候,比较淡定,会经过比较长时间的思考后再做出决策。但也可能会比较固执、呆板,情感比较淡漠,反应比较慢

续 表

系列型认知风格与整体型认知风格比较		
内容比较	系列型认知风格	整体型认知风格
参照标准	提出的假设一般比较简单，每个假设只包括一个属性，从一个假设到下一个假设是呈直线的方式进展的。 只是在学习过程快结束时，才对所学的内容形成一种比较完整的看法	使用每个假设，同时设计若干个属性，从全盘上考虑如何解决问题。 较多地运用理性思维，先从现实问题出发，后联系到抽象问题，最后从抽象问题回到现实问题中去，并以此检验问题之间的异同之处

继时型(辐合型)认知风格与同时型(发散型)认知风格比较		
内容比较	继时型(辐合型)认知风格	同时型(发散型)认知风格
考虑问题	左脑优势的个体表现出一步一步分析问题的单线程思维	右脑优势的个体同时考虑多种假设、兼顾各种可能

深层加工型认知风格与表层加工型认知风格比较		
内容比较	深层加工型认知风格	表层加工型认知风格
信息加工	个体信息加工的深度深	个体信息加工的深度浅

附件七　部分学习策略落地方案举例

培养孩子自信的特质

序号	训练事项	目的与意义
1	在婴幼儿的成长过程中,不断改变他的生活环境同时给予他更多温情的呵护	刺激孩子的大脑发育;让孩子充分享受安全感带来的从容与幸福
2	在孩子开始说话时,努力创造良好的语言环境;在和孩子交流的过程中,不能满足于孩子正确而无创意的回答	儿时的语言环境质量决定孩子今后的语言表达能力;千方百计激发孩子的想象力与创造力
3	让孩子适当从事他力所能及的事,而他所做的这些事情,恰恰又是他非常感兴趣的,并可以逐步加大任务难度,有些任务需要通过努力才可以完成	让孩子拥有更多的成功体验,在行动中学习思考,在努力中体会到成功的喜悦,从而养成自信和热衷挑战的特质
4	结合生活中的例子,引导孩子客观、科学地归因(对行为和行为结果产生的原因进行解释)。归因的模式要保持连续性和稳定性	培养孩子的辩证思维能力和稳定的归因模式,为他将来正确地认识自我和认识社会奠定坚实的基础
	请深刻领会:孩子成长的过程,就是不断被社会化的过程	

提高记忆力与思维能力训练举例

项目比较	训练事项	目的与意义
提升记忆力训练	轻声或默读 2~3 遍材料以后，就努力尝试去记住需要记忆的内容；努力去理解它；争取让这些内容和自己发生广泛、深入的联系；力争用自己的语言或者是想象的画面来表达它；定期去回忆，不要等到彻底忘记了再去复习	记忆的基本方法是整合性复述。记忆力随着大脑存储信息的增多而变强
思维深刻性	对问题进行深入、持久的思考和探究，争取有更加深刻的认识和理解。比如，问孩子:雨是什么形式的?落到地面后变成什么?地表水的去向有哪些? 小溪流向哪里……	寻根究底，不断把思维推向更深的层面
发散性思维	以解决问题为出发点也是最终目的,寻求、罗列解决问题的各种途径。比如,问孩子:读书有哪些作用? 孩子答:积累知识,提升认知,开阔眼界,滋润心灵,修身养性,培养表达能力和解决问题的能力……	信息朝各种可能的方向扩散,并引起更多新信息
远距离联想	寻找不同事物之间的相同点(联系),实现有意义的联系。举例:根据"月亮""柳树""红豆"3 个古诗词意象，适当加入文艺元素,完成一段《中国诗词大会》的主题串联	通过远程和混合整合相关信息,引出一个未知的概念……
以上举例仅是抛砖引玉,家长可以搜集更多的专业资料		

提高记忆力训练落地记录

流程	记忆内容	效果记录
默读	在默读的过程中,就有记住内容的强烈愿望	
理解	一边默读,一边理解每一句的意思,逐步将整篇的意思连成整体	
想象	把文章的意思和自己熟悉的生活场景联系起来,越紧密越好	
表达	用自己熟悉的方式表达每句话、整篇文章的意思	
尝试背诵	先尝试背诵第一句,再尝试背诵几句、一段,最后尝试把它们连起来背诵	
重复	重复上面某个或某几个流程,让背诵持续下去	
总结	回顾背诵过程,加强重难点的记忆,再整体背诵一遍	
比较	以前是怎么背诵课文的?比较用这种方式背诵的效果	

瞬时记忆中的信息转化为短时记忆后,必须及时进行整合性复述才能使它们转化为长时记忆,这个过程可用三个词概括:理解,加工,整合。

遗忘的根本原因不是痕迹的模糊,而是信息的干扰。心在哪里,记忆就在哪里

关于思考习惯的养成

事　项	提　示
课前思考：这节课学习什么内容？自己做好了听课的准备没有？	课前就要进入听课的状态
课后思考：这节课有哪些重点内容？哪些内容需要进一步回味、挖掘？	不能满足于表面上的"听懂了"
作业前思考：这道题的出题目的是什么？它们有哪些陷阱？	熟悉解这类题的"通法通则"
提问前思考：自己困惑的症结究竟是什么？如果是解题，是什么原因阻碍了自己解题过程的推进（哪一步卡住了）？	获得答案不是问题的终结，只是思考的开始。
考试后思考：自己丢了哪些不该丢的分？粗心丢分的根源是什么？	深挖丢分的本质，寻找思维的盲点
订正时思考：不同错误之间有没有相同的原因？自己是否犯了以前犯过的错误，只是表现形式不同而已？	发现不同错误的相同原因，上升到思维角度去完善

　　面对问题，普通的人可能总是慢半拍，待他知道是怎么回事、应该怎样做时，可能已经错过了最佳的时机；聪明的人，一般想一想便能有了解决问题的答案；而智慧型的人似乎没有思考，几乎是在事情发生的同时就看清了它的本质，在第一时间便给予了恰如其分的解答。因为普通的人经常是不知道怎样去思考，聪明的人遇到事情才去思考，而智慧型的人一直处于思考的状态。

　　所以，学生不仅要养成思考的习惯，更要始终保持思考的状态，不要面对问题时才知道去思考，如果是这样，表明他已经慢了半拍

一日大致学习流程落地建议

节 点	落 地 内 容
	早晨从起床到走进教室，各事项需要形成流程、养成习惯，这样就提高了效率，也减轻个人的思想压力，不用总是担心少做了什么
上课与下课	跟着老师思路听课，力争一边听一边消化，如果有没听清的内容，快速记下关键词。下课如厕后，快速回顾老师刚讲的主要内容，必要时可找同学讨论，做好下节课的准备
中午	快速午餐，午休 30~45 分钟，醒后争取抢写一些上午布置的作业，准备下午的课程
晚上作业前	回顾白天的课程内容，模糊的地方通过浏览课本或笔记获得关键词后再去回忆。不清楚的地方查看笔记或辅导资料，加深对它的理解
两轮做作业	第一遍作业追求速度，不会做的题目放置旁边，做完所有作业后再回头去思考、攻克那些难题，久攻不克的题要勇敢放弃。快速浏览次日上课内容，做到大致心中有数，做好次日上课的准备，整理收拾妥当后洗漱休息
	很多学生学习至深夜，但效果却不尽人意，也有少数学生（包括高中生）每晚很早就休息。请时刻牢记"速度"和"效率"，养成"迅速"的习惯。如果上述流程能够落地，排除少数老师偶尔集中布置作业的情况，一般情况下基本可以做到：小学生晚上九点、初中生晚上九点半、高中生晚上十点半前休息

关于行为习惯的养成

事项	行为说明	要求
冲动型	冲动型学生需时刻暗示自己做事不能毛糙,凡事再想多一点,再想深一点;遇事从容,处事冷静,强调行动的过程有条不紊,而不是事后重复一遍或检查一遍	注重思维和行动的速度,逼自己更快一点,但必须快而不乱、忙而不慌
沉思型	沉思型学生要努力提高自己的敏感度、反应速度和处理问题的速度,思考一定要有明确的目标,待人处事要主动,勇于挑战和突破	
听课	跟着老师的思路和讲课节奏听课,及时思考接收到的信息,并把它融入已有的知识体系,适当记笔记。可浏览式预习	不断回味、咀嚼重要学习内容,把它们和已学的知识揉合在一起,消化后记忆
作业	回顾对应的学习内容后再做作业,在克服毛糙的前提下,首先强调行动的速度,其次才是正确率。用回顾、归纳、总结的方式提高复习效率	
考试	以饱满的热情迎接每次考试,以坦然的心态接受考试结果,以学习的态度总结每次考试的得失。胜不骄,败不馁,愈战愈勇	家长正确认识考试,不患得患失
	习惯的养成不可能一蹴而就,过程中有反复,重在坚持!	

关于自主学习习惯的养成

事项	行为要求	注意事项
时间计划	小学或初中低年级的学生,家长可根据孩子目前的实际学习状况,或指导、或参与他一天的学习时间安排计划。孩子必须是主体,至少积极参与。在孩子需要的时候,帮助他计划的实施与完善。孩子长大后,只能找准机会,和他协商时间的安排	对待执行计划,家长要有耐心和涵养,无论出现什么情况都不批评、不嘲讽、不抱怨、不敷衍,无条件地接受,全身心地支持
克服拖延	尊重孩子的兴趣,放弃得寸进尺的要求,帮助或引导孩子对自己的任务限定完成时间。当他在限定的时间内不能完成时,必要时帮他分析,一如既往地真诚鼓励	客观分析孩子拖延的本质,如果已有了磨蹭的习惯,首先要他尝到克服磨蹭后的甜头,初次实施时需遵循循序渐进的原则
提高效率	如果孩子晚上学习很晚,白天就再抓紧一点时间;晚上学习节奏更快一点,效率更高一点;同时记录 10 点以后他做了哪些事,比较得与失;一定不能形成非良性循环	孩子愿意这样做便是成功的开始。珍惜白天零碎时间,把白天能做的事尽可能全部完成,晚上抓紧时间,节奏紧凑
谨记卢梭"自然后果"法的思想。千里之行,始于足下		

部分习惯养成训练落地记录

类型	训 练 内 容
冲动型	冲动型的学生,需在抢着举手发言之前想一想,自己究竟想表达哪几层意思?在准备写答案的时候想一想,还有什么内容需要补充?即使全部考虑好了,过2秒钟再行动
沉思型	沉思型的学生,在接收到信息刺激后,自己究竟在思考什么?思考有没有明确的内容?如果有,是不是一步一步在往前推进?究竟顾虑什么?是处于顾虑的状态还是有某个内容没有把握?必须在5秒钟内给出明确的回应
克服拖延策略	1. 时常提醒自己,让自己的行动快点,再快点,坚决克服慢悠悠的习惯; 2. 经常问自己:究竟在想什么?一旦意识到思维暂停,立刻把"思维"拽回来; 3. 和家长或同学开展反应速度训练的游戏,比如相互问答,在接收到对方的信息后,必须在3秒钟内做出回应,不考虑答案的对错与优劣; 4. 给任务限定时间,按流程行动能提高效率; ……
	凡事贵在坚持,在行动中不断反思、总结和完善

关于学习策略的落地

项目	落地内容	注意事项
积累	用分享的方式提高幼儿园或小学低年级孩子积累知识的积极性。这个星期(甚是每一天)积累了哪些好词、好句和好的表达方法?对哪个问题又有了新的理解?编辑一道小学数学应用题,我们共同去探讨	孩子小的时候,家长一定要花更多的时间陪伴与分享,但切记:不能喧宾夺主或急功近利
策略	在学习的过程中,始终保持思考的状态,开放的心态,试图寻找最佳学习策略,注重学习效率,但需要把它和投机取巧区分开来	踏实学习和有效学习,是推动学习成绩提升的两个轮子
突破	突破学习瓶颈的有效方式通常是冷静思考后,放空心态,聆听成功者的经验,结合自己的实际,换种步伐前进	非智力因素常在学习成绩中起决定性作用
效果	当初不会做的题、做错的题和没有把握答对的题,订正后要定期回顾。从自己订正后的练习或试卷中,选择几题再做,检查做题(订正)的效果	不仅重视做题的过程,更重视做后的结果,明白方法背后的逻辑
牢记做题的两个目的,深刻领会并践行"99+1"做题理论		

寻找属于自己的那把钥匙

项目	落地内容	试试后再说
对症下药	试尝或假装喜欢每位授课老师，跟着他讲课的思路听课；持续思考自己的学习状态，优化学习策略，追求学习效率	学习，首先在于说服自己，和自己做场假装好学的游戏。坚持一段时间后，看结果如何
典型记忆	在深刻理解一些典型例题的基础上，记住解题方法背后的解题逻辑和思路，再找同类型的题练一练	一丝不苟地试验一段时间，根据试验的结果再评判这种方法的得失。不要想当然拒绝
拉网式排查	初三学生，每一学科都需要实施拉网式排查，寻找自己的弱项，聚焦后逐一围歼。高三学生根据"必得分""争取分"的原则确定目标分，在模拟考试中检验与完善	目标越清晰，手段越直接，效果越明显。初三、高三的后期复习，必须遵循效果最大化原则，理性安排时间，保证复习效果的确定性
寻求增分最大化	大考前的复习，要合理调配时间资源，运用"分类""聚焦""围歼"的策略，力求在有效的时间内，实现增分最大化	思考时，对问题抽丝剥茧，层层深入；复习时，行为需有的放矢，刀刀见血

"99+1"做题理论的实践记录

事　项	提　示
选择题、填空题,包括简答题,都不要把答案直接写在资料或讲义上。所有题的答案或解答过程都必须写在草稿纸或练习本上。老师要求的学校作业除外。书写解题过程包括打草稿,必须规范有序。努力要求自己养成这个习惯	自己是已经做到了,还是正在做
自己做错了的题和拿不准的题目,即使核对答案时发现自己的答案是正确的,是否在该页的最上方或者在题号的左侧做了标记?	第一次做错,标"1"。以此类推
一段时间后,复习那些标记了"1"的题目,是否受到上次做题答案或订正的干扰?	你的错题巩固率是多少
第二次复习时依然拿不准、或者做错了的题,在题号的左侧做标记"2"。凡事必须做到事不过三。第三次看到这些题,就能立刻回想起自己当初"不会做"或"做错"的原因,能在脑海里重现正确的整个解题过程,努力达到这样的"熟练"程度。完全超出自己能力范围的题除外	理解、掌握这些方法背后的逻辑了吗
听懂了≠会做;(感觉)会做≠做得对;做得对≠做得快	

"三轮做题法"平时训练(以数学为例说明)

事 项	提 示
平时数学考试,多数情况下,在规定的时间内能做完整张试卷吗?其他学科的时间安排方面情况如何?有哪些需要注意之处?后来改善的情况怎么样?	请记录一般情况
第一轮:按照数学试卷题目的编写顺序,从前往后写;一道题不会做,思考 X1 秒后,如果还不会做,快速在题目左侧画一条横线,做下一题	记下数据 X1
第二轮:做完整张试卷,再回过头来做"左侧画了横线的题目"。做完后,擦去横线。如果思考 X2 秒后,依然没有找到解题的切入口,做下一道"画了横线的题目"	记下数据 X2
第三轮:第二轮结束后,再做"左侧画了横线的题目"。做完后,擦去横线。如果思考 X3 秒后,依然没有找到解题的切入口,也擦去横线,那些题超出了自己的能力范围。理想的情况是:这时考试很快就要结束	记下数据 X3
试卷的分值是等价的,基础题的一分,难题的一分,就分值而言没有区别。在单位时间内,尽可能多得分才是制胜的法宝。 　　高考,不在于考生会做多少题,甚至不在于考生得多少分,关键在于考生的考试成绩超过了多少人	

关于其他落地事项的补充

落 地 内 容	回答问题
在孩子很小的时候,父母心中必须有计划,每个星期、每个月、每个学期都有任务,短期、中期、长期目标三者必须有机结合。每周至多给孩子确定一个努力目标,目标最好是孩子自己提出来的,这个目标必须是清晰的、具体的、通过努力可以实现的。习惯的养成一般需要三周,且需要后续巩固	有吗
父母必须让孩子充分了解自己。批评孩子时,一定要让他非常清楚自己犯了什么错误、父母期待他应该怎么做;孩子处理一件事情时,必须让他知道父母处理这类事情的思想、方法和理由;父母也必须充分了解孩子,知道他在某种情境下会有某种表现行为,千万不要考验孩子	做到了吗
孩子长大以后,家里有些事(不一定是重大的事),可以让孩子参与;关于孩子自己的事情,一定让他拿主导意见,意见不妥当时,争取通过分析让他改变主意;如果孩子执着己见,只要没有安全风险,家长让步。平时,家长就要做好这样的铺垫,"我们总是尊重你的意见,关键时候你要参考我们的意见哦"	
加强家庭文化的建设,文化的传播要渗透到日常生活细节中。家庭成员都应该清楚家庭大事的决策原则、方法和程序	是这样吗

附件八　目标引领行动　行动铸就成功

学科名称	目标成绩/排名	实际成绩/排名	目标与实际分数差距	目标与实际名次差距

差距分析

行动措施

效果预估

　　初三、高三学生,考试前制订,考试后比较,分学科实施,循环往复,实现 PDCA(计划、执行、检查、行动)的循环。

　　反复使用此法,既能寻找自身的不足,制定相应的措施,又能培养分析能力、行动执行力和预估能力。多数学生使用本方法后,提高了复习的针对性,学习成绩总体呈现螺旋式上升。贵在坚持!

附件九　　智慧点亮人生　携手相伴成长

丛书创作简介

心理学在过去三四十年的研究中,已经证明了文化是一种对人类具有重大影响的环境因素。只有环境的熏染、优秀文化的浸淫,才如涓涓细流经年累月在心中滋润、流淌,日积月累。量的积累必然引起质的飞跃,潜移默化的力量常有滴水穿石、石破天惊的功效。

然而,今天热爱阅读的人却越来越少。这一切,虽然与整个社会的大环境有关,但与缺乏优秀的作品也不无关系。今天我们的印刷读物虽数不胜数,但总有部分作者和出版社急功近利,把"迎合读者的消遣和追逐自身利润的最大化"放在首位,以致一些作品被称为"快餐",如同嚼蜡。甚至少数出版物为博取读者眼球、逢迎少数人的不良天性,放弃了自己应有的担当。以求知、陶冶情操、探求真理为目的的书籍和读者的数量都正在递减,阅读数量正在失去它原本应该拥有的最重要的意义。

鉴于这样的现实,我们组建专业的创作团队,以正能量为主题,以心理学、教育学等理论为依据,创作内容以青少年读物为主,兼有少数家长读物和有关社会生活方面的读物。阅读对象主要是在校中小学生,包括热爱阅读的学生家长、竭求进取的其他成年人士。以青少年读物为例,创作既有传授知识系列,如介绍古老的华夏文化、当今最前沿的科技发展……又有文学欣赏系列,如优美的小说、散文、诗歌……也有启迪智慧系列,如智慧故事、科幻小说……更多的创作系列需要在工作中完善、落实。同时,我们拟请实战型专家为学生创作专业的教辅学习资料。

关于学生教辅(学习)资料的创作

国内有很多名校,他们有着许多令人炫目的光环,他们的生源和师资力量同他们教学取得的成就一样,都让人望尘莫及。只有请草根型名校名师创作的学习资料才更有实际意义。

我们的学习资料具有以下三大特色:

1. 注重学习策略引领　学习资料有很多种,我们的学习资料特别注重该学科、该年级学习思想的渗透和策略的引领,传输的是思想、策略和价值,而不单单是方法、知识的归纳总结。

2. 选择学生疑难重点　很多学习资料在编写的过程中,遵循大而全的理念,面面俱到。而实际学习过程中,学生经常是某个点或某个环节出现问题。所以,我们的资料以专题讲座的形式来创作,目的就是提高学生使用的效率。

3. 聘请专业教师解读　很多优秀的作品,读者在阅读时很难领会其中的精髓,所以才有《读〈水浒〉》《品〈三国〉》。为了让更多的学生理解、吸收资料的精华,我们请专业老师站在老师和学生的角度系统解读,读者可以收看网上视频,以加深对某一知识点的理解,尤其是提高自己的实战能力。

经营企业考虑经济效益是必须的,民营企业注重经济效益也是难免的,但我们绝不唯利是图,这项工作的社会意义、社会价值的最大呈现才是我们不懈的追求,经济回报只能是企业发展过程中必然收获的一种。只有给社会、给客户真正带来价值的企业,才有生命力。

我们始终坚信,有品位、有深度的作品终究会受到大众的喜爱。我们期待并相信,在社会各界的共同努力下,全民阅读尤其是青少年的阅读活动一定会高潮迭起、生生不息。我们创作的教辅资料一定会因自身的特色而成为学生学习的得力助手。

附件十　征求宝贵意见

项目	文章标题及内容	请简述理由
本书中最喜欢的章节		
本书中您不接受的观点		
您关注的其他问题		

续 表

项目	问题描述
本书帮您解决的问题	
依然困扰您的问题	

欢迎各位家长(读者)读完本书后,将自己的宝贵意见发至我们的邮箱,我们在此表示衷心的感谢。条件成熟时,我们将邀请其中的部分家长免费参与我们的对应活动(食宿、差旅费自理)。

附件十一　本丛书有声解读与线下心理健康咨询

本书有声解读　本书的创作,凝聚了创作者大量的心血。尽管创作者数易其稿,但因为书面材料自身的局限性,本书有些章节、有些内容的阐述可能还存在不够接地气的问题。而读者又可能因时间匆忙,做不到用心细细揣摩,从而影响阅读效果。为了实现本书效果的最大化,本书创作团队聘请专业人士,在创作者的指导下,推出本书的有声解读专题:"读书,悟道,赋能",每节课在 5~10 分钟之间,请家长根据自己的需要,选择性收听、收看。一段时间后,各网络媒体平台应该均有推出。同时,我们接受家长和学生的线下咨询。

学习策略咨询　我们严格遵守国家的相关规定,不参与任何学科的具体内容辅导,但可以通过和学生当面交流,帮助家长和学生判断、分析学生的学习状况,提供全方位的学习策略方面的建议与指导,力争授人以渔。

心理健康咨询　2017 年 9 月 15 日,国家层面取消了心理咨询师资格证的考试认定。目前,心理咨询师的队伍良莠不齐。少数从业人员可能缺乏专业、系统的培训,也可能过于追逐经济效益,导致咨询的效果不尽人意时有出现。我们聘请的专业人员都是全日制心理学硕士及以上学历,他们的专业背景和咨询、指导能力有保证。

有需求的家长,请将申请发至我们公司的邮箱,邮件内容包括但不限于孩子的性别、年龄和需要帮助的事项。咨询时,孩子可以使用化名,但孩子本人必须到场。我们在精力和时间允许的情况下,按申请的顺序预约家长;条件成熟时,组织有相近需求的学生与家长共同交流。本活动另外收费,收费标准事先告知。

附件十二　学习门诊,引领卓越

本课程视频已经录制完成,收看效果更直接

幼儿成长导航

第 1 讲　智力开发,从出生开始?

第 2 讲　开发幼儿智力,方法有哪些?

第 3 讲　幼儿期,如何实施学习策略的渗透?

第 4 讲　幼儿园也有关系学?

第 5 讲　征程、终点与起跑线

好苗好花好果

第 6 讲　如何培养孩子自信的特质?

第 7 讲　归因模式,人生的导航仪?

第 8 讲　拒绝"躺平"有何良策?

第 9 讲　什么是家庭文化?

第 10 讲　为素质教育鸣冤

关注心理健康

第 11 讲　心理障碍距离我们有多远?

第 12 讲　心理障碍学生有哪些?

第 13 讲　心理障碍是怎么形成的?

第 14 讲　心理障碍的判别标准是什么?

第 15 讲　心理障碍怎样注意和防范?

第 16 讲　心理障碍诊治的最大障碍是什么?

方法大于努力

　　第 17 讲　学习方法真的有效吗?
　　第 18 讲　什么是愚公移山法?
　　第 19 讲　什么是追寻逻辑法?
　　第 20 讲　什么是思想统领法?
　　第 21 讲　方法的源头是什么?

过程决定效果

　　第 22 讲　做题,你有效果吗?
　　第 23 讲　做题,你的方式正确否?
　　第 24 讲　怎样提高做题的效果?
　　第 25 讲　行为拖延,家长是"元凶"?
　　第 26 讲　行为拖延,当下最好的选择?
　　第 27 讲　行为拖延,认识的误区?

谨防积非成是

　　第 28 讲　过程决定效果
　　第 29 讲　学英语,难在哪?
　　第 30 讲　学习的黄金时间存在吗?
　　第 31 讲　学生为什么这么累?
　　第 32 讲　难度多大的题目最合适?
　　第 33 讲　怎样处理课本与资料?
　　第 34 讲　怎么选好、用好学习资料?

深挖现象寻根源

　　第 35 讲　从心理学角度谈学习粗心
　　第 36 讲　用心理学理论攻克粗心难题

第37讲　纠错,怎样才能除根?
第38讲　记忆是怎么回事?
第39讲　怎样提高记忆力?
第40讲　为什么会记错?

独门见解耳目新

第41讲　问,为何不是多多益善?
第42讲　看,都是问题;做,才有答案
第43讲　预习真的有用吗?
第44讲　为什么学生年级越高越不爱听课?
第45讲　戳穿优秀笔记的谎言
第46讲　偏科了咋办?
第47讲　好学,从忽悠自己开始

独具匠心解疑惑(1)

第48讲　同班同学,成绩差距为何那么大?
第49讲　怎么解决学生上课听不懂?
第50讲　厌学、浅学、好学的学生怎么办?
第51讲　笨鸟如何飞得高?
第52讲　怎样在流程中养成习惯?
第53讲　怎样防范校园霸凌?

独具匠心解疑惑(2)

第54讲　要求作业认真有错吗?
第55讲　要求作业认真有错吗?
第56讲　学习中,什么习惯最重要?
第57讲　要求作业认真有错吗?
第58讲　为什么睡前思考要不得?

第59讲　怎样培养孩子的思考能力？
第60讲　破解优秀的密码

高中学习向导

第61讲　要求作业认真有错吗？
第62讲　高中生怎样学数学？
第63讲　一位文科状元的成才路
第64讲　高中生怎样学数学？
第65讲　高中生怎样学数学？
第66讲　新要求下如何学语文？
第67讲　高考试卷怎么创作的？
第68讲　高考是怎么阅卷的？
第69讲　高考志愿填报困惑有哪些

决胜考场秘笈

第70讲　考场如何去抢分？
第71讲　考场,如何发挥能力最大化？
第72讲　如何实现总分制胜法？
第73讲　怎样实现中考、高考目标分？

勤能补拙解析

第74讲　聪明,为什么成绩很一般？
第75讲　成绩优秀是遗传的吗？
第76讲　你喜欢用什么方式加工信息？
第77讲　学习特性与哪些因素有关？
第78讲　思维方式决定成绩与能力？
第79讲　如何培养创造性思维？

引领成长妙招

  第 80 讲 怎样培养爱读书的好习惯？

  第 81 讲 如何建造知识金字塔？

  第 82 讲 你是怎么阅读的？

  第 83 讲 三种方式阅读举例

  第 84 讲 什么时候惩罚孩子？

  第 85 讲 惩罚孩子时注意啥？

  第 86 讲 惩罚后有学问吗？

  第 87 讲 什么是惩罚的最高境界？

成功经验分享

  第 88 章 小、初怎样学数学？

  第 89 讲 一位母亲的成功育子心得

  第 90 讲 分享使孩子更努力

  第 91 讲 浮躁是进步的大敌

  第 92 讲 现在的家长有多卷？

  第 93 讲 突破困局的三个重点

家长引领艺术

  第 94 讲 为什么学习不自觉？

  第 95 讲 为什么孩子要听话？

  第 96 讲 为什么说奖励是一柄双刃剑？

  第 97 讲 积极性是怎么丢失的？

  第 98 讲 为什么学习没有主动性？

  第 99 讲 怎样把丢失的主动性找回来？

破解青春密码

第 100 讲　你的孩子"青春期"吗?

第 101 讲　为什么孩子爱和父母杠?

第 102 讲　怎样与青春期和解?

第 103 讲　衷情＝早恋?

第 104 讲　怎么处理管与放?

第 105 讲　和孩子相处的原则有哪些?

教育观点新视窗

第 106 讲　师生匹配有学问?

第 107 讲　变换老师,利大于弊吗?

第 108 讲　学习中的超车与飞跃

第 109 讲　性格特质＝命运?

第 110 讲　为什么游戏的魔力那么大?

第 111 讲　游戏,一味灵魂的止痛剂?

第 112 讲　沉迷游戏的三种类型及解决策略

跋

历经三载,修订数十次,这套书终完稿。

在书稿编写的过程中,有数十名教育工作者和学生家长参与了修订工作,下面三位先生尤其令人感动。

郭应曾 郭先生曾任马鞍山市教育局局长、书记,退休后定居上海。收到我的书稿时,他的眼睛刚做完手术。他克服常人难以想象的困难,阅读三遍后,提出了很多中肯的建议。

夏晓华 夏老师曾是作者的小学语文老师,后任合肥市庐江县语文教研员,现已是83岁高龄,双眼几乎看不见。他让已退休的女儿读,他听,再让女儿记录自己的意见。

王军 王教授是安徽工业大学心理中心主任,接到书稿时他初"阳"在家。两个月后,他冒雨来到作者办公室。他说:"我原以为只是随便看看,后来才知道是有任务的。"他从专业的角度,谈了自己很多独到的见解。

太多令人感动的故事,在此无法一一表述。欢迎广大读者朋友就本书的观点进一步交流;也欢迎广大家长通过线上或当面咨询。南京严慈文化科技发展有限公司的主要业务之一,就是组织各类专业人才,开设学习门诊,引领卓越,服务各类型的学生和家长。

我深知这套书存在很多不足,欢迎读者朋友批评指正。

以这套书为基础制作的视频课程"学习门诊,引领卓越",不仅通俗易懂,而且各种方法也更容易落地。欢迎关注。

欢迎家长扫码进群咨询交流

姚溦 2024 年 9 月 8 日

线上咨询邮箱:237519350@qq.com

944305438@qq.com

作者视频号欢迎关注:姚院长学习门诊